天才大脑潜能开发

逻辑思维训练

李 宏 编著

吉林出版集团股份有限公司|全国百佳图书出版单位

图书在版编目（CIP）数据

天才大脑潜能开发.逻辑思维训练/李宏编著.——

长春:吉林出版集团股份有限公司,2020.8

ISBN 978-7-5581-9007-0

Ⅰ.①天… Ⅱ.①李… Ⅲ.①智力开发 Ⅳ.

① G421

中国版本图书馆 CIP 数据核字（2020）第 140010 号

TIANCAI DANAO QIANNENG KAIFA
天才大脑潜能开发

编　　著:李　宏

出版策划:孙　昶

责任编辑:侯　帅　王　媛　王诗剑

装帧设计:李　荣

出　　版:吉林出版集团股份有限公司

　　　　　（长春市福祉大路 5788 号，邮政编码：130118）

发　　行:吉林出版集团译文图书经营有限公司

　　　　　（http://shop34896900.taobao.com）

电　　话:总编办 0431-81629909　营销部 0431-81629880 / 81629900

印　　刷:天津海德伟业印务有限公司

开　　本:880mm × 1230mm　　1/32

印　　张:25

字　　数:500 千字

版　　次:2020 年 8 月第 1 版

印　　次:2020 年 8 月第 1 次印刷

书　　号:ISBN 978-7-5581-9007-0

定　　价:138.00 元（全五册）

印装错误请与承印厂联系　　电话：022-82638777

前　言

在 21 世纪，对大脑的正确认识比以往更显重要。我们比以往活得时间更长也更健康，但有时候会忘记，如果不能使头脑健全，活得更长更健康是没有意义的。健全头脑意味着我们的大脑能够灵活运转——有记忆力，高效思考和富于创造性——最终实现个人潜能，而这在不久之前曾受制于出身和身体健康的不同；这样我们就可以摆脱某种宿命，从而开创新的人生。

现在我们可以思考一些重大问题："我该做些什么来改变我的人生？""这些都有怎样的意义？"我想大脑思维研究的兴起，不仅是因为对如何使人们有更好的表现或者甚至拥有更好的记忆力提供解决方案——虽然这些都极受欢迎——而是一些更值得探究的问题："什么使得我成为与众不同的那一个？"和"如何激发我未被开发的潜能？"。物理学家尼尔斯·玻尔曾经批评学生："你不是在思考，而只是有逻辑而已。"因此，我想逻辑能力并非评估我们思维潜能的标准。大脑实际上有别于一台有逻辑的电脑。本套书总结了管理、经济、心理、事业、人生等方面的经典定律、法则和效应，

全方位地扫描人生的全过程，交给我们一把把开启智慧之门的钥匙，点亮一盏盏指路的明灯。理解这些定律，对于我们了解事物的本质、发现事物发展的规律、解决生活和工作中遇到的问题，具有十分重要的指导意义。学习这些定律的过程，是不断挑战自我的过程，是拒绝一次次诱惑的过程，是接受一次次考验的过程，也是克服一个个困难的过程，更是不停地向人生的理想靠近的过程。只要掌握了这些定律，你一定可以享受到生命中无穷的欢乐。

　　运用逻辑思维训练和思维导图，你可以"画"出完美人生！本套书教你快速掌握提高思维能力的高效方法，让学习更轻松，成功更容易！

目 录

第一章 取舍思维：鱼和熊掌该要哪一个

第二章 逻辑思维：不断逼近问题的本质

第三章　创新思维：成功不是墨守成规

第四章　应变思维：突破眼前的障碍

第五章　逆向思维：想要知道，打个颠倒

第一章

取舍思维：鱼和熊掌该要哪一个

现代社会信息爆炸，人们可以选择的机会越来越多，但与此同时也让人迷茫失去焦点。一天 24 小时，时间就是那么多。生活纷繁复杂，必须有所取舍。掌握了取舍思维，我们就能更理性地看待摆在面前的抉择。

舍弃是收获的第一步

　　人们常常赞誉那些功成名就之人，认为必须学会坚强、执着，才能成为生活的强者。殊不知，人的时间和精力毕竟是有限的，不可能在所有的方面都有潜力可挖掘。很多时候我们必须学会舍弃，而选择舍弃也是一种生存的大智慧，是尝试收获的第一步。

　　因为在一定条件下，舍弃也可能成为走向成功的捷径。"条条道路通罗马"，此门不开开他门。寻找到与自己才能相匹配的新的努力方向，就有可能创造出新的辉煌。

　　法国少年皮尔从小就喜欢舞蹈，他的理想是当一名出色的舞蹈演员。可是，因为家境贫寒，父母根本拿不出多余的钱来送皮尔上舞蹈学校。皮尔的父母将他送到一家缝纫店当学徒，希望他能够学一门手艺帮助家里减轻一点负担。皮尔简直厌恶极了这份工作，因为不但繁重的工作所得的报酬还不够支付他的生活费和学徒费，更重要的是，他为自己的理想无法实现而苦闷至极。

　　皮尔认为，与其这样痛苦地活着，还不如早早地结束自己的生命。就在皮尔准备跳河自杀的当晚，他突然想起了自己从小就崇拜的布德里，皮尔觉得只有布德里才能明白他这种为艺术献身的精神。他决定给布德里写一封信，希望布德里能收下他这个学生。

很快地，皮尔收到了布德里的回信。布德里并没有提及收他做学生的事，也没有被他想要为艺术献身的精神所感动，而是讲述了他自己的人生经历。布德里说他小的时候很想当一名科学家，但因为家境贫穷无法送他上学，他只得跟随一个街头艺人四处跑江湖卖艺……最后，他说，人生在世，现实与理想总是有一定的距离。在理想与现实生活中，首先要选择生存。只有好好地活下来，才能让理想之星闪闪发光。一个连自己的生命都不珍惜的人，是不配谈艺术的。

布德里的回信让皮尔幡然醒悟。后来，他努力学习缝纫技术。从 23 岁那年起，他在巴黎开创了自己的时装事业。很快，他便建立了自己的公司和服装品牌。他就是皮尔·卡丹。在一次接受记者采访时，皮尔·卡丹说，其实自己并不具备舞蹈演员的素质，当舞蹈演员只不过是少年轻狂的一个梦想，而学会舍弃，是尝试拥有的第一步。

巴尔扎克曾经梦想着做一个经营有方的商人，他开过印刷厂，做过小生意。尽管他颇有些经营头脑，但无奈命途多舛，屡屡受挫，只得舍弃，于是捡起冷落已久的笔，重操旧业。巴尔扎克若不是及时地从商海里"回头是岸"，恐怕就没有那个写出《人间喜剧》等名著而蜚声世界文坛的文学大师了。莎士比亚原来曾是个跑龙套的三流演员，后来他发觉自己在表演技艺上确实没有天赋，难成大器，也明智地选择了舍弃，转而搞戏剧创作，最终写出了《罗密欧与朱丽叶》等不朽的剧作，成为一代戏剧大师。

毫无疑问，我们不应当轻言放弃，因为胜利常常孕育在再坚持一下的努力之中。但是，有些情况是你已经付出了最大的努力，却未取得理想的结果。这就需要我们认真地考虑一下：如果是自己选定的目标、方向同自己的才能不相匹配，就需要勇敢地选择舍弃，另辟新径，没有必要在一棵树上吊死。

人生如果总是无休止地追求，而不知道舍弃，对完全没有实现可能的目标仍然穷追不舍，结果不但会无端地浪费时间和精力，而且会因达不到预想目标而烦恼不堪，痛苦不已。

其实，承认挫折，明智地绕过暗礁，可以避凶趋吉，让自己很理性地抵达阳光的彼岸。

舍弃不等于就是白忙活

看着人家的股票直往上走高，整个股市牛气冲天，偏偏自己的几只股却被套牢了。想当初刚买下时也是一路上涨，本打算到一个价位时就出货，但看着势头那么好，就又捂了几天，谁承想后来就开始跌；只是犹豫了一下，就跌回了买入价。想到原本是可以赚到一笔的，此时出手实在不甘，于是再等等，就这样套了下去，一路还不停地按股市专家的指导在低位补货，直至资金全部用尽，直至被深深套牢。看着股市人气旺盛，一片翻红，也心仪其中几只，无奈资金被占用光了。若将手中的抛出去，总觉得亏损太多，心有不甘，只好"望洋兴叹"。

其实，如果舍弃手中的，在别的股票上重新投资，以盈补亏，未必不是一个补救的办法，何必要一直死守着呢？中国的股市，向来讲行情，一轮一轮的，此起彼伏，一个个概念股轮着炒，大势已去时，及时回头，该抽手时就抽手，也许早就赚回来了。不光是炒股，生活也是如此。

人生就像投资，婚姻、工作、投资项目等。有一个大学时的高才生，经过一段社会历练后，以前的那股锐气和豪情壮志自然是没有了，而是被磨炼、被累得一副不堪重负的样子。他怨自己当初进错了行业，到了一个自己不具有优势的陌生行业。问他为什么不换换呢？他说，干了这么多年，付出了那么多，舍弃这些，再从零做起，觉得亏。他的眼里满是"何必当初"的绝望。

所以坚守，一直坚守，10年前如此，5年前如此，如今更要不甘了。唯有死扛下去，绝不回头，听起来才有英雄气概。何况还有疑虑：舍弃了，再做别的，就一定能成功吗？所以他还是选择了等待。而他很多熟悉的朋友从零起步，现在已是大有所为。他的一位同学，5年前辞去一份收入不菲的工作重新开始创业，现在已做到数千万资产的公司老板了。

其实，舍弃之所以很难做到，是因为它看起来就是承认失败、就是认输。在我们所受的教育里，强者是不认输的。所以我们常常被一些高昂而又富有英雄气概的光彩词语所激励，以不屈不挠、坚定不移的精神和意志力坚持到底，永不言悔。

是的，人是需要百折不回的，是要有坚强的意志和毅力向着目标而奋斗。但是，奋斗的内涵不仅是英雄不言悔、不屈不挠地对原来的目标坚定不移、忠贞不贰，人生的道路还常常需要修正目标、调校方位，在死胡同里坚持走到底的人并不是真正的英雄，死不认输只会毁掉自己的前程。这种人连自己的心结都没有打开，怎么可能成为强者？怎么可能成为英雄？只不过是畏惧失败、没有自信罢了。

真正的强者，也要学会认输、学会舍弃。舍弃了才能再重新开始，才有机会获得成功。这样的舍弃其实是为了得到，是在扬弃中开始新一轮的进取，而绝不是低层次的三心二意。拿得起，也要放得下；反过来，放得下，才能拿得起。荒漠中的行者知道在什么情况下必须扔掉过重的行囊，以减轻负担、保存体力，努力走出困境而求得生存。该扔的就得扔，连生存都不能保证的坚持是没有任何意义的。

如果知道自己摸到的是一手臭牌，就不要再希望这一盘是赢家；在陷进泥潭时，要知道及时爬起来远远地离开那里；被蚊子叮咬了后，不可能到"蚊子法庭"去讨回公道；上错了公共汽车时，要及时地下车，改乘另外的一辆。会认输是基本的生活常识，人不仅要知道进取，也要学会认输，知道舍弃。进取和舍弃同样重要。

当一项投资的失败成为不争的事实，能够及时舍弃，将损失控制在最小范围，实际上在当时就是最好的"盈利"——虽然没有绝对意义上的盈利，但是，却不会继续加大损失。所以，聪明的炒股人会设定一个止损点，到了这个点，就停止继续追加投资。所以，会有"割肉""断臂"，甚至"斩腰"等。因此，不仅要果断买入，也要及时地卖出，要学会斩仓。讲股市技术分析的老师在课堂上反复强调这一点。

把钱投出去是投资，停止投资也是一种投资，是更高层次的投资。承认失败，及时收手，可能会有机会再展开新一轮的投资。人生如此，办企业也是如此。

还有一种情况。像人的生命一样，产品也有生命周期，分投入期、成长期、成熟期、衰退期。当产品走入衰退期时，企业要做的是什么呢？一厢情愿地等待市场转机、拼命地去推销它，还是及时地分析市场，调整产品战略，开发新产品？

　　有时候，人们对当初为自己带来过巨额收益的产品总是会恋恋不舍，希望奇迹能发生，期盼风光能再现。然而，过去的好时光是不会重现的。当年的福特车，那黑色宽大的 T 形福特车曾是多么风光！它在美国几乎占据了全部的轿车市场，但在几年的供不应求之后却不可避免地走了下坡路。由于福特公司没有及时地更新换代，开发新产品，以至于将市场拱手让给了通用公司的新车型；而通用公司也因为同样的错误将市场让给了节能的日本小型车，这已成为管理学上的经典案例。

学会用开心取代烦恼

人们说放弃是一种美，人就是在不断的放弃中成长。舍弃自己的欲望，舍弃不切实际的追求，舍弃一段不舍的感情！事实上，敢于放弃，或者说是舍弃爱情，真的是一个人成熟的标志。

人生路长着呢，何必因为一段感情，而错过人生之旅中那片片宜人风景呢？当然，如果你得到了一份满意的爱，也不要觉得万事大吉而渐渐忽视它，要从心里认为这是自己的幸福起点，好好把握，用心去呵护。

因为，舍得是烦恼的结束，得到是幸福的开始。试着每天学习忘记一点点，试着将锁上的心门再次打开，试着让自己寻找快乐，你会发现，原来天并不是那么灰暗，原来痛苦也并不是紧紧围绕着自己，原来伤心也可以慢慢减少，原来他（她）的转身离去并不是真的那么绝情，只是因为有太多的无奈。所以，学习忘记，让回忆变成美丽，舍得就会快乐。

泽和女朋友恋爱两年，因为两个人不在一个地方工作，所以在一起的时间少得可怜，一年差不多只见一两次。但泽真的很爱她，也始终相信女友很爱自己。令泽意外的是，前几天女友突然跟他提出分手，泽虽然痛苦难当，但为了尊重女友的选择，他只好无奈地答应了。然而，分手后的几天里，无穷无尽的烦恼肆无忌惮地在他的脑海里蔓延着，只要一静下来满脑子都是她的音容笑貌，泽这才发现原来自己爱得这么深。

想起以前两个人之间许多美好的回忆，他忽然觉得现在的日子是如此难挨。于是泽要女友再给自己一个机会，还说会好好爱她。可是女友经过慎重的思量，还是决定跟泽分手，因为她已经爱上别人了。但执迷不悟的泽却怎么都不肯相信，认为她是有苦衷，于是陷入了深深的痛苦中。

看了泽的烦恼，我们也许会为之叹息、为之同情。但仔细一想，这些烦恼其实很容易就会消除。因为只要舍得，就会快乐！

人要活在当下，享受当下的一切，不要为一朵花儿的凋谢而放弃整个花园，只有舍得才会快乐！舍得一些东西，放弃一些东西，让自己简简单单，烦恼就会知难而退！舍得就会开心，很多时候都是人们有太多的顾虑才会闷闷不乐。

其实人是很渺小的，总有一些感情自己控制不了，这时候就必须学会舍去。有一种说法是："感情就像一团死结，解不开的就必须剪断。'剪'，一定会流血，但动作越快越利落，受伤就越轻。"

没有一些必需的"舍"，就不会有未来的"得"！现实也告诉人们，感情到了必须要放弃的时候就要学会舍，眼泪的挽留已起不到任何作用，再继续下去也只是相互折磨。当然在舍弃的时候有伤心是必然的，但是时间和空间会改变一切，情感的依托烟消云散了，剩下的就是重新认识自己，重新定位，寻找新的情感，相信快乐终有一天会取代烦恼。

抛开烦恼，快乐生活

不要不舍得你的赞美，赞美就像温暖人们心灵的阳光，让人心暖洋洋的，人心暖了，自然会给予你温暖的回报。赞美是你拥有美好人生的咖啡伴侣。有很多人不舍得去赞美别人，恐怕赞美别人会贬低自己。

事实上要赢得幸福，要在人生路上走得较为顺畅，首先要学会的，就是要舍得称赞别人。这份舍得会让你收获更多，要知道，人活着图的就是这个暖烘烘的气氛。赞美其实是一件很简单的事情，不过是一句话，但对于很多人却是一件很为难的事情。

他们认为赞美是一种华而不实的象征，是一种虚伪的表现。然而我们不可否认，所有人都是喜欢被赞美的，都以得到别人的赞美为荣。因为如果得到了别人的赞美，就说明自己的行为得到了别人的认可和肯定或是支持，对赞美他的人自然会有种好感，从而增加了彼此间的感情。所以在社会交往中千万不要不舍得你的赞美之词。

遇到女士，一个"美女"的称呼就会让她对你产生好感，从而有了往下继续进行谈话的机会。

遇到男士，一个"帅哥"的称呼也会起到相同的效果。这是最为简单的赞美，不做作，完全是顺其自然，让人听了也舒服。你仔细观察就会发现，身边那些人缘好的男士，都是把"美女"挂在嘴边的人，也都是嘴巴比蜜糖还要甜的人。

当然赞美的措辞最好是恰当的，有分寸的，否则不但不会起到好的作用，还会适得其反，被赞美者不仅不会高兴，倒会因为你的不切实际的赞美而恼怒。有时候我们想博得别人的好感往往要对其赞美一番，但是有时候，赞美之言由自己说出，不免有恭维、奉承之意，如果能借用第三者的口吻对他人进行赞美，则避免了奉承之嫌，而且有时还能出人意料地使对方感到愉快和高兴。

无论在什么场合下，赞美都将是一个非常有效的工具，它可以帮助人们摆脱困境，实现预期目的，是与人交际最可靠最有效的手段之一。在生活中不要吝啬你的赞美，不要不舍得你的甜言蜜语，养成赞美的好习惯，不仅可以帮你在复杂的人际交往中游刃有余、左右逢源，还会让你有越来越多的朋友，让你拥有越来越美好快乐的人生。

舍得之间，保持平常心

　　得与失是人生中的平常事，舍与得之间，你需要一颗平常心。得之，不要大喜，不可贪得无厌；失之，切勿大悲，不可失去精神。不以物喜，不以己悲，得失坦然。

　　得也许是失去的开始，舍也许是得到的征兆。得失就这样交替出现于我们的生活中，在我们人生的每个阶段。有得必有失，有失必有得。既然得失是人生寻常事，那么，在得与失之间，我们就无须不停地徘徊、彷徨失措，更不必苦苦地挣扎和痛苦，我们应该用一种平常心来看待生活中的得与失，一切顺其自然。就像大自然有阴晴，月亮有圆缺，季节有冬夏，天气有冷暖。

　　而大地正因为奉献了泥土和水分，才有草木葱葱；正因为水的无私，才有鲤鱼跳龙门的欣欣向荣；正因为风儿的舍得，才有了在河畔轻轻舞蹈的"金柳新娘"；人失去了青春岁月，才能走向成熟……

　　得与失牵动着每一个人的心，要想让自己永葆年轻，活力永驻，就要保持一种得失坦然的心态，抛开舍与得的困惑，远离是与非的羁绊，多一分纯真，少一分计较，从而使自己的人生更加鲜活精彩。

　　毕竟万事如意只是人们的美好愿望，人生难得一帆风顺，谁都难免要遇上厄运和不幸。人类科学史上的巨人爱因斯坦，在报考瑞士联邦理工学院时，因三科成绩不及格而落榜，著名音乐指挥家小泽征尔在初出茅庐的一次指挥演出中曾被中途"轰"下场来。为什么这些困境没有摧垮他们？因为在他们眼里始终把困境看作是人生的一种磨炼，假如他们对当时的困境不能泰然处之，也许就没有日后绚丽多彩的人生。

　　世上有许多事情的确是难以预料的，成功伴着失败，失败伴着成功，人本来就是失败与成功的统一体。人的一生，有如簇簇繁花，既有火红耀眼之时，也有暗淡萧条之日，面对成功或荣誉，要像爱因斯坦、小泽征尔那样，不要忧悲，更不要自暴自弃。人，既要有战胜失败的勇气，也要能经受住成功的考验。失败了不要一蹶不振，只要奋斗了，拼搏了，就可以问心无愧。成功了要戒骄戒躁，这次成功不会代表你以后也会成功。得而不喜，失而不忧，才能在人生的旅途中把握自己，超越自我。

　　当然追求成功也就是一种追求得到的心理，谁都不想失去，谁都想得到。但是想得到而没有得到是正常的，没有想到而得到了你也不必太惊诧，人生本来就是一个充满戏剧性的过程。在得失之间，患得患失的滋味最让人生不如死，也最令人回味无穷。在充满得失的世上，人类生而获得，却无处不失落。

　　世上万物，从来就不会有绝对的利益，也不会有绝对的害处，得与失也是一样的道理。最重要的是你要寻求内心的平衡。在遇到得失时，心里要清楚什么对自己来说是最重要的，然后主动放弃那些可有可无、不触及生命意义的东西，求得生命中最有价值、最必需、最纯粹的东西。

要想正确看待得失，就要时常提醒自己，无论得到了什么，得到之后都有可能会失去，让自己在得到时懂得加倍珍惜，失去的时候也不至于无所适从。我们所应做的就是在"得到"时懂得珍惜。

如果你参透了得和失这一辩证关系，你悟到了得失亦是无常，你能用赏识的眼光对待得与失，用良好的心态对待得与失，用长远的眼光对待得与失，当你想明白了，想透彻了，你就会非常轻松，非常快乐！

赠人玫瑰，手有余香

社会上的每一个人，都不可能孤立地存在，每个人都和周围的人有着千丝万缕的联系，那么，这个人所做的事必然会对其他人有或多或少的影响，其结果又反过来影响到自己。有人把社会比作一张大网，把人比作这网上的一只小蜘蛛，不管这张网你是否喜欢，你都必须接受它，因为它是我们生存的基础。所以，一个人若想在世界上活得开心，就必须广结人缘，给人以方便，做事情的时候不能光考虑自己而忽略了别人，你爱别人，别人才有可能爱你。

"赠人玫瑰，手有余香"，蕴涵的就是这个道理。每个人都需要在被赞美、被关怀和被爱中建立他们的自信心、成就感和满足感，当你给他人送去一份关怀、一份尊重、一份赞美时，必定能收到别人对我们更大的回报，同时我们也收获了心情的平静与愉悦。

当我们拿起鲜花赠送给别人时，最先闻到芬芳的是我们自己。当我们抓起泥巴企图抛向别人时，弄脏的必然先是自己的手。所以说，善待别人就是善待自己，就好比为他人身上洒香水，自己也能沾上香气。一句温暖的话，一个友好的举动，都能深深地温暖别人的心扉。在关键的时候，你伸出了助人之手，那么，当你自己身处险境时，肯定也不会是孤军奋战。

这是一个真实的故事：19 世纪 90 年代初，有一天，一个名叫弗莱明的贫穷的苏格兰农夫正在田地里耕作。忽然，他听到了附近的沼泽地里传来一阵呼救声，他连忙丢下手中的活儿跑过去。到了那儿，他看见一个小男孩陷在了黑色的泥潭里，由于太过于惊恐，男孩不断地尖叫和挣扎，结果身体越陷越深。在这个关键时刻，弗莱明伸出了援助之手，沉着勇敢地将这个男孩从死亡的边缘拉了回来。

第二天，一个衣着华贵、气度不凡的贵族人士来到了弗莱明的家里，原来他就是那个小男孩的父亲，他带着重金来酬谢弗莱明对他儿子的救命之恩，但被弗莱明委婉地拒绝了。此时，农夫的儿子从简陋的农舍跑了出来。于是，在贵族人士的一再坚持下，弗莱明终于同意由贵族人士资助他的儿子上学。贵族人士希望农夫的儿子能成为像他的父亲一样勇敢和善良，让所有的人都为之骄傲的人。

农夫的儿子没有让人失望，他进了最好的学校读书，最后毕业于伦敦圣玛丽医学院，后来因为发明青霉素而享誉世界，他就是大名鼎鼎的亚历山大·弗莱明。许多年以后，贵族的儿子在二战期间患上了肺炎，而再一次拯救他的生命的就是青霉素。很多人都会认为这是一个巧合，是上帝的安排。难道这只是一个简单的巧合吗？这个贵族是伦道夫·丘吉尔勋爵，而他的儿子则是尽人皆知的英国前首相——温斯顿·

丘吉尔。

　　"赠人玫瑰，手有余香"，这句话用于这个故事是再合适不过的了。农夫的见义勇为让自己的儿子上了最好的学校，农夫儿子的发明又让贵族的儿子再一次躲过死神的光临，看来助人不仅是给别人机会，也是给自己机会。所谓"滴水之恩，当涌泉相报"，"受人一抔土，还人一座山"，虽然大发善心只在人的一念之间，但善心所结下的善果，却会永久地芬芳馥郁，香泽万里。

越懂得舍弃才容易被接纳

古往今来，人世间多少憾事、多少不幸、多少悲剧，都是因为争强斗狠，不能相容而发生。在当今这个世界上，每年都有成千上万的人因情绪偏激而付出了高昂的代价，因不能够忍耐而毁了自己的前程，因一时的感情冲动而结束了自己宝贵的生命。

人应该有勇气让步，并在此基础上求生存和发展，每个人都应该理智、冷静、持重，遇事要三思而后言，三思而后行。须知太阳不是为我而升起的，地球不是为我而转动的，哪个人都不是必不可少的。你做出了让步，并不代表你就是失败者，相反，你却从你的让步中赢得了世界的和平，关系的密切，感情的融洽。

清朝名臣左宗棠喜欢下棋，而且棋艺高超，少有敌手。有一次他微服出巡，在街上看到一位老者摆棋阵，并且在招牌上写着"天下第一棋手"。左宗棠觉得老人太过狂妄，立刻前去挑战，没有想到老人连出破绽，被左宗棠击败，左宗棠连胜三盘。左宗棠看到天下第一棋手都被自己打败了，心里非常高兴，志在必得，舍我其谁的自信心更加坚定。

接着，左宗棠去新疆平乱出征了。他平乱胜利回来时又见到老人，于是又和老人下棋。但是这次左宗棠竟然三战三败，被老人打得落花流水。第二天再去，仍然惨遭败北。这让左宗棠感到很迷惑，为何前后两重天？老人哪能在这么短的时间内进步如此之快？

老人笑着回答："你虽然微服出巡，但我一看就知道你是左公。上次我知道你即将出征，所以让你赢棋，从而增强你必胜的信念，好为国家平乱立功。如今你已胜利而归，我就不敢客气了。"左宗棠听了老人的话后感慨良久：这样看来，自己这次平乱成功还得感谢这位老人的"输棋"。输棋者明明有实力夺取胜利，却偏偏做出让步，这不光是对左宗棠的一种鼓励，同时也包含着输棋者的关爱与支持。

有一天，歌德漫步在魏玛公园，在一条小径上，遇到了那个曾经把他的所有作品贬得一文不值的批评家。这条狭窄的过道，只能通过一个人，他们面对面地站着。那个批评家十分傲慢，把头一昂，毫不退让地说："对一个傻子，我绝不让路！"歌德微笑着说："我却相反。"然后，站到了一边。

歌德的让步，避免了无价值的纠缠，不是胆怯，不是懦弱，不是无能，而是大度、智慧和勇敢。让步，实际上是一种妥协的技巧。学会让步，并不是代表你输了。虽然有些事不十分令人满意，但总有利益能让你接受；如果事事都要争个赢，吃不得一点亏，别人只好回避你，最后断绝与你来往。

这时你就成了真正的输家。

被称为"网络英雄"的比尔·盖茨，就是一个能以包容取胜的成功者。在 windows 还不存在时，他去邀请一位软件高手加盟微软。那位软件高手十分傲慢，不予理睬，最后禁不住比尔·盖茨的一再要求，同意见上一面，但见面后却讥笑说："我从来没有见过微软做得这么烂的操作系统。"比尔·盖茨丝毫没有因此而恼怒，反而诚恳地说："正是因为我们做得不好，才邀请您加盟。"

最终，那位高手被比尔·盖茨的这种包容精神折服了。从此，这位高手成了 windows 的负责人。正是因为比尔·盖茨的包容才使他获得了多种人才，微软才开发出了世界最盛行的操作系统。让步是一种雅量，也是一种风度；它可以化解许多不必要的冲突；它是人际关系的润滑剂，可以减少摩擦，缓和紧张关系。

春风可以解冻，温情可以消冰。夫妻之间的适当让步，可以增进感情；同事之间的适当让步，可以增进团结；朋友之间的适当让步，可以增进友谊。在一切非原则的分歧或矛盾面前，让步就是化干戈为玉帛的灵丹妙药。让步所追求的不是我赢你输，你赢我输，而追求的是双赢，追求共同走进阳光灿烂的日子。

第二章

逻辑思维：不断逼近问题的本质

很多时候，我们都无法做到在第一次对某问题进行思考时就触其本质，但却可以在遵守某种逻辑的情况下，做一次次的自我追问与深度思考。这样，就会越来越接近它的本质，直到有一天终于触及那个本质，并将它言简意赅地表达出来。

成功者骨子里都是逻辑大师

　　每个行业都有自己的做事逻辑，职业不同，分工不同，说话办事的逻辑不同。你搞技术一流，搞研发很厉害，让你去做销售，你还行吗？让你去做管理，还在行吗？

　　有人会说，我喜欢搞技术，搞研发，再说与人打交道的工作是最难做的，我为什么要去做？其实不是工作难做，是你不善于玩销售的逻辑、管理的逻辑。

　　在所有工作中，销售与管理工作，可能是最考验说服艺术的工作。同样是干销售，有人只能拿到底薪，有人却能拿几万几十万的月薪，与其说是他们的差别在于销售艺术，不如说是差在说服逻辑上。

　　有一则故事，说的就是这个道理。

　　有一个营销经理带了几个新兵，一天，他想考验下他们的能力，便出了道题：把梳子卖给和尚。

　　第一个人：出了门就骂，说和尚都没有头发，还卖什么梳子！于是转了一圈，回去告诉经理，说和尚没有头发，梳子无法卖！

　　第二个人：到一个寺庙找来一个和尚，说我想卖给你一把梳子，和尚说，我用不着。他说，这是经理的任务，你无论如何得买一把，于是和尚大发慈悲，就买了一把。

第三个人：也来到一个寺庙卖梳子，和尚说，真的不需要的。那人在庙里转了转，对和尚说，拜佛是不是要心诚？和尚说，是的。心诚是不是需要心存敬意？和尚说，要敬。那人说，你看，很多香客很远来到这里，他们十分虔诚，但是却风尘仆仆，蓬头垢面，如何对佛敬？如果庙里买些梳子，给这些香客把头发梳整齐了，把脸洗干净了，不是对佛的尊敬？和尚话说有理，就买了 10 把。

第四个人：也来到了一个寺庙卖梳子，和尚说，真的不需要的。那人对和尚说，如果庙里备些梳子作为礼物送给香客，又实惠又有意义，香火会更旺的。和尚想了想，有道理，就买了 100 把。

第五个人：也来到了一个寺庙卖梳子，和尚说，真的不需要的。那人对和尚说，你是得道高僧，书法甚是有造诣。如果把您的字刻在梳子上面，刻些"平安梳""积善梳"送给香客，是不是既弘扬了佛法，又弘扬了书法？老和尚微微一笑，善哉！就买了 1000 把梳子。

故事有些夸张，但很有启发意义。从中我们能看到每个销售人员的逻辑：

第一个人受传统观念的束缚太厉害，用常理去考虑销售，显然不适合做销售。

第二个人是在卖同情心，这是最低级的销售方法，叫作"叩头营销"，不是长久之计。

第三、四人为客户着想，以"顾客满意为宗旨"，所以多少有些说服力。

第五人不仅能够让顾客满意，简直达到了物我两重天的境界，他不只是在卖梳子，也是在卖服务，把顾客的价值最大化，自然也就不足为奇了。

从这个故事中，我们可以窥见销售的门道，其实就是有逻辑地说服。这里的"逻辑"，不是想方设法埋下陷阱让对方跳下的奸诈举动，而是将合乎常理的事情通过思维和语言的穿针引线，整理表达出来的说话技巧。

在现实生活中，所谓的说话高手，其实都是玩语言逻辑、思维逻辑的高手，他们不但善于发现逻辑、运用逻辑，而且也善于用清晰的逻辑去影响、改变别人。

办事不得力，逻辑有问题

　　狭义的逻辑既指思维的规律，也指研究思维规律的学科即逻辑学。广义的逻辑泛指规律，包括思维规律和客观规律。说得通俗一点，逻辑就是事物的因果规律，即通过归纳、演绎、推理等方法，透过现象看本质，探索客观事物的发展规律和内在联系，把知识和经验变成思想。一个人成长和进步的过程，其实就是逻辑思维能力不断提升的过程。

　　在日常生活中，很多人没有学过逻辑或受过逻辑思维训练，导致思考问题毫无逻辑可言。甚至有些人脑子里更是一锅糨糊，经常会产生一些奇葩逻辑、神逻辑。与这样的人交流，会产生诸多障碍，或者根本就无法辩论，就像生活在两个不同的世界的人，如果你跟他辩论，搞不好还会拉低你的维度。

　　小王是一家报社的记者，平时，闲下来会兼职写一些稿件。有一次，经朋友引荐，有家公司想找他写一个书评类的稿件，但是由于实在没有时间，他就把这件事发到了一个微信群里，希望大家给推荐几个合适的人。很快，就有一个人加了他微信，说自己想接这个活儿，并且发过 800 多字的文章。

　　小王说："我想向编辑引荐一下，不过，看了你的文章，才 800 多字，人家要求 3000 字，实在少了点。"

　　对方回复说："你这个人真笨啊，你再凑点字数，改一改给编辑不就好了。"

　　小王说："大哥，你才 800 多字，我要加 2000 多字才够，那不成了我写的吗？"

　　对方有些不高兴，过了半天回了一条信息，说："你这个人真是冷漠，大家都是圈里人，相互帮一下有什么难的……"

　　小王见他不可理喻，只好把他拉黑。第二天，他就在微信群里看到那位大哥批评他，而且还恶意贬损。

　　在这个故事中，很明显那位大哥说话的逻辑是有问题的，或者说，是他的逻辑认知出了问题，影响了他的思维方式，进而影响了他的情商，及对事的判断。可以想见，他抱持这样一种逻辑，在以后的生活与工作中还是会碰到各种的"不如意"。

　　在日常生活中，类似这样人也很常见，从心理学上讲，他们喜欢遵循这套逻辑：我弱是你必须帮我的理由，也是你的本分，不帮，是你的错，你要受到道德的谴责。同样，你有能力，就理应帮助我，不帮就是你不对。

　　正是因为一些人琢磨透了这套逻辑，并借用道德的包装，以"弱者"身份，在大肆破坏我们大家共同遵守的规则，而且还引导我们犯一些低级的错误——我们经常会站在上帝的视角审视所有人的行为：哇，这个人怎么可以这样傻？那家伙怎么那么自私？其实，不是别人傻，也不是别人自私，是你的逻辑出了问题。

在通往成功的路上，许多时候我们不是输在能力、学识上，而是输在逻辑上。你过得不顺利，缺少朋友，不善于沟通，不是因为世界不公平，是你的逻辑不合理。谁都知道马云有钱，每次有些地方需要捐款时，一大群人就会跑到马云的微博上说服马云捐款：才捐那么一点呀，那么有钱，怎么也得捐一个亿吧。

不错，对马云来说，即使捐一个亿也是九牛一毛，不差那点钱。但人家的钱不是偷的抢的，是合法经营赚来的，捐多捐少还用你操心吗？你没钱，捐个十块八块也不至于揭不开锅吧？在那嘟囔了半天，好歹也该拔个毛吧，结果是一毛不拔。

这些人逻辑很荒唐：仗"弱"欺人——你不照顾我这样的弱者，你就是理亏，弱者理应受到帮助，不需要理由与借口。遵循如此逻辑，那是不是说，我们都应该去体谅一个赤贫如洗的抢劫犯，去关爱一个为生计所迫的盗窃犯？

深入对方的主观世界

　　当我们与一个人交流的时候，必须要走进他的世界，从他的内心深处去体会他的感受，去了解他的生活方式，这样才能与对方进入更深层次的交流。只有抓住了对方的心理，才能与对方慢慢地建立共情关系。只有这样，我们才能准确地抓住对方的心理诉求，进而说服对方。

　　那么什么是共情呢？美国著名心理学家罗杰斯认为，它就是一种能深入他人主观世界，了解他人感受的一种能力。也有学者认为共情就是"要想了解他的世界，必须能与他同在他的世界里，了解他的生活方式以及他的目标和理想"。

　　也就是说，只有先走近对方的内心世界，委婉地把话说到对方的心窝里，你的一些观点、要求才更容易被对方接受。

　　比如，你新到一家公司上班，对身边的同事不够了解，但是通过几天的相处，或是在一起吃几次饭、喝几顿茶、聊几次天，便能从对方的身上找到许多相似点。当双方了解了彼此的特点与喜好，并找到了一些共同点，那交往起来就不会显得生疏。这个时候，沟通就会顺畅得多。

人们经常这样评价一位优秀的推销员：我感觉在和他聊天的过程中就好像是在和自己聊天一样。因为优秀的推销员在和顾客交流的时候尽量让声调、音量、节奏，甚至是身体姿态、呼吸频率都与顾客保持一致。这对于加强彼此的沟通，增进彼此的感情，无疑也是一个很好的方法。

清末，日俄战争的结束，对清政府震动很大。清政府认为日本以立宪而胜，俄国以专制而败，加上国内局势动乱，大清政权已经摇摇欲坠。为了加强皇权，巩固政府统治，决定实行新政，并立宪。

而此时清政府真正的统治者慈禧太后却坚决不同意，在朝廷上下一筹莫展的时候，载泽站了出来。他深知，慈禧根本不关心立宪与否，也不关心是否会成功，她的内心只在乎皇权是否还在自己的手中。于是载泽对慈禧太后说："立宪之前先得预备立宪，但是预备立宪需要花费 20 年的时间。"慈禧太后一听，心想：光立宪就要 20 年，而那时我早已不在人世了，到时能否立宪，与我没有一点关系。于是慈禧太后就欣然同意了立宪。

结果，用了不到 3 年时间就完成了预备立宪，并非像载泽说的那样需要 20 年。3 年之后，清政府颁布了《钦定宪法大纲》，立宪获得成功。

从这个简短的历史事件可以看出，巧妙地说服他人古已有之。如果载泽在说服慈禧接受立宪的时候没有准确地抓住她的心理诉求——即皇权，就不会顺利地说服慈禧太后。载泽正是看到了这一点，才向慈禧太后承诺在她有生之年，不管怎样立宪，皇权都不会落入他人之手。而慈禧的心理诉求得到了满足，便很痛快地答应了载泽的要求。

　　在说服别人的过程中，除了要学会换位思考，站在对方的角度考虑问题，还要了解对方的思维方式、语言逻辑，这样才能有的放矢，提升说服的效果。

用提问理清你的思路

大量的科学研究发现，提问在说服过程中是非常重要的一个环节。提问就像一把万能的钥匙，带你走进对方的世界，无声无息地偷走对方的心。我们可以把提问叫作"心灵捕手"。

我们身边充斥着很多语言类、聊天谈话类的节目，有的节目你看了又看，仍然觉得耐人寻味；有些节目不会让你在上面多浪费一分钟的时间。是什么导致这样不同的结果呢？

答案是提问。

好的提问紧紧抓住被采访者的内心，也牢牢抓住了观众的眼球。当谢娜或者何炅对获邀嘉宾提问时，我们的心都被抓得紧紧的，急切地想知道心中的偶像怎么回答。

对于我们的平常生活，提问也有着举足轻重的作用。都有哪些作用呢？

1. 恰当的提问让你掌握谈话的主动权

这是提问最直接也是最明显的一个优势了。无论什么情况下，你的提问至少能引起对方的注意，让对方的思路跟着你走。如果接下来的谈话愉快的话，主动权就牢牢掌握在你手上了。

我们上学时，最怕的就是老师的提问了。因为老师总是比你知识渊博，你不清楚他到底问哪一段，因此极度恐慌。但如果是我们问老师问题呢？其实，老师也会害怕的。老师只是在某个方面比你知道得多，其他方面，就不一定了。因此，谁来提问，谁就占尽优势。

2. 提问让事情出现转机，为你赢得更多时间

当你提了一个问题之后，对方总是会先想想自己的答案再说出来，这也就恰恰帮助你赢得了更多的时间去准备接下来的问题。在对方思考的过程中，你还可以加以引导，让对方向你倾斜。

3. 提问给了你倾听的机会

谈话中倾听是非常重要的，不要以为说得多才叫说得好。提问后，对方肯定会整理思路和答案，同时你也要收紧心思听听对方的弦中之音和言外之意，有时没准会得到意外的收获。

另外，用心聆听，也是对说话人的一种尊重。

4. 提问可以引导对方想你所想，思你所思

"周星驰的电影真的很好看，不是吗？"这类反问无关某

人的品德和对任何事件的影响，所以更容易得到对方的认可。"如果有白色的，一定比黄色的卖得更快，你肯定也喜欢白色是吗？"这就是一句引导式提问的经典话语。凭借这种提问，不仅让对方多一些对你的认识，也不知不觉跟着你的意识走。因为在大多数人的内心中，大众都接受的一定是好的，穿一件白色衣服出去至少不会被人当作例子嘲笑，因为大家都喜欢白色的。这就叫作"从众心理"。

5. 提问使你直抒胸臆，减少猜测

双方的定论一般都是在讨论后得出的，而前提是有个好的问题设置者。互敞胸怀，直抒胸臆是最好的谈话方式。沉溺于猜测的拉锯战式问答只能让过程越来越长，使人越来越没有信心。提问也让你显得对这个问题很重视，是深思熟虑之后才提问的。

6. 通过提问可以肯定对方的思维结果

一问一答间能增进彼此的了解程度和友谊，使感情更加容易沟通。同时也更容易消除对方的疑虑，一旦对方说出了他们的心里话，尤其是当对方说出你想听到的答案时，你一定要及时地肯定他的想法，进一步探寻对方的心思，这样离成功也就不远了。

7. 用提问理清自己的思路

提问者往往是在思考之后，才提出问题的。没有仔细

思考，是提不出有价值的问题的。此外，有一些问题不能直接说明的时候，我们可以用另一种提问的方式来问对方。隐讳的语言不仅不会使事情陷入尴尬，还能让对方无所遁形。

而且最奇妙的是，事情往往在这时有了转机，自己的思路也更加清晰了。所以，提问也是一个趁机理清自己思路的机会。

8. 提问让你的目的变得真诚

为什么这么说呢？让我们来看看以下几个句子表达的效果就知道了。

"给我开一下门。"

"请问开一下门，好吗？"

"打扰一下。"

"可以占用你一点时间吗？我有事想问你。"

提问的方式使话语间缠绕着一种柔和的魅力，这种柔和使对方不能拒绝你的要求。况且，你没有任何权利对别人发号施令，提问的方式能提升你的亲和力。

1930年，卡耐基组织专家、教授、学者进行了长时间的讨论，得出了一个符合心理学法则又能引导人们行动的提问结构，即"魔鬼公式"：

第一步，问出你想知道的实例和细节，生动地说明你想传达的意念；

第二步，以详细清晰的语言，问出你的重点，要对方做什么。

第三步，问问对方这么做是不是给自己带来了好处。

这一应用几乎被所有的口才书转载，当然这不是记住法则内容就可以马上应用的。只有在实践的磨合中，你才能找到最适合自己的那套"魔鬼公式"。

好的问题具有"杀伤力"

平凡、烦琐、毫无杀伤力的发问已经过时了，在每个人都很注重沟通、也学会反沟通的时代，你需要给你的说服提问术来点新花样，我们要与时俱进。多用些小技巧，不仅可以帮助你成功说服对方，关键时刻，还能帮你化解大麻烦。

这就需要不断地注入活力和创意，乏味的问题让人们唯恐避之而不及，更不要说得到深入交流的机会了。只有有足够"杀伤力"的提问才是快速打动人心的法宝，也值得我们每一个人学习。根据多年的研究总结，以下四种方法是说服对方成功率最高的方法，也是现实生活中使用最广的方法。

1. 乘虚而入法

这种方法要求你在明确自己的目的的情况下，不直接向对方发问，而是先让对方选择一个自己已经准备好的答案，再开门见山地对其进行说服。此时对方一定措手不及，再加上详细、耐心的劝导，相信没有人会拒绝你。

这里以一个实际推销的案例来加以说明。当对方打开门的时候，除了亲切的问候，千万不要说："你好，请你试用下我们公司的最新产品好吗?"这样会让对方迫切地想关上门。因为对方并不能确定这种产品会不会对身体造成危害，当然还有其他很多疑问，只能关门了。

小红当时是这样说的："先生，你好，请问你用过最省电的抽油烟机吗?"

主人："哦，我们家有一个普通的，不过挺费电的!"

小红继续说："您现在就可以试试我们公司最新出品的这款省电抽油烟机的效果。"说着，他从身后拿出他要推销的产品，并附上极为详尽的说明书。

结果当然是不言而喻的，主人很快接受了他的说服，最终买下了这款产品。

2. 肯定深入法

这个方法是指把你从说服开始到最终结果的过程，划分成一连串小问题，而每一个小问题都有一个你想要的肯定答案。当对方做出了一连串的肯定回答时，你会发现，你已经快到达胜利的终点了。也就是说，让对方从一开始就说"是"，把对方慢慢引入你设计好的"圈套"。

这个方法需要你有准确的判断能力和清晰的逻辑思维能力。只要每一个问题层层深入，只要对方无处可躲，你就一定能说服成功。

小强是一家上市的广告公司的策划，他对最近的策划方案非常满意，于是想极力推荐给总监。他是怎么做的呢?

小强："总监好，我们公司去年的业绩似乎不太好，对吗?"

总监:"是啊,不怎么理想!"

小强:"或许是因为我们做的东西太千篇一律了,别人看不到我们创新的地方。"

总监:"肯定会有这方面的原因,上次一个公司的老总给我打电话也提到了,我也正为此头疼呢。你有什么好的想法吗?"

小强:"总监,我不知道我的方法对不对。我知道现在堆在您这儿的策划方案有很多,如果有题材更新颖的,是否愿意优先考虑呢?"

总监:"可以啊,拿来我看看吧。有这样的策划方案可是求之不得啊!"

小强:"总监,我正好带了,您看看……"小强拿出自己的策划方案,交了上去。

我们可以从这个例子中学到小强很优秀的说服方式和技巧。

3. 引鱼上钩法

引鱼上钩说白了就是要激发对方的好奇心或者关注点,进而攻克对方的心理防线,就像钓鱼一样,先抛给它一个饵,引其上钩。具体说就是,故意讲一些能激发对方好奇心的话,也可以先吊吊他的胃口,没准他会主动来找你。

这可说是几乎百试不爽的提问绝招了,但是千万不要让对方觉得你是在耍花招,这样反而会引起对方的反感,使事情半途而废。

4. 欲扬先抑法

所谓欲扬先抑法，就是要诱"敌"深入，先肯定对方的观点，让对方不会对你的见解过于排斥，然后再进一步让自己的观点深入对方的思想中去。这个过程中，有技巧的提问也非常重要。

说服者要懂得察言观色，如果对方态度温和，没有强烈反对，则可尝试说服对方。但要注意的是：如果对方非常反对，不容辩驳，则要适当地放下自己的说服心态，不能一味地死缠烂打。

小华不爱陪妻子逛街，觉得很累而且很无聊。他们因此常常吵架，搞得鸡飞狗跳的。女人通常比较喜欢这些，尤其希望自己的爱人能够陪自己逛街。可小华却觉得逛街实在是浪费时间、浪费生命，最重要的，每次都是为逛街而逛街，又不真正需要买什么东西。小华为了说服妻子不让自己陪她逛街进行了如下对话。

妻子："你是我老公啊，你明明说以后什么都听我的，可是连逛街这样的小事都不肯陪我！哼！"

小华："我当然打心眼里听你的了，你说什么我都会听你的。"

妻子："这你就扯谎了吧?"

小华："咱们的关系一直不是挺好的吗，你说因为什么啊? 不就是因为你爱我、我爱你吗? 而且我觉得咱们俩是你对我更好，但是你对我好肯定是因为我有魅力嘛，如果我只是一个什么都不干天天陪你逛街的男人，你还会像以前一样爱我吗？可能那时你都不希望我跟你一起出门了吧。"

妻子："你……"

妻子听到这样的话，也只能语塞。

聪明的说服者，提问应该是步步为营的。但有些人就不是这样，最后不仅没有达到自己的目的，反倒被对方牵引过去，成了反派，这就是典型的"偷鸡不成蚀把米"。所以我们的每一个问题都要力求明朗、干净、有效果，如果总是问些模棱两可的问题，等于是给自己的说服倒了一盆浑水，浑水里怎么能摸到鱼呢？

有多少与我们生活中有关幸福的元素，在"成功"的借口中被我们忽视、漠视、摈弃。《史记》中云："利令智昏"，一个人为了"利"，最容易丧失自己的理智而做出蠢事，把自己推进泥潭。而世俗的成功，无一不与"利"有关，就这样，所谓的"成功"变质成了一味毒药毒害幸福的肌理，而我们却欲罢不能。

系有黄金的鸟不能自由地飞翔，物化的成功最容易成你心灵的负累。我们应该拒绝的是平庸，却应当允许自己平凡。拥有一颗平常心，我们就可以看清很多人和事的本来面目，使我们不再急功近利，不再忧心忡忡，那样，做起事来必然沉得住气，耐得住心，有条不紊地一步一个脚印，这反而更容易走向成功。

当然，这里所说的平常心，并非就是拒绝成长，拒绝雄心。过分地淡泊名利、克制欲望并不值得提倡。《菜根谭》中有云：淡泊是高风，太枯则无以济人利物。大意是说，把功名利禄都看得淡本是一种高尚的情操，但是过分清心寡欲而冷漠，对社会大众也就不会有什么贡献了。可以这样说，人类正是因为有了雄心壮志，才学会直立行走，才从昔日的刀耕火种发展到今天的九天揽月。

那么，如何做到既有雄心又不被这种雄心所累？——"以出世的态度做人，以入世的态度做事。"这句话是从著名的美学家朱光潜的一篇文章中提炼出来的。朱光潜在一篇文章中提到了两种人生态度："绝世而不绝我"和"绝我而不绝世"。他指出理想的人生态度应是"以出世的精神做入世的事业"。朱先生的文章写于80多年前，但历史的灰尘终掩盖不住其深邃的思想。

人生之旅，难免坎坷重重，这时我们要以超然的态度去对待，这就是所谓的出世。生而为人，要做事谋生，积极主动地用有限的人生去造就更大的辉煌，这就是所谓的入世。出世与入世的态度聚于一身，看似矛盾，其实却是一种矛盾的统一，是一种互补，一种和谐的关系。"以出世的态度做人"主要指的是人的心态，是一种做事之外的超然的态度。"以入世的态度做事"是指人的行动。二者不可偏废，更不能颠倒。

用逻辑破局更容易

　　世界上没有完全相同的两片树叶，更没有完全相同的两个人，每一个人都有其特点，更有其不同的需求。一段精妙的话，对一个人适用，却未必适用于另外一个人。一大堆外形相似的钥匙，往往只有一把可以打开对应的锁。

　　在某件事情上，不同的人有不同的立场，有不同的想法，有不同的逻辑。如果大家能想到一块儿，立场相同，观点相近，那说服对方并不困难。如果大家的立场相左，处理问题的思维逻辑也大相径庭，就算你一味强调自己的逻辑，也很难打破这个僵局。

　　说服对方，自己除了要有清晰的思维逻辑、语言逻辑，还要了解对方在某件事情上的立场、观点，以及处理问题的思维逻辑。许多时候，只有顺着对方的逻辑说话，进行巧妙的引导，才更容易说服对方。

　　比如，在生活中我们都曾遇到保险推销员。许多时候，我们不买保险的逻辑是：既然保险那么好，为什么还要到处推销，而且推销的成功率又那么低？说明它并没有推销员描述得那么好，而且其中可能有猫腻，既然有猫腻，那我为什么要买？把钱存在银行不更保险吗？

有些推销员不理解客户的这个逻辑，一味地强调保险的好处，而且，他越是强调这些好处，越会引发对方的抵触情绪。高明的销售人员能吃透对方的这种心理，会从对方的逻辑入手，撬开对方的心门。

晓晔是一位海外留学归来的律师，她的父亲是亿万富翁，所以从来没有考虑买一份人寿保险。

有一天，保险公司的业务员彬彬找到了她，希望她投一份保险。晓晔对她说："你的观点我明白……依你的看法，什么人才需要人寿保险呢？是不是那些每天都得工作的人，才需要人寿保险？"

听了她的话，彬彬说："你不是有一份工作吗？"

晓晔："那完全不同！我工作的原因，不是因为我需要收入！"

"那你为什么要做现在的工作呢？"

"因为我觉得用自己的钱，心里比较舒服。"

"你给我的感觉是：你是一位很有个性，不想依赖他人，想自力更生，有自尊并且活得很有尊严的职业女性，我说得对不对？"

晓晔表示同意。

接着彬彬说："你父亲虽然是大富翁，但和我们今天所谈的主题没有关系。我想说的是，我们每个人是如何依照自己的个性和意愿，过着很有尊严的生活。你那么富有，假如我每个月给你500元美金，会使得你更加富有吗？假如我每个月从你身上拿走 500 元美金，会令你贫穷吗？对你有丝毫的影响吗？没有！那么好了，请你立刻把 500 元美金交给我，让我立刻为你创造你想得到的永久性的个人自尊和尊严，好吗？"

"……"

晓晔被说服了，心甘情愿地给自己买了一份保险。

为什么彬彬寥寥几句话，就让晓晔让改变了主意，转而投保呢？

很简单，是因为逻辑的力量！

晓晔老爸是大富翁，但她很有自尊，彬彬正是紧紧抓住了这一点，用简短的话说服了她，让对方知道，买保险不是买别的，买的是人的尊严。如果她换一套逻辑，强调现在投保，将来会几年拿回本钱，还能获利多少，如何划算……或许根本激不起对方的兴趣。

对待同一件事情，每个人都会为自己找一个逻辑，然后推理出自己想要的观点。所以，要改变对方的观点，就先改变他的逻辑。如果改变不了对方的逻辑，那就顺着对方的逻辑，说自己的理，让他的逻辑来变向支撑你的观点，从而在别人的逻辑里来证明自己。可见，说服不在于你有多聪明，而在于你善于引导对方得出你想要的结论。

第三章

创新思维：成功不是墨守成规

在英文中，创新一词起源于拉丁语。它原意有三层含义，第一是更新，第二是创造新的东西，第三是改变。创新是人类进步的动力和源泉。成功者成功的一大要素，就是他们敢于打破传统，勇于改变，在改变与创新中寻求发展。

突破思维定式

　　这是个挺有趣的实验，实验对象必须是受过教育的成年人。

　　提问：三点水右边加一个"来"字念什么？

　　答：念"涞"。

　　再问：三点水右边加一个"去"字呢？被问者至少有一半以上顿时语塞，有的甚至当即断然回答"根本就没有这个字"。

　　而实际上，这个"法"字的使用频率远比"涞"字高得多。一般情况下，认识"涞"字的人不会不认识"法"字。那么问题出在哪里呢？这就是思维定式的作用了。

　　三点水加一个"来"念成"涞"，这是汉字中典型的"左形右声"字。当你回答了这个简单的问题之后，一种思维定式便悄悄地左右了你的思路，当提问者借汉字中"来"与"去"相对应的定式发问时，你多半会立即按照"左形右声"的思维方式加以考虑。而"法"却并不念"去"，于是立即否定了这个常用字的存在。

　　问题就是这么简单，却又如此令人不可思议。当然，这种"定式"必须有其成因——形成这种定式所需要的知识结构。若以同样的问题向小学三四年级的学生发问，"上当"的人就几乎没有。这是因为他们还不具备形成这种定式的知识结构。

这是"惯性"造成的思维定式，在取舍、肯否之间很容易形成"定而不移"之势。唯一可行的解除定式的办法，就是极大地开阔我们的视野，改变我们既有的思维方式，时刻警惕陷入"经验"中去。

哈佛刚毕业的女大学生菲娜到一家公司应聘财务会计工作，面试时即遭到拒绝，因为她太年轻，公司需要的是有丰富工作经验的资深会计人员。菲娜却没有气馁，一再坚持。她对主考官说："请再给我一次机会，让我参加完笔试。"主考官拗不过她，答应了她的请求。结果，她通过了笔试，由人事经理亲自复试。

人事经理对菲娜颇有好感，因为她的笔试成绩最好。不过，菲娜的话让经理有些失望，菲娜说自己没工作过，唯一的经验是在学校掌管过学生会财务。他们不愿找一个没有工作经验的人做财务会计。人事经理只好敷衍道："今天就到这里，如有消息我会打电话通知你。"

菲娜从座位上站起来，向人事经理点点头，从口袋里掏出1美元双手递给人事经理："不管是否录取，请都给我打个电话。"

人事经理从未见过这种情况，竟一下子呆住了。不过他很快回过神来，问："你怎么知道我不给没有录用的人打电话?"

"您刚才说有消息就打,那言外之意就是没录取就不打了。"

人事经理对年轻的菲娜产生了浓厚的兴趣,问:"如果你没被录用,我打电话,你想知道些什么呢?"

"请告诉我,在什么地方不能达到你们的要求,我在哪方面不够好,我好改进。"

"那 1 美元……"

没等人事经理说完,菲娜微笑着解释道:"给没有被录用的人打电话不属于公司的正常开支,所以由我付电话费,请你一定打。"

人事经理马上微笑着说:"请你把 1 美元收回。我不会打电话了,我现在就正式通知你,你被录用了。"

就这样,菲娜用 1 美元敲开了机遇大门。求职时,被人拒之门外的事,时常发生。你是否做过像菲娜这样打破常规的事呢? 答案大都是没有,为什么我们不愿意去做呢?

只有好思路才能有创新

人如果具有强烈的创新意识，经常用创新思维思考问题，必定会带来新的经营和发展的思路。

有一个聪明的苹果供应商总是能想出好的办法来让自己的产品有好的销量。有一年，市场预测该年度的苹果将供大于求，使得众多的苹果供应商和营销商暗暗叫苦，他们似乎都已认定：他们必将蒙受损失！

但是，这个供应商却没有陷入这种普遍的认识中，他想：如果在苹果上增加一个"祝福"的功能，即只要能让苹果上出现表示喜庆与祝福的字样，如"喜"字、"福"字，就准能卖个好价钱！

于是，当苹果还长在树上时，他就让果农把提前剪好的纸样贴在了苹果朝阳的一面，如"福""寿""喜""吉"等。由于贴了纸的地方阳光照不到，苹果上也就留下了痕迹——比如贴的是"吉"，苹果上也就有了清晰的"吉"字！

结果，这样的苹果一上市就供不应求，这位供应商的生意异常红火。其实想想，这样的苹果、这样的创意也的确领先于人，因为这样的苹果是别人所没有的。

　　到了第二年的时候，那位供应商的办法别人都学会了，这时，他又想出了个好办法：他的苹果上不仅有"字"，而且还能鼓励青睐者"成系列地购买"——他将他的苹果一袋袋装好，且袋子里那几个有字的苹果能组成一句温馨的祝词，如"祝您寿比南山""祝你们爱情甜美""祝您中秋愉快"等，于是人们再度慕名而至，纷纷买他的苹果作为礼品送人！所以，他的苹果仍然卖得最火。

　　思维需要不断地转变，才能产生更多的新奇思路。如果你想要在某一领域保持领先地位，就不要老是跟在别人后面走，而应该积极去探索，寻找新的东西。有探索才会有创新，有创新才会有好的思路，从而更容易成功。

　　《伊索寓言》里有一个很富启示的小故事：

　　一个穷人在一个暴风雨的日子到富人家讨饭。那富人家的仆人呵斥道："滚开！"穷人说："只要让我进去，在你们的火炉上烤干衣服就行了。"仆人以为这不需要花费什么，就让他进去了。这个可怜的穷人，这时请求仆人给他一个锅，以便让他"煮点石头汤喝"。

　　仆人听到后感到很惊讶，同时也很好奇："石头汤？我倒想看看你怎样用石头做成汤。"穷人于是到路上拣了块石头洗净后放在锅里煮。

　　过了一会儿，穷人说："这汤总得放点盐吧！"于是仆人给他一些盐，后来又给了些碎菜叶，最后，又把能够收拾到的碎肉末都放在汤里。

　　结果呢？这个穷人当然是美美地喝了一锅肉汤。试想，如果这个穷人开始时就对仆人说"行行好吧！请给我一锅肉汤"，肯定什么也得不到。

因此，伊索在故事结尾处总结道："坚持下去，方法正确，你就能成功。"

在如今这个新事物层出不穷的变革时代，创新已经变得极其重要了。这不仅是生存的需要，更是发展和成功的需要。创新失败已经不是耻辱，不创新才是耻辱。今天一个人要想立足于社会，将以有无创新意识和创新能力来最终论定成败。

曾有这样一个故事：

一群老鼠为了求生存，研制出一种机械鼠来对付出没无常的大花猫。它们每次在出洞前总先放出机械老鼠，让大花猫疲于奔命地去追赶，然后出洞大胆地去觅食。

日子一天天地过去了，老鼠们也慢慢习惯了没有大花猫威胁的生活，每天只要放出机械鼠之后，便大摇大摆地走出洞口，四处搬运食物。

这一天，它们还和往常一样，放出机械老鼠后，又在洞中静静等待大花猫离去的脚步声。

过了一会儿，只听得大花猫的脚步声越来越远，小老鼠们便想走出洞去。可大老鼠说："等等，今天大花猫的脚步声不大对劲，小心其中有诈！"老鼠们又等了一会儿，洞外又传来一阵狗叫声。既然有狗在附近，那只大花猫一定逃之夭夭了，于是老鼠们放心地钻出洞口。哪想到，大花猫居然还守在那里，当它们出来后，全落入大花猫的爪下，无一幸免。大老鼠心中不服，挣扎着问大花猫："我们明明听见狗的叫声，你怎么还敢待在洞口？"

大花猫笑着说："你们都进步到会生产机械老鼠了，我不赶紧掌握几门外语，就该失业了！"

有创新才有发展，有创新才有好思路，从而才有成功。成功者不是天生的，他们的经历告诉我们，获得成功难，但难就难在创新和变革这关，谁能迈得过去，成功之门就会为谁打开。美国管理专家德鲁克曾说："创新是创造了一种资源。"事物的确也是如此，不破不立。有句名言也曾讲过，当你知道想往哪走时，这个世界会为你让出一条路来。

创新不需要天才，创新只在于找出新的改进方法。创新也不是难于登天，有时只需要一个小小的改变，只要能跳出传统守旧的观念，将自己的思维方式巧妙地变一变，往往就会产生意想不到的效果。正如有人所说："你只要离开常走的大道，潜入森林，就肯定会发现前所未有的东西。"

著名的建筑大师格罗培斯设计的迪士尼乐园主体工程竣工后，对园内景点与景点之间的小路不甚满意，修改了几十次，都不太理想，他只好放下这项工作到国外去度假。一天，他在法国南部的一个葡萄园门口，发现买葡萄的人络绎不绝，人们只要往园门口的箱子里投几个法郎，便可到园子里随意摘上一篮葡萄，这种任意采摘的方法，吸引了许多过往的人。格罗培斯看了顿生灵感，当即打电话通知乐园施工者，在园内撒上草种，提前开放。园内的小草长出来了，在没有道路的景点与景点之间，游人踩出了许多小路。第二年，格罗培斯按照踩出的痕迹，铺出了人行小路。这些黄色小路点缀在绿草之间，纵横交错，幽雅自然，美不胜收。后来，他的设计获得了 1971 年"世界最佳设计"奖。

　　人的可贵之处就在于创造性思维，但创新并不是多么高深莫测的，人人都会创新，也能创新。穷人能讨到饭吃，便是创新；把别人认为不可能的事做成了，便是创新。

不畏险阻，才有突破

人类的进步需要新生事物来推动，人类需要创新。但创新因为是要创前所未有，所以没有平坦的大道，它要求创新者积极探索、不畏艰难劳苦，才能到达理想的境地。

一个人在创新的路上，无可避免地会面对大自然的刁难和人类的阻挠。大自然中的偶然性的因素即机遇，是可遇不可求的，它千载难逢，一闪而过。为了捕捉这样的机遇，无数人付出了巨大的心血。另外，人类的进步又将人类武装起来，以图墨守成规，安于现状，从而又会阻碍新事物的生产。

所以，一位成功者，在取得成功的过程中，一定付出了艰苦的劳动，一定经过了无数次的失败。

牛顿是世界一流的科学家，当有人问他到底是通过什么方法得到那些非同一般的发现时，牛顿这样表述他的研究方法："我总是把研究的课题置于心头，反复思考，慢慢地，起初的点点星光终于一点一点地变成了阳光一片。"正如其他有成就的人一样，牛顿也是靠勤奋、专心致志和持之以恒才取得巨大成就的，他的盛名也是这样得来的。放下手头的这一课题而从事另一课题的研究，就是他的娱乐和休息。

牛顿曾说过："如果说我对公众有什么贡献的话，这要归功于勤奋和善于思考。"另一位伟大的哲学家开普勒也说过："只有对所学的东西善于思考才能逐步深入。对于我所研究的课题我总是追根究底，想出个所以然来。"

不避艰难，积极探索是所有成功者共同的特征，而浅尝辄止者必定没有什么收获。据说有这样一个故事：弗兰克曾对爱因斯坦说，有一位科学家坚持研究一些非常困难的问题而成绩不大，但却发现了许多新问题。爱因斯坦感叹地说："我尊敬这种人。但我不能容忍这样的科学家，他拿出一块木板来，寻找最薄的地方，然后在容易钻透的地方钻许多孔。"

爱因斯坦不能容忍的这种科学家确实存在，他们或急于名利，或迫于应付，或短于见识，匆匆忙忙地"钻了许多孔"，数量可观，但质量不高，既无实用价值，又未解重大理论问题。

成功来自积极的努力，它从不自动上门。有些人以为只要想想机会就会降临，只要摸索摸索就可以成功，但其结果是很糟糕的。我们只有具备了与人斗、与天斗的大无畏精神，与种种困难斗争，才能有最终的成果。大发现、大发明，都是长期艰苦劳动的产物，是汗水的结晶。不打持久的艰苦战，绝不可能获得重大的成就。

为了研究放射性元素，居里及其夫人数年如一日，百折不挠，坚持不懈地进行着繁重的工作。他们一公斤一公斤炼制铀沥青矿的残渣，从数吨铀矿残余物中提炼出只有几厘克的纯镭氯化物。他们工作的条件非常艰苦，奥斯特瓦尔德参观了他们的实验室后说："看那景象，竟是一所既类似马厩，又宛如马铃薯窖的屋子，十分简陋。"他们在困难条件下艰苦奋斗，最终获得了卓越成就，令后人肃然起敬。

有心人天不负，有志者事竟成，确实如此！

创新者经常需要面对人类的责难。这时，更需要有坚持下去的勇气和毅力。

帕拉塞尔苏斯1493年生于欧洲苏黎世，他为了否定举世公认的古罗马最伟大的医学家塞尔苏斯，给自己起了一个非常简洁明快的名字——帕拉塞尔苏斯，意即"超过塞尔苏斯"。

帕拉塞尔苏斯似乎生来就是为了向这个世界挑战的。他蔑视一切传统，尤其对当时的医学实践更是不屑一顾，公然将传授一千多年的教科书扔进学生集会的篝火里。他主张放弃一切传统的医学手段，而从实践中创新出一种全新的化学疗法。如果说"与世无争"是一种传统美德的话，那么帕拉塞尔苏斯的确是大逆不道。

他曾尝试着用盐、水银等物质合成去治疗使整个欧洲束手无策的一种前所未有的疾病——梅毒，给绝望之中的医学界带来了一缕希望的曙光，而这种疗法的效果又不能不使皓首穷经的传统医学界瞠目结舌。

人类的进步，科学的发现并非都是靠那些讨人喜欢的人去推动，人和人的行为本身并不无好坏之分，只有当他的行为与社会和历史发生碰撞后，从产生的后果上看，才能分辨出好与坏。从这个意义上讲，帕拉塞尔苏斯的贡献对人类进步来说是无可比拟、弥足珍贵的。遗憾的是，人们对不符合自己习惯的事总是飞短流长、说三道四，即使是给他们自己以生命和幸福的人也不轻易放过，这的确是人们的不幸。但正是有了像帕拉塞尔苏斯这样一些满怀激情的人们，才有了如此绚丽多彩的今天，我们没有任何理由不对他们表示敬意。

1552 年，帕拉塞尔苏斯在瑞士巴塞尔用全新的化学疗法治愈了著名的新教徒、印刷商约翰·弗洛本尼留斯的腿部感染，把他"生命的一半从地狱里带了回来"，从而享誉整个欧洲。巴塞尔市政厅不顾医学界的反对，坚持让帕拉塞尔苏斯在大学任教，才使他那些离经叛道的新世界观得以传播。

尽管在当时，帕拉塞尔苏斯是一个很不讨人喜欢的人，不仅他的说教，就是他的生活恐怕也难以让传统势力所接受。但他给人类带来了一个启示，那就是任何发明、发现和创造实际上产生于一种人格，即毕生无畏地去探索、去追求、去奋斗的人格，只有这样，人类才能在实现自己理想的道路上有所前进，有所进步。而那些死背教条、墨守成规的人，即使皓首穷经也无济于事，因为科学和进步不可能回首反顾，否则人类就永远不会走出自己童年的摇篮。

人类需要进步，人类需要创新，创新需要不畏艰难。一旦养成了一种不畏劳苦、敢于拼搏、锲而不舍的品质，无论我们干什么事，都能在竞争中立于不败之地。即使从事最简单的工作也少不了这些最基本的"品格"。

别让旧观念束缚了头脑

创新最怕旧观念的束缚，而现实中大多数人总是倾向于守旧的。我们只有不断努力，冲破旧观念，才能适应这个快速变化的时代。

保尔·霍夫曼是奥拉克尔公司主管全球通讯的前任副总裁，他说："由于现在每一件事都很复杂，所以要想有一种超前意识是比较困难的，这正像人们所说的计划赶不上变化。不像过去，你在学校里受教育或是在其他什么地方得到锻炼后有了一份工作，多年以后你忽然发现自己不过在习惯性地做一件事，你所从事的事业不过是一种惯性运动。但是在当今的社会，这种情况不能再继续了。"

尽管霍夫曼有着丰富的社会和工作经验，但面对挑战，他也在不断地进行着技术和知识上的更新。"尽管你不是领导，但是为了使你更具工作能力，你就必须不停地学习，不停地接受教育。"他说，"现在的这种情况使经营变得很有刺激性。同时，一旦你加入这个行列中，你就会马不停蹄，累得你上气不接下气。你停不下来，因为你所从事的事业没有终点，你不断地应战，不断地往前冲，否则你就会因落后而被淘汰。"

人一旦被原来的观念束缚住，就会拘泥于过时的看法和做法而不愿改变，然后就是落伍，最终是淘汰。我们现在的时代是一个急速前进的时代，如果不愿努力去适应，不能跟上时代，结果成为活化石，那是很可怜的。安于现状，被老观念所限，只会使你丧失取得更卓越成就的机会。所以，我们要勇于突破自己的局限。用新的眼光去看世界，切莫在老、旧的观念中沉湎，切莫让自己失去向上发展的勇气和动力。

一家效益不错的公司的总经理叮嘱全体员工："谁也不要走进6楼那个没挂门牌的房间。"但他没解释为什么，员工都牢牢记住了总经理的叮嘱。

两个月后，公司又招聘了一批员工，总经理对新员工又交代了同样的话。

"为什么？"这时有个年轻人小声嘀咕了一句。

"不为什么。"总经理满脸严肃地答道。

回到岗位上，年轻人还在不解地思考着总经理的叮嘱，其他人便劝他干好自己的工作，别瞎操心，听总经理的，没错。但年轻人却偏要走进那个房间看看。

他轻轻地叩门，没有反应，再轻轻一推，虚掩的门开了，只见里面放着一个纸牌，上面用红笔写着：把纸牌送给总经理。

这时，同事们开始为他担忧，劝他赶紧把纸牌放回去，大家替他保密。但年轻人却直奔16楼的总经理办公室。

当他将那个纸牌交到总经理手中时，总经理宣布了一个惊人的决定："从现在起，你被任命为销售部经理。"

"就因为我把这个纸牌拿来了?"

"没错,我已经等了快半年了,相信你能胜任这份工作。"总经理充满自信地说。

果然,上任后,年轻人把销售部的工作做得非常好。

像故事中的年轻人一样勇于走进某些禁区,你会采摘到丰硕的果实。打破条条框框的束缚,敢为天下先的精神正是开拓者的风貌。

人总是矛盾的,想要变化却又害怕变化。然而企业却很讨厌守旧的人。如果企业里这样的人一个一个增加,企业的将来就危险了,很多事例无一例外地证明了这一点。企业经营必须能应对时代和环境的急速改变。随着年岁的增长,这种守旧倾向会越来越严重。你如果想在五六十岁以后还做一个成功的领导和主管,你就必须克服守旧思想,那么,首先你要认定自己是否守旧,是否总是被旧观念所束缚。那么,请你检讨一下自己,依据下列 40 个项目检验自己究竟是不是守旧及守旧的程度如何。

1. 整个星期都穿同一套西装。

2. 即使打老式领带也毫不在意。

3. 饮料固定是那几种。

4. 天天喝酒。

5. 不想尝试没吃过的食物。

6. 食物固定是那几样。

7. 碰面的几乎固定是那几位。

8. 猛抽烟,没有戒烟的念头。

9. 看报纸固定看那几样。

10. 接触的人几乎没有改变。

11. 只看固定几种杂志。

12. 不会想读引起话题的书。

13. 恋床。

14. 这一年几乎没有离开自己的生活圈。

15. 不想学外语。

16. 满意现在的工作、职位。

17. 不想换新的工作、新的工作岗位。

18. 这一年里从未改善自己的工作方法。

19. 上班路线固定，不会想要试试另一条路。

20. 有机会，也不想换工作。

21. 不想考任何资格考试。

22. 没有将来的目标。

23. 不再有好奇心。

24. 即使事情很重要，做事也是懒洋洋的。

25. 对于事物无法专心。

26. 即使很多人围在一起，也不会想凑过去看。

27. 和初次见面的人讲话，觉得痛苦。

28. 总是半途而废。

29. 不曾想过忘掉时间，好好拼一场。

30. 渐渐不积极。

31. 不想到新的地方去生活。

32. 开始觉得还是过去好。

33. 不想知道自己耐力的极限。

34. 从未想过换一种思考方式。

35. 觉得自己本性难移。

36. 害怕挫折。

37. 不曾想到外面看看。

38. 全然不在意自己守旧。

39. 没有梦想。

40. 从不后悔自己这样过一生。

在以上 40 个项目中，你如果符合 10 项以上，必须留心别太守旧。20 项以上，表示你真的很守旧。

防止守旧的方法可以参考下列 12 种：

1. 检讨自己是不是存在守旧的念头。

2. 对什么事都富有好奇心，积极探究未知的事物。

3. 制定明确目标，向其挑战，持续地努力学习。

4. 向自己能力及体力的极限挑战。

5. 善于调整情绪，能够变通。

6. 天天督促自己有挑战的心理。

7. 对新观念保持浓厚的兴趣。

8. 每日反省，不断充实自己。

9. 永远存在对将来的梦想及希望。

10. 不满自己的现状，对于自己永远不满。

11. 全心全意向自己的困难挑战。

12. 为了将来，有计划地利用时间及金钱，努力启发自己。

成功源于打破常规

人们有时会对习以为常的事情失去判断力，会习惯于遵循以往的观念和想法，总是按照常规去做一些事情，却不知道机遇往往隐藏在我们的灵机一动之中。

通常情况下，具有突破性思考特征的人，他们和旧式的行业规则格格不入，对每件事都产生怀疑，不喜欢墨守成规，偏爱自由游荡。

在一次欧洲篮球锦标赛上，保加利亚队与捷克斯洛伐克队相遇。当比赛剩下 8 秒钟时，保加利亚队以 2 分优势领先，一般说来已稳操胜券。但是，那次锦标赛采用的是循环制，保加利亚队必须赢球超过 5 分才能取胜。可要用仅剩下的 8 秒再赢 3 分，谈何容易。

这时，保加利亚队的教练突然请求暂停。许多人对此举付之一笑，认为保加利亚队大势已去，被淘汰是不可避免的，教练即使有回天之力，也很难力挽狂澜。暂停结束后，比赛继续进行。这时，球场上出现了众人意想不到的事情：只见保加利亚队拿球的球员突然运球向自家篮下跑去，并迅速起跳投篮，球应声入网。这时，全场观众目瞪口呆，全场比赛时间到。但是，当裁判宣布双方打成平局需要加时赛时，大家才恍然大悟。保加利亚队这出人意料之举，为自己创造了一次起死回生的机会。加时赛的结果，保加利亚队赢了 6 分，如愿以偿地出线了。

心理学家的研究结果表明，我们所使用的能力，只有我们所具备能力的 2%～5%。这就更有必要提倡打破常规的创造性思维。在一般情况下，按常规办事并不错。但是，当常规已经不适应变化了的新情况时，就应解放思想，打破常规，善于创新，另辟蹊径。只有这样，才可能化缺点为优点，化弊端为有利，化腐朽为神奇，在似乎绝望的困境中寻找到希望，创造出新的生机，取得出人意料的胜利。

一位身穿笔挺西装，脚蹬高级皮鞋，手戴名贵手表的犹太商人走进纽约市中心的一家银行，对贷款部经理说："我想借些钱。"经理问："您要借多少？"犹太商人说："1 美元。"贷款部经理露出难以置信的神情："只需要 1 美元吗？"犹太商人非常坚决："只需要 1 美元就可以了。"贷款部经理非常有礼貌地说："1 美元也需要担保。"

犹太商人从皮包里取出一大堆股票、国债及贵重物品放在柜台上，说："总共 50 万美元，你看够了吧？"贷款部经理被这么多抵押品吓呆了，他将一美元递给这位犹太商人，对他说："年利息为 6%，只要您付出 6% 的利息，一年后我们就将这些抵押品还给您。"在一边旁观的银行行长觉得这位犹太商人真是奇怪，怎么用这么多抵押品来借 1 美元呢？于是便问犹太商人："先生，我有事想请教。我实在不明白您为什么要借 1 美元？看您的穿着打扮，不像是缺少 1 美元的人。而且，您用那么贵重的抵押品借 1 美元，为什么不在我们允许的范围之内多借一点呢？"

犹太商人看着真诚的行长，幽默地说："我在来贵银行之前，曾经走访过几家金库，他们的租金太昂贵了。所以，我选择你们银行。"行长恍然大悟，原来，他是让银行帮他保管那些贵重的财产。

按照习惯思维，贵重的物品就只能放在金库的保险箱里。但是，这位聪明的犹太商人却没有按照习惯思维办事，他选择了银行。虽然从安全可靠这个角度出发，两者并没有实质性的区别，但放在银行却大大地节约了费用。

多年以前，丰田公司发现，世界上有许多人想购买奔驰车，但由于定价太高而无法实现。于是，丰田公司的工程师放手开发凌志汽车。丰田公司在美国宣传凌志时，将其图片和奔驰并列在一起，用大标题写道：用 3.6 万美元就可以买到价值 7.3 万美元的汽车，这在历史上还是第一次。

经销商列出了潜在的顾客名单，并送给他们精美的礼盒，内装展现凌志汽车性能的录像带。录像带中有这样一段内容：一位工程师分别将一杯水放在奔驰和凌志的发动机盖上，当汽车发动时，奔驰车上的水晃动起来，而凌志车上的水却没有动，这说明凌志发动机行驶时更平稳。

面对这一突如其来的挑战，奔驰公司不得不重新考虑定价策略。但出人意料的是，奔驰公司并没有采取跟随降价的办法，而是相反，提高了自己的价格。对此，奔驰公司的解释只有一句话：奔驰是富裕家庭的车，和凌志不在同一档次。奔驰公司认为，如果降价，就等于承认自己定价过高，虽然一时可以争取到一定的市场份额，但失去市场忠诚度，消费者会转向定价更低的公司。如果保持价格不变，其销售额也会不断下降。只有提高价格，增加更多的保证和服务，例如免费维修6年，才可以巩固奔驰原有的地位。就这样，奔驰公司不是跟随和盲从，而是以超常的思维和手段，化被动为主动，摆脱了来自凌志的挑战。

传统和常规虽然在以前可能是正确的，但形势变了，思维也需要跟着改变。成功者的特别之处，就在于他们善于打破传统，开创新思路，并使得结果完全改变。

常规是束缚创造力的关键，做任何事没有规则不行，但过于因循守旧、墨守成规也不行。如果我们能够打破常规，冲出重围，我们就可以开启成功的大门，否则，我们永远只能在成功的边缘徘徊。

不要被传统所禁锢

　　创新往往意味着对传统的颠覆，所以要创新，就不得不面对传统带来的压力。也可以这么说，没有向传统挑战的勇气，创新往往就不会诞生。在充满竞争的市场经济中，许多人习惯用"硬碰硬"的方式与人正面竞争，往往效果并不理想。短兵相接的方式并非是最有效的制胜之道，反而会限制成功。因为当你正面去竞争的时候，你也就完全认同了现状与传统，并愿意遵守某些固定的规则与观念，于是你的思想就会受制于某一个框框，反而阻碍了你发挥自己的创造力。

　　绝大多数人相信遵守既定规则是非常重要的，认为如果人人都想打破规矩，就会造成天下大乱，这也是传统保守者反对创新普遍持有的理由。向传统挑战，打破目前的规则是一种鼓励突破思考的方法，可以让你更精确、有效地达到目标。

　　突破传统是一种心态，可以鼓励人不断学习，不停地创造。如果你想改变现状，实现创新，就必须尝试新的挑战，突破规则，改变游戏方法。

　　改变现状与传统，就是要掌握主控权，关键在于有没有求变的决心与勇气。一般人遇到没有把握的状况常常会犹豫，所以说人最大的敌人是自己。通常情况下，决定"变"还是"不变"的标准是，如果你从以前的经验中找不到任何成功的例子，你就做最坏的打算——可以赔多少？只要赔得起你就做，更何况你可能会赢。

其实，在传统中求变，还有一个规则是：越是有许多人说"不"，就越该改变。因为，这个世界充满了依附者、追随者、模仿者，他们喜欢遵循旧的轨道和传统，喜欢以他人的思想为思想。但是，现代社会所需要的却是那些有创新的人，能够走出一条新路、闯入新天地的人——那些用别出心裁的方法办理讼案的律师，那些离开了先例旧方而医治病人的医师，那些把新的理想、新的方法带进教室的教师，那些改变了管理模式、建立适合自己企业高效运作机制的企业家，等等。

要想创新，就不要害怕自己成为"创始人"。我们不要仅仅做一个人，而要做一个新的人，独立的人，积极进取不断变革的人。

依黛——一位勇敢的女性，她是一个敢于向传统挑战而获得成功的典范。

依黛出生在俄罗斯的明斯克，2岁的时候到了美国，20岁时与逃到美国的俄罗斯同乡罗辛萨尔结为夫妻。20世纪初，她在美国新泽西州的后波肯经营服装生意。她没有进过服装学校学习，从事服装业，完全是出于对服装业的兴趣和爱好。由于夫妻俩的同心协力，再加上依黛的勤奋努力，他们的服装生意发展迅速。不久他们就来到了美国服装业的中心纽约。在这里，依黛和邓肯太太开了一家很小的服装店。

在那个时代，美国美女的标准之一就是胸部像男人那样平坦。特别是少女，如果胸部高高耸起，便会被认为是没有教养的下等人，在社会上会受到轻视。而要想成为平胸的少女，必须从小就把胸部紧紧地包扎起来。这种违反人类天性的做法，给无数女性带来了巨大的痛苦。

有一天，她的好友邓肯太太对依黛说："我的小女儿的胸部特别丰满，要替她弄得像男人那样平坦很不容易，她感到痛得很厉害。您有没有什么好的办法，把她的衣服给改一下，使她少受一点罪！"

依黛对服装有着特殊的敏感，对不少传统的服装都有自己的见解。好朋友的要求，立即引发了她的创作冲动。当然，她认为，如果成功，这无疑是一个发财的好机会。她决心抓住这个机会。但她所面临的困难不是技术上的，而是传统的观念。如果一下子就把传统的观念抛开，可能会招致惨败。

经过一番认真思考，她提出了一个折中的方案：用一个小型的胸兜来代替现行束胸的带子，然后在上衣的胸前加上两个口袋来掩饰乳房的高度。这种设计是很巧妙的，在某种程序上减轻了女性束胸的痛苦。在很短的时间内，这种新型的服装就成为了畅销品，小店的生意也红火起来了，这就是女性胸罩的雏形。

历史上，许多具有重大意义的突破往往是从一些小事开始的，胸罩的发明正是如此。女性的胸罩，在今天看来是一个如此简单的东西，就是在依黛的那个时代，也不是十分复杂的东西。一旦思想上突破了成规，具有历史意义的胸罩很快就会被设计并加工出来。第一步的成功更加激起了依黛的创造热情，扩大了她的思考空间。她想到，人类的一半是女性，如果能够设计出一种让女性解除束胸痛苦的服装，不仅可挣来大笔的财富，还可打破女性服装的局面，开创一个女性服装的新时代。

但是，依黛又马上意识到：传统道德观念是如此强大。如果这种女性胸罩一旦遭到社会的谴责和反对，浪费了精力不说，他们的服装店也可能就完了。经过再三的思索和考虑，她还是不肯放弃这个发财的好机会，不肯放弃这个能给服装业带来革新的机会，不肯放弃这个解除女性痛苦的设计……

最终，依黛下定了决心：无论如何，也要把这种服装投放到市场上去。并且，她还准备扩大生产，建立"少女股份公司"以扩大影响。第一批胸罩投放市场，立即引起了强烈反响：妇女界轰动了，服装界轰动了，市民也轰动了，胸罩立即被抢购一空。出乎依黛意料之外的是，虽然有少数人跑出来反对，在报纸上发表文章，叫嚣着要政府加以取缔，可是很少有人附和，倒是有不少报纸不断报道人们对胸罩的正面反应。

结果，很多女性，特别是年轻女性，看到反对的声音并不强烈，争相前来购买，胸罩的销售量直线上升。

但是，依黛前进的步伐并没到此停止。她对服装公司快速加大投资、购买设备、扩大生产，在服装生产史上创造了一个奇迹。短短几年的时间,一个十几人的小店就变成了拥有数千工人的大工厂,销售额由几十万美元飙升到几百万美元。20世纪30年代,美国遭受了严重的经济危机,很多企业都纷纷倒闭,可是依黛的服装厂却一枝独秀,长盛不衰,创造了服装史上的奇迹。

与其说这是技术的胜利,不如说是胆略和勇气的胜利。依黛就是靠向传统挑战的反叛精神,给后人留下了永久的启示。

其实,在这个变革的时代,最怕的就是你不变。被誉为20世纪两大天才之一的通用汽车公司总裁杰克·韦尔奇说,他一生追求的只有三个字:变!变!变!但绝不是乱变,不是无原则的变,而是有方向的变。不是倒退的变,也不是"30年河东,30年河西"的转圈变,而是向前发展的变。

皮尔·卡丹也是一个充满激情、敢于背叛传统的人。在他第一次展出各式成衣时,人们就像在参加一次真正的葬礼,他被指责为倒行逆施。结果,他被雇主联合会除了名。不过,数年之后,当他重返这个组织时,他的地位提高了。从大学里直接聘请时装模特,使人们更加了解他的服装,确保了他的成功。

1959年,皮尔·卡丹异想天开,举办了一次借贷展销,这个极其超常的举动,使他遭遇失败。服装业的保护性组织时装协会对他的举动万分震惊,因而再次将他抛弃。可他在痛定思痛后,又东山再起,三四年的时间,居然被这个组织请去任主席。

　　就这样，皮尔·卡丹的帝国规模越来越大，不仅有男装、童装、手套、围巾、挎包、鞋和帽子，而且还有手表、眼镜、打火机、化妆品，并且向国外扩张。1968 年，他又转向家具设计，后来又醉心于烹调，他还成了世界上拥有自己银行的时装家。

　　"卡丹帝国"从时装起家，30 年来，它始终是法国时装界的先锋。1983 年，他在巴黎举行了题为"活的雕塑"的表演，展示了他这 30 年设计的妇女时装，虽然岁月已流逝了几十年，可他设计的这些时装仍然显得极有生命力，并不使人有落后的感觉。

　　有创新力量的人，永远不患无人欢迎，不患无用武之地。世界会为有思想、有主张的人留出位置。社会中的最有用的分子，就是有思想、有创新能力、有推陈出新的方法和主张的人。

创新生活中的点滴

人们常说，机遇加上实力才能成功。可以肯定，几乎所有成功者都是在自身实力的基础上，看准时机，及时捕捉，借此冲向目标。对于创新来讲，好的点子同样也离不开的机遇。但是，对机遇的把握，需要我们注意观察生活中和发现在自己身边的点点滴滴的小事，重视自己产生的每一个灵感，从小事中得到启发，拓展思路，进行创新。

吉利刀片如今驰名世界，但当初吉利只是一个名不见经传的推销员，尽管他节衣缩食搞研究发明，可用了20年时间仍然一无所获，只是一次偶然的机会，才使得吉利刀片产生并走向世界。

那是1985年的夏天，吉利到休斯敦市去出差，在返回的前一天买了火车票。早晨的时候，由于太累了，他起床起迟了，正匆忙地用剃刀刮胡子，宾馆的服务员急匆匆地走进来喊道："再有五分钟，火车就要开了。"吉利听到后一紧张，不小心把嘴巴刮伤了。吉利一边用纸擦血一边想："如果能发明一种不容易伤皮肤的刀子，一定大受欢迎。"于是，他就埋头钻研，经历千辛万苦，吉利终于发明了安全刀片，他也摇身一变成为世界安全刀片大王。

其实，有许许多多创新成功的范例，都是由现实生活中小事所触发的灵感引起的。

律薄曼当初是美国佛罗里达州的一位穷画家，最初的时候他仅有的一支铅笔也是削得短短的。有一天，律蒲曼正在绘图时，找不到橡皮擦，等费了很大劲才找到时，铅笔又不见了。铅笔找到后，为了防止再丢，他索性将橡皮用丝线扎到铅笔的尾端。但用了一会儿，橡皮又掉了。"真是烦死我了，可不能让这种事情再次发生！"他气恼地骂着。

于是，律薄曼开始琢磨怎样才能避免出现这种麻烦。几天后，他终于想出主意来了：他剪下一小块薄铁片，把橡皮和铅笔绕着包了起来。果然，花一点工夫做的这个玩意相当管用。后来，他申请了专利，并把这专利卖给了一家铅笔公司，从而赚得 55 万美元。

我们如果多留心生活，一点小事可能就是将你引上成功之路的千载难逢的机遇。

美国有个印第安人叫克鲁姆。1853 年，克鲁姆在萨拉托加市高级餐馆中担任厨师。一天晚上，来了位外国人，总挑剔克鲁姆的菜不够味，特别是油炸食品太厚，无法下咽，令人作呕。克鲁姆听到后非常气愤，就随手拿起一个马铃薯，切成极薄的片，骂了一句便扔进了沸油中，结果好吃极了。于是，他又仔细琢磨，不仅产生了风靡美国的金黄色、具有特殊风味的油炸土豆片，而且这种美国特有的风味小吃进入了总统府，至今仍是美国国宴中的重要食品之一。

　　无意中的小主意往往蕴含着不为人知的大创意，所以，我们千万别小看自己身边的小事。青霉素的发现就是一个极富说服力的例子。

　　在很多时候，机遇也会伪装成不经意的小事找上门来，就看你能不能发现。

　　豪富鸿池善右是日本全国十大财阀之一，然而当初他不过是个小商贩。有一天，鸿池与他的用人发生摩擦，用人一气之下将火炉中的灰抛入浊酒桶里（德川末期日本酒都是混浊的，还没有今天市面上所卖的清酒），然后慌忙逃跑。第二天，鸿池查看酒时，惊讶地发现，桶底有一层沉淀物，上面的酒竟异常清澈。尝一口，味道相当不错，真是不可思议！后来他经过不懈的研究，认识到石灰有过滤浊酒的作用。经过十几年的钻研，鸿池制成了清酒，这是他成为大富翁的开端，而鸿池的用人永远也想不到：是他给了鸿池致富的机会。

　　还有一个例子是这样的：

　　扎克是一个很平凡的公务员，住在纽约郊外。他唯一的嗜好便是滑冰，别无其他。纽约的近郊只有在冬天才会结冰。冬天一到，他一有空就去滑冰自娱，然而夏天就没有办法到室外冰场去滑个痛快。去室内冰场是需要钱的，一个普通公务员收入有限，不便常去，但待在家里也不是办法。有一天，他百无聊赖时，一个灵感涌上来：将鞋子底面安装轮子，就可以代替冰鞋了，普通的路就可以当作冰场。于是几个月之后，他跟人合作开了一家制造旱冰鞋的小工厂。他没有想到，产品一问世，立即就成为世界性的商品。没几年，他就赚进一百多万美元。

　　创新无处不在，只要你善于观察，勤于思考，就会发现身边的机会很多。当然，有了机遇还不够，还要有实力，实力就是要保持思考的习惯，有对生活的热情和冲动。因为，机遇只垂青于那些勤于思考的人。

人生最大悲哀不敢冒险

在人们的传统观念中，崇尚"稳中求胜"，认为"凡人世险奇之事，绝不可为"。这种思想的积毒，严重地影响了人的行事风格，也给人的事业带来了不良的后果。所以人应改变心中所想，敢于去冒险，并在冒险中焕发出生命的光彩。

利奥·巴士卡利雅说："希望就有失望的危险，尝试也有失败的可能。但是不尝试如何能有收获？不尝试怎么能有进步？不做也许可以免于受挫折，但也失去了学习或爱的机会。一个把自己限于牢笼中的人，是生活的奴隶，无异于丧失了生活的自由。只有勇于尝试的人，才拥有生活的自由，才能冲破人生难关。"

这正是他对自己生活的总结。小时候，人们常常告诫他，一旦选错行，梦想就不会成真，还告诉他，他永远不可能上大学，劝他把眼光放在比较实际的目标上。但是，他没有放弃自己的梦想，不但上了大学，还拿到了博士学位。当他决定抛弃已有的一份优越工作去环游世界时，人们说他最终会为此后悔，并且拿不到终生教职，但是，他还是上了路。

结果，他回来后不但找到了一份更好的工作，还拿到了终生教职。当他在南加州大学开办"爱的课程"时，人们警告他，他会被当作疯子。但是，他觉得这门课很重要，还是开了。结果，这门课改变了他的一生。他不但在大学中教"爱的课程"，还被邀请到广播、电视台举办爱的讲座，受到美国公众的欢迎，成为家喻户晓的爱的使者。他说："每件值得的事都是一次冒险，怕输就错失了游戏的意义。冒险当然有带来痛苦的可能，可是不去冒险的空虚感更让人感到痛苦。"

事实上，无论我们选择试还是不试，时间总会过去。不试，什么也没有；试，虽然有风险，但总比空虚度过丰富，总会有收获。这里有一个让我们能鼓起勇气来尝试的思维方式，即：可能发生的最坏的事情是什么？

柯德特在纽约市一家公司里有一个舒适的职位，但是他想当自己的老板，到新罕布什尔经营自己的小生意。他问自己：如果失败了，最坏的事情是什么呢？他想到了倾家荡产。然后他继续问自己：倾家荡产后最坏的事情是什么？

答案是他不得不干任何他能得到的工作。之后，最坏的事情可能是他很厌恶这种工作，因为他不喜欢受雇于别人。最终，他会再找一条路子去经营自己的生意，而这一次，有了上一次失败的教训，他懂得了如何避免失败，他就会成功。这样想过之后，他采取了行动，去经营自己的生意，并真的获得了成功。

他总结说："你的生活不是试跑，也不是正式比赛前的准备运动。生活就是生活，不要让生活因为你的不负责任而白白流逝。要记住，你所有的岁月最终都会过去的，只有做出正确的选择，你才配说你已经活过了这些岁月。""艰苦的选择，如同艰苦的实践一样，会使你全力以赴，会使你有力量。躲避和随波逐流是很有诱惑力，但是有一天回首往事，你可能意识到：随波逐流也是一种选择——但绝不是最好的一种。"

只有当我们选择尝试时，我们才能不断发现自己的潜力，从而找到最适合自己的事业，并冲破人生难关。

不论何时，只要尝试做事的新办法，人们就要把自己推向冒险之途。假如你想致力于改良事物的现况，就不得不欣然冒险。用罗斯福总统夫人伊莲娜的话说就是：我们必须去做自以为办不到的事。

成功者最大的特点就是具有想用新的点子做实验及冒险的意愿。进取的人和普通人最明显的差别就在于：进取的人在态度上勇于冒险，且具新观念，能鼓舞他人去从事一无所知的事物，而非尽玩些安全的游戏。他们之所以敢于冒险，是因为有冒险力的驱动。如果做事怕冒险的话就没办法把事情做好了。而要冒险，一定要有足够的勇气及资本。所谓的资本是指冒险力，光凭着第六感觉或运气是没办法安然渡过大大小小的风险的。如果一切都在计划之内、意料之中，也就算不上什么冒险了。冒险力就是在无法确定的复杂情势下，发挥它的神奇魔力的。

说到冒险精神，人们就会联想到发现美洲新大陆的哥伦布。

　　哥伦布还在求学的时候，偶然读到一本毕达哥拉斯的著作，知道了地球是圆的，他就牢记在脑子里。经过很长时间的思索和研究后，他大胆地提出，如果地球真是圆的，他便可以经过极短的路程而到达印度了。自然，许多自以为有常识的大学教授和哲学家们都嘲笑他的想法。他们觉得，他想向西方行驶而到达东方的印度，岂不是傻人说梦话吗？他们告诉他，地球不是圆的，而是平的，他要是一直向西航行，他的船将驶到地球的边缘而掉下去……这不是等于走上自杀之路吗？

　　然而，哥伦布对这个问题很有自信，只可惜他家境贫寒，没有钱让他去实现这个理想。他想从别人那儿得到一些钱，助他成功，但一连空等了17年，他很失望，所以，他决定不再向这个"理想"努力了。因为使他忧虑和失望的事情太多了，竟使他头发完全变白了——虽然当时他还不到50岁。

　　灰心的哥伦布，这时只想进西班牙的修道院，去度过后半生。正在这时候，罗马教皇却建议西班牙皇后伊莎贝露帮助哥伦布。教皇先送了65元给哥伦布，算是路费；但他自觉衣服过于褴褛，便用这些钱买了一套新装和一匹驴子，然后启程去见伊莎贝露，沿途竟以乞讨糊口。皇后赞赏他的理想，并答应赐给他船只，让他去从事这种冒险的工作。

　　为难的是，水手们都怕死，没人愿意跟随他走。于是哥伦布鼓起勇气捉住了几位水手，先向他们哀求，接着是劝告，最后逼迫他们去。另一方面他又请求女皇释放了狱中的死囚，并许诺他们如果冒险成功，就可以免罪恢复自由。

1492 年 8 月，哥伦布率领 3 艘船，开始了一次划时代的航行。刚航行几天，就有两艘船破了，接着他们又在几百平方公里的海藻中陷入了进退两难的险境。他亲自拨开海藻，才得以继续航行。在浩瀚无垠的大西洋中航行了六七十天，也不见大陆的踪影，水手们都失望了，他们要求返航，否则就要把哥伦布杀死。哥伦布兼用鼓励和高压两手，算是说服了船员。

也是天无绝人之路，在继续前进中，哥伦布忽然看见有一群海鸟向西南方向飞去，他立即命令船队改变航向，紧跟这群海鸟。因为他知道海鸟总是飞向有食物和适于它们生活的地方，所以他预料到附近可能有陆地。果然，他们很快发现了美洲新大陆。

当他们返回欧洲报喜的时候，又遇上了四天四夜的大风暴，船只面临沉没的危险。在十分危急的时刻，他想到的是如何使世界知道他的新发现，于是，他将航行中所见到的一切写在羊皮纸上，用蜡布密封后放在桶内，准备在船毁人亡后，使自己的发现能够留在人间。

哥伦布他们总算很幸运，终于脱离了危险，胜利返航了。无须赘言，哥伦布如果没有不怕困难、不怕牺牲、勇往直前的进取精神，"新大陆"能被早日发现吗？

哥伦布的探险成功了。

哥伦布那种无畏、勇敢和百折不回的精神，值得我们学习。当水手们畏惧退缩的时候，只有他还要勇往直前；当水手们"恼羞成怒"警告他再不折回，便要叛变杀了他时，他的答复还是那一句话："前进啊！前进啊！前进啊！"

　　看看哥伦布，再看看我们自己，我们没有任何理由不去修正自己，以便建立起敢于打破传统框架、勇于去冒险的坚定信念。然而，可悲的是，固守传统观念的人，崇尚"稳中求胜"，认为"凡人世险奇之事，绝不可为。或为之而幸获其利，特偶然耳，不可视为常然也。可以为常者，必其平淡无奇，如耕田读书之类是也"。可是，随着时代的发展，这种思想已明显落伍。常人的机遇，常人的成功，往往存在于危险之中，你想要美好的机遇吗？你想要事业的成功吗？那就要敢冒风险，投身危险的境地，去探索，去创造，不要瞻前顾后，不要惧怕失败。

突破思维定式，就是创新

常规思维的惯性，又可称之为"思维定式"，这是一种人人皆有的思维状态。当它在支配常态生活时，还似乎有某种"习惯成自然"的便利，所以不能否认它的积极作用。但是，当面对创新时，如若仍受其约束，就会形成对创造力的阻碍。

大象能用鼻子轻松地将一吨重的行李抬起来，但我们在看马戏表演时却发现，这么巨大的动物，却安静地被拴在一个小木桩上。

因为它们自幼小无力时开始，就被沉重的铁链拴在木桩上，当时不管它用多大的力气去拉，这木桩对幼象而言，实在太沉重，当然动也动不了。不久，幼象长大，力气也变大了，但只要身边有桩，它总是不敢妄动。

这就是思维定式。长成后的象，可以轻易将铁链拉断，但因幼时的经历一直留存至长大，所以它习惯地认为（错觉）"绝对拉不断"，所以不再去拉扯。从人类来看也是如此——虽被赋予"头脑"这一最强大的武器，但因自以为是而将其搁置一边，于是徒然浪费"宝物"，实是愚蠢之人。

　　由此可知，不只是动物，人类也因未排除"固定观念"的偏差想法，而只能以常识性、否定性的眼光来看事物，理所当然地认为"我没有那样的才能"，白白浪费掉大好良机。除了这种静止地看待自己的形而上学的错误外，用僵化和固定的观点认识外界的事物，有时也会带来危害。比如，通常我们都知道，海水是不能饮用的，可是如果抱定了这种认识，也可能犯下严重的错误。

　　一次，一艘远洋海轮不幸触礁，沉没在汪洋大海里，幸存下来的9位船员拼死登上一座孤岛，才得以活命。但接下来的情形更加糟糕，岛上除了石头，还是石头，没有任何可以用来充饥的东西。更为要命的是，在烈日的暴晒下，每个人都口渴得冒烟，水成了最珍贵的东西。

　　尽管四周是水——海水，可谁都知道，海水又苦又涩又咸，根本不能用来解渴。现在9个人唯一的生存希望是老天爷下雨或别的过往船只发现他们。

　　他们等了很久，没有任何下雨的迹象，天际除了一望无边的海水，没有任何船只经过这个死一般寂静的岛。渐渐地，他们支撑不下去了。

　　8位船员相继渴死，当最后一位船员快要渴死的时候，他实在忍受不住，扑进海水里，"咕嘟咕嘟"地喝了一肚子海水。船员喝完海水，一点也觉不出海水的苦涩味，相反觉得这海水非常甘甜，非常解渴。他想：也许这是自己渴死前的幻觉吧，便静静地躺在岛上，等着死神的降临。

　　他睡了一觉，醒来后发现自己还活着，船员非常奇怪，于是他每天靠喝这岛边的海水度日，终于等来了救援的船只。

后来人们化验这海水发现，这儿由于有地下泉水的不断翻涌，所以，海水实际上是可口的泉水。

习以为常、耳熟能详、理所当然的事物充斥着我们的生活，使我们逐渐失去了对事物的热情和新鲜感。经验成了我们判断事物的唯一标准，存在的当然变成了合理的。随着知识的积累、经验的丰富，我们变得越来越循规蹈矩，越来越老成持重，于是创造力丧失了，想象力萎缩了。思维定式已经成为人类超越自我的一大障碍。

标新立异者常常能突破人们的思维常规，反常用计，在"奇"字上下功夫，拿出出奇的经营招数，赢得出奇的效果。

亨利·兰德平日非常喜欢为女儿拍照，而每一次女儿都想立刻得到父亲为她拍摄的照片。于是有一次他就告诉女儿，照片必须全部拍完，等底片卷回，从照相机里拿下来后，再送到暗房用特殊的药品显影。而且，在副片完成之后，还要照射强光使之映在别的相纸上面，同时必须再经过药品处理，一张照片才告完成。他向女儿做说明的同时，内心却在问自己："等等，难道没有可能制造出'同时显影'的照相机吗？"对摄影稍有常识的人，在听了他的想法后都异口同声地说："哪儿会有可能？简直是一个异想天开的梦！"但他却没有因此而退缩，于是他告诉女儿的话就成为一种契机。最后，他终于不畏艰难地发明了"拍立得相机"。

亨利·福特也是一个了不起的人。直到40岁，他的生意才获得成功。他没有受过多少正规的教育。在建立了他的事业王国之后，他把目光转向了制造八缸引擎。他把设计人员召集到一起说："先生们，我需要你们造一个八缸引擎。"这些聪明的、受过良好教育的工程师们深谙数学、物理、工程学，他们知道什么是可做的、什么是行不通的。他们以一种宽容的态度看着福特，好似在说："让我们迁就一下这位老人吧，怎么说他都是老板嘛。"他们非常耐心地向福特解释八缸引擎从经济方面考虑是多么不合适，并解释了为什么不合适。福特并不听取，只是一味强调："先生们，我必须拥有八缸引擎，请你们造一个。"

工程师们心不在焉地干了一段时间后向福特汇报："我们越来越觉得造八缸引擎是不可能的事。"然而，福特先生可不是轻易被说服的人，他坚持说："先生们，我必须有一个八缸引擎，让我们加快速度去做吧。"于是，工程师们再次行动了。这次，他们比以前工作得努力一些了，时间也花多了，也投入了更多的资金。但他们对福特的汇报与上次一样："先生，八缸引擎的制造完全不可能。"

然而对于福特来说，根本不存在"不可能"之说。亨利·福特用炯炯有神的目光注视着大家，说："先生们，你们不了解，我必须有八缸引擎，你们要为我做一个，现在就做吧。"猜猜接下来如何？他们制造出了八缸引擎。

第四章

应变思维：突破眼前的障碍

　　俗话说：穷则变，变则通。没有什么东西是永远静止不前的，世易时移，我们的思维也要跟着改变，才能赶上时代的潮流。当路走不通时，不要再一味顽固，而要变换思维，要改变陈旧的观念，打破世俗的牢笼。勇于改变才能创新，而只有创新，才能让成功持久。

变通是一种策略

走路如果遇到了"障碍"，不能再往前走了，此时，便需要求变。

俗话说：穷则变，变则通。因为如果你不变，则会遭受更大的打击和挫折，变则可以柳暗花明，找到冲破障碍的突破点。

我们做事取胜的办法不能一成不变，即便过去多么奏效的办法，也不能永远使用，要随时间、地点、条件的变化而变化，这就是懂得变通的道理。而古今成大事者，无不以此达成人生梦想。

1973 年时，英国利物浦市一个叫科莱特的青年，考入了美国哈佛大学。常和他坐在一起听课的是一位 18 岁的美国小伙子。大学二年级那年，这位小伙子和科莱特商议，一起退学，去开发财务软件。因为新编教程中，已解决了进位制路径转换问题。

当时，科莱特感到非常惊讶。因为他来这里是求学的，不是闹着玩的，再说 BIT 系统，默尔博士才教了点皮毛，要开发 BIT 财务软件，不学完大学的全部课程是不可能成功的。

他委婉地拒绝了那位小伙子的邀请。

10 年后，科莱特成为哈佛大学计算机 BIT 方面的博士研究生，那位退学的小伙子也是在这一年进入美国《福布斯》杂志亿万富豪排行榜。到 1995 年，科莱特通过攻读取得博士后之后，他认为自己已具备了足够的学识，可以开发 BIT 财务软件了。而那位小伙子则已绕过 BIT 系统，开发出 EIP 财务软件，它比 BIT 软件快 1500 倍，并且在两周内占领了全球市场。

这一年，他成了世界首富，一个代表成功和财富的名字——比尔·盖茨，也随之传遍世界的每一个角落。

比尔·盖茨正因为懂得依情势而变通，才能成就一番事业。而科莱特却因为始终一味执着追求学业而落后了。难道比尔·盖茨不是在学习吗？他是在时间中获得新知而达到了更高的目的。倘使鲁迅也盲目地探寻医学研究而不"弃医从文"，哪还能更好地达到救国救民，拯救中华民族的初衷吗？还能成就一代伟人吗？像这样的例子不胜枚举。

现实生活中，不管处理任何事情，都要灵活应变。此招不行，赶快换招，否则，即使你用尽了力气，恐怕也难达到目的。

琳达小时候生活在一个比较富裕的家庭。由于是家里年纪最小的，父母和哥哥们对琳达都特别宠爱，她养成了一种自以为是的习惯，认为一切都是理所当然的，不管什么事，都习惯用命令或大叫的方式来表达。

家里的仆人和亲戚对琳达都是言听计从，可她在跟社区的其他孩子相遇时却遇到了麻烦。她看到他们一群人玩着一个足球，不时兴奋地叫着。琳达按捺不住了，飞快地跑过去，用她最平常的语气喊道："喂，把球给我玩。"他们谁都没听到，仍然你一脚、我一脚地踢着。

琳达有些不耐烦了，跺跺脚，冲进他们的队伍去抢球。

看到琳达过来，控制球的那个男孩一脚把球踢了出去，另一个男孩接住了。琳达又向接球的男孩跑去，快到时，那男孩又一脚踢给了别人。周围的男孩也配合着大笑起来。琳达终于发现他们是故意捉弄她，于是十分生气，更加卖力地跑起来，想要把球夺过来。

过了不久，琳达明智地停住了。她一个人确实跑不过他们一群人，再跑下去，也是充当被捉弄的对象而已。

琳达一抹头上的汗珠，边骂边向家走去。这时她发现旁边的长椅上坐着一位老人，正笑呵呵地望着她。

他一定也看到了刚才的一幕，正嘲笑自己呢。琳达更生气，为挽回面子，她大步向他走去。

"喂，老头，你笑什么？"琳达盛气凌人地问他。

"琳达，我可以教你怎样将球夺过来。"老人用夸张的表情回答，"不过你得先心平气和地坐下来听我讲故事。"

琳达咕哝了两句，一屁股坐在了老者旁边，看着他。

"有一次啊，太阳和风为争论谁最强大而吵起来了。"老人绘声绘色地讲开了。

"风先说：'我们来比试比试吧。看到那个穿大衣的老头了吗？谁让他更快地脱掉大衣，谁就最强大。我先来。'于是太阳躲在了一边，风朝着那老人呼呼地吹起来。风越吹越大，可老人随着风的变大，反而把大衣裹得更紧了。风放弃了，渐渐停了下来。这时，太阳出来了。他用温暖的微笑照在老人身上，不久，老人觉得热了，他脱掉了大衣。太阳对风说道：'看到了吧，温暖和友善比暴力和粗鲁要强大得多。'"

讲完故事，老人又笑了起来。他摸着琳达的头说："去跟那群孩子道歉，用另一种方式，就会得到你想要的。"

琳达向老人鞠了一躬，离开了。

当然，最后琳达顺利地加入了玩足球的行列。可老人给她讲的故事却远比那天的玩耍更深刻。

变通并不是要丢弃原则，但是不可否认的是变通有很多时候是带有功利性的，为了达到自己要的结果而采取的中间策略。这就需要有冷静的头脑，敏锐的判断力和丰富的观察能力，每件事情的解决都有很多途径，但是聪明的人就能拨开迷雾找到那条最适合的。

换个角度想问题

　　人一旦形成了习惯的思维定式，就会顺着定势的思维思考问题，不愿也不会转个方向、换个角度想问题。在对待某个问题时，人与人的思维上只存在细微的区别。但是，不同的思维产生的结果，却有着惊人的差别。

　　现实生活中有很多事，看起来很棘手，如果你用常理的规律去对待，你很可能会四处碰壁，最后不得不选择放弃。但若是你能多动脑筋找寻非常合理的窍门，你就很可能从中找到再简单不过的解决办法。

　　有一次，我和两个同事驱车从外地回来，到公司时已是深夜，因为次日还有要事，我们就决定在公司将就将就。刚躺下，突然其中一个家伙闯进我的办公室："领导，借一下火。"嘿，事情有时就是这么不巧：我的打火机也失灵了。这么一失灵，我的"烟虫"也往上蹿，但是这个时间出去买打火机要跑很远的路，越没火越急着要火，怎么办？

　　我灵机一动："到厨房去！"两个家伙去厨房转悠一圈，出来了，没找着打火机。

　　我说："厨房找不着打火机，难道就找不着火？"两个家伙茅塞顿开，不约而同喊道："煤气灶！"

烟点燃了，这两个家伙大肆恭维："领导就是领导，脑子就是比我们好使。"

我好气又好笑地问："如果我们公司没有煤气灶，你们能不能再给我想个别的点火办法来？"

两个人面面相觑后，一个说："那就别抽了呗。"另一个说："那就把烟嚼着吃了呗。"其实当时我自己心里也是空荡荡的，暂时没找出办法来。但我坚信只要不把脑子放在现成的打火机上，不论是谁，办法都是可以找到的。

当我还在想着呢，其中一个家伙先笑了。

"领导，我有办法，车——！"

三个人心领神会。因为小车一发动，前后座都有打火器，这不就解决问题了？

我赶忙接过话茬说："咦，现在我该喊你叫领导了，你刚才不是说领导脑子才好使吗？"

我们常说"条条道路通罗马，此条不通换条路"，意思就是办一件事用一种方法，遇到难题办不成，拐个弯，换个角度想一想，也许就变成易事了。这就好比人的视觉里的一张白纸，正面看是一堵难以逾越的墙，如果转过 90 度再看，则成了一根线。

湖北钟祥市伍庙镇农民刘永发，收集了大量鸡蛋壳、鸭蛋壳，并将这些蛋壳扣在即将发芽的香椿枝头，香椿芽随着蛋壳的形状蜷曲生长，变成了一个个"香椿蛋"。10 元钱 1 个，城里人争着抢着买，根本不愁销路。

　　还是这个镇的无山村，全村家家户户种大棚草莓，不少农户大量施用激素膨大剂，结果是草莓个儿挺大，色泽、口味却不怎么样。但其中有个叫高祥的青年农民生产的草莓却与众不同，又红又大味道鲜美，很多回头客都争着买他的草莓。他的秘方是把牛奶稍加稀释，定时往草莓上喷洒奶雾。

　　由此可见，人一旦走出了思维定式，就可以看到许多别样的人生风景，甚至可以创造新的生活奇迹。比如，从舞剑可以悟出书法之道，从蝙蝠可以联想到电波，从苹果落地可悟出万有引力……常爬山的应该去涉涉水，常跳高的应该去打打球，常划船的应该去驾驾车。换个位置，换个角度，换个思路，也许我们面前的生活真的好美。

　　因此，当遇到现实问题时，我们要多个化难为易的"急转弯"心眼，不要在常理性问题上钻牛角尖，不必因为对某种难度的偏执，把自己吊死在一棵树上。

吸取他人的长处

敏锐地发现人们没有注意到或未予以重视的某个领域中的空白、冷门或薄弱环节，需要有"慧眼"，需要后来者站得更高，看得更远，需要的是对已知的不满足和对未知的强烈好奇。

有些人起初并不见得就比其他人聪明很多，能干很多。而他们后来之所以能成为智者，很大程度上在于他们会用巧劲儿。在几千年的文明进程中，已经涌现出很多的"巨人"，他们为人类创造了许多灿烂和辉煌的业绩。他们犹如一座座历史的丰碑，昭示旁人无法望其项背的高度。

卡尔森是加利福尼亚大学物理系的毕业生，毕业后在美国一家公司任职。因他常见到公司的同事在复印文件的过程中，时间占用过多，劳动强度很大，本该轻松完成的工作，成了令人头痛的麻烦事，便想改进一下复印方式。他做了很多的实验，但却没有成功。

后来，卡尔森改变了做法，暂时停止了实验，而用大部分的业余时间钻进纽约的图书馆，专门查阅有关复印方面的发明专利和文献资料。经过一段时间的仔细查找，他意外地发现，以往进行的复印，都是利用化学效应来完成的，还没有人涉足光电领域。

利用光电效应，从理论上讲，效率要高得多。显然，这是复印研究开发中的一大缺陷。

于是，卡尔森瞄准这一缺陷开始进行大量的实验，将光电效应和静电原理相结合，终于取得了成功。

世界著名物理学家李政道，在一次听演讲后，知道非线性方程有一种叫孤子的解。他为了彻底弄清这个问题，找来了几乎所有关于孤子理论的资料。然后这位大名鼎鼎的物理学家关起门来，专心致志地研究了一个多星期，找别人在这方面研究中存在的缺陷和弱点。

后来，他发现所有的文献都只是研究一维空间中的孤子，而在他所熟知的物理学中，意义更广泛的是三维空间。这是一个不小的缺陷和漏洞。对此，李政道经过几个月的深入研究，提出了一种新的孤子理论，并用这套理论处理三维空间的某些亚原子过程，终于取得了丰硕的成果。

李政道深有感触地说："你如果想在研究工作中赶上、超过别人，你一定要摸清在别人的工作里，哪些地方是他们的缺陷。看准了这一点，钻研下去，一旦有所突破，你就能超过人家，跑到前头去了。"

另外一个故事也很能说明问题。

中国人、俄国人、法国人、德国人、意大利人都借酒夸耀自己的民族文化。中国人拿出古色古香、酿造精细的茅台，赢得众人称赞；俄国人拿出伏特加；法国人拿出香槟；意大利人亮出葡萄酒；德国人取出威士忌，众彩纷呈。

此时两手空空的美国人不慌不忙，将他们的酒都倒出一点，兑在一起，说："这叫鸡尾酒。"他体现了美国的民族精神——博采众长，综合创造！

因此，"乘虚而入"不是拾人牙慧，嚼人家吃过的饭，而是站在巨人的肩上，找准了解决问题的切入点，有所发明和创造。矮子站在巨人的肩上，也会比巨人看得远，更何况聪慧过人的你呢？人类生存的意义在于创造，这也是一个有智慧的人的极大乐趣。

把他人的成果进行归类，发现他们忽略的冷门，瞄准知识链条上某个薄弱环节，抓住前人因种种原因放弃或疏漏的项目，以此为进攻的突破口，最后一定能够取得成功。

变换思维解决问题

今天的社会，是一个充满了竞争的社会。竞争无处不在，竞争残酷激烈。面对竞争，我们要足够坚强来接受失败的打击和考验。但有些打击和失败的原因不是来自我们的对手，往往是我们传统的思维和自以为是的经验，这时，我们如果变换一下思维，运用一下大脑、发挥我们的智慧，就容易取得最佳效果。

变换思维的角度是解决问题的一种有效策略。在实际解决问题的过程中，当常规的思路陷入困境时，如果能及时地变换思维的角度，往往能产生意想不到的效果。

有个教徒在教堂祈祷时想吸烟，他问在场的神父："祈祷时可以抽烟吗？"

神父冷冷地扫了他一眼："不行！"

这时另一个教徒也想吸烟，他便换了一种方式问神父："在抽烟时可不可以做祈祷？"

神父想了想回答说："当然可以"。

同样是抽烟加祈祷，用要求祈祷时抽烟的方式表达，就似乎意味着对耶稣的不尊重；而用抽烟时可不可以祈祷的方式表达，则可以表示在休闲、抽烟时都在想着神的恩典，神父当然就没有理由反对了。

可见，用颠倒过来的智慧，从相反的角度去考虑你所要解决的问题，也许就会得到你想要的结果。当然，世界上的事情是不断变化的，光靠相反的角度有时也得不到效果，而是要把一个问题调几个角度方能显出变换思维而取得的最佳效益。

考比尔·琼斯是美国 20 世纪 50 年代最著名的出版商。当时，受美国经济危机的影响，出版业也非常萧条，琼斯出版的一大批图书久久不能销出，积压在库房里，琼斯心急如焚。后来，他想出了一个绝妙的销书办法。他首先想方设法地与总统周围的人拉上了关系，有了面见总统的机会。第一次见面，他就把一本积压最多的书送给了总统，然后就三番五次地委托总统身边的人向总统征求对这本书的意见。被政务压得已不堪重负的总统根本就没闲心看这本书，但碍于面子，就在这本书的扉页上写了两个字：不错。

琼斯得到这本书后立即大做广告，其中有一句是："这是总统最喜欢的书！"于是这些书被抢购一空。

不久，总统又收到了琼斯送来征求意见的书，上次的事情总统也有耳闻，他自己也觉得是上当了，被琼斯利用了自己的名望。这次他想戏弄琼斯一下，就在书的扉页上写道："糟透了！"

不料琼斯拿到书后又在广告上大做文章，其中有一句是："这是总统最讨厌的书！"这立即就吊起了好奇心极强的美国人的胃口，书加印了几次还供不应求，琼斯也因此实实惠惠地赚了一大笔钱。

当琼斯第三次将其他的书送给总统时，总统吸取了前两次的教训，干脆把书甩到一边，不做任何答复。但过了一段时间，琼斯又做起了广告："这本书总统已经阅读了两个月，但没有发表任何意见，这是总统最难下结论的书。"

于是，市场上又出现了抢购潮，连总统听说此事也哭笑不得，无可奈何。

一件事情的成败，关键取决于你有没有变换思考的能力。看来，充分利用好每一件事情上的有利条件，来表达自己的意愿，是每位智者取得成功必不可少的因素。

避开直线思考的方式

有许多满怀雄心壮志的人很有毅力，但是由于不会进行新的尝试，因而无法成功。请你坚持你的目标吧，不要犹豫不前。但也不能太生硬，不知变通。如果你确实感到行不通的话，何不避开这种直线思考的方式，让你的思考转个弯呢？

直线思考是人容易犯的一个毛病。很多人表面上说这是人的单纯、天真，其实内心多半在嘲笑他们是"白痴"，然而，他们真的是白痴吗？真的一无是处吗？难道那些嘲笑他们的人就真的胜过他们吗？

某日，甲对乙说："你猜，我的牙齿能咬住我的左眼睛吗？"

乙盯着甲，笃定地说："绝对不可能啊！"

甲说："那，我们来打个赌！"

乙认为这绝对是不可能的事，于是同意打赌，但只见甲将左眼窝里的假眼球取出丢进口中，用上下牙齿咬着。

乙吓了一跳，说道："没想到，真的可以呀！"

甲又说："那你信不信，我的牙齿也能咬住我的右眼睛?"

乙说:"不可能的!"他心想,难道这个家伙两只眼睛都是假的?这绝对不可能,否则他就看不见东西了。

于是,两个人再次打赌,只见甲轻易地把假牙拿下,往右眼一扣。

乙再度吃惊了,说:"没想到,真的可以呀!"

一个机智的人可以灵活运用一切他所知的事物,还可巧妙地运用他并不了解的事物。能在恰当的时间内把应做的事情处理好,这不只是机智,也可称之为艺术。

在加州海岸的一个城市中,所有适合建筑的土地都已被开发出来,并予以了利用。在城市的另一边是一些陡峭的小山,无法作为建筑用地,而另外一边的土地也不适合盖房子,因为地势太低,每天海水倒流时,总会被淹没一次。

一个具有想象力的人来到了这座城市。有想象力的人,往往具有敏锐的观察力,这个人也不例外。在到达的第一天,他立刻看出了这些土地赚钱的可能性。他先预购了那些因为山势太陡而无法使用的山坡地,又预购了那些每天都要被淹没一次而无法使用的低地。他预购的价格很低,因为这些土地被认为并没有什么太大的利用价值。

他用了几吨炸药,把那些陡峭的小山炸成松土,再利用几台推土机把泥土推平,原来的山坡也就成了很漂亮的建筑用地。另外,他又雇用了一些车子,把多余的泥土倒在那些低地上,使其超过水平面,使它们变成了漂亮的建筑用地。

他赚了不少钱，是怎么赚来的呢？他只不过是把某些泥土从不需要它们的地方运到需要这些泥土的地方罢了，只不过把某些没有用的泥土和想象力混合使用罢了。

在一个世界级的牙膏公司里，总裁目光炯炯地盯着会议桌旁所有的业务主管。

为了使目前已近饱和的牙膏销售量能够再加速增长，总裁不惜重金悬赏。只要能提出足以令销售量增长的具体方案，该名业务主管便可获得高达 10 万美元的奖金。

所有业务主管无不绞尽脑汁，在会议桌上提出各式各样的点子，诸如加强广告、更改包装、铺设更多销售据点，甚至于造谣攻击对手等，几乎到了无所不用其极的地步。而这些陆续被提出来的方案，显然不为总裁所采纳。所以总裁仍是紧紧盯着与会的业务主管，使得每个人皆觉得自己犹如热锅上的蚂蚁一般。

在会议凝重的气氛当中，一位到会议室为众人加咖啡的新到秘书，无意间听到讨论的议题，不由得放下手中的咖啡壶。在大伙儿沉思更佳方案的肃穆气氛中，她怯生生地问道："我可以提出我的看法吗？"

总裁瞪了她一眼，没好气地道："可以，不过你得保证你所说的能令我产生兴趣，否则你随时准备走人。"

这位女孩轻轻地笑了笑，说道："我想，每个人在清晨赶着上班时匆忙挤出的牙膏，长度早已固定成为习惯。所以，只要我们将牙膏管的出口加大一点，大约比原口径多 40%，挤出来的牙膏重量，就多了 1 倍。这样，原本每个月用一管牙膏的家庭，是不是可能会多用一管牙膏呢？诸位不妨算算看。"

总裁细想了一会儿，率先鼓掌，会议室中立刻响起一片喝彩声。

有时将自己的思考模式或方向巧妙地转个弯，的确可以看到更开阔的壮丽美景。而你是否也愿意改变自己原有的某些想法，来接受一些清新简单的好主意，让你的心灵，让你的人生获得意想不到的成功呢？

或许，我们都已经习惯了直线思考的方式，但不是每个问题都能用这种方法解决的。如果你遇到了一个难题，不适合采取直线思考，不妨试试另外一种方式，或许能使问题得到圆满解决。人类就是需要扬弃自己脑中食古不化的观念，多以开放的心来接纳外界的讯息，才能彼此良好地互动，激荡出创意的火花。

"异想天开"也能变成事实

许多人通常都会有一些"异想天开"的想法，但是却没有多少人会将这些想法付诸行动，因为他们始终觉得，这也只能想想而已，而要做到却是不可能的。所以，这许多的"异想天开"，也就被人们这样埋没了。

"陛下，给我一条纵帆船出海一战吧，让我把英国佬打得灵魂出窍。"1916 年，德国少校卢克纳尔对威廉二世如是说。

此话一出，所有人都很惊诧。

假如这是在中世纪，这样敢于挑战大不列颠的军官固然有些鲁莽，但至少会获得勇敢刚毅的美名。但现在是二十世纪，这个时候，帆船早已成为一种古董，不可能作为战船来使用。

卢克纳尔从小富于反叛精神，胆大心细，善于独出心裁，想别人不敢想，做别人不敢做的事情。

幸运的是威廉二世却认真地听取着这位少校的"疯话"。

卢克纳尔向威廉二世解释道："我们海军的头儿们认为

我是在发疯，既然我们自己人都认为这样的计划是天方夜谭，那么，英国人一定想不到我们会这样干吧。我认为我可以成功地用古老的帆船给他们一个教训。”

这段话充分体现了卢克纳尔独特的思维，如果他是一个受过正统军事教育的军官，他是很难想出这样的主意的。威廉二世被说动了，他同意了卢克纳尔的计划，用一条帆船去袭击英国人的海上航线。

卢克纳尔经过千辛万苦终于找到一条被废弃的老船，取名"海鹰号"。在他亲自设计监督下，这艘船开始了改造工程。

12月24日圣诞夜，海鹰号出击了，顺利突破英国海上封锁线，抵达冰岛水域，大西洋航线已经在望。

正当这时，海鹰号和英国的复仇号狭路相逢。

海鹰号的火力只有两门107毫米炮，而复仇号却是一艘大型军舰，硬拼显然不是对手。卢克纳尔灵机一动，主动迎上去让他们检查，英国的检查员见是一条帆船，看也不看，放过了这条暗藏杀机的帆船。

1月9日，到达英国海域后，在卢克纳尔的指挥下，海鹰号突然发起进攻战，全歼英国船只，获得了巨大的胜利。

卢克纳尔这种不切实际的想法使海鹰号轻而易举地攻入敌方的心脏，从而获得战争的胜利，给一个国家带来了荣誉。对老卢克纳尔而言，不切实际的想法实际就是一种可以打对方一个措手不及的想法，是一种建立在充分了解对方的基础之上的"不切实际"，不是那种通常所说的"瞎想""胡想"。

战场上需要有敢想的胆识，对竞争激烈的商场来说更需要具备这种品质，从而在商战中胜人一筹。李书福的发迹史就很好地诠释了这一内涵。他的突发奇想创造了世界上的第一辆踏板式摩托车。

曾有人说过，如果没有像吉利创始人李书福和他领导下的吉利人那样的一大批中国汽车人，那么对于中国普通家庭来说，汽车消费也许会推迟 10 多年。而之所以能站在中国汽车领域的领军地位，创始人李书福的突发奇想起到了决定性的作用，正因为他的这种超乎常人的想法，使得世界上的第一辆踏板式摩托车得以诞生，开启了摩托车行业的新纪元。

1993 年，李书福去某大型国有摩托车企业参观考察，看见摩托车产销两旺的势头，他紧抓机会，向该企业老总提出为他们做车轮钢圈配件。

对方一听，笑道："这种高技术含量的配件岂是你们民营厂能完成的，该做什么还做什么去！"

不信邪的李书福憋着一肚子气回到公司，大胆提出要自己制造摩托车整车。周围一片反对声，连他的亲兄弟都笑他自不量力："车祸死了人，有你好看的，搞不好千年砍柴一夜烧。"

面对周围的一片反对声，李书福没有放弃这种大胆的想法。

终于，皇天不负有心人。李书福只用了 7 个月的时间，开发出中国同行一直没有解决的摩托车覆盖件模具，并率先研制成功四冲程踏板式发动机。接着又与行业老大嘉陵强强联合，生产"嘉吉"牌摩托车。不到一年又开发出中国第一辆豪华型踏板式摩托车，很快便替代了日本和中国台湾地区的同类摩托车，不仅一直占据国内踏板车销量龙头地位，还出口美国、意大利等 32 个国家和地区。1999 年，吉利摩托车产销 43 万辆，实现产值 15 亿元，吉利集团也因此赢得了"踏板摩托车王国"的美誉。

卢克纳尔和李书福的成功在于他们想常人不敢想，从而开辟了一条通往成功的康庄大道。拉开历史的帷幕就会发现，凡是世界上有重大建树的人，在其攀登成功的高峰的征途中，都会灵活地进行思考，并能够熟练运用这种不切实际的想法，成就伟业。

不急不躁，伺机而动

现实生活中，总有一些人急功近利，常常为了眼前的一点小利而不择手段。然而，不可否认的是，急功只能近小利。聪明的钓鱼者都知道，要想钓到大鱼，需放长线。

进退之道需要我们懂得，做事切不可幻想立竿见影，必须学会等待。当然，这等待不是消极无为，听天由命，而是积极准备，蓄势待发，放开长线，以钓大鱼。

武则天时，湖州别驾苏无名以善于侦破疑难案件而闻名朝野。一次，他到神都洛阳，恰巧碰到武则天的爱女太平公主的一批宝物被盗，武则天诏令破案。

武则天赏赐给太平公主各种珍贵宝器共两盒，价值连城。太平公主收到母亲这批赐物，即带回家中密藏了起来。但是，一年之后宝物不翼而飞。这是圣上御赐的宝物，太平公主不敢隐瞒，立即告诉了武则天。

武则天知道后，认为有损她的脸面，恼羞成怒，立即招来洛州长史，诏令他两日内破案，如限期之内不能缉盗归案，则以渎职、欺君问罪。

洛州长史恐惧万分，急忙招来州属两县主持治安和缉盗的官员，向他们投下制签，下令两日之内破案，否则处以死罪。两县的缉盗官员们无力破获这样的大案，只是依照长史的做法，招来一班吏卒、游徼，严令他们在一日之内破案，否则也是处以死罪。一件疑难大案的侦破任务，便如此一层一层地推了下来。

无法再往下推的吏卒们手中拿着上司的死命令，一时慌了手脚，只得来到神都大街上碰运气。恰好，他们碰上了晋京的苏无名，于是便一拥而上将这桩"御案"告诉了他。苏无名听完后，吩咐他们如此如此，便同他们一块儿来到衙门。

一进衙门，这班吏卒向着主管缉盗的官员高呼："捉住盗贼了！"他们的话音还未落地，苏无名已应声进了厅堂。缉盗官一问，眼前来的乃是湖州别驾苏无名，便转身怒斥道："胆大妄为之徒，怎能如此侮辱别驾大人！"

苏无名一见缉盗官训斥下属，便朗声大笑道："不要怪罪他们，他们请我来此为的是侦破公主万金被盗的御批大案！"缉盗官一听苏无名是为破案而来，惊喜万分，便急忙向苏无名请教破案的妙策。苏无名不动声色，只是说："你我立即去见洛州府长史。见了长史，你只需告诉他，御案由我湖州别驾苏无名来主持侦破即可。"缉盗官依了苏无名的主意，带他前往洛州府。

缉盗官和苏无名二人来到洛州府。长史一听破案有了指望，立即行礼迎接苏无名，感激涕零地拉着他的手说道："今日得遇明公，是苍天有眼，赐我一条生路啊！"说完，洛州府长史屏退左右，向苏无名征询破案的妙策。苏无名依然是不急不忙地说："请府君带我求见圣上。在圣上御旨之下，我苏无名自有话说！"洛州府长史急于破案交差，立即上书朝廷荐举苏无名破案。

苏无名心中已有了破案之策，那就是少安毋躁，以查出贼踪，故而他见了缉盗官，又要见长史，见了长史又要进见圣上，这一系列的举措都是有目的的。

武则天看过洛州府长史的上书后，决定立即召见湖州别驾苏无名。

在神都洛阳的宫殿上，苏无名见到了武周皇帝武则天。武则天劈头一句便问："你果真能为朕捉到盗宝的贼人吗？"苏无名答道："臣能破案！如果圣上委臣破案，请依臣三事：第一，在时间上不能限制；第二，请圣上慈悲为怀，宽谅两县的官员；第三，请圣上将两县的吏卒交臣差使。如依得臣所请三事，臣下将在两个月内，擒获此案盗贼，交付陛下。"

武则天听完之后，看了看苏无名，便点头应允了他的条件。谁知苏无名奉旨接办御案之后，没有动静，一晃就是一个多月的光景过去了。转眼，一年一度的寒食节来临了，这天，苏无名召集两县大小吏卒会于一堂，准备破案。他吩咐，所有破案人员全部改装为寻常百姓，分头前往洛州的东、北二门附近巡游侦查。无论哪一组，凡是遇见胡人身穿孝服，出门往北邙山哭丧的队伍，必须立即派人跟踪盯上，不得打草惊蛇，只需派人回衙报告即可。

这边苏无名刚刚坐定，就见一个吏卒喜滋滋地赶了回来。他告诉苏无名，已经侦得一伙胡人，其情形正如苏无名所说，此刻已在北邙山，请苏无名赶去定夺。苏无名听后，立即下令衙役备马，与来人赶往北邙山坟场。到达之后，苏无名询问盯梢的吏卒："胡人进了坟场之后表现如何？"吏卒回报说："一切如别驾大人所料，这伙胡人身着孝服，来到一座新坟前奠祭，但他们的哭声没有哀恸之情，烧些纸钱之后，即环绕着新坟察看，看后似乎在相互对视而笑。"

苏无名听到这里，大喜击掌，说道："窃贼已破！"立即下令拘捕那批致哀的胡人，同时打开新坟，揭棺验看。吏卒奉命逮捕了胡人，但对开棺之令不免犹豫不前。苏无名见状，笑道："诸位不必疑虑，开棺取赃，破案必在此举！"于是，吏卒动手掘坟开棺。随着棺盖缓缓开启，棺内尽是璀璨夺目的珠宝。检点对勘之后，证实这些正是太平公主一个月前所失的宝物。

苏无名一举侦破太平公主的失窃大案，轰动了神都洛阳。武则天下旨再次召见苏无名，问他是如何断出此案的。苏无名应召进殿，对道："臣下并没有什么特殊的神谋妙计，来神都汇报工作的途中，曾在城郊邂逅了这批胡人。凭借臣下多年办案的经验，当即断定他们是窃贼，只是一时还不知他们下葬埋藏的地点，只得放长线钓大鱼，耐心等待。

寒食节一到，依民俗，人们是要到墓地祭扫的。我料定这批借下葬之名而掩埋赃物的胡盗，必定会趁这个机会出城取赃，席卷宝物逃走。因此臣下差遣两县吏卒便装跟踪，摸清他们埋下宝物的地点。据侦查的吏卒报告，他们奠祭时不见悲切之情，说明地下所葬不是死人。他们巡视新坟相视而笑，说明他们看到新坟未被人发觉，为宝物仍在坟中而高兴。因此我决定开棺取证，果然无误！"

苏无名继续说道："假如此案依陛下两天之限，强令府县去侦破，结果必因风声太紧，窃盗们狗急跳墙，轻则取宝逃亡，重则毁宝藏身。那么，在证毁贼逃的情况下，再去缉盗追宝，就势必事倍功半了。所以陛下急破之策不宜行，急则无功。现在，官府不急于缉盗，欲擒故纵，盗贼认为事态平缓，就会暂时将棺中宝物放在那里。只要宝物依然还在神都近郊，我破案捕盗就轻如囊中取物！"

所以，放长线要放在有大鱼的地方，才有钓大鱼的可能。如果你把长线放在游泳池里，那必然是徒劳无功，血本无归。

我们在做事情的时候，不能急于求成，必要时敢于放弃，然后善于收手。耐心等待，不急不躁，伺机而动，才能步步为营，稳操胜券。

随机应变，化被动为主动

　　人际交往中，有时会因突发事件陷入被动尴尬的困境，此时若能随机应变，拿出对策，就可以化被动为主动，巧妙解围。

　　从思维方式上来看，随机应变属于一种突发性的思维。在毫无事先准备的情况下，针对不同的机遇、面对情况的突然变化，做出迅速的反应、采取应急对策、应付突发事件，这种能力实质上是一种快速的决策能力。但它也必须经过分析、综合、选择、判断的过程，只不过这个过程是在很短的时间内完成的。

　　特别是面对他人的尴尬之语，可以采取以下几种应变之术：

1. 即景生情

　　某些场合由于临时事变，给当事人设下难题，此时如能就地取材，巧借环境，便能激活气氛，摆脱困境。

　　著名的相声演员马季和赵炎有一次在山东演出时，正表演相声《吹牛》，台上灯泡一下炸了，台下一片哗然，只见马季随机应变向观众说了一句："我们吹牛的功夫真到家，灯泡都被我们吹破了。"说罢，台下立即报以热烈的掌声，气氛顿时又活跃起来，可见马季不仅是一位杰出的相声艺术家，同时也是一名随机应变的高手。

2. 逆向释因

有时面对攻击，借用对方说理的漏洞，利用严密的推理法，向对方攻击的相反方向说理，便能从困境中解脱出来，收到克敌制胜之效果。

有一次，英国著名作家萧伯纳脊椎骨出了毛病，需要从脚跟上截一块骨头来补脊柱上的缺陷。手术后，医生想多要一点手术费，对萧伯纳说："萧伯纳先生，这是我们从来没做过的手术啊！""好极了，"萧伯纳说，"请问你打算付我多少试用费呢？"医生的意思是要萧伯纳多付一点手术费，萧伯纳却从对方的话中找出破绽，告诉医生新手术意味着什么，使医生捉鸡不成，反赔上一把米。

3. 戏谑反击

面对恶意的谩骂，不是用污言秽语反击，而是抓住对方言语中的破绽，用戏谑之语巧妙反击，这样可以跳出困境，制服对方，还能达到妙趣横生的效果。

美国总统林肯在一次演讲中，收到一张纸条，林肯打开一看，上面只写了两个字："傻瓜。"林肯不露声色，镇定地说："本总统收到许多匿名信，全都是只有正文，不见署名。

而今天正好相反,这位先生只署上了自己的名字,却忘了给我写信。"林肯总统面对他人的谩骂,抑制了自己的愤怒,几句戏谑的话,初看好似毫不经意,实际上不仅讽刺了那位谩骂他的人,而且维护了自己的尊严和人格。

4. 模糊应对

模糊语言是日常生活中随机应变的一种重要方法,常用于一些不必要、不可能或者无法把话说得太实、太死的情况。这时,就需要求助于语意表达上具有"弹性"的模糊语言来应对。

北宋时期著名政治家王安石有个儿子叫王元泽。王元泽年幼时,有一次到父亲的一位朋友家中去玩。王安石的朋友看王元泽年幼,知道他不可能区分出关在笼中的獐和鹿。于是,他故意问王元泽:"笼子里的两只动物,哪一只是獐,哪一只是鹿?"王元泽不慌不忙地答道:"獐旁边的是鹿,鹿旁边的是獐。"听了王元泽的答语,他父亲的这位朋友十分惊奇,立刻竖起大拇指赞赏王元泽聪颖机智。王元泽年幼无知,区分不出关在笼中的獐和鹿,也无可厚非,但他却机智巧妙地用模糊语言为自己解了围,充分地反映了他过人的应变能力。

5. 将错就错

在人际交往中,每个人都有可能说错话。在这种情况下,如果不及时补救,就会授人以柄,造成尴尬局面,从而影响自己的形象和声誉。但是，当说错话以后，如果我们来个将错就错，借题发挥，把错话说"圆"，最终可以轻松地摆脱窘境。

　　某次婚宴上，来宾争着向新人祝福。一位先生激动地说道："走过了恋爱的季节，就步入了婚姻的漫漫旅途。界时常需要润滑油，你们现在就好比是一对旧机车……"其实他本想说"新机车"，却一时口误，霎时举座哗然。这对新人的不满更是溢于言表，因为他们都各自离异，历尽波折才成眷属，自然以为刚才之语隐含讥讽。那位先生发觉言语出错，连忙住口。

　　他的本意是要将一对新人比作新机车，希望他们能少些摩擦，多些谅解。但话已出口，若再改正过来，反而不美。他马上镇定下来，不慌不忙地补充一句："你们现在就好比是一对旧机车装上了新的发动机。"此言一出，举座称妙。这位先生继而又深情地说道："愿你们以甜美的爱情为润滑油，加大油门，开足马力，朝着幸福美满的生活飞奔吧！"餐厅内顿时掌声雷动。这位来宾将错就错，顺着错处续接下去，巧妙地改换了语境，将原本尴尬的错话化作了深情的祝福，颇有点石成金之妙。可见，将错就错不失为一种随机应变的巧妙方式。

6. 故意曲解

　　故意曲解就是顺着对方话语的逻辑，故意曲解关键字眼，转守为攻，出奇制胜。

　　鲁迅先生在厦门大学任教时，当时的校长林文庆经常克扣办学经费，刁难师生。有一天，他把研究所的负责人和教授找去开会，提出要把办学经费减半。教授们纷纷反对，林文庆阴阳怪气地说："关于这一点，我不能听你们的，学校的经费是有钱人拿出来的，只有有钱人才有发言权。"

　　他的话刚说完，鲁迅迅速站起来，从口袋里摸出两枚银币，"啪"的一声放在桌上，说："我有钱，我也有发言权！"林文庆想不到鲁迅先生会说这样的话，一时间无以应对。接着，鲁迅先生力陈办学经费不能减少，只能增加的理由，驳得林文庆理屈词穷、哑口无言，最后只得收回其说过的话。

　　事物总是在不断变化，没有固定的形态。那么，在不断变化的事物中，抓到规律，运用谋略，应变如神，往往可以使你峰回路转，柳暗花明。只不过，做到随机应变并非易事，除却天性聪颖、脑子灵活之外，还要打破僵化的思维，跳出"自我的栏杆"。

　　随机应变由两部分组成：一是事件，即"随机"中的"机"；二是变化，即"应变"中的"变"。事件和变化相互结合、相互依存，组成一个统一体。在这个统一体中，事件是基础，没有事件当然就没有变化。

曲线进攻左右形势

当对一个目标直接进攻失败时，不妨退一步，想一想，不要累死在一条路上，撞倒在一面墙上，而应绕道而行。

在你实现目标的过程中，当某一位关键人物成为你成功的阻碍，而你无法说服他时，你可以从他身边的人或事着手，使他感动或者不得不答应你。

一位美国作者曾经讲述这样一件事，他的妻子是如何一面奉承他，说决定权在他手中，一面又使他不得不答应买下一幢他不想买的房子。我们来看看他对整个过程的生动描述。

我打电话回家，妻子告诉我："我买了一幢房子。"

"什么？再说一遍？"我惊诧得要跳起来。

"哦，我买了一幢房子。"她小心翼翼地说。

"喂，"我插话说，"我想你大概没有把话说清楚。你可能是想说你看到了一幢你喜欢的房子吧？"

"对呀，"她说，"而且，我买下来了。"

我的喉咙里好像堵了一块东西似的："不，不，你是说你看中了一幢房子，而且为这幢房子提出了订约条件吧。"

"是的，"她说，"他们接受了它，而我们得到了它。"

我努力抑制自己的强烈感情："你买……买……买……买了一幢房子？整个一幢房子？不可能吧！"

"哦，是的，"她干巴巴地说，"这实际上很容易……你会爱上它的。它是一幢英国式建筑，有 16 间房，55 年前建的，可俯视密执安湖。"

我又结结巴巴、反反复复地说："你买……买……买……买了一幢房子？"

"是的！"我的妻子加强语气说道。

最后，由于认识到我处于紧张状态，她降低声音说："我确实在合同上写明了购房一事最后要由你批准。"

"你是说，如果我不同意，你可以撤回它，是吗？"

"当然可以，"我的妻子向我保证，"在星期六上午 10 点钟以前，我们还有时间。如果你不喜欢这个方案，我们可以撤回。当然，这就意味着我必须将'搜寻'工作从头至尾再来一遍。"

我星期五晚上很晚到家，第二天又早早起来穿戴整齐。妻子和我要去看她觉得已经买下的那幢房子。然而，只有我——法律意义上的一家之主，才能亲临现场做最后决定。我们两人洒脱地走进"指挥车"，由我这位法律意义上的司令开车，我的合伙人坐在旁边。

行驶途中，我问妻子："顺便问一句，有什么人知道你快要买这幢房子了吗？"

"有啊。"她说。

"谁会知道呢？这事刚发生！"

"很多人。"她回答。

"谁?"我追问。

"哦，首先，我们所有的邻居和朋友都知道。实际上，今晚他们正准备为我们举办一次盛大的告别晚会。"

我的嘴部肌肉发紧："你是说'首先'? 还有谁知道呢?"

"哦，我们的家人知道——你家的人和我家的人。实际上，我妈妈已经为起居室定做了窗帘。我打电话把尺寸告诉她了。"

我的胃缩成一团，同时我开过一个拐角："还有谁知道?"

"哦，还有孩子们知道。他们告诉了他们的朋友和老师。还挑选了他们想要的卧室。沙伦和史蒂文在商场给各自的新房间订了家具。"

"我们的狗怎么样?"我问，同时想制止前额血管的颤动。

"噢，弗拉菲（狗名）也去过那里，尽可能地到处嗅。她喜欢附近的消防栓，隔壁一条街上的一只漂亮的公狗也引起了她的注意。"

我还能说什么呢? 当然是买下了这幢房子。

上面的这个故事中，这位妻子用的就是曲线进攻的策略。

一件事或一个人都不是孤立的，你要学会从多角度观察。你希望"攻克"某一个人时，就要以他为中心点，这样你就能获得成功。

绕道而行，会提高我们的工作效率、会锻炼我们的生活毅力、会调整我们的处世心态。所以，有的时候，为了达到目标，绕道而行是很必要的事。

　　两只蚂蚁为了寻找食物，必须越过高墙，一只蚂蚁拼命地攀登高墙仍旧无法得到食物，另一只蚂蚁选择了绕道而行，结果，轻而易举地享受到了美食。这只蚂蚁之所以选择绕道而行，并不是要彻底放弃，而是选择另一种途径达到自己的目的。

　　动物界中的壁虎在遇到外敌攻击时，会让尾巴脱落下来。脱落的部分还能跳动片刻，以分散外敌的注意力。就在外敌分心的时候，壁虎趁机逃走了。过一段时间，脱落的尾巴又会重新生长出来。与壁虎类似的动物是海星，它的身体有5只对称腕，它以腕代足，行走自如。当某一腕遭受攻击或受到阻碍时，海星会自行断腕逃生。当然，用不了多长时间，失去的腕会再生长出来。

　　绕道而行的目的是避开一时间难以克服或者清除的障碍，动机是继续前进，只是在途中迂回了一下，心中的追求依然存在。

　　绕道而行绝不是遇难而退。在困难面前退缩的人，绝不可能取得成功，也不可能使困难迎刃而解。绕道而行却相反，从表面上来看，是在逃避困难，实际上却是为了更好、更快地达到自己的目的。

第五章

逆向思维：想要知道，打个颠倒

　　所有人都在朝着一个固定的思维方向
思考问题时，你却独自朝着一个相反的方
向思索，这就是逆向思维。很多人习惯于
沿着事物的发展正向思考问题，寻求解决
问题的办法。但其实对于一些问题，尤其
是特殊问题，从结论往回推，从求解回到
已知条件，也许就会使你的问题简单化。

换个角度看问题

19世纪中期，美国西部掀起一股淘金热潮，大做"淘金梦"的人从世界各地汇聚到此，一个名叫李维·斯特劳斯的德国人，也千里迢迢跑到加利福尼亚州试运气。

但是，李维·施特劳斯的运气似乎相当背，尽管拼命淘金，几个月下来却没有任何收获，使他懊恼地认为自己和金子没缘分，准备离开加州到别地另谋生路。

就在他万分沮丧之际，猛然发现一个现象，那就是所有淘金客的裤子由于长期磨损而破旧不堪，于是，他灵机一动："并不是非得靠淘金才能发财致富，卖裤子也行啊。"

李维立即将剩下的钱买了一批褐色的帆布，然后裁制成一条条坚固耐用的裤子，卖给当地的淘金客，这就是世界上的第一批牛仔裤。

后来，李维又细心地将牛仔裤的质料、颜色加以改变，缔造了风行全世界的"李维斯牛仔裤"。

梦想破灭的地方，往往希望丛生。当我们所选择的"淘金"之路走到了尽头，梦想破灭的时候，千万不要过度失望，更不要沉浮于失败的迷梦。而是应该把失败当作幸运的开端，赶快树立新的目标，打起精神再次上路。

说起"王致和"，或许没有多少人不知道这个中华老字号。但或许你还不知道，"王致和"却是凭借着一个"臭"字名扬万里，传遍了全中国。

康熙八年，安徽省仙源县有个叫王致和的举人进京赶考，结果名落孙山，仕途无望。但却想留在京城继续攻读，准备再次应试。可是距下次科试甚远，而且盘缠也所剩无几，所以便留京暂谋生计，在京城开了间小豆腐店。却不想小豆腐店开张后，一连几天阴雨绵绵，豆腐卖不出去，一点点地发霉。王致和想起家乡有用豆腐制成酱豆腐的，就试着将发了霉的豆腐一刀刀地切成小方块，放进坛里，加上些盐和花椒等调料后，严严实实地封好了坛口。

后来，因为一心读书，渐渐地把腌制的豆腐给忘了。不久后他想起那缸腌制的豆腐，赶忙打开缸盖，一股臭气扑鼻而来，取出一看，豆腐已呈青灰色。他急忙用刀子挑出一点尝尝，没想到味道竟然又鲜又香。虽非美味佳肴，却也耐人寻味，送给邻里品尝，都称赞不已。大家都夸赞道："闻起来臭，吃起来香，真是外臭内香啊！"

王致和受到启发，干脆在豆腐店门口挂起牌子，专门经营臭豆腐。吃过臭豆腐的人一传十，十传百，没用多长时间，王致和连同他的臭豆腐可就出了名，京城的人只要一提起臭豆腐，便无人不知它的主人是王致和。

这事传入宫中，有个太监便好奇地买回一些品尝，果然名不虚传，好吃极了！他立即献给皇上。皇上一尝，胃口顿开，即传旨将"臭豆腐"列为"御膳坊"小菜之一，并赐名"青方"。这下，王致和的臭豆腐声名大振，买卖更加兴隆。时至今日，"王致和"作为地道的"中华老字号"，以其产品的细、腻、松、软、香五大特点备受广大华人消费者的喜爱。

如果，王致和当初因为仕途无望而一蹶不振，或许我们今天也尝不到"王致和"的美味了。

美国著名漫画家罗勃·李普年轻时热衷体育运动，最大的梦想是成为大联盟职棒明星。可是，当他如愿以偿跻身大联盟时，第一次正式出赛就摔断了右手臂，从此与棒球无缘。对罗勃·李普来说，这无疑是人生最残酷的打击。然而，他很快就摆脱了失败的噩梦，转而学习运动漫画，弥补自己的缺憾。李普抱着不能成为棒球明星，便在报纸上画运动漫画的决心，最后终于成为一流的漫画家，以"信不信由你"专栏风靡全球。

无计可施时借助外力

　　杜尔奈做什么事都有一股不服输的劲头。他刚到一家电线号牌厂担任兼职推销员时，好几个月没谈成一桩生意。经人指点，他才明白，业绩不佳的主要原因是：他的面部表情过于严肃，笑容比较僵硬，说话时，很自然地流露出一股傲气，让人难以产生亲切感。

　　知道了原因，杜尔奈每天对着镜子苦练表情，同时训练语音语调。当他再次出现在客户面前时，每个人都觉得他是一个和善可亲、善于打交道的人。此后，他的销售业绩好得出奇，为自己带来了可观的收入。这件事使杜尔奈得到一个经验：别人能发现自己发现不了的问题，听听别人的意见是有好处的。

　　后来杜尔奈决定自己做老板。他拿出全部积蓄，购买了一家小小的电线号牌厂。这家小厂只有几台老式机器和几名员工，跟那些现代化大厂无法相提并论。在杜尔奈接手时，它已然倒闭。杜尔奈为什么敢接这个烂摊子呢？他认为，凡事只要付出百倍努力，一定会有收获。当然，更主要的原因是，他没有多少钱，买不起任何一家正常生产的工厂，只能买这种破产小厂。

为了让工厂起死回生，杜尔奈每天工作十几个小时，率领员工拼命苦干。然而，勤奋只能解决一些问题，并不能解决所有问题。由于那些流水线作业的大厂生产成本低得多，质量更优越，杜尔奈的产品完全缺乏竞争力，任何一家客户都不愿成为它的买主，只能堆在那里占用库存。几个月后，工厂陷入困境，难以为继。杜尔奈百般设法，都徒劳无功，想改进设备，却没有资金。他无计可施，一筹莫展。

杜尔奈意识到，当初购买这家小厂的决策过于草率。但现在不是后悔的时候，既然自己无计可施，只好向别人请教。他咨询过几位行家，他们都认为他做了一桩不划算的生意，想让这家过时小厂免于倒闭，几乎是不可能的。

杜尔奈想，如果倒闭真的不可避免，那也是无可奈何的事情。但是，员工们有没有什么好主意呢？他将员工召集到一起宣布："或许大家已经看到，厂子的情况非常糟糕，维持不下去了。我本人已无计可施，希望大家一起想主意。到明天为止，如果大家都没有什么好办法，我只好宣布厂子倒闭。"

会后，一位员工给杜尔奈写了一封信，里面有一句话：既然改进设备不现实，可否考虑变更材料？

杜尔奈眼前一亮：是啊！为什么不变更材料呢？这是唯一可能找到突破口的地方。

当时的电线号牌都是铝制品，因为铝容易成形，硬度适中，颜色比较美观，那么，能不能找到一种能达到相同效果、价格更便宜的材料呢？杜尔奈冥思苦想，并和员工们一起探讨，终于找到了理想的替代材料：将白色硬纸板塑封，品质跟铝制品相差不大，成本却不到铝制品的三分之一。

这种价廉物美的新产品上市后，很快在市场上取得领先优势。对杜尔奈来说，这是一个幸运的开始。半年后，他赚到的钱已足够他购置一整套流水作业的新设备，竞争力更强了。几年后，杜尔奈成为巨富。

好主意不必总是装在自己的脑袋里。当我们无能为力时，别人肯定有改变结局的能力，当你无计可施时，别人肯定有改变结局的办法。有时候，好主意甚至装在一个看起来远不如自己的聪明的脑袋里。

所以，在无计可施时，明智的人经常会问自己，是否已经用尽了全部力量，这时他就会想如何得人之智，用人之力，让自己摆脱困境。

一个小女孩在她的玩具沙箱里玩耍。她要在松软的沙堆上修筑公路和隧道，然而沙箱的中部躺着一块巨大的岩石。小家伙开始挖掘岩石周围的沙子，企图把它从泥沙中弄出去。她手脚并用，似乎没费太大的力气，岩石便被她连推带滚地弄到沙箱的边缘。不过，这时她才发现，她无法把岩石向上滚动以翻过沙箱边的墙。

小女孩下定决心，手推、肩挤、左摇右晃。可是，每当她刚刚觉得有了一些进展的时候，岩石便滑脱了，又重新掉回沙箱。

小女孩气得直叫，使出九牛二虎之力猛推猛挤。但是，她却被滚回的岩石砸伤了手指。

最后，小女孩伤心地哭了起来。这整个过程，女孩的父亲从起居室的窗户里看得一清二楚。当泪珠滑过孩子的脸庞时，父亲来到了她的跟前。

父亲的话温和而坚定："孩子你为什么不用上你所有的力量呢？"

垂头丧气的小女孩抽泣道："但是我已经用尽全力了，爸爸，我已经尽力了。我用尽了我所有的力量。"

"不对，孩子，"父亲亲切地纠正道，"你并没有用尽你所有的力量。你还没有请求我的帮助。"

许多问题不是一个人能解决的，有时借助外力是必不可少的。当自己无能为力时，也应该学会去借助外力，倾尽所有力量，就没有什么困难可以阻挡我们前行。

充分挖掘你的思考潜能

研究表明，人的大脑是一片未开垦的、神奇无比的处女地，在人的一生中，大约有 140 亿个脑细胞未被开发利用。由此可见，如果我们能够充分挖掘思考潜能，让大脑总处于最佳状态，我们的生活必将会有质的改善。

"功能固着"心理效应告诉我们：不要囿于旧经验，要学会因地制宜地思考问题。很多事情"不怕做不到，只怕想不到"，所有的计划、目标和成就，都是思考的产物，可以说，思路决定出路，思考有多远，你就能走多远。

"功能固着"心理指的是：一个人看到一种惯常的功用或联系后，就很难看出它的其他新用途，如果初次看到的功用越重要，也就越难看出它的其他用途。

人们也许会羡慕那些科学家，认为他们的思维很活跃，并常常自惭形秽。其实，只要我们懂得了思维潜能可以挖掘的道理，就大可不必如此。任何一个大脑健康的人与一个伟大科学家之间，并没有不可逾越的鸿沟，他们的差别只是用脑程度与方式的不同。而这个鸿沟不但可以填平，甚至可以超越，因为从理论上讲，人脑的潜能几乎是无穷无尽的。其实，并非大多数人命里注定不能成为"爱因斯坦"，只要发挥了足够的潜能，任何一个平凡的人都可以成就一番惊天动地的伟业。

这是一个周末的早晨，一个牧师正在为讲道词伤脑筋。他的太太出去买东西了，外面下着雨，小儿子又烦躁不安，无事可做。牧师随手拿起一本旧杂志，翻了翻，看到一张色彩鲜艳的图片，那是一张世界地图。于是他把这一页撕下来，把它撕成小片，丢到客厅地板上说："紫罗，你把它拼起来。"牧师心想儿子至少会忙上半天，谁知不到十分钟，他书房就响起了敲门声，他儿子已经拼好了。牧师真是惊讶万分，紫罗居然这么快就拼好了。每一片纸头都整整齐齐地排在一起，整张地图又恢复了原状。

"儿子啊，怎么这么快就拼好啦?"牧师问。

"噢，"紫罗说："很简单呀！这张地图的背面有一个人的图画。我先把一张纸放在下面，把人的图画放在上面拼起来，再放一张纸在拼好的图上面，然后翻过来就好了。我想，假使人拼得对，地图也该拼得对才是。"牧师听完儿子的话忍不住笑起来。

由此可见，如果我们不满意自己的环境，想力求改变，则首先应该改变自己。我们认为自己行，则自己就能发挥潜能，我们就能成功。换句话说，只要我们充分挖掘思想潜能，就没有什么做不到的。

世界顶尖潜能大师安东尼·罗宾说过："人的思考潜能犹如一座有待开发的金矿，价值无比，而我们每个人都有一座这样的金矿。但是，由于没有进行各种潜能训练，每个人的思考潜能从没得到淋漓尽致的发挥。"

是的，潜能是人类最大而又开发得最少的宝藏，无数事实和许多专家的研究成果告诉我们：每个人身上都有巨大的思考潜能还没有开发出来。美国学者詹姆斯根据其研究成果表明，普通人只开发了他蕴藏能力的1/10，与应当取得的成就相比较，我们不过是半醒着的。

科学家还发现，人类贮存在脑内的能力大得惊人，平常只发挥了极小部分的大脑功能。要是人类能够发挥一大半的大脑功能，那么可以轻易地学会40种语言、背诵整本百科全书，拿12个博士学位。其实，这些数据一点也不夸张，的确值得我们每一个人深思并努力实现。

然而，在我们的周围，总有这样一些人，他们从来不会主动挖掘自己的潜力，也不关心自己的将来，当事情出现差错时，他们只会一味地找借口推搪，而不会想到要主动思考解决问题的方法。显然，成功是永远不会青睐这样的人的。

还犹豫什么？充分挖掘你的思考潜能吧，你的人生舞台将会因此越拓越宽！

反过来思考问题

　　与常规思维不同，逆向思维是反过来思考问题，是用绝大多数人没有想到的思维方式去思考问题。运用逆向思维去思考和处理问题，实际上就是以"出奇"去达到"制胜"。因此，逆向思维的结果常常会令人大吃一惊，喜出望外，别有所得。

　　照相机，在它面世之初是被当作精密复杂的仪器来看的，一般大众与它没有缘分。但是，乔治·伊士曼——纽约罗彻斯特镇一家小银行的事务员却认定："照相机应像铅笔一样简单，谁都可以使用。"

　　1881 年，伊士曼用 5500 美元开办了摄影器材公司，这就是今天闻名世界的柯达公司的前身。1888 年 6 月，伊士曼把"柯达第一号"送进了市场。1963 年，当柯达公司在 27个国家同时推出大众化的"自动式"照相机时，全世界为之轰动。

　　跳伞运动员从飞机上跃出，在降落伞张开前的瞬间，他完成了胶卷的装卸。老人、儿童、妇女，全部都操作自如地摆弄着柯达自动照相机。它的好处还在于售价便宜，在柯达自动照相机3种机型中，大半在50美元以上，最便宜的只售10美元。

这种"自动式"相机立即风靡世界，柯达公司大发其财。柯达成功的原因就在于"反常而行"。

相机的功能开始并不复杂，可随着性能越来越好，操作也变得越来越烦琐。这对于专业摄影者来说当然无所谓，但对普通人来说就不同了。因此一反常规，让相机的操作简单得不能再简单——只需轻轻一按便可完成照相过程，就连"傻瓜"也能操作，这便获得了轰动性的创新成果。

然而，更出人意料的还在后头。就在柯达公司赢得大众、自动相机大卖的情况下，又进一步宣称："自动照相机的专利本公司绝不独占，我们同意所有厂商仿造它。"这绝对不是平常人愿意做的。一般人在自家产品畅销时，肯定会千方百计保守秘密，以专利垄断市场，独享其利。柯达的做法，让人疑惑它的目的所在。

然而，这正是柯达成功的又一诀窍。今天，提起柯达，人们首先想到的不是自动照相机，而是大名鼎鼎的柯达胶卷。原来，放弃专利让其他照相器材厂商共同拓展世界照相机市场，最终必然刺激胶卷的销售。

逆向思维最可贵的价值，是它对人们认识的挑战，是对事物认识的不断深化，并由此而产生"原子弹爆炸"般的威力。我们应当自觉地运用逆向思维方法，创造更多的奇迹。

60年代中期，当时在福特一个分公司任副总经理的艾科卡正在寻求方法，改善公司业绩。他认定，达到该目的的灵丹妙药在于推出一款设计大胆、能引起大众兴趣的新型小汽车。在确定了最终决定成败的人就是顾客之后，他便开始绘制战略蓝图。

以下是艾科卡如何从顾客着手，反向推回到设计一种新车的步骤：

顾客买车的唯一途径是试车。要让潜在顾客试车，就必须把车放进汽车交易商的展室中。吸引交易商的办法是对新车进行大规模、富有吸引力的商业推广，使交易商本人对新车型热情高涨。说得实际点，他必须在营销活动开始前生产出小汽车，送进交易商的展车室。为达到这一目的，他需要得到公司市场营销和生产部门百分之百的支持。

同时，他也意识到生产汽车模型所需的厂商、人力、设备及原材料都得由公司的高级行政人员来决定。艾科卡一个不漏地确定了为达到目标必须征求同意的人员名单后，就将整个过程倒过来，从后向前推进。几个月后，艾科卡的新型车从流水线上生产出来了，并在 60 年代风行一时。它的成功也使艾科卡在福特公司一跃成为整个小汽车和卡车集团的副总裁。

在日常生活中，常规思维难以解决的问题，通过逆向思维却可能轻松破解。

有两个人一起出差，其中一个人逛街时看到大街上有一老妇在卖一只黑色的铁猫。这只铁猫的眼睛很漂亮，经仔细观察，他发现铁猫眼睛是宝石做成的。于是他不动声色对老妇说："能不能只卖一双眼睛。"老妇起初不同意，但他愿意花整只铁猫的价格。老妇便把猫眼睛取出来卖给了他。

这个人回到旅馆后，欣喜若狂地对同伴说，我捡了一个大便宜，用很少的钱买了两颗宝石。同伴问了前因后果，问他那个卖铁猫的老妇还在不在。他说那个老妇正等着有人买她的那只少了眼睛的铁猫。

同伴便取了钱寻找那个老妇去了，不一会儿，他把铁猫抱了回来。他分析这只铁猫肯定价值不菲。他用锤子往铁猫身上敲，铁屑掉落后发现铁猫的内质竟然是用黄金铸成的。

买走铁猫眼睛的人是按正常思维想问题的，铁猫的眼睛很值钱，取走便是。但同伴却通过逆向思维断定：既然猫的眼睛是宝石做的，那么它的身体肯定不会是铁做的。正是这种逆向思维使同伴摒弃了铁猫的表象，发现了铁猫的黄金内质。

人们往往都习惯于沿着事物发展的正方向去思考问题并寻求解决办法。但是，当我们遇到某些问题时，尤其是一些特殊问题，可以从结论往回推，反过来思考，从求解回到已知条件，这样就会有所发现，创造出惊天动地的奇迹来。

模仿他人不如自我创新

　　猴子是一种极聪明的动物，它们特别善于模仿人的动作。

　　在一个大森林里有许多猴子。一天，一大群猴子坐在叶子浓密的树枝上，偷偷地瞅着地上的猎人。猎人在草丛里不断地打滚，猴子们暗暗地你推我、我推你，窃窃私语："这个人的玩法可真不少，简直没完没了，你瞧他呀，一会儿鹞子翻身，一会儿又滚又爬，一会儿跌跌扑扑，一会儿又缩成一团……我们如此聪明，人类那点新鲜玩意儿，我们要学简直是易如反掌，干吗不试一试？来吧，亲爱的同胞们，我们来模仿一下。那个人大概玩得过瘾了，恐怕要走了，他一走，我们就开始模仿。"

　　过了一会儿，猎人果然走了，但他偷偷地布下了罗网。

　　"嘿，快来吧！"猴子们嚷道，"别错过了机会，看谁模仿得最像，谁就做我们的大王。"猴子们争先恐后地从树上跳下来，一个筋斗就翻进了猎人布置的罗网里，他们在里面又跳又闹，玩得特别开心。

　　当猴子们玩累了，想出去时，才发现它们被罗网包围了。猴子们左冲右突，却无济于事，罗网越收越紧，它们一个个束手就擒，被猎人装进了口袋里。

可怜的猴子，想要模仿猎人的行为，却不知早已落入了猎人的设下的寰臼，最后不得不一个个束手就擒，为自己的模仿付出了代价。由此可见，只知道一味模仿，而不去创新是不行的。对猴子如是，对我们每一个人更是如此。

虽然我们都知道，在能力不行的时候，模仿别人可能是会带来一些好处，甚至于少犯一些错误。但我们也要清楚，一万个没有错误的模仿，不如一个有错误的创造。因为模仿是没有生命的，创造才有生命。

在日常交往中，有一类非常"精明"的人，他们处处要显得比别人更加神机妙算，更加投机取巧。他们总在算计着别人，以为别人都比他们傻，从而可以从中揩点油，占点便宜。好像他们这样做就会过得比别人好，北京话把这种人做事称作"积贼"。这种人因为功利心太重，把功利当作人际关系的首要，所以他们生活过得很累，很紧张，很缺乏乐趣。

由于他们常想着算计别人，占别人的便宜，肯定也会产生相应的防范心理，即别人也可能在算计他，要侵占他的利益，所以，他是处处提防，时时警惕，小心翼翼过日子。别人很随意说的一句话，干的一件事，也许什么目的也没有，但过于"精明"者就会在心里受到刺激，晚上回家躺在床上也要细细琢磨，生怕别人有什么谋划会使他吃亏。

这样，他在处理人际关系上就显得不诚实，不大方，甚至很造作。我们碰到过的许多生活中的精明者，性情都不开朗，心理都相当虚假，神经都相当过敏，为人都相当委琐，这恐怕和他们常常过那种紧张日子有直接的关系。

　　其实，真正聪明的人都知道，做人不能精明过头，这通常是指我们在日常生活中如何处理人际关系。生活毕竟不会如战场那样明争暗斗，杀机四伏，总需要些温情和睦，无功无利的关系，因此也就没有必要过于去斤斤计较、精打细算，反倒是随遇而安的好。

创意拥有种子般的力量

在大三时就创业当老板的江南春，直到"奔三"时才悟出：在创意面前，生意是不平等的。江南春是在创业的大起大落中，认识与领悟到这种"不平等"的。下面让我们回顾一下他的起起落落，以便更准确地明白他的顿悟。

在最初的创业路上，江南春有"仲永"之早慧与出众。他在大一时就去一家广告公司做兼职，那时他才19岁。大二那年，也就是1993年，江南春所兼职的广告公司一年收入400万，有150万来自江南春之手。1994年，大三学生江南春成立了永怡广告公司，自任总经理，成了校园里唯一一个带着4万多元的移动电话上课的学生。1998年，永怡占据了95%以上的上海IT领域广告代理市场，营业额达到6000~7000万元人民币，在2000年，收入达到了1.5亿，在上海广告界已经声名鹊起。

一条无比顺利的创业坦途，伴随了江南春7年。但2001年那场互联网的寒冬，终于让这位20多岁的成功人士品尝到了商海呛水的痛苦。互联网企业大批地倒下，活着的苟延残喘，不得不缩减各项开支。虽然当时的江南春从事的不是互联网产业，但他的广告公司代理了上海 IT 领域 95% 的广告业务。客户日子难过，江南春能有好日子过吗？少年得志的江南春，会不会也成为王安石在《伤仲永》一文中的"金溪民方仲永"，最后"泯然众人矣"？

江南春在回忆 2001 年的情形时，说："一切彻底地消失而且消失得干干净净，就好像是没发生过一样。"冰火两重天中，他"第一个反应就是我不能接受这个过程"。

为了维持公司的日常运转，习惯做大买卖的江南春也接起了餐厅的小广告。这对于在互联网高烧时期经常接 500 万单子的江南春来说，难免"心情是极度郁闷"（江南春自己这么说）。虽然白天的工作还在努力地继续，但一到晚上，江南春就陷入了迷惘与苦闷之中，他甚至怀疑自己投身广告业是一个错误。

2001 年 12 月的某个晚上，江南春约见了老朋友陈天桥夫妇。此前，陈天桥的创业小网站推广广告一直由江南春代理。在香樟花园的茶座里，几个月不见的陈天桥告诉江南春，自己已经不做那个小网站了，改做代理国外网络游戏——他在 2001 年 11 月代理了韩国开发的网络游戏《传奇》。陈天桥告诉江南春，《传奇》同时在线已经达到了 11 万人。

商人对于数字最为敏感，江南春飞快进行了心算：11 万人同时在线，意味着拥有至少 70 万收费用户，每个用户每月 35 元，一个月就是 2450 万元。这个数字对江南春刺激可不小。江南春说："这个公司才仅仅 4 个月，就至少赚了一个亿。"他觉得"很恐怖"。江南春回忆，"当时就觉得要学习陈天桥，发掘别人没发现的产业模式，这样才能挣大钱！"

　　江南春用形象的语言描述了他的反思轨迹："我们在没有空调热得要命的大巴里挤来挤去，不停与人搏斗的时候，他（陈天桥）却在寻找跑车。他情愿花很多力气去找。我们好不容易把别人挤下车，有了一块儿属于自己的地方，觉得这就是我们的核心竞争力了。而陈天桥却在一旁，开着跑车扬长而去。"

　　最后，江南春做了理性的总结："在创意面前，生意是不平等的。"这个总结，后来经常出现在他的嘴中。对于创意，从事广告的江南春绝不会陌生，因为广告业本身就是一个充满创意的行业，也唯有创意十足者才能生存。但创业上的创意，不仅仅是单个广告的创意策划。江南春通过陈天桥，更加拓展了自己的视野："天桥给我的经验是，你要找到一个全新的商业模式，你就会创造超额的利益。"

　　江南春决心为自己的事业寻找一个创意，依靠这个创意作为支点，撬动深陷泥潭的事业。不久，他便找到了一个绝佳的创意，不仅帮助自己的事业迅速走出低谷，还令他在短时间里加入了超级富豪的俱乐部——胡润中国财富榜。

　　创业越有创意，就越能获得机会，越能走到财富的前沿。对此，世界首富比尔·盖茨曾经说过这样一句话："创意具有裂变效应，一盎司创意能够带来难以计数的商业利益和商业奇迹。"

　　我们把一颗种子进行成分分析，会发现它只是由纤维、碳水化合物以及一些常见的化学物质组成的，没有什么特别的地方。但只要把它放进肥沃的泥土里，给予阳光和水分，神奇的事情就会发生。种子会破土发芽、开花结果，它可能是养活众生的稻米谷物，可能是为世界添加色彩的美丽花卉，也可能是为生命提供氧气的参天巨木。

人的创意也像一颗种子，在酝酿阶段是那么不起眼。但只要将它放在合适的"泥土"里，提供它所需要的"养分"，那么它同样能像种子那样破土发芽、开花结果，拥有动摇世界、影响众生、造福万物的神奇力量！

过河的路不止一条

世上只有难办的事，却没有不可能的事。方法总比问题多，当常规方法行不通时，打破思维定式，难题也许就会迎刃而解。

一位乘客上了出租车，并说出了自己的目的地。司机问："先生，是走最短的路，还是走最快的路？"乘客不解："最短的路，难道不是最快的路吗？"司机回答："当然不是。现在是上班高峰，最短的路交通拥挤，弄不好还要堵车，所以用的时间肯定要长。你要有急事，不妨绕一点道，多走些路，反而会早到。"

人生中有很多时候我们会遇到类似的问题：我们以为最简单快捷的方式，不见得最好。最快的路不一定是最短的路，到达目的地最短的路可能会因某种原因使我们浪费更多的时间。

林肯曾经说过："我从来不为自己确定永远适用的政策。我只是在每一具体时刻争取做最合乎情况的事情。"英国大科学家、电话的发明者贝尔说："不要常常走人人去走的大路，有时另辟蹊径前往云林深处，那里会令你发现你从来没有见过的东西和景物。"

　　20 世纪 80 年代，德国奔驰车受到日本大量优质低价车的冲击，其日子逐渐难过起来。怎么办？世界上最早的一辆汽车就叫奔驰，难道它已经老态龙钟，不再适应社会而不能继续奔驰下去了？

　　奔驰的掌门人埃沙德·路透绝不会答应奔驰车在自己的手里抛锚。这个雄心勃勃的德国人，给奔驰车选择了一种与众不同的道路。他保证这条与众不同的道路，将会令奔驰车再次迅速而又平稳地奔驰起来。

　　路透为奔驰车选择的是一条高价路线："奔驰车将以两倍于其他车的价格出售。"路透似乎早已下定了决心，他知道如果设法提高奔驰车的质量，以优质为基础的高价必能带给消费者无上的尊贵感、满足感。

　　为了激励全体员工共同实现新的目标，路透感觉到有必要亲自到车间和试验场去身体力行一番。他当然知道这种逆风而行的一步如果成功，将给奔驰公司带来多么高的荣誉，但他更清楚这一步一旦失足会有多么大的损失。他必须鼓起所有的勇气走好这一步险棋。

　　路透和他所率领的公司永远都不愿充当像恐龙那样不适应变化的角色。在奔驰 600 型高级轿车问世之前，路透便对他的技术专家们说："我最近想出了一则很优秀的汽车广告，当然是为咱们奔驰想的。这则广告是：'当这种奔驰轿车行驶的时候，最大的噪音来自车内的电子钟。'我准备把这种奔驰车定价为 17 万马克。"专家们当然明白总裁的意思，却仍不免大吃一惊：17万马克，买普通轿车要买好多辆啊！

也许是总裁的表现感动了那些专家，他们废寝忘食地工作，以惊人的速度成功地把新型优质奔驰轿车献给了埃沙德·路透。路透宣布将奔驰轿车的价格提高一倍。这个命令不仅让整个德国震惊，更是让全世界的汽车产业惊惶不已。

路透的愿望很快变成了现实，闻名世界的高级豪华型轿车奔驰600问世了，它成了奔驰轿车家族中最高级的车型，其内部的豪华装饰，外部的美观造型，无与伦比的质量都无不令人叹为观止。很快，各国的政府首脑、王公贵族以及知名人士都竞相挑选奔驰600作为自己的交通工具，因为，拥有它不仅仅是财富的象征。

当很多人在往同一条大路上挤的时候，只要你拥有足够的谋略、实力和信心，另谋小路而取之，也许会到达得更快、更轻松。

不断超越人生的极限

2006 年 9 月 7 日，新东方作为中国第一家在海外上市的教育培训公司，成功登陆纽约证券交易所，发售 750 万股美国存托凭证，开盘价 22 美元，高出发行价 46.7％。持有31％股权的董事局主席兼 CEO 俞敏洪，资产超过了 18 亿元人民币，成为中国有史以来最富有的教师。

俞敏洪在农村长大，经历三次高考进入北京大学，其中英语第一次得 33 分，第二次得 55 分。失败、努力、成功的滋味，让他永生难忘。新东方创业时，他经常一个人上街粘贴招生广告，冬天冷得受不了时，他就掏出揣在怀里的二锅头抿上一口。功夫不负有心人，艰苦创业终于等来了回报，另外，如今的成功，这不仅仅是俞敏洪个人价值的成功，更是新东方精神的成功。

什么是新东方精神？如同俞敏洪为新东方确定的校训："追求卓越，挑战极限，从绝望中寻找希望，人生终将辉煌！"新东方精神，其实就是一种不断超越人生极限的精神。

每个人的一生中都有很多成功与失败，满足于成功之中或者是堕落在失败之中不能自拔，都是不能实现自我价值的。

要突破自己的人生的局限，就必须要学会不断挑战自己的极限。这就要求我们同以前的自己决裂，不能再故步自封、夜郎自大了，而是要在胜利与成功中学会创新，在内心万马齐喑时打破平静，在消沉与颓废时超越自我，要像凤凰一般，学会涅槃重生。

可以说，不断地挑战自我的极限是一种人生更高层次的自我审视和自我反思，也是心灵境界新的升华和洗礼，更是人生成长必备的能力。可如果，谁失去了这种能力，那么就只能成为一只跳蚤，过起"跳蚤人生"。

有人曾经做过这样一个实验：他往一个玻璃杯里放进一只跳蚤，发现跳蚤立即轻易地跳了出来。再重复几遍，结果还是一样。根据测试，跳蚤跳的高度一般可达到它身体高度的 400 倍左右。

接下来实验者再次把这只跳蚤放进被子里，不过这次是立即同时在杯上加一个玻璃盖，"嘣"的一声，跳蚤重重地撞在玻璃盖上。跳蚤十分困惑，但是它不会停下来，因为跳蚤的生活就是"跳"。一次次被撞，跳蚤开始变得聪明起来了，它根据盖子的高度来调整自己所跳的高度。之后，这只跳蚤再也没有撞击到这个盖子，而是在盖子下面自由地跳动。

一天后，实验者开始把这个盖子轻轻拿掉，跳蚤不知道盖子已经去掉了，它还是在原来的这个高度继续地跳。

三天以后，他发现这只跳蚤还在那里跳。

一周以后发现，这只可怜的跳蚤还在这个玻璃杯里不停地跳着——其实它已经无法跳出这个玻璃杯了。

　　最后，对于这只跳不出玻璃杯的跳蚤来说，等待它的只能是死亡。而等待身处于"跳蚤人生"中的我们的，会是什么呢？

　　后果不言而喻，但却不会一成不变。我们既可以碌碌无为，终其一生，也可以拼搏进取，过上自己想要的生活。但不管怎样，这都要看我们的选择。当然，与其悲守穷庐，过着"跳蚤人生"，倒不如破釜沉舟，挑战自己的极限，闯出一条人生的康庄大道来。我们应该始终坚信：只有不断地挑战自我的极限，人才会不断地进步。

天才大脑潜能开发

左脑训练开发

李 宏 编著

吉林出版集团股份有限公司|全国百佳图书出版单位

图书在版编目（CIP）数据

天才大脑潜能开发.左脑训练开发/李宏编著.--
长春:吉林出版集团股份有限公司,2020.8
　　ISBN 978-7-5581-9007-0

　　Ⅰ.①天… Ⅱ.①李… Ⅲ.①智力开发 Ⅳ.
① G421

中国版本图书馆 CIP 数据核字（2020）第 140011 号

前　言

　　在 21 世纪，对大脑的正确认识比以往更显重要。我们比以往活得时间更长也更健康，但有时候会忘记，如果不能使头脑健全，活得更长更健康是没有意义的。健全头脑意味着我们的大脑能够灵活运转——有记忆力，高效思考和富于创造性——最终实现个人潜能，而这在不久之前曾受制于出身和身体健康的不同；这样我们就可以摆脱某种宿命，从而开创新的人生。

　　现在我们可以思考一些重大问题："我该做些什么来改变我的人生？""这些都有怎样的意义？"我想大脑思维研究的兴起，不仅是因为对如何使人们有更好的表现或者甚至拥有更好的记忆力提供解决方案——虽然这些都极受欢迎——而是一些更值得探究的问题："什么使得我成为与众不同的那一个？"和"如何激发我未被开发的潜能？"。物理学家尼尔斯·玻尔曾经批评学生："你不是在思考，而只是有逻辑而已。"因此，我想逻辑能力并非评估我们思维潜能的标准。大脑实际上有别于一台有逻辑的电脑。本套书总结了管理、经济、心理、事业、人生等方面的经典定律、法则和效应，

全方位地扫描人生的全过程，交给我们一把把开启智慧之门的钥匙，点亮一盏盏指路的明灯。理解这些定律，对于我们了解事物的本质、发现事物发展的规律、解决生活和工作中遇到的问题，具有十分重要的指导意义。学习这些定律的过程，是不断挑战自我的过程，是拒绝一次次诱惑的过程，是接受一次次考验的过程，也是克服一个个困难的过程，更是不停地向人生的理想靠近的过程。只要掌握了这些定律，你一定可以享受到生命中无穷的欢乐。

运用逻辑思维训练和思维导图，你可以"画"出完美人生！本套书教你快速掌握提高思维能力的高效方法，让学习更轻松，成功更容易！

目　录

第一章　发掘左脑潜能

第二章　锻炼左脑

第三章　开启左脑智慧

第一章

发掘左脑潜能

据说著名的哲学家笛卡尔曾经为"人有两个大脑，却只有一个心脏"而大惑不解。

人必须使用左脑

　　国外有研究报告认为：让左右脑接收不同的信息刺激，让较强的部分积极参与较弱部分的工作，充分调动左右脑的能量，从而使大脑具有更高的工作效率，用这个原理来指导学习则会使学习的效果大为提高。

　　在美国，荣获 1981 年度诺贝尔医学奖、生理学奖的斯佩里博士进行了有名的裂脑人实验。切断患者的位于左右脑连接部的脑梁，然后挡住其左视野，在其右视野放上画或图形给他看，患者可以使用语言说明图形或画上的东西是什么。可是，如果在左视野显示数字、文字、实物，哪怕是读法很简单，他也不能用语言说出它们。斯佩里博士根据科学研究，提出大脑可以分为两个半球即左半球和右半球，其两个半球具有不同的功能。

　　按照这样的研究结果，即人的两脑分工情景越来越清楚了。如前所述，左脑有理解语言的语言中枢，而右脑有与之对应的接受音乐的音乐中枢。这一点，从左脑、右脑的外形差别看便可一目了然。语言中枢的左脑与人的意识相连。如果打击左脑，人的意识会立即变得模糊不清。

左脑也可称为后天脑。左脑不断储存着后天所获得的各种信息，成为经验和知识的记忆宝库。而右脑有时也被称为先天脑，是人类先天的记忆宝库。刚出生的婴儿如果左脑出现障碍，可以照常吃母亲的奶，如果右脑发生障碍，就不能吃奶了。下意识行为的本能属于右脑范畴。这说明右脑天生储存着我们所必需的基本信息。按照一些科学家的说法，大概可以说这些信息是在祖先的经验的基础上积累起来的。

左脑主要储存出生以后获得的信息，右脑主要储存从祖先继承下来的信息，左右脑的功能大抵是以这种方式分工的。从这个观点看脑的作用，就能解释最近人们常说的自我肯定思考、自我暗示的效果，或者有的人时常发挥出来的超常能力的现象，因为这些人是把他们的右脑潜力激发出来了。

右脑支配左手、左脚、左耳等人体的左半身神经和感觉，而左脑支配右半身的神经和感觉。人的视觉情况也与此相似，右视野同左脑相连，左视野同右脑相连。因为语言中枢在左脑，所以左脑主要完成语言的、逻辑的、分析的思考认识和行为。而右脑则主要负责直观的、综合的、几何的、绘图的思考认识和行为。

曾经有位著名的钢琴家在电视上表演一边用左手弹钢琴，一边用右手炒鸡蛋。炒鸡蛋需要按步骤顺序操作，所以左脑指挥右手完成；而弹钢琴是非逻辑的直观性行为，所以是右脑发挥作用，指挥左手完成。这个例子生动地说明了左右脑的分工情况。所以我们按这样的分工，有时把右脑称为"模仿脑"，把左脑称为"逻辑脑"。这两个大脑在进行思维和记忆时，协调配合、一起工作。

　　不论什么人都必须使用左脑，因为右脑没有语言功能。虽然人必须使用左脑，但以左脑为中心的学习和生活方式则是无视右脑，可以说是非常吃亏的学习和生活方式，而我们传统的学习教育基本上就是以左脑为中心的。换言之，我们传统的学习方法只运用了"半个脑子"，还有半个脑子被"匿藏"起来，这是很不经济的学习方式。我们所说的全脑学习，就是将两个脑子的能力开发出来，让左右脑协调工作，共同学习，从而最大限度地发挥人脑的潜力。

真正的"头脑好"到底指什么

在日常生活中，我们常提到"头脑好"这三个字。比如，我们经常说某某脑子好使、脑子转得快等。事实上，这些称呼都包含了许多复杂的意义。

头脑灵活、敏捷、精明、脑筋转得快，处理事情干净利落，具有分类、抽象、分析、统计的能力，会举一反三、充满灵感、吸收力强、理解力强、直觉力敏锐、有先见之明、有推理能力、记忆力强、思想有弹性、富有创造力……随便一举"头脑好"所包含的意义就有这么多，但真正的"头脑好"到底是指什么呢？

让我们换个角度来说，计算机中有硬件与软件。所谓硬件是指计算机的机器本身，而软件则是计算机所操作的程序。因此硬件一定要好，否则就无法处理复杂而精细的软件。如果将人脑比喻为计算机，头脑好就等于硬件好。

然而，一个人要得到"头脑好"的赞誉，还必须具备下述几个条件。

第一，同样的作业，不需太多努力，就能轻松地完成。例如，同样的考试题目，头脑好的人不必绞尽脑汁，就轻轻松松考及格了。这就好像一部精密的计算机，在短时间内，就能轻易处理简易型计算机无法处理的指令。

第二，除了能轻松完成功课之外，还要具备应用能力。有些人擅于绘画、弹钢琴，或者体育方面的表现比别人优秀，却没有人称赞他"头脑好"，因此并不是靠你的双手及身体去决定输赢。

如果像计算机一样，将学习到的东西记忆下来，依样画葫芦的方式去操作，就算不上头脑好。

一个人必须具备应用能力，碰到问题能设法解决，才算得上头脑好。

在各项记忆测验中表现良好的人，也不一定能获得"头脑好"的评价，因为他们可能缺乏应用力与创造力。从这一点看，以往用于衡量头脑好坏的传统的智商测验，无法衡量一个人的创造能力。智商水平虽与人的创造力有关，但并不等于人的创造力。对中学生朋友来说，最重要的是动脑能力，这不仅决定他们现在的学习成绩，也将决定他们今后的生存能力。所以，在中学阶段提高动脑能力就显得至关重要。持续的动脑训练才能让人的大脑"更好使"，让我们一起努力，通过动脑能力的训练来不断提升我们的动脑能力吧！

"脑子好坏"反映在动脑方法上

吉尼斯世界纪录中记纸牌记得最多的是一名英国人，他只需看一眼就能记住 54 副洗过的扑克牌的顺序。20 世纪 20 年代，亚历山大·艾特肯能记住圆周率小数点后 1000 位数字，但这一纪录在 1981 年被一位印度记忆大师打破，他能记住小数点后 31811 位数字。这一纪录后来又被一位日本记忆大师打破，他能记住小数点后 42905 位数字！

你也许无法仿效，也没必要学习这样惊人的技艺，但你可以用与这些记忆大师们一样的方法来提升你的智力与记忆力。这与我们有多聪明或曾受过多高的教育都没有关系，有很多窍门和技巧可帮助你最大限度地利用你的脑细胞。因为我们的大脑潜能是无限的，很多时候，"脑子好坏"的差别仅仅是我们动脑方法上的差异。

大脑中有许多人类还没有发现，或者只知道了现象却没有得到解释的机能。因为对于这些机能还没有明确的定义，我们现在只能称之为大脑的"潜在能力"。

爱因斯坦去世，大脑被人取出下落不明后，这一堪称史上最聪明的大脑到底有何过人之处，就成为 20 世纪最传奇的谜团之一。不久前，当初被指控窃取爱因斯坦大脑的美国病理学家托马斯·哈维称他曾把爱因斯坦的大脑分成了 240 块。英国专家对哈维手上的大脑切片进行仔细研究之后，终于揭开了爱因斯坦智能过人的秘密。他们惊讶地发现，他的大脑顶叶比常人大 15%，尤其是左下顶叶的胶质细胞比例明显偏高。另外，他们也从爱因斯坦的侧脑裂较不明显的特征推论，爱因斯坦的大脑生来就有些重叠区域，这些重叠也许让他更有数学和空间观念。据相关专家称，即使是这位最善于使用大脑的天才也只使用了大脑潜能的 30%。那么，这意味着人脑潜能很大，就像个沉睡的巨人，等待我们去唤醒它。

人类的大脑到底有多大的潜能呢？脑科学研究结果表明，人脑约有 100 亿个神经元，它在理论上的信息储存量，相当于 140 亿台功能强大的电子计算机或 5 亿本藏书。这表示着人类大脑的潜能，几乎接近于无限。到目前为止，人类的大脑平均只开发了不到 10%。

换句话说，一个人的大脑只要没有先天性的病理缺陷，就可以说他拥有可以成为天才的大脑。只要他的大脑潜能得到超出一般的合理开发，他的能力就不会比爱因斯坦逊色。

那么怎样才能开发我们的大脑呢？科学研究表明：人的大脑可以通过反复、持续的动脑活动或动脑训练来激发脑细胞活力，促进脑细胞的生长发育和神经信息的传递，这样可以使大脑思维更加活跃，从而连绵不绝地激发出大脑潜能。

能力的差别就是脑力的差别

人与人之间能力的差别，从某种意义上看就是脑力的差别。其实人的脑力本来是可以无差别的，从人们的大脑皮层神经细胞的数量大致相同而得到证明。

然而，如何合理开发自己的大脑，提高大脑的利用率，使人变得更加聪明起来，这往往也是学生，还有老师和家长所关注的问题。如何合理开发自己的大脑，要涉及大脑本身的特点，了解到这个特点，才能更好地去发挥它的作用。人的大脑遵循"用进废退"的法则。所谓大脑"用进"，是指大脑越使用越进步，越用就越好使用。关于大脑"用进"问题，有的同学不这样认为，他说："大脑好比一台机器，使用频繁就会产生磨损。"于是平时懒得动脑筋，生怕脑汁用尽了。

实际上，恰恰相反。人的大脑必须经常进行一定强度的脑力活动，使神经元相互之间建立更多、更紧密的联系，使人的记忆力保持在灵敏的状态，人才会越来越聪明。不动脑筋，神经元得不到必要的条件刺激，久而久之，各神经元之间联系中断，造成大脑反应日益迟钝，记忆力就会减退。

俄罗斯著名的世界象棋冠军阿廖欣，1938 年在芝加哥，用 12 个小时的时间，同时下了 32 盘盲棋，他能够准确无误地记住 2000 个方格上的千余个棋子。我国也有同时下 19 盘象棋、盲棋的记录。这都是常人所做不到的，是他们长期勤学苦练的结果。有的象棋大师能够记住 20000 个棋谱，甚至在乘坐汽车的 30 分钟内，记住 300 个单词，顺利地通过外语考试。这么好的记忆力确实令人向往，然而他却经常忘记雨伞丢在什么地方了，这也证明了记忆力的好坏取决于是否有兴趣，死记硬背不是记忆的有效方法。这些象棋大师能够记住几万个棋谱，同时下十几、几十盘棋，看来人的记忆潜力也是很大的。

开发记忆潜力大有可为。人的记忆能力通过训练，可以达到惊人的水平。

美国南佛罗里达大学研究人员获得了 1 万多名瑞典双胞胎男女的健康状况资料，分析结果发现，在这些 1998 年年满 65 岁的男女中，从事最富挑战性工作者与从事最不复杂工作者相比，从事最富挑战性工作者得病可能性减少 22%。研究人员推测，终生保持精神活跃状态者可能具有较大的"认知储备"，从而有助于经受老年痴呆症发病前可能出现的诸多大脑损伤。研究人员认为，职业生涯中需要处理较为复杂人际关系的人，如需要谈判或与客户打交道的管理人员患脑病概率较低。此外，复杂工作与老年痴呆之间的关联不受个人教育水平影响。

再举个例子来说明人的大脑"废退"问题。不用脑，有可能退成狼孩。1976年，在印度的一个森林里发现了一个狼孩，发现他是8年前失踪的小男孩拉穆。拉穆家住森林旁边，两岁时被母狼叼走，不知怎么阴错阳差，母狼不仅没有把他吃掉，反而把他"收养"，作为自己的"儿子"。小拉穆在狼群当中，受狼的"熏陶"，用四肢爬行，手掌和膝盖上都磨出厚厚的茧子，赤身裸体，伤痕累累。发现时，拉穆已经10岁了，给他穿上衣服，他会觉得不自在而把它撕碎扯作一团；给他一只熟鸡，他害怕不敢靠近，若是活鸡，就立即扑上去，用嘴撕咬吞噬。和所有的狼一样，拉穆夜里还要嚎叫。拉穆脱离了人的社会，就不能成为真正意义上的人。尽管拉穆重返人类社会，还受到心理学家悉心调教，但由于拉穆长期不进行思维，大脑已经退废。拉穆16岁去世，恰好是狼的正常寿命，智力也仅仅达到正常小孩4岁的智力。

1983年初，一片野地里有一群黑白相间的猪。在猪群中夹杂着一个"奇怪的瘦小动物"，时而悠闲地吃着青草啃着草皮，时而拼命地与小猪崽争着拱在老母猪怀里吸吮着猪奶；一旦发现有人靠近，就像所有的猪一样，警觉地弓着腰，一双呆愣愣的眼睛，直直地瞅着你，一动也不动，随时准备逃跑。这只"奇怪的瘦小动物"，是一个11岁的小女孩。她出生在一个偏僻的农村家庭里，其父又聋又哑，之后出走，母亲智力残疾。由于母亲连自己的生活都不能自理，这个无辜的小女孩终日与猪做伴，整日看到的是猪的样子，听到的是猪的声音，学的自然也是猪的习性，就这样，她度过了不幸的童年，成为中国猪孩。当时11岁的小女孩智力是怎样的呢？她没有大小、长短、上下、左右、多少和颜色的概念，几乎没有记忆力、注意力、想象力、意志力和思维能力，也没有正常人所具有的喜怒哀乐。如何使猪孩重新恢复人性？在各级有关部门的帮助下，她看到了大海、高山和街道。然而，她不是茫然无知地表示惊异，就是兴奋地发出猪叫声。让她去上学，不消几分钟就会惰性十足地趴在桌子上，像猪一样酣然入睡。有时半夜醒来，见四处无人，便"猪性"大发，甩头晃脑咂吧嘴。7年之后，在老师的教育下，她生活基本上能够自理，智力达到小学二三年级的水平，但是，由于她与猪生活了很多年，错过了人生智力发展的关键期，虽然改掉了猪的习性，但却永远达不到正常人的智力水平了。通过这个例子，可以充分说明人的大脑用进废退，教育与训练对人大脑所起的巨大作用。同学们要充分利用好大脑发育最好的时期，尽可能扩大自己的知识面。正是"少而好学，如日出之阳"，切忌"少壮不努力，老大徒伤悲"！

　　总之，少用脑、懒用脑的人将使思维变得迟钝。勤于用脑的人，能增加脑啡肽化学物质，脑内的核糖核酸含量比一般人平均要高10%～20%。核糖核酸能促进脑垂体分泌神经激素——多肽组成的新的蛋白质分子——"记忆分子"。它对促进记忆和智力的发展具有重要作用。懒于动脑的人由于大脑功能得不到充分发挥，脑啡肽及核糖核酸等生物活性物质的释放和水平降低。长期下去，大脑功能就会呈渐进性退化，思维逐渐迟钝，分析和判断能力亦会下降。

用脑方法决定脑子好坏

　　有的中学生经常抱怨自己脑子不好使，其实根本不是脑子不好，而是用脑方法不好。人的用脑方法通常可以决定其脑子的好坏。如果一个人有意识地通过科学的方法来培养其动脑能力，在能力提高的基础上不断提高自身的素质，就可以让不聪明的学生变得聪明，让聪明的学生变得更加聪明。

　　有位实验者曾经用这三种方法让三组来自不同家庭的孩子记住10张画的内容。对第一组孩子，他只告诉他们画上画了些什么，并不给他们看画。对第二组孩子正好相反，只给他们看画，可是不再给他们讲每张画画了些什么。对第三组孩子是又让听又让看，他不但给他们讲画的内容，同时给他们看那些画。过了一段时间，他分别问这三组孩子记住了多少画的内容。结果第一组记住得最少，只有60％；第二组稍多，记住了70％；第三组记住得最多，达到86％！这说明只听不看的孩子记得最少，只看不听的孩子记得稍多一点，又听又看的孩子记得最多。两种感觉器官并用，大脑的记忆效果就比只用其中一种好得多。因此，如果帮助孩子把所有感觉器官一齐调动起来，大脑的学习记忆效果就会更好。

科学研究表明，人的大脑的功能只有很小的一部分被开发和利用，人的脑细胞还没有得到充分的使用。人的许多能力的培养，大多要从掌握方法做起，人的脑力之差距，在很大程度上是由用脑方法的差距引起的。人们通常使用的动脑方法，多是运用了大脑左半球的一部分功能而已，右半球的功能只是偶尔被利用一下。人的大脑潜能从理论上讲是无限的。比如，有的人记忆力好得出奇，是因为他们能天长日久地训练自己的记忆力，脑子中的记忆方法越来越多，结果，记忆力就越来越好。因此，要想成功地改进自己的动脑能力，关键在于要加强动脑方法的训练。

孩子头脑的好坏也决定于父母的做法。不要以为自己孩子语言能力没有问题，做父母的就可以高枕无忧。例如，我们常在幼儿园看到这样的景象。

一个母亲正对她的孩子说话："不要到那里去！""为什么？""危险啊！""为什么危险？""因为扶手烂掉了，你如果去碰它，你就会掉下去！""掉下去会怎么样？""会受伤啊！我想你大概不愿意流血吧！"

在同样的情况下，恐怕也有母亲会对孩子这样说："不要到那边去。""为什么？""因为你现在长大了！""为什么长大了就不可以到那边去？""妈妈说不可以就是不可以，你不听话，下次就不带你来了！""可是，你总得告诉我为什么不可以啊！""你这个孩子真烦人，不理你了！"

上面这两位母亲，大概都是无意识地和孩子交谈，而结果又是如何呢？前面那一位母亲心平气和地回答孩子的问话，尽量让孩子懂得其中的道理，而孩子通过与母亲的谈话，了解母亲为何限制自己的行为，也可以预想到自己不听话的后果。

换句话说，孩子通过与母亲的交谈，不知不觉地学习到合理的谈话方式，也培养出逻辑推理能力。

相反，第二位母亲对孩子的疑问并没有回答，只是一味禁止孩子的行为，以恐吓的方式迫使孩子屈服，孩子并不知道到底为什么，不晓得怎么回事，只是听从母亲的话。长此以往，孩子就会变得没有好奇心了，不再问原因，而毫无批判能力地听从他人的意见。

从这个结果可以了解成人与孩子之间无意的交谈，可以使孩子的大脑更聪明，也可以使孩子变得迟钝，其中隐含的影响力是不可忽视的。所以，在运用科学的动脑训练方法之前，我们必须充分考虑到学校和家庭两方面的因素，中学生必须争取得到家长的支持，以便为自己创造一个良好的学习环境。

男女大脑存在着差别

科学研究表明，男女大脑是有差异的，这种差异主要表现在以下几个方面：

一是大脑结构。以脑中一种称为胼胝体的组织为例，女性大于男性，而胼胝体是沟通左右两半脑的桥梁。

二是大脑功能。女性大脑的成熟速度快于男性，如刚刚出生的女婴，其脑成熟程度比同龄男婴早 4 个星期，进入青春期后，少女较少男早熟 2 至 3 年。

三是智力优势各有千秋。大多数男性左半脑"辛苦"而右半脑"闲置"，其优势主要体现在科学天赋与分析能力等抽象思维方面；而女性则是左右脑兼用，其嗅觉、听觉等感官功能、社交能力、语言表达能力、词汇掌握程度和精细手工操作等方面特别突出，故男女各有擅长。

此外，另外一项研究也可以证实男女大脑存在着差别。相对于男性而言，女性更易被精彩的笑话逗乐，因为她们不会一开始就对笑话充满期待。

实验过程中，科学家让 10 名女性和 10 名男性分别观看 70 幅黑白漫画，并让他们就滑稽程度为这些漫画打分。当这些志愿者欣赏漫画时，研究人员用核磁共振成像技术观察他们的大脑，检测大脑不同部分产生的反应。

研究发现，针对漫画中的内容以及对前后连贯的理解，男女两性大脑对幽默反应大致相同。然而，女性大脑有些部分反应更为活跃。

不过，虽然男女大脑有差异，但综合看来，男女两性在智力或脑力上基本是相同的。一个人并不会因为他是男人就注定比女人更聪明，或者更不聪明。

国外科学家进行的一项研究发现，决定男性智力的主要是大脑灰质，而决定女性智力的主要是大脑白质。尽管男女两性的这两种物质在大脑中的数量差异悬殊，但他们平均智力水平是一样的。

男性大脑中决定智力的灰质总量是女性大脑的 6.5 倍，而女性大脑中决定智力的白质总量是男性的 10 倍。一般来说，灰质好比是大脑中的一个个信息处理单元，而白质是联系这些信息处理单元的网络。所以男性更容易在集中处理信息的领域（如数学等）取得成就，而女性更适合"分布式"处理信息的领域，比如语言能力等。在科学实验中，男女两性表现出的平均智力水平是一样的，表明两性的智力是"殊途同归"，不同的大脑"设计思路"可以达到同样的智力水平。

研究还发现，女性决定智力的白质和灰质都有约 85% 集中在大脑前额叶；而男性决定智力的脑物质分布更均匀，只有 45% 灰质在大脑前额叶，白质则在大脑前额叶中不存在。

　　这也可以对男性和女性在日常生活中所表现的一些举止做出科学解释。

　　比如，为什么在开车出行时，男人们不会详细打听该怎么走或者他们应该去哪里，而女人们却总是埋头看地图，研究路标，看该如何走。为什么在吵架后，女人们总是哭闹，而男人们却还能睡得着觉。可能这些都与他们大脑组成有关。

大脑训练的方法

激活、锻炼大脑并不困难。不论任何人，只要稍稍用一点儿功，就能将其沉睡的大脑部分开动起来。完全没有必要读那些晦涩难解的书，也不用去做难度很大的思维训练。游戏、体育活动或是听喜欢的音乐时，我们的大脑，尤其是大脑右半球都会轻而易举地受到良性刺激。

我们在学习、思考问题、从事工作中，不断地分别应用左脑和右脑，但有的时候，你会感到某个念头老是在脑海里来回打转，这恐怕是每个人都有过的经验。假如你想锻炼自己的右脑，首先要找出这种感觉，努力根据不同的场合再现这种感觉。当然，这就涉及动脑训练的方法问题了。

方法需要原则的指引，动脑训练的方法也不例外。我们知道，脑力开发基本上不受年龄限制，任何年龄段都能通过科学的训练方法来促进脑的成长和脑力的开发。从生理上说，这种训练能够增强神经元之间的连接，能够提高神经胶质细胞的数量和整体脑物质的增长。对于体能和智力都处于成长发育期的中学生来说，通过一定的动脑训练，更是能明显改善其脑力和智力，并且在此基础上提高学习的效率和考试成绩。

动脑训练主要应遵循如下原则：

①免于恐惧和强制的原则。动脑训练或学习必须避免强制、避免外来的人为的压力，换言之，动脑也好、学习也好，这些活动都需要在自觉自愿的基础上进行。灌输教育之所以失败，就在于它完全忽视了学习者的意愿和需要。

②训练内容需要充满新奇性。学习者必须经常变换学习内容，变换问题的内容和解决问题的过程等。

③训练方法应具有一定挑战性。也就是说，要确保问题具有一定难度，太简单的问题学习者也觉得学得没意思。

④能激发人的积极情绪和情感。人们在脑力活动中往往伴随着情感反应，学习者在学习或问题解决的过程中应该感受到愉快、惊奇等情绪的体验。

大脑训练的意义

学习的本质是提高人的智慧，而最终目的是掌握知识、加以创新、改造社会，进而推动人类文明和社会不断地向前发展。

不过，从脑科学的角度来说，当大脑进行新的学习时，神经元细胞就会生长出树枝一样的分支结构，我们称之为"树突"。神经元的每一个树突都是它与另一个神经元相连的神经通路。

我们通常所说的"学习"，从脑神经生理学的角度讲，实际上就是指神经元细胞之间建立更多的连接、找到新的神经通路的过程。通过为同一内容的学习提供多重学习背景，可以最大化地建立神经元之间联系的数目。我们学习同一内容的方式越多——在多重背景下、运用多种智力、用不同的媒介激发多种情绪反应——学习效果就越好。这种学习经验也将使我们能够更容易地进行以后的学习。

关于大脑训练的意义就在于：让大脑更加聪明、有智慧，在激烈的学业竞争和社会竞争中脱颖而出，稳操胜券。

如何让自己思维敏捷，充满想象力和创造性；如何在知识大潮中，抓住有用的实质性的资讯，并储存在记忆中，可以尽情使用发挥；如何在青少年时期，运用最有效的手段获得最有效的效果，让学习更出色；如何在人生的壮年事业中，尽情发挥大脑能量，建功立业，优越胜出；如何让大脑处于最佳运行状态，让大脑运用越灵活……

所有这些，都与人的脑力相关。动脑能力决定了人的学习能力，而学习能力决定了人们的竞争能力、创新能力、发展能力、成功能力和生存能力等。竞争是人类永恒的主题。学习能力既是人们在21世纪的基本竞争能力，也是总体竞争能力，同时又是核心竞争能力，而所有这些，都离不开人的大脑活动。

给大脑加上动力

一个只会"死读书"的孩子永远都是在"读死书"。尖子生不仅要会读书，还要会思考。学习和思考是相辅相成的，如果只听老师讲解而不自己思考，那么这样的知识不属于自己，时间长了之后，知识会全盘还给老师。

这就像我们在橱窗里看到的漂亮衣服一样，尽管可以试穿，但是如果不付钱的话，衣服始终是商店的而不是自己的。"付钱"的过程，也就是我们学习中"思考"的过程。

如果说，我们的大脑是一台高精密的处理器的话，那么思考就相当于这台处理器的"动力"。要学会思考、勤于思考才能成为一个见解独到的人。那么我们应该怎么给大脑加上动力呢？

1. 独立思考

养成独立思考的良好习惯，是使人们发现新的知识、通向成功之路不可缺少的桥梁。独立思考的人，不教条，非常自信。

一个常怀疑自己的人，常常将书本的内容奉为"金科玉律"，这样的人，是不可能做出惊天动地的大事业的。

著名科学家卢瑟福有一次问他的一个学生："你今天上午准备做什么？"

学生答道："做实验。"

卢瑟福又问："下午呢？"

学生答道："做实验。"

卢瑟福再问："晚上做什么？"

学生仍答道："做实验。"

卢瑟福便不满地问道："你整天都做实验，那你用什么时间来思考呢？"

这个小故事告诉我们，要很好地进行创造，就必须有专门的时间去思考。不善于思考就不可能把学到的知识进行消化，就不可能发现问题，也就谈不上会有更多的想象力与创造力。

当然，在学习的过程中，有些机械的记忆和模仿是必要的，但最终要将之变成自己的东西，还是要经过一番思考。如果不能独立思考，在学海中随波荡舟，人云亦云，那就不知会飘向何方。

百度 CEO 李彦宏说过："无论做什么事情，我都要有自己的理由，要相信自己的判断。"无独有偶，新东方学校创始人俞敏洪也指出："不断地阅读和独立思考是成长的加速器。"他们的成功其实就是走一条独立思考的道路。

仔细观察，那些尖子生大多有着独立思考的良好习惯，他们具有独立思考的能力，才能将所学知识融会贯通，并能提出很多新的学习方法,知识记得更牢固。所以,我们青少年一定要在学习的基础上,敢于独立思考,提出独创性的见解。

但是,独立思考并不是胡思乱想,它需要一定的知识做基础。假如脑袋里空空如也,一无所有,那么任凭你如何独立思考,也是不会思考出什么"出类拔萃"的东西来的。完全独立的思考是没有的,人们总是在吸取前人有益遗产的基础上,方能进行独立思考,得出与前人多少有所不同的东西来。

因此,对于学生来说,最重要的就是学习一切有用的知识,在此基础上培养自己独立思考的良好习惯。

2. 学会思考

你是一个会思考的孩子吗?如果你还没有掌握思考的窍门,下面向你介绍关于思考的几种方法。

第一,要注重理解。所谓理解,主要是弄清楚"是什么""为什么""怎么样"这三个问题。死记硬背是解决不了问题的。

有这样一个学生,他很讨厌学习英语,他说:"我不想背英语单词或课文,因为每次背完我就特别困惑,脑子比没背之前更乱了。本来很明确地知道 hopeful 是'有希望的',hopeless 是'没希望的'。-ful 表示'有',而 -less 表示'无'。可是 shame 是'羞耻'和'惭愧'的意思,shameless 为什么不是'毫不羞愧、理直气壮'的意思呢?"

令这个学生困惑的原因其实不是他"多背"了这个词，而是没能理解这里的"毫无羞愧"也就是"不知羞耻、恬不知耻"的意思，只不过感情色彩是贬义的。

可见，"背"也是有条件的，必须在透彻理解的基础上背，在品味鉴别中背，这样背才抓住了学习的灵魂，才能有助于举一反三。

第二，深入思考。思考要有深度，蜻蜓点水般地学习是掌握不了知识的，这就需要我们认真思考。认真思考过后得出的结论才能令人印象深刻，知识也只有在经过深入细致的思考后，才能真正被理解掌握。

第三，广泛思考。遇到事情时，先好好考虑一番再做决定。考虑问题时，思路要开阔，要从不同角度去研究，寻找最佳答案。就像做一道应用题，应该想方设法找到多种解题方法，然后加以比较，找出其中最简单的一种。

在思考时，切忌不能钻牛角尖。聪明的人遇到此路不通的时候，并不惊慌失措，而是灵活应变，寻找另外的出路。"条条道路通罗马"，能选出最佳路线的，是能广泛思考的人。

第四，让左右脑全速前进。科学家有个有趣的发现：人的左脑主管语言、逻辑、分析等活动，而右脑主管想象、音乐、韵律、幻想等活动。当大脑的左右两半球配合起来时，整个大脑的思维成效是惊人的。

所以，懂得思考的人，往往是一个知识面广、全面发展的人，每天不同类型的活动促使两个脑半球互相配合有效运转，这些人的思考能力往往是特别强的。

聪明的学生会在思考某一问题而得不到解决时，放下问题，去听听音乐，或者散散步，这是为了使右脑动起来，使左脑得到休息。这时，大脑里往往会突然迸发出一些崭新的解决方法。

美国有一位铸造专家，在试验一根钢条和一根铁条时，他发现在店里的煤炭炉上，钢条先熔。然而在实验室里的泥杯中煅烧时，却是铁条先熔。为什么会有这种现象呢？一连好多天，这件事一直让他想不出个所以然来。

有一天晚上，他决定先休息一下，不再想这个问题了，当躺在床上时忽然想出一个道理，钢条在实验室的泥杯中没有和煤炭接触，而在店里是接触了炭，从而降低了它的熔度。接下来的实验也证明了这种推测的正确性。

有时一个问题的答案老想不出，最好的办法应该是暂时忘记它，去做点别的事，或是休息一会儿，等到脑袋清醒后再来思索。大多数情况是，答案来的时候，不是在你因苦思冥想而精疲力竭的时候，而是在你完全放松、丝毫不去想的时候。

其实，有效的思考方法是有很多的，只要你积极开动脑筋，认真体验、总结，你一定能掌握思考方法，成为一个会思考的主动学习者。

第二章
锻炼左脑

一位哲人说过："人的思想是万物之因。播种一种观念就收获一种行为，播种一种行为就收获一种习惯，播种一种习惯就收获一种性格，播种一种性格就收获一种命运。"

认识人从认识思想开始

思想决定行为，行为决定命运。要改变命运，就要先改变行为；而要改变行为，先要改变思想。改变自己要从改变思想开始。同样的道理，认识一个人也要从认识他的思想开始。一个人脑中想些什么，手上就会做些什么，而且大多数情况下都是下意识的表现。思想高尚的人，不会做些鸡鸣狗盗、偷鸡摸狗的猥琐之事；而思想龌龊的人，也不可能成就什么惊天动地的大事业。

人类的所有行为、活动，包括你的工作、学习、生活以及其中的情绪变化，如无奈、无助、喜悦、幸福等都来源于何处？换句话说，是什么在主宰和支配着你？

1. 性格与爱好

我们知道，性格在某种程度上决定着人们的命运，性格的好坏，决定着你对人对事的态度的好坏。性格对人们的行为方式有着重要的影响，这是毋庸置疑的。

喜欢喝酒的人，是不会轻易进茶馆消遣的，这叫好喝酒的不入茶坊。当然，你爱好什么，你就会往这方面努力。

　　比如你对文学感兴趣，你就会将更多的时间用在文学名著的研读上；你就会更加关注生活中闪亮的细节；你就会将更多的精力用在写作上。如果你对理科感兴趣，那么数理化便会装满你的大脑，你会用一些定理、定义、公式去衡量生活中的一些事物。

2．习惯

　　习惯是人们在长期里逐渐养成的，一时不容易改变的行为。俗话说"吃惯的嘴，跑惯的腿"，便是对习惯的最好诠释。

3．法律和制度

　　法律面前人人平等。法律是神圣不可侵犯的，是衡量每个人行为的根本准则；制度作为机构内部的"法律"，也是每一位所属人员必须严格遵守的。所有这些，对人们自然而然地必会产生约束力。

4．榜样

　　一个人作为他人的榜样，自然有他的过人之处，像跃出海平面的红日，光芒万丈，令人惊叹。

5．诺言

　　人类的一个重要特征就是重信守诺，他（她）一旦对别人有承诺，将会不惜任何代价去付诸行动。但是却有很多人

（绝对不在少数）抛弃了这一点。承诺会对人们产生深远的影响。因为一诺千金和背信弃义是两种截然不同的人生态度。

那么，我们的行动到底是靠什么来支配的呢？

确切地说，是靠你的思维支配的。而一切思维，都是人的大脑的功能，思维出自大脑。

思维，作为在表象、概念的基础上进行分析、综合、判断以及推理等认识的过程来讲，它是最有权决定你的行动的。

可以回过头去想想，你的性格与爱好是怎样形成的？是经过大脑缜密的思维过程而形成和发展的。虽然说性格的形成有一定的先天遗传性，但主要还是后天的培养。爱好就更不用说了，你对某一事物感兴趣，你的爱好也就有了。

习惯更是如此。在此就不赘述了。

至于法律和制度，它本身就是后天人为的一种强制性的产物，从人性的角度去考虑，人们的行为往往会自觉或不自觉地对它产生抵触。人性是向往自由的，即最大化的民主或人权，但脱离了法制的民主说到底就是没有民主。

榜样虽然具有一定的号召力，但它也具有一定的局限性。试问一下，你有过不可动摇、自始而终的榜样吗？你的一言一行都在效仿着某个人吗？这显然是不可能的。

诺言确可支配人的行为，但冠冕堂皇的诺言、口蜜腹剑的诺言、阳奉阴违的诺言、朝令夕改的诺言、比耳边风还耳边风的诺言……不是也在我们身边存在着吗？这样的"诺言"与"行动"何干？真正一诺千金的人实在太少了。

好了，言归正传。

人类的一切活动，包括交际、工作态度，对目标追求的手段和方式，对宗教信仰，对更高层次的向往，等等，莫不是由思维决定的？

从某种意义上讲，那些伟人，极富影响力的政治家、科学家，那些富商、企业的巨子们，以及那些虽无显赫的成就但却能直面人生的逆境勇往直前，从而实现了自己人生价值的人们，他们的成功都无不得益于独到的也就是与众不同的思维方式。

从这个意义上说，人类的成就首先是"想"出来的，是在正确思维指导下的行动干出来的。想即是思维。想是大脑在想，思维亦是大脑在思维。要想有一个高水平的想、思维，必须有一个智慧的大脑。工欲善其事必先利其器。

反过来说，为什么有的人辛辛苦苦一辈子却毫无所获？好好想一想，他们是不是人云亦云、毫无主见？是不是懒得思索，整日整年地随大流？是不是死板呆滞、毫无生机？是不是只会说"是"而不会说"不"？

思维如同冥冥之中的神灵，悄无声息地主宰着所有的人，它虽然触及不到，极目望去也不见其影踪，但它确确实实地存在着。它像一缕空气，在滋养着我们，它也像一把巨钳，有时也会扼住你的喉咙。

思维正是这样操纵着我们这些自以为是的人类，可以毫不客气地说，有什么样的思维方式，就会有什么样的命运。如果你的思维和自信、成功、乐观相连，那么你将会有一个圆满的人生；如果思维总是和悲戚与猥琐相连，总是如履薄冰，担惊受怕，那么，可以肯定地说，你的命运也不会灿烂。

打开思维的框子

　　人的思想很容易被束缚到一个框子里面，这个框子不是别人硬强加给你的，而是自己不知不觉钻进去的。打开思维的框子，解放思想，破除习惯性思维，才能领悟到事物的真理和真谛。

　　而破除习惯性思维，则必须高效利用我们的大脑，使大脑的潜能得到开发，才能产生创造性的思维，领悟到事物的真理和真谛。

　　受过的教育越多，越理性，被框子束缚得就越深。特别是从事某种专业技术的人，最容易被专业的框子束缚住。就像当医生的，容易把人都看成病人，警察眼里都是小偷一样。

　　但要打开思维的框子就不一样了。它是一种积极的思维，就像要重新寻找座位一样，需要动脑筋。

　　人总是在一个框子里思考问题的话，非常容易循规蹈矩，思维僵化。就像井底之蛙一样，常常带有片面性、主观性，视野很窄。如果能主动认识这一点，打开思维的框子，就像从狭小的空间，来到广阔的天地。你的想象力和创造力可以得到最大限度的发挥，你的智慧可以得到最大限度的提升。

思维是人类一种特有的精神活动，是每一个人都具有的，就像我们的眼、耳、口、鼻、舌一样。然而我们应该承认，对于每个人来讲，思维是存在差异的。就像高山与河流，虽然同处于大自然的怀抱，但它们的高低形态是各不相同的。

精神范畴内的思维活动，应该是无拘无束的，同时也是灵动的。它可以天马行空，独来独往；也可似山涧瀑布，一泻千丈；它可如醉汉弄拳，看似全无章法而实则是有章可循；更可以凭直觉一眼洞穿内里……真可谓思维"无定法"。

把一幅画卷镶裱在木质或金属的框架内，是为了衬托出它更深远的意境，使其更具呼之欲出般的神韵。

然而，遗憾的是，号称为万物之灵的人类，却常常将自己的思维桎梏在"框子"——思维定式里，或因循守旧，或人云亦云，毫无独特的创新可言。其结果是人类的前行变得缓慢，文明进程的宏伟目标大打折扣。

木笼囚车、披枷戴锁的囚徒生活是令人望而生畏的，而给思维背上沉重包袱的不是别人，正是我们自己。造成的原因大致有如下几种：

1. 想当然

不经过任何分析，只凭主观臆断，用想当然的方式去应对问题。

我们先做一个小试验。

一个哑巴进商店，想买一把榔头，于是他做出了如下的动作：左手做出握钉子状，右手做挥动榔头砸钉子状。售货员通过他的比画，很快得知他是想买一把榔头。请你设想一下，一个聋子进商店将会做出什么样的举动？

就是这样一个简单的试验，答对的只占15%，有85%的人答错了。你想知道他们错在哪里吗？

有的人上来就答："他肯定和哑巴一样，如此比画清楚，售货员理解了就可以了！"——这就是85%的人的答案。你的答案是不是也在其中？

只有15%的人回答："他告诉售货员要买榔头不就行了吗？他是聋子而非哑巴，何必费那么多的事？"

先不要嘲弄和取笑那85%的人，请先分析一下他们到底错在哪儿。

这是因为85%的人受了哑巴买榔头的误导，于是大脑中便存在了这样一种思维定式：

只要比画清楚——售货员理解——就能买到榔头。

脑子里一旦有了这样的思维定式，就往往忽略了买主是谁，而一味地注重比画了。管他是聋子还是哑巴，都要靠比画一番才会买到榔头。

这就是想当然在作祟！

2．随大流

你好我好大家都好，皆大欢喜；你错我错大家都错，法不责众。这是一部分人的心理。

有位教授曾做过这样的试验：

他让 A、B、C、D 四个人分别辨认黑板上的三条直线，然后说出哪条是最长的。

A、B、C 三个人都回答第二条直线最长。

轮到 D 时，他走上前去，看了半天总觉得第三条直线最长。可他的回答却和前面三位相同，也是第二条直线最长。

为什么会这样？就是随大流的思维方式在统率着他，使他不敢有自己的主张，而他却不知 A、B、C 都是教授的助手，是教授给他设的局。

创造性的思维不仅需要你的勤奋，也需要你的勇气。

3．抱残守缺

思维方式一旦被固定的习惯所取代，就很难再接受新事物，甚至会排斥一些新观点的产生。

4．盲目迷信权威

这类人对权威的言论深信不疑，哪怕是明知错误也照样奉若神明，还常常拉大旗作虎皮，以此来张扬自己。

随着时代的发展，科技的进步，原本是"真理"的东西，有时也会被一些新的发现或更高一层的理论所取代。这是完全正常的，如果你不能与时俱进，不但有可能会被时代遗弃，而且还可能成为时代的绊脚石。

把思维装入以上的"框子"里，你就不会去做详尽的分析与调查，就难以根据实际情况做出准确的判断，就会一叶障目不见泰山，就会人云亦云毫无创见。这样自然就不会取得长足的进步。

思维定式具有明显的个体性

思维定式又称"习惯性思维"，是指人们按习惯的、比较固定的思路去考虑问题、分析问题，表现为在解决问题过程中做特定方式的加工准备。它阻碍了思维开放性和灵活性，造成思维的僵化。这使得人们不能灵活运用知识，创造性思维的发展受到阻碍。

所以，突破思维定式，还是在于突破我们大脑的陈旧思维模式，充分发掘大脑的思维能力，使大脑的潜能达到"柳暗花明又一村"的境界。

思维定式从另一个角度讲，也可以说思维定式是思维的惯性，或思维的惰性。人的思维能力是一种重要的表现，是人通过不断的学习和实践累积下来的经验和形成自己独有的认知。所以思维定式具有明显的个体性。

对于思维定式，也不能全盘地予以否定。比如，你脑子中存有家庭的思维定式，它包括你的家庭位置、周围环境及家庭内部环境和人员组成，等等，它对你来讲就是有用的，你每天回家就不用再想一想我的家在哪儿，我的妻子、儿女是谁等这些问题了，甚至你连喝醉了酒的情况下也能找到家门。这是指对待简单的方面而言的，它有一定的快捷作用。

而对于一些复杂的问题，就不能再用此类的套路。有时别人巧妙地利用你的思维定式或许还会令你吃亏上当。

1943 年，二战进入白热化的程度。

为了更有效地打击法西斯势力，同盟军决定给希特勒设个圈套。

他们为了让阿道夫·希特勒彻底相信盟军进攻的重点是萨迪尼亚和希腊的伯罗奔尼撒，而不是西西里，他们决定在海上漂浮一具尸体，在其口袋内装入与进攻计划有关的内容。

他们把实施这一计划的地点确立在西班牙海岸，因为那里的德国人活动频繁。如果一切进展顺利的话，尸体就会被德国人发现，那么假情报也就会使他们上当受骗。

英国人根据人们"想当然"的思维定式，把所有的细枝末节都策划到天衣无缝，连尸体都真的像经历一场空难而掉进海里的一样。

经过仔细搜寻，他们终于找到了一具再合适不过的尸体——一名死于肺炎又暴尸荒野的男性。他们给他取名为威廉姆·马丁少校。

策划者们在尸体的口袋里装入的东西有银行开出的一张透支通知单、几封未婚妻的情书，当然还有绝密的进攻计划。

在一个风平浪静的日子里，他们悄悄地将马丁少校送入了大海……

几个月之后，盟军在西西里登陆，发现敌人的兵力果然分散到了别处，从而轻而易举地赢得了成功。

事后获悉，德军果然因自己的思维定式而中计。

以上是凭着头脑中的"想当然"而中计的很好案例。

人们凭借着"想当然"对问题做分析，往往不能取得创新与突破，招致败辱也尽在预料之中。

菲律宾有位人类学家叫麦纽尔·易里萨尔蒂二世，同时他也是少数民族机构的首脑。

1971 年，他向世人宣称，在自己国家的热带雨林里，生活着一个不曾被世人所知的部落。那里的人们不曾被文明的脚步牵动，依旧处于石器时代。他还向人们绘声绘色地描述着，这些被称为塔萨德人的身上只系有兰花叶编成的缠腰布，他们穴居在洞穴中，以昆虫、水中的小生物和浆果、野菜为生。他们不懂计时方法，没有武器，不知什么是战争，更休想提什么文化科技知识。

这条爆炸性新闻立时在科学界和新闻界掀起轩然大波。美国《国家地理》杂志将塔萨德人的故事作为封面故事来发表。

与此同时，当时的菲律宾总统马科斯还将塔萨德人活动的区域设为政府保护区。

人们为什么会对此深信不疑呢？原因之一是麦纽尔·易里萨尔蒂二世是有名的人类学家，还是少数民族机构的首脑。

这个弥天大谎直到 1986 年被一名瑞典的记者揭穿，这名记者震惊地发现，那些原来以洞穴为室的居民竟然住在棚屋里，身上还穿着 T 恤和短裤。

经他再三地询问，居民才告诉记者，他们自始至终在遵照麦纽尔·易里萨尔蒂二世的吩咐假扮成穴居人。所谓的塔萨德穴居人和他们品种有限的食物以及远离尘世的生活，都是按照麦纽尔·易里萨尔蒂二世的臆想伪造的。

他十分惊奇地问："你们为什么要听从他的呢？"

答曰："他可是有名的人类学家呀！听他的难道还会有错吗？"

麦纽尔·易里萨尔蒂二世凭臆想让人们做"穴居人"的目的是好是坏我们且不去评说，就这些盲从的"穴居人"、马科斯总统和那些科学界、新闻界的人士而言，几乎都犯了盲目地相信了权威的错误，这些人当中，不乏聪慧绝顶之人。看来思维定式的影响力着实不小啊。

想必许多朋友都看过《福尔摩斯探案集》。以柯南道尔先生的缜密逻辑而言，当不会在思维上犯错误吧？其实不然，这位曾轰动世界的传奇人物，竟然栽在了两位小姑娘的手里呢！

那一年柯南道尔先生得知英国有一个名叫考町雷的村庄发现了"仙女"，而且还被人拍下了照片，这些照片经有关专家检查，发现没有被"动过手脚"的痕迹。于是，他没经过思考便大笔一挥，迫不及待地写了篇文章将此事公布于世，一时间引起了国人的极大兴趣。

那些照片是由16岁的艾尔·茜瑞特和她10岁的表妹法兰西丝·格瑞福兹于1917年拍摄的。从整个照片来看，两个小姑娘就站在林地的一条小溪边，而长着翅膀的仙女则站在她们身旁的树干上蹦蹦跳跳、翩翩起舞……

直到 20 世纪 80 年代，当年的两位少女已成了老态龙钟的老太婆，这时才向世人说明了真相。原来她们造假的过程并不复杂：只不过是用别针把仙女形象的剪纸固定在树干上，再拍下来罢了。

柯南道尔先生，您不会为自己栽在两个孩子的手里而生气吧？这恐怕只能怪您老人家自己，谁让您人云亦云呢？

不难看出：不管你是普通人，还是军事家、政治家、大作家……只要一踏入思维定式的怪圈，就会迷失自己，从而面临被愚弄、被嘲笑的尴尬境地。

习惯是很难改变的

左脑发达的人在社交场合比较活跃，善于判断各种事物之间的因果关系。左脑发达的人善于统计，方向感强，也更有利于养成良好的习惯。通常来说，在你向目标前进的时候，你会遇到一些阻碍你进步的因素。也许在某个时刻，你感觉到有很大压力；或者在某段时间里，你会感觉自己很没斗志。那时，你很有可能向这些困难妥协，又回到了原来的你，对人和事总是抱有偏见，吃原来喜欢的巧克力蛋糕，抽以前抽的那种烟，像以前一样不去健身，或者买以前讨厌的那台平板电视机。

你为了拥有更好的生活而努力了几年却没有收获和进展时，你就很容易有放弃的态度，从而失去那些有助于你成功的好习惯。

他是一个很好的勤务兵，大部分的工作都令将军满意，但唯有一点使将军心头大为不快，那就是他特别爱多嘴，常不分场合、不分时间地横插一杠子。一来二去，将军怒不可遏，对他厉声喝道："你个浑蛋，如果再敢多嘴，看我不枪毙了你！"勤务兵立刻噤若寒蝉。

一天，将军的朋友公爵来访。二人就何种树叶最大展开了热烈的讨论。将军说："世上最大的树叶恐怕要数椰子树叶了。"公爵说："才不呢，天下最大的是绿萝叶。"公说公有理，婆说婆有理，二人争执不下。

在一旁憋了很久的勤务兵早已急得满头是汗，脸也憋得通红，一咬牙，一跺脚，大声道："枪毙就枪毙，芭蕉叶最大！"

由此可以看出，习惯是很难改变的。然而，要想改变人们的思维方式，往往是难上加难。尤其是一些新的观念等意识领域的大潮来临时，人本能地就会产生一种排他性。当一些新潮的东西或大张旗鼓地或悄无声息地来临时，习惯或披上坚硬的铠甲予以抵抗，或拿起长矛予以反击，或如小松鼠般一有响动便逃之夭夭。

当人们头脑中固有的东西被"侵袭"、被改变时，人们往往都会难以接受。当宁静和美的小生活圈子突然冲进一些陌生的面孔时，人们也会有这样的心理。这也是很多人难以进步的重要原因。

法国19世纪大哲学家伏尔泰是一个性格倔强而又桀骜不驯的人，他时常对世人进行一些讥讽。

曾经有一位边远地区的读者为了表示对他的崇拜之情，洋洋洒洒写了一封长信。伏尔泰回了信，感谢他对自己的厚爱。自那以后，每隔十天，那人就给伏尔泰写封信。伏尔泰回信也就越来越短。终于有一天，这位大哲学家再也忍耐不住了，回了一封仅一行字的信，"读者阁下，我已经死了。"

这对他来说已经是十分客气的了。

谁料几天后，又收到了回信，信封上写着："谨呈在九泉之下的、伟大的伏尔泰先生。"信中还言对伏尔泰如何仰慕等。

伏尔泰赶忙回信："孤独难挨，望眼欲穿，请您速来。"

伏尔泰其实完全没必要为那种无聊的人而"牵肠挂肚"，但他讥讽嘲弄人的习惯使他也不能摆脱束缚。这种习惯久而久之，往往会迁怒一些人。

1717年，伏尔泰因为讥讽摄政王奥尔良公爵，被囚禁在巴士底狱达11个月之久。

出狱后，吃够了苦头的哲学家终于知道此人是他冒犯不得的，便想改变一下自己，于是上门去感谢他的宽宏大量和不计前嫌。这对于伏尔泰这个年轻气盛的人来讲，真是太不容易了。

摄政王当然也深知伏尔泰的影响力，也想借此机会和他好好沟通一番，以便化干戈为玉帛。于是，两个人在极为友好的氛围中，说了许多恰到好处的抱歉和溢美之词。按理说，至此也算把事情处理圆满了，从此以后两个人相安无事，井水不犯河水，也就皆大欢喜了。

可是，在最后的时刻，伏尔泰站起身来再一次表示感谢说："陛下，有一件事我还要感谢您一下，那就是您太助人为乐了，为我免费解决了那么长的食宿问题。"

奥尔良公爵听得一愣：好好的你怎么又提这些不愉快的事了？他很是不解。

"在我向您表示再次感谢的同时，请您不必在这件事上为我操心了。"伏尔泰接着说。

奥尔良公爵哭笑不得。

事后，有人问伏尔泰："按理说你们两个人已经和好了，你怎么又画蛇添足呢？"

"你这样问我，我又去问谁呢？改变自己真是太痛苦了。"伏尔泰愤愤地说。

其实，我们面临的时代，面临的紧张工作环境和压力"逼"得你必须有所改变。

快乐着也要改变，痛苦着也要改变，这是由不得人的事——除非你愿意做一个失落者、失败者。

当我们无力改变周围的人和事的时候，不如先试着改变自己，改变自己的生活态度，改变自己的待人处事方式，改变自己的固执己见，最主要的是：改变我们大脑的思维定式，思维习惯，让我们的大脑跟随已经变化的外在局势，这样我们就可以找到一把开启幸福人生之门的金钥匙。

学会改变，做生活的智者

生活中总会有不如意，聪明的人都会选择淡然的心态去处理周围的人和事，他们不会因为这些不好的事和人来伤害到自己。做生活的智者，学会改变，改变自己为人处事的心态。一个人，无论是女人还是男人，唯独经历一件事才会成长，才会改变。当然这种改变，只有他们自己去省悟。

所有的改变，归根结底是大脑认识事物的深度、广度的改变，只有我们让自己的智慧之源——大脑，跟上时代、社会的变迁，我们才能做生活的智者。

去上学或上班，你是不是想也不想，拔脚就走？

这应该是很自然的事了，你的脑海中早就有了一个明晰而不易更改的线路图，而且天天如此。直到有一天中途塞车或建筑施工，你被"逼"无奈，才改换路径，或许你会惊呼："原来还有一条我不熟知的路啊，若是早发现，每天至少要节省一个多小时的时间，而且，这条路的环境简直是太好了！有硕大的梧桐树……"

有句名言说："世界上并不是缺少美，而是缺少发现美的眼睛。"捷径也好，美景也好，都是客观存在着的，你为什么没有发现？很多人都应该仔细地想一想这个简单而又深奥的问题。

中国的瓷都景德镇，那儿产的瓷器不但年代久远，号称天下第一瓷，就款式、花样、成色等都令人称叹。多少年来，许多人都以拥有一套正儿八经的景德镇瓷器为荣。然而，在进军欧洲市场的过程中，却惨遭冷遇。

欧洲人都比较爱喝咖啡，用瓷器盛咖啡，不但看起来典雅，而且很具情调。瓷都人以为这是开拓市场的大好机会，便大张旗鼓地向欧洲拓展。

然而，欧洲人除了身高、肤色等有别于中国人外，还有一显著特点就是鼻子特别大，因此使用中国瓷杯喝咖啡很不方便。景德镇人忽略了这一点。而某国根据欧洲人特点，设计制作了一端设有凹口的杯子，结果大受欧洲人的欢迎。景德镇人痛失良机。

为什么景德镇人没有改变杯子的形状呢？主要原因之一，就是创新意识不够，没有去适应市场的变化，还在沿着老路子走下去。

其实，懒于改变现状的心理人人都有，这就是说懒惰是影响我们改变思维方式的一大敌人，它常常与人们的习惯、思维定式联手，构筑一道坚固的防线，把本该灵活的思维束缚得死死的，使人们成了"套中人"。

然而，仅仅有改变的良好愿望还远远不够，更为重要的是，要从内心去改变，要从改变思维方式做起，否则仍然只会在老路上徘徊。

兔子是世界上比较温驯的动物，它吃青草，谁也不伤害。可是，它却被很多动物伤害：狐狸、狼、老虎……这太不公平了！有一天，兔子就向神仙爷爷诉苦，它不想再做兔子了，希望神仙爷爷改变一下它的命运。

神仙爷爷很仁慈，马上答应了兔子的要求："好吧，你想变成什么？"兔子说："变成一只鸟，在天上自由地飞来飞去，那些狐狸呀、狼呀、虎呀就再也抓不着我了。"

神仙爷爷把兔子变成了鸟。没过几天，它又来诉苦："仁慈的神仙爷爷呀，我再也不想做鸟了！我们在天上飞，天上的老鹰能抓住我们；我们在树上筑巢，树上的毒蛇能咬死我们。这样的日子实在是太难过了！"

神仙爷爷问它："你想怎么样呢？"它说："我想变成大海里的一条鱼，海里没有老鹰，没有毒蛇，我才能安心地过日子。"

神仙爷爷又把它变成了鱼。可是，鱼的处境似乎更糟，因为大海里到处都有"大鱼吃小鱼，小鱼吃虾米"的争斗。过了几天，它又要求神仙爷爷把它变成人。它说："人是万物之灵，他们住在坚固的钢筋水泥房子里，使用着各种先进的武器装备，任什么凶猛的动物也不能伤害他们。相反，那些在山林里威风十足的狮虎，全被他们关在笼子里，供他们观赏取乐……"

神仙爷爷把它变成了人，心想，这下你该满意了吧！可是，过了不久，照样来向神仙爷爷诉苦："太可怕了！到处都在流血，到处都是尸体，到处都是废墟……我们再也没法活了!"原来人类发生了战争,数以万计的士兵在互相残杀,无数的平民流离失所,死于饥饿和寒冷。

神仙爷爷问道:"你想怎么样呢?""我想到另一个世界去,你把我变成神仙吧!"神仙爷爷没有答应这个要求。

从兔子到人,虽然也在追求一种变化,但这是外在的变化。为什么不追求一下内在的变化呢?

一个人如果也和兔子一样,总在强调客观原因,不知道改变自己的内心,不去改变思维方式,那么,哪里还有你的立足之地呢?

做生活的智者,要学会改变,改变自己为人处事的心态,不以物喜,不以己悲。

做一个生活的智者,很容易也很难。难在阅历和心境,更难在自己能不能放下包袱。放下了,一切皆淡然,放不下,苦的不仅仅是当下,还有未来。

要想成功，一定要追随成功者

跟高尚者学习，可以更快地取得成功，当然也要付出相应的努力，但是这个努力要比你自己去寻找取得成功的方法和途径要少得多，你只需要找到他们取得成功的方式与途径就可以了，因为这样你可以少走很多的弯路，因此要想更快取得成功，一定要追随成功者，向成功者学习，学习他们的精神，学习他们的思路，学习他们的途径。为自己的成功打下坚实的基础！

所谓追随成功者，最根本的是学习成功者是怎样用自己大脑想出事情的症结所在，然后，对症下药，药到病除。

新世纪从容地来到大家面前，它似一位多情善变的少女，令每一个钟情它的人都有些不知所措。于是，有人大声疾呼："让我欢喜让我忧的新世纪啊，我到底该如何面对你呢？"

又何止是新世纪？我们所面临的每一年、每一天不都值得这样问一问自己吗？

"镭的母亲"居里夫人，可谓无人不知，无人不晓。她在法国读书时生活很贫困，由于她成绩优异，波兰的"亚历山大基金会"为此颁发给她 600 卢布的奖学金，资助她在法国继续深造。

数年后，居里夫人在研究钢铁的磁化方面获得了成功，法国科学协会发给她一笔酬金。尽管那时的她生活不富裕，但她除了用这笔钱购置一些实验仪器外，余下的款额全部寄回给波兰的"亚历山大基金会"。

那么当时的她又是怎样想的呢？我们从她给"亚历山大基金会"的信中可略知一二。她这样写道：

"我把你们的奖学金当作光荣的借款，它帮助我获得了初步的荣誉。借款理应归还，请把它再发放给另一个生活贫寒而立志争取更大荣誉的波兰青年！"

按照一般人的思维方式，学习成绩优异，获得奖学金是理所应当的事，它并非是什么借款。至于以后取得多大成就，创造多少价值出来，似乎就与这没有太大的关系了。而极富创新意识的居里夫人却不这样认为，她将别人眼中理所应得的奖学金视为"光荣的借款"而且"理应归还"。于是酬金除了购置一些必需的实验仪器，"余下的款额全部寄回给'亚历山大基金会'"。

是否可以这样说，通过这件事——即在财富面前她与众不同的思维方式，铸就了她是一个伟大的人呢？

1933 年，居里夫人年薪已高达 4 万法郎，这在当时绝对可以称得上很富有了，一般人在此情况下都会好好地享受一下了，最起码也应该把自己的生活环境布置得好一些了，而居里夫人又是怎样做的呢？

对于已经两次获得诺贝尔奖的居里夫人来说，却依然非常"吝啬"。

她和彼埃尔·居里结婚时的新房里，只有两把椅子，正好一人一把。居里觉得两把椅子似乎太少了点儿，跟她商量道："你看咱们是否再添置两把椅子？客人来了也不能老让人站着吧？"

居里夫人温和地看着自己的先生，说："有椅子当然是好的，可是客人一坐下话就会多起来，甚至不愿意走。为了多一点儿时间搞科学，我看还是一把也不添了吧！"

这对没有给自己的新房增添一把椅子的科学奇人，却给世界化学宝库里增添了两件闪闪发光的稀世珍宝——钋和镭。

居里夫人的"吝啬"还表现在：她去参加宴会时，发现那些菜单都是很厚很好的纸片，她便"顺手牵羊"带回家来，在背后书写物理、数学算式。就是一件毛料旅行衣，她也要穿上十年、二十年之久。

一位美国记者追踪这位著名学者，走到村子里一座渔家房舍前，向一位赤足坐在门边石板上的妇女打听谁是居里夫人。当她抬起头时，记者不禁大吃一惊："原来您就是居里夫人呀！"

现实中有许多人贪图享乐，以往的斗志逐渐被消磨殆尽。而已获两次诺贝尔奖、年薪又有4万法郎的居里夫人，却为添置几把椅子、买些纸张而"吝啬"，甚至躲到乡间的渔家房舍里，还赤着脚，真是让常人难以理解。然而，正是这样"吝啬"的她，将绝大部分的精力和时间完全交给了钟爱的科学事业，取得了令世人瞩目的成就。

有一次她刚从实验室出来，在大街上就有人好奇地问："您就是居里夫人吗？"

她平静而温和地一笑："对不起，你认错人了。据我所知，居里夫人长得很丑的。"

她出名以后，几乎每天都会收到世界各地的人要求她签名的来信，为了专心于科研，每逢接到来信，她就给对方寄一张专门印着概不签名的卡片。

她一生获得各种奖金 10 次，各种奖章 16 枚，各种名誉头衔 117 个，但她对此都全不在意。

有一天，她的一位女朋友来访，忽然发现她的小女儿正在玩一枚金质奖章，而那枚金质奖章正是大名鼎鼎的英国皇家学会刚刚颁给她的。她不禁大吃一惊，问："居里夫人，能够得到一枚英国皇家学会的奖章，是极高的荣誉，你怎么能给孩子玩呢？"

居里夫人笑了笑说："我是想让孩子从小就知道，荣誉就像玩具，只能玩玩而已，绝不能够永远守着它，否则将一事无成。"

对待荣誉，按一般人的思维而言，应该是加倍珍惜的，居里夫人却不躺在荣誉上面自我陶醉，而是去追求更大领域的成功。

1921 年，居里夫人应邀访问美国。美国妇女为了表示崇拜之情，主动捐赠 1 克镭给她，要知道，1 克镭的价值是在百万美元以上的。

这是她急需的。虽然她是镭的发明者，但她买不起昂贵的镭。

在赠送仪式之前，当她看到赠送证明书上写着"赠给居里夫人"的字样时，不高兴了。她说："这个证书还需要修改。美国人民赠送给我的这1克镭永远属于科学，但是假如就这样规定，这1克镭就成了我的私人财产，就成为了女儿们的产业，这怎么行呢?"

主办者在惊愕之余，打心眼里佩服这位大科学家的人品，马上请来一位律师，把证书修改了，居里夫人这才在赠送证明书上签字。

在对待馈赠的问题上，一般人认为既然人家真心给予，自己只管拿来就行了。而居里夫人却反其道而行之，将本属于自己的巨额财产转出去，你说她这是愚呢，还是智呢?

居里夫人这种独特的思维方式，是基于她对科学事业无私奉献的崇高精神，值得我们学习和效仿。

思维决定着人会采取什么样的行动，一个人在固定的环境生存长时间后，势必进入思维定式的怪圈，只是自己没有意识到而已。想当然、盲目迷信权威等不良习惯接踵而至，在这种思想主导下的人，必然会故步自封! 凡事需要跳出事物本身看问题，把任何问题都放到更大空间里去考虑，多从正向思维着手。

成功未必很艰难

　　学会用自己独特的思维方式去看待事物，去分析问题，你就会发现：成功未必艰难。有时，轻而易举的成功也并不是痴人说梦。

　　你羡慕过身边的成功者吗？

　　羡慕是对的，这证明你也有成功的渴望。但过分地羡慕就容易产生强烈的自卑感，与其如此，倒不如多分析一下，他们到底是用什么样的思维方式取得成功的。

　　这个时候，我们就要让自己的心静下来，让自己的大脑动起来，充分调动大脑思维的积极性，穿破浮云，直达真相。

　　可以回想一下，不管是科学家、政治家、企业家，他们之所以成功，之所以拥有丰硕的成果、深远的思想、巨额的财富，是不是都得益于他们与众不同的思维方式？

　　巴甫洛夫是俄国杰出的生理学家，他32岁才结婚。

　　1880年最后一天，巴甫洛夫还在他的生理实验室没回来，许多朋友在他家等他。天下着雪，圣彼得堡市议会大厦的钟敲了11下。一个同学不耐烦地说："巴甫洛夫真是个怪人。他毕业了，又得过金牌，照理可以挂牌做医生，那样既赚钱又省力。可他为什么要进生理实验室当实验员呢？他应该知道，人生在世，时日不多，应该享享福才是呀！"

巴甫洛夫的同学里面，有一个教育系的女学生叫赛拉非玛。她听了那个同学的话，站起来说："你不了解他。不错，人的生命是有限的。但正因为如此，巴甫洛夫才努力工作。他经常说，在世界上，我们只活一次，所以更应该珍惜光阴，过真实而又有价值的生活。"

夜深了，同学们渐渐散去。赛拉非玛干脆到实验室门口去等巴甫洛夫。

钟声响了 12 下，已经是新的一年了，巴甫洛夫才从实验室出来。他看到赛拉非玛，很受感动，挽着她的手走在雪地上。突然，巴甫洛夫按着赛拉非玛的脉搏，高兴地说："你有一颗健康的心脏，所以脉搏跳得很快。"

赛拉非玛奇怪了："你这是什么意思？"

巴甫洛夫回答："要是心脏不好，就不能做科学家的妻子了。因为一个科学家，要把所有的时间和精力都放在科研工作上，收入又少，又没空兼顾家务。所以做科学家的妻子，一定要有健康的身体，才能够独自料理琐碎的家务。"

赛拉非玛说："你说得很好，我一定做个好妻子。"

就这样，他求婚成功。在这一年，他们结婚了。

巴甫洛夫别具一格的求婚，让我们感受到了他思维方式的与众不同。他把"我爱你""嫁给我吧"等常用求婚语用含蓄的"你有一颗健康的心脏"来委婉地表达出来，横生了许多妙趣。

1960 年，哈佛大学的罗森塔尔博士曾在加州一所学校做过一个著名的试验。

新学年开始时，罗森塔尔博士让校长把三位老师叫进办公室，对他们说："根据你们过去的教学表现，你们是本校最优秀的老师。因此，我们特意挑选了 100 名全校最聪明的学生组成三个班让你们教。这些学生的智商比其他孩子的都高，希望你们能让他们取得更好的成绩。"

三位老师都高兴地表示一定尽力。校长又叮嘱他们，对待这些孩子，要像平常一样，不要让孩子或孩子的家长知道他们是被特意挑选出来的。老师们都答应了。

一年之后，这三个班的学习成绩果然排在整个学区的前列。这时，校长才告诉老师们真相：这些学生并不是被挑选出的最优秀的学生，只不过是随机抽调的普通的学生。老师们没想到会是这样，都认为自己的教学水平确实高。这时校长又告诉了他们另一个真相，那就是，他们也不是被特意挑选出来的，同样是随机抽调的普通老师。

这个结果正是博士所料到的：这三位教师都认为自己是最优秀的，并且学生又都是高智商的，因此对教学工作充满了信心，工作自然非常卖力，结果肯定非常好了。

罗森塔尔博士在思维上的一点儿小小改变，使三位老师和三个班学生发生了巨大变化。不要小看了这常常被人们忽视的改变，它往往会带来一些意想不到的收获。

成功与情商有关

大家应该都听过"EQ","EQ"所指代的就是"情商"。一个人的成功，不仅取决于智商，在很大程度上，情商也发挥了重要作用。

1. 什么是情商

所谓情商，就是指个人把握和控制自己的情绪和处理人际关系的能力。"情商"这一概念是美国耶鲁大学心理学家彼得·萨洛维和新罕布什尔大学的约翰·梅耶于1990年首次提出的。

1960年，著名的心理学家瓦特·米歇尔在斯坦福大学的幼儿园做了一个软糖实验：他在一群四五岁的小孩面前各放了一颗糖，并告诉他们，老师出去一会儿，你们不要吃面前的软糖，如果谁能控制自己不去吃，老师就再奖励他一颗；如果谁控制不住吃了它，就没有这个奖励了。实验结果发现，有的孩子吃了，有的孩子没吃。

后来经跟踪调查发现，这些孩子长大以后，那些能控制自己不去吃糖的孩子的成就比那些没控制住吃糖的孩子要大。

这项实验告诉我们，决定一个人命运的关键因素不只是智商，也包括非智力的情绪商数。这就是情商的由来。

当孩子有情绪时，当他们没有办法用语言来表达自己的情绪时，这会让他们感觉更加混乱，所以，我们需要教孩子开发右脑智慧，控制情绪，以便能够帮助他们恢复平静。

情商是一种生存智能，它使一个人可以驾驭自己的情绪，协调人际关系，推动自己走上成功之路。

情绪人人有，但能够调整和控制自己的情绪却并非人人能够办到。一个人能够管控自己的情绪，就可以在人际关系中借势成功。

很多人之所以失败，就是因为不能管理好自己的情绪，不能谦让容忍，方圆处世，结果处处碰壁，一事无成。可见，情商涵盖了人的自制力、热情、毅力、自我驱动力等，它可以帮助人们开发潜能，是成功人生必备的素质。

2. 情商的核心

情商最核心的东西是情绪。情绪占据了人类精神世界的核心地位，情绪的产生，是脑皮层和皮层下组织协同活动的结果。

人的情绪有几百种之多。"七情"是指喜、怒、忧、思、悲、恐、惊。

我国的著名心理学家林传鼎先生把情绪分为 18 类：安静、喜悦、愤怒、哀怜、悲痛、忧愁、愤激、烦闷、恐惧、惊骇、恭敬、抚爱、憎恶、贪欲、嫉妒、傲慢、惭愧、耻辱。西方有的学者认为人有 7 种基本情绪：愤怒、恐惧、快乐、喜爱、惊奇、厌恶、羞耻。现代心理学一般把情绪分为快乐、愤怒、悲哀和恐惧四种基本形式，并分为心境、激情和应激三种状态。这些就是情商控制的范围。

3．情商能力

情商水平的高低，主要体现在五个方面的能力，这些能力综合起来，就可以作为情商高低判定的标准。

第一，认识自身情绪的能力，也叫情绪觉知。它是一种直觉自知力，就是在情绪方面有自知之明，主要是一个人对自己情绪的认知能力，或者叫作自我意识。

所谓自我意识，就是指注意力不因外界或自身情绪的干扰而迷失、夸大或产生过度反应，反而在情绪纷扰中保持良好的心态和自省的能力。自我意识表示个体对自己身心状态的认知、体察和监控。而身心状态中，最重要的就是情绪。

我们看一下这个例子，你就会发现，情绪自知力是怎样的了。

某人在早晨上班的路上，有人从楼上泼了一盆水倒他头上，他抬头没有发现人，他心里很生气。到了公司，办公室主任对他说："今天9点钟有个会，你去开。"

没有等办公室主任说完，他就打断办公室主任的话："开会，开会，你们就知道通知我开会，中央文件早就说了，要去掉文山会海，你们就是不听。"

主任见他生气的样子，感到很奇怪，今天这人是怎么啦？

后来，总经理助理对他说："今天10点有一个人要见你……"

没等总经理助理说完，他又打断人家的话："见什么人，见什么人，你们老是打断我的正常工作，你们真是的。"

总经理助理也感到奇怪，今天这人怎么啦？

过了几天，办公室主任和总经理助理说起这件事："你那天怎么回事？"这人自己并没有察觉自己的情绪有异样，实际上是因为他在路上被不知道是谁的人泼了水，因此生了气，把气愤的情绪带到工作中来了。

古人讲的"吾日三省吾身""反躬自省"，就是讲的自我认知。高情商的人，会认知自己的异常情绪，重新评估这件事，决定是否抛弃这件不愉快的事，换上轻松的心情。

第二，妥善管理情绪的能力。管理情绪的能力也叫情绪控制力，它是控制情绪冲动、情绪波动、情绪化的能力，控制消极激情的能力。管理情绪的能力，是情商的核心。

急躁似乎同快节奏的现代生活相关，其实这完全是两码事。急躁使人心绪不宁，头脑容易发热，情绪控制不住，其结果经常把本来十分简单易办的事情，人为地变得复杂和难以处理。

说到急躁，使人不由得想起一则民间故事：

一位性子急躁的胖大嫂，深更半夜听说母亲病得严重，连忙抱小孩回娘家看望。慌忙之中，竟错把枕头当作小孩。

急急忙忙赶路，路过瓜棚底下，被瓜藤绊倒了，摔了一大跤，把抱来的枕头摔得老远。

在黑暗中乱摸一阵，摸到了一个冬瓜，不由分辨，立马抱起冬瓜就走。等天亮赶到娘家时，方知怀里抱的不是小孩而是冬瓜！

故事中所说性急的胖大嫂的所作所为，有些夸大，其真实与否，我们不必细究，但它的确向人们述说了一个道理：急躁对于人们有害无益。

第三，自我激励的能力是情商的推动力。人要激励自己积极向上，而不是消沉。情商高的人是不会消沉的，他们会不断地进行自我激励。

善于运用自我激励方法激发自己的兴趣、热情、干劲和信心，摆脱消极影响，对于一个人获得成功至关重要。

第四，认识他人情绪的能力。尽管人难知，还是要知。认识他人的情绪，在知人中体现自己的情商，用自己的情商更好地知人，要揣摩、察觉他人的情绪。

当一个生人直面向自己走过来，并向你靠得很近时，人们一般会本能地退一下，因为不了解他。当一个很熟悉的人直面向自己走过来，并很近地靠过来，这时人会本能地靠拢过去，伸出手去紧握，还可能紧紧地与他拥抱。所以，认识他人的情绪至关重要。

第五，人际关系的处理能力。人际关系的处理能力主要是沟通协调能力。要不时地传递和捕捉他人的情绪和感情信号，洞察别人的内心感情，将心比心。有研究表明，沟通人与人之间的情感就是要处理好人际关系，情商高的人会把人际关系处理得很好。

除了这五大能力以外，情商能力还体现在：应变能力、合作能力、协调能力、沟通能力、适应能力等方面。这些能力就形成了一个情商能力体系。

通过对这些内容的了解，我们可以更加认清和管理自己的情绪。

有"情"者，更成功

智商是取胜的法宝，这很容易让人认为，只要智商高，事业就一定能成功，就一定能取胜。其实，这是一个误区。智商虽然是成功的极为重要的因素，但影响一个人一生的，更多的是性格、世界观、价值观以及耐心、信心、毅力、情绪、情感等。

智商诚可贵，情商价更高。如果你没有一个聪明的头脑，但是拥有较高的情商，也是可以取得较大的成功的。

有"智"者，事竟成，但仅有智商还不能完全取胜，要想持续地获得成功，还必须有情商的强大支持。只有有"情"者，才能取得更大的成功。

这里所说的"情"指的是人的情商，这是人的非智力因素。情商高给智商不太高的人展现了成功的希望，开启了成功的又一扇希望之门。因为在智商外多了个情商，所以成功可以另辟蹊径。

心理学家丹尼尔·西格尔指出："当一个孩子开始不停地问'为什么'时，你就知道他的左脑开始起作用了。"这个时候，孩子就开始慢慢地使用左脑，能开始用语言表达自己的想法，更能够好好思考。

20 世纪 20 年代，美国有的心理学家就曾对 1528 名智商在 151 分以上的儿童进行了跟踪研究，其中只有一小部分成就很大，大部分智商高者都普普通通，没有什么大作为。

我国也有一些学校办了一些神童班，20 多年过去了，有不少神童并没有像人们想象的那样长大后很有出息。

神童们的发展，也出现了两极分化，他们中也有卓越者和平庸者之分。

美国科学家分析了神童中的卓越者与平庸者的区别，发现他们的智商都非常高，没有太大的差别，但在完成任务的毅力、自信心、进取心、好胜心等方面，成就很大的神童明显超出成就平平的神童。

不少神童虽然智力超群，但他们在自理能力、人际关系、承受压力、个人性格等方面，可能存在一些弱点，这些弱点就成为他们成功路上的绊脚石。

美国曾经对 95 名哈佛毕业生进行追踪，结果发现，那些大学生里考试成绩最高者，在以后的收入、成就、行业地位等方面并不一定都比成绩低的人更好；同时，在生活满意度、友情、家庭以及爱情上也不见得都更理想。

一部分高智商的学生有他的另一面：有的学生虽然也很聪明，但性格孤僻、怪异、不易合作；自卑、脆弱，不能面对挫折；急躁、固执、自负，情绪不稳定；冷漠、易怒、神经质，难与周围人沟通；以我为中心，什么都只是"我""我""我"，不考虑他人，不顾及他人，不关心他人。

一个大学本科生所学的知识，真正能应用到实际工作中的只有 5%～10%。在一家企业，一个单位，领导、同事和个人，已经很少提及当年读书的学校、专业和成绩，看重的更多的是你现在的表现力，而当年读书的学校、专业和成绩是基础，也是为现在的表现力服务的。

例如，美国有位记者，后来改行专门研究企业管理。一次同学会，他发现当时在班上成绩平平的很多同学后来反而获得了成功，而当时成绩好、智商高的同学，后来成就平平。他又让人了解其他班级的情况，也是如此。

他认为，智力水平高低不是成功的决定性因素。他得出了这样的结论：一个人成功的要素中，智商只占到 20%，而 80% 是心态和心情，是情绪和情感。

也就是说，智商再高，情商不高，不一定能成功，不一定能持续地成功；智商不太高，但情商较高，很有可能成功。

1995 年，美国哈佛大学教授丹尼尔·戈尔曼在他的《情商》一书中，提出了一个让人不得不承认而又令人十分担忧的全球化的普遍趋势：现代儿童比较孤单、忧郁、易怒、任性，容易紧张、焦虑、冲动以及好斗。

这种现象和趋势当然使人们震惊，受到人们的高度关注，人们越来越认为情商对成功和取胜的作用超过了智商。《情商》还指出：一个人成功的关键，是情商能力而不是智商能力。

英国的比尔·里卡多认为："在许多情况下，非智力因素的作用比智力因素的作用更重要，人的成功 80% 是情商的作用，智商只有 20% 的作用。"这就有了所谓"智商诚可贵，情商价更高"之说。

情商是处理人际关系的智慧

情商高的人，会很受大家喜爱，人们愿意与之成为朋友。因此，情商高的人在挖掘人脉方面，有着自己的独到之处。

但是，我们在努力提高情商的同时，也要充分认识到情商和智商是源和流的关系，是本和末的关系，从而有意识地开发我们的大脑，以求根本上解决问题。

美国前国务卿丹尼尔·韦伯斯特就是一个人际关系处理得比较好的人。他一表人才、相貌堂堂，并常以最温和的声音表达自己的意见，以至于每次双方协调后，总能维持他原来的主张。不论这场争辩如何激烈，他从不怒气冲天地辩论，他总是面带笑容，以极其友善的口吻说出自己的见解。由此，他获得了罕见的成功。

一个人的成功主要靠两条：一是个人努力做出的成绩，二是得到周围人和社会的认可。但是，要想得到周围人和社会的认可并非易事，那要求你有良好的人际关系，只有如此，你才会得到众人的支持和拥护。而良好的人际关系只有高情商者才能得到。情商是处理人际关系的智慧。

高情商可以使人在人际关系中，识别他人情绪，与人为善，热情幽默，方圆处世，能有效处理自己与他人的关系，从而赢得社会竞争的优势。反之，情商低，情绪失控，任性妄为，意气行事，冲动鲁莽，对人冷漠，计较恩恩怨怨等，必将会导致你在社会生活中处处碰壁，举步维艰。那么，如何建立良好的人际关系呢？

人际关系和谐有两个方面：对己和谐与对人和谐。人际关系处理不好，往往是一个人内心中混乱、怀疑的结果。因此，只有对己和谐，才能对人和谐。宽容他人、善待他人，不是责任，而是使自己健康与快乐的有效法则。

1. 信任

信任有三个层面：第一是认识信任，第二是感情信任，第三是行动信任。家庭成员关系，主要靠信任，没有信任就没有幸福和快乐可言；在职场上，上下级关系靠信任，丧失信任就丧失了职场发展舞台；在商场上，合作主要靠信任，没有信任就没有合作。

2. 尊重

人与人之间，最重要的是尊重。尊重是相互的，你只有首先尊重别人，才可能得到别人的尊重。为此，我们在遇到朋友、同事时，要主动和别人打招呼。主动向别人打招呼是对别人的尊重，向对方发出的信号是"我心里有你"。

一位成功学家说："如果你把每个人都看成天使，那你自己也是天使；如果你把每个人都看成魔鬼，那你自己也是魔鬼。"

3．沟通

人际关系中，最重要的是沟通，只有沟通才能理解他人，理解是建立良好人际关系的基础。沟通是心与心的交流。

观点沟通：观点不一致，就难以建立和谐的关系。观点沟通，就是对某个人、某件事的看法进行相互交流。在诸多沟通内容中，观点沟通至关重要，观点的分歧，是最大的分歧；只有观点一致，才能行动一致。

工作沟通：主要是指工作情况交流、重大问题的讨论等方面。紧急情况要及时沟通，意见不一致时要反复沟通。

信息沟通：信息沟通可开阔视野。信息沟通是多方面的，政治、经济、文化等，沟通达到信息对称，只有信息对称，才能有统一的认识。

感情沟通：感情沟通很重要，人与之间不能貌合神离，一定要推心置腹。朋友之间只有情感深，才不会生疑。只有建立感情，才算真心赢得朋友，才会得到朋友的支持和帮助。感情上的融洽，必然促进工作上的合作，从而建立起和谐的人际关系。

人与人之间要有效沟通，必须做到认识同步、情绪同步、生理状况同步、语调同步、语言文字同步等。同时，要注意倾听，听出语言背后的含意，这样才能取得比较好的效果。

4．赞美

美国著名人际关系学大师戴尔·卡耐基说过："渴求他

人的注意，并希望他人感到自己重要，这也许是人性的一大特征。"

因此，要满足他人的愿望，你只要学会一点：真诚地赞美他人。我们目睹一个善于赞美子女的母亲是怎样创造出一个完美快乐的家庭，一个善于赞美下属的领导是怎样创造出团结和谐的团队，我们就会由衷地感受到赞美的威力了。学会真诚地赞美他人，这是处理人际关系很重要的技巧。

张先生和李先生在同一间办公室工作，但李先生好妒忌，表现高傲，有时还在背后讲张先生一些坏话。

张先生找到领导说："领导，我真受不了啦，请你向李先生说，要改改自己的坏脾气，他再那么傲气，没有人会愿意理他。"领导答应做做李先生的工作。

过了一段时间，李先生遇到张先生时，李先生既热情又有礼貌，与以前相比，简直判若两人。张先生找到领导表示感谢，并问领导是如何对李先生做的工作。

领导说："我告诉李先生，有很多人称赞你，尤其是张先生，他说你工作出色，人缘好，很想与你做个朋友……"

这个故事告诉我们，赞美能产生一种无形的力量，能有效地缩短人与人之间的距离，有助于推动人际关系向健康的方向发展。

赞美不是阿谀奉承。如果你的赞美毫无根据、空泛，或者含糊其词，说一些空话，可能让对方认为你是一个溜须拍马的人，甚至产生不信任感。

相反，赞美时，你应从某个具体事件入手，用语越具体，说明你对他越了解。如某人学习出色，你在赞美表扬时，指出他出色在什么地方，让对方感到真挚、亲切和可信。

人人喜欢被赞美，但并不是所有的赞美的话都会让对方高兴。如一个长相一般的男士，你说他"太帅了"，对方可能会认为你讲的是违心话。如果你从他的穿着、谈吐方面加以赞美，他则会真诚地接受。因此，赞美别人时，一定要基于事实，用发自内心的真情赞美，这样才能得到好的效果。

一个人总有自己得意的事，希望得到别人的肯定和认同。有的人身上带着自己小孩的照片，有时拿出来向朋友介绍；有的人最近做成一大笔生意，签下了一个大订单，向同事进行讲述，等等。这时，你如果适当赞美，对方一定十分高兴。

对朋友孩子的赞美，说"这孩子看起来真机灵！"或者说"这孩子真漂亮！"都会让朋友心花怒放的。对同事的订单，你表现出惊讶又敬佩的神情说："不得了，这么大的订单太难得了。"对方听到这样的话，也会打心眼里感到高兴的。

每个人每天都在发生变化，赞美时要及时指出这种变化，不仅能增加亲切感，而且对调动别人的积极性效果颇佳。如最近小王的学习进步很快，你应及时具体地指出他进步的地方，鼓励他再接再厉。

5. 幽默

幽默是一种智慧，能促进人际互动，增进友谊和亲密感，创造一种和谐的气氛，给他人带来欢乐。

一个说话幽默风趣的人，当然比一个木讷呆板的人受大家欢迎。这种能力除了个别人有天赋之外，更多的是通过平时积累、广泛读书、培养兴趣爱好而形成的。一个人具备了这种能力，在各种交往中很容易找到共同感兴趣的话题，有利于拉近人与人之间的关系。

在生活中，我们每个人都可能有大大小小的烦恼，这些烦恼往往使我们的心理失去平衡，满腹牢骚、闷闷不乐或大发雷霆，此时，我们最需要的就是幽默。幽默是人际关系的一种"润滑剂"。

古希腊哲学家苏格拉底的妻子脾气暴躁。一天因小事不快，向苏格拉底大发脾气，大骂了一顿，紧接着，又提了一桶水，把他浇透了。

这时朋友们认为苏格拉底一定会大发雷霆，但他却笑着说："我就知道，打过雷之后，一定会下一场倾盆大雨。"

大家听了哈哈大笑，一场难堪被巧妙化解。苏格拉底的妻子也被逗笑了。

苏格拉底豁达、乐观的态度，是人生的最高境界。在家中，如果我们多一点幽默，将会带来很多欢乐。

6. 服务

什么是第一等的学问？北宋哲学家程颐认为："遇到事情肯替别人着想，这是第一等的学问。"这句朴实的语言，道出了一个深刻的哲理，而且也明确了做人的第一要素。

道德的核心在于利他。遇到事情肯替别人着想，不单是一种仁爱，而且是一种境界。

人作为社会一分子，无论你做什么都离不开别人的帮助。你无私地帮助他人，肯替别人着想，并不希望得到等价的回报，然而人的善行就像播种，总能看到收获的。服务他人，你才有价值；如果不服务他人，那你对他人就无价值，那样你的身价就等于零。

一个真正有成就的人，一定是一个懂得服务他人之道的人。要处理好人际关系，就要主动关心别人的需求。只有认识别人的需求，才能做到满足别人的需求。

你善于控制情绪吗？你会不会因为受到一点点批评就怒火中烧呢？对我们每一个人而言，理性地管控自己的情绪异常重要。不难想象，一个连自己的情绪都无法控制的人怎么能取得成功？

不善于控制情绪，遇到困难就叫，遇到好事就笑，遇到小事就跳，是情商低的表现，也是缺乏修养的表现，这类人是难成大事的。情绪是一种精神力量，它可以是正面的，也可以是负面的，我们一定要用正面情绪来控制自己。学会控制自己，就找到了通向成功之门的钥匙。

缺乏自我控制能力的人必须明白，你生活在社会中，为了更好地适应社会，取得成功，就有必要控制自己的情绪和情感，与人为善，绝不能肆意妄为，一定要理智地、客观地处理所有问题。只有这样，你才能够促进自己未来成功目标的实现。

要想管控情绪，首先要了解情绪的表现形式，大体而言，人的情绪有本能流露、智慧抒发两种表现方式。

1．本能流露

所谓情绪的本能流露，就是指不加控制的随性而为。随便地发脾气，既害人又害己。如果你意识到自己处于情绪激动的状态时，那么你最好紧闭嘴巴，以免变得更加愤怒。许多人因为过分愤怒、悲伤往往会引发一些突发的疾病或为疾病种下祸根，正所谓气大伤身。

只有快乐的情绪，才会提高人生的价值。一个人一旦有了健康的情绪，那么他的言行举止就会充满阳光和活力。

2．智慧抒发

世界上没有一个人是天生的好脾气。要想处世圆通，建立良好的人际关系，就一定要驾驭情绪，智慧地抒发不良情绪。

学者研究表明，一个人的情绪无论多么复杂，通过科学的方法，都是可以控制的。

第一，反省自身感受。当你被负面情绪折磨时，你可以反问自己：现在是什么情绪？是什么感受？这种感受是有益或是有害？我能改变吗？经过一系列的反问，理智情绪上升，明白负面情绪有害无益，情绪就会随之改变。

第二，用正面情绪控制自己。你一定要用正面情绪来控制自己。

第三，相信自己能够控制情绪。我们要树立信心，要相信情绪是可以控制的。控制冲动情绪的有效方法，就是回忆过去的经验教训，并针对现状制定相应的策略。

　　第四，延迟情绪爆发的时间。因为时间真的会改变一切。当你的情绪即将爆发的时候，深呼吸，数 20 个数字之后再爆发，或许你就没刚开始那么激动了。

　　第五，情绪的好坏取决于自己。一件事究竟是积极还是消极，关键是自己保持什么样的心态，用什么样的眼光去看待。你认为是积极的，它就给你带来积极的影响；你认为是消极的，它就会把光明赶走，使你陷入黑暗的深渊。

　　第六，用积极思维指导自己的行动。人的行为取决于其思维。思维可分为积极思维和消极思维，积极思维带来积极结果，消极思维带来消极结果。我们要控制情绪、冲动，就要用积极思维来指导自己的行动，最后才会实现自己的目标。

　　强者是让思想控制情绪，而弱者是让情绪控制思想。控制情绪就控制了命运。从今天起，我们要学会控制情绪，让每天都充满着幸福和快乐。

拥有高情商，才能获得成功

21世纪什么最重要？人才！一个人要成为人才，那么他就必须具备一些成为人才的品质。其中，情商和智商的发展水平是衡量人才的重要指标。

未来的社会是高速发展的社会，人们将面临更快节奏的生活，高频率、高负荷的工作和复杂的人际关系，越来越激烈的竞争力，使人们的心理压力越来越大。纷纭繁杂的社会，只有高智商显然已力不从心。这时人们还必须有高情商，才能适应社会，应对自如；才能自我管理，自我调节，避免盲目冲动，摆脱忧郁焦虑；才能百折不挠，走出困境，获得成功。

那么，如何才能拥有高情商？显然，必须努力开发、锻炼大脑，拥有一个智慧的大脑的人，才能培养出高情商。

家长们都在盼子成龙，望女成凤，非常关切孩子们的智力发育，注重提高他们的智商，努力让孩子学业有成。与此同时，家长们还要特别注意孩子的情绪和情感，注重情商的提高。或许看了下面的分析，我们就会明白情商高的人才会适应社会发展的需要。

2003 年圣诞节休假，当时的微软全球副总裁李开复从美国西雅图飞到北京，应邀为北航、北邮和清华三所高校的大学生发表了"树立什么样的人才观"的演讲。

李开复说，大家认为，在高新技术企业，领导的智商很重要，但实际上，情商的重要性超过了智商。

美国一家很有名的研究机构调查了 188 个公司，测试了每个公司的高级主管的智商和情商与工作表现之间的联系。结果发现，情商的影响力是智商的 9 倍。智商低一点的人如果拥有更高的情商指数，也一样能成功。

美国心理学家对美国的历届总统的研究表明：富兰克林·罗斯福总统是个二流智商、一流情商的政治家，故而被公认为美国历史上一个卓越的领导人。

而有的总统，具有一流的智商，但是情商能力却一团糟，因此一遇到事件的打击，好多年后情绪还调整不过来。

情商也是一种艺术，特别是对人力资源的管理而言。有一句流行语说："智商使人得以录用，情商则决定人能否晋升。"

对人的管理与对物的管理是根本不同的。人有生物属性，更有社会属性，人是有感情的高级动物。有不少管理者，往往用对物的管理的思维、方法和手段来管人，结果容易出事，甚至出大事。对人的管理，更多地要刚柔相济，以柔为主；要把对人的管理、制度管理和无为而治结合起来，无限趋近于无为而治的管理境界。

在人力资源的配置上，智商高、情商略低的人，一般培养他从事技术工作；情商高、智商略低一点的人，可安排从事公关、营销、办公室工作；双高的人，即智商和情商都高的人，从事管理工作、中高级领导工作；双低的人，即智商和情商都低的人，要加强培训，全面提高他们的智商和情商；实在不行，只有不用。

总而言之，情商是主宰人生的心灵之泉，是人生制胜的利剑，是成功人士的赞歌，是走向辉煌的通行证。

演绎推理，揭穿对手

演绎是指由一般性的前提推出个别性的结论的逻辑方法，这是一种由一般到个别的方法。由于前提中必然蕴含结论，所以，只要前提是真的，其结论也必然是真的。作为一种由已知推出未知的推理过程，演绎对丰富辩论者的知识、增长辩论者的经验、加强辩论者的能力有很大的帮助。

在辩论中，正确地掌握和使用演绎推理方法，不仅有利于我们周密地进行论证，滴水不漏地表述自己的观点，不给对手以可乘之机，同时，使用这种方法可以及时抓住对手的把柄，揭穿对手诡辩的伎俩。所以，演绎推理也是出色的辩论者常常使用的逻辑方法之一。

在演绎推理中，最常见的类型就是由两个直言判断组成大、小前提推出结论的"三段论"。由于三段论是一种必然性推理，也就是说其结论是从前提中推导出来的，因此，三段论是一种很有力的辩论方法。

我们知道，人们经常要对个别事物有所断定。而对个别事物的断定，最方便、最有效，同时也是最有说服力的方法，就是引用一般原理做根据进行论证，这种引用一般原理来论证个别事物的演绎方法就是三段论法。

所以，一言以蔽之，充分开发大脑中的有关功能区域，发挥大脑的潜能，达到理想的效果，心想事成。

意大利都灵大教堂内珍藏着一件圣物，据说这是耶稣遇难后包裹尸体的细亚麻布。600 多年来，信徒们一直就其真伪问题争论不休。有一年，神学院的 5 名学员来到这里，他们看了这块裹尸布后，各自发表了自己的见解。

学员甲：我认为这件圣物是真的。如果是假的，它就不可能在 600 年内一直被教友所珍藏、敬奉。

学员乙：我也认为它是真的。耶稣钉死在十字架上，死的时候手腕与大腿流了许多血，现在我亲眼看到它上面有斑斑血迹，可见它是真的了。

学员丙：我认为它是假的。据专家考证，细亚麻布直到 2 世纪才出现，而耶稣遇难是在公元 1 世纪，由此可见，这块细亚麻布不可能是圣物。

学员丁：我无法肯定它是真是假，最好用"碳 14 同位素"测定一下它的年份，如果确实是公元 1 世纪的织品，那就可以肯定它是圣物。

学员戊：我同意乙的看法。另外再补充一点，最好能够用仪器测定一下它上面血迹的年份，若与耶稣遇难的年份相近，那就更有说服力了。

从论证的角度来分析，以上 5 位神学院学员的议论中，只有学员丙的论证方法是正确的，而其他人都是错误的。因为他们所使用的是条件推演方法，但学员甲的条件命题的前提就是假的，而学员乙、丁、戊使用的则是条件推演中的肯定后件的错误形式。

在辩论中，我们要达到反驳对方论证的目的，既可以直接指出对方推论的错误，也可以模仿对方的错误推论形式，推出令对方感到难堪的结论。这种方法也能有效地达到揭露谬误的目的。

直接摆出利害关系

"横看成岭侧成峰，远近高低各不同。不识庐山真面目，只缘身在此山中。"苏轼这首咏庐山的诗揭示了一个深刻的道理：处身其间的人，往往看不清事物的本质。

人们经常会被情感、欲望以及种种错综复杂的事件蒙蔽了双眼，以致不能明白一些最简单的道理。要想用语言打动别人，就常常需要帮助对方拨开眼前的迷雾，拓宽其狭隘的视野。这就不仅要舌头灵巧，还要有透过现象抓住本质的锐利眼光。

抓住问题的利害，条分缕析、一针见血，这样说出来的话就能掷地有声、振聋发聩。

卡耐基曾经租用纽约的一个饭店的会议室来举办讲座，每个季度需要使用 20 个晚上。但是刚租了一个季度，饭店就通知卡耐基：要求他付出比以前高 3 倍的租金。此时，讲座正办得红火，广告也已经在很多地方发布了，改换场地损失将是巨大的。看来，饭店也正是掌握了卡耐基不愿意改换场地的心理，才敢漫天要价。

这种进退两难的情况，正是考验一个人大脑缜密思维能力的时候，充分调动大脑的思维能力，往深处想一想，也许就能豁然开朗，想出一个两全其美的方法。

卡耐基非常不想换场地，同时也极其不想多付房租（特别是一下子涨了几倍）。怎么办呢？如果是你，会气愤，会抓狂吗？

卡耐基很冷静。他找到饭店经理，对他说："收到你的信，我有点吃惊，但是我没有理由怪你，如果我是你的话，我也可能会这么做的。你身为饭店的经理，有责任尽可能增加饭店收入。"接着，卡耐基话锋一转："但是你也不能不仔细考虑一下增加租金后的利和弊。"说着，卡耐基很快拿出一张白纸，在纸的中间画上一条线，一边写上"利"，一边写上"弊"。

在"利"这边，他写上：会议室空下来。然后他说："当然，你可以把会议室再租给别人开会或者举办讲座，这样你可以增加不少收入。但是，你得冒一定的风险，屋子不一定就能租出去。"他又拿笔在"弊"这边写："我无法支付你所要求的高额租金，所以，你不仅不能从我这儿增加收入，反而会减少你的收入。这是第一点。还有一个坏处，我的讲座将会吸引不少受过教育、水准很高的人到你的饭店来。这对你们饭店将是一个很好的宣传，不是吗？事实上，即使你花钱在报纸上做广告，也不一定像我的课程这样吸引这么多人来你的饭店。"卡耐基写完，把纸递给饭店经理，恳切地说："我希望你能好好考虑这件事的利和弊，然后告诉我您最后的决定。"

第二天，卡耐基就收到了饭店经理的电话，说租金只涨50%，而不是300%。卡耐基欣慰地接受了这个折中的结果。

俗话说：有理行遍天下。为什么？因为"理"是规范大家行为的一把尺子。一个人不讲理，会损害其他人的利益，遭到其他人的唾弃、谴责与攻击。有理才会有利，而"趋利避害"是人之常理。因此，开门见山，直接告诉他人这样做有利、那样做有害，不失为一个可取的讲理方法。相信如果你是经理，也会这样做的。因为你也会被卡耐基所说服。而如果你是卡耐基，你会像他那么做吗？

有些人在说服他人接受自己的观点时，一开始就错了，他们总想达到说服他人的目的，却忽略了对方的感受，结果使被说服者产生了逆反心理。

在说服别人时，首先要站在对方的立场上，考虑问题的利害关系，把对被说服者有利的因素一一陈述出来，这样，被说服者会认为你是诚心诚意地为他着想，认为你是一个值得信任的人。这时，他的心理防线便会逐渐被解除。在这种情况下，就会很容易达到说服目的。

说话时，如果只围绕自己的利益讲话，别人会怀疑你的动机，这是一种正常的心理状态。虽说"人之初性本善"，但经过现实生活的洗礼，人们善良的本性也可能会有所改变，嫉妒、怀疑便成了现代社会的"特产"，人在这种"风气"下，会变得越来越敏感，越来越务实，凡是触及自己利益的问题，都要仔细斟酌。在这种大趋势下，如果说不注意这一点，很可能招人非议。

人们在利益面前，很少有躲避心理，当你站在被说服者的立场上考虑问题时，被说服者会认为你是在为他的利益着想。但是，如果直接说出来，他们往往会怀疑你的动机。因此，说服别人时要学会用利益去打动别人。

直接告诉别人利害关系，并非虚张声势的恐吓，或咄咄逼人的威胁。那种"如果你这样，我就要那样"的话，不是说理。恐吓与威胁，本身就是不讲理。说理要说得让人心服口服。

公元前 630 年，晋文公和秦穆公联手进攻郑国，三下五除二就兵临郑国国都，把郑国国都团团围住。郑文公没了主意，求老臣烛之武设法解围。当夜，烛之武趁着天黑私下会见秦穆公。

晋文公和秦穆公虽然结成了同盟，但作为春秋时期的两位霸主，他们之间也免不了明争暗斗。烛之武巧妙地利用他们之间的矛盾，对秦穆公说："秦晋联军攻打郑国，郑国怕是保不住了。要是郑国灭亡对您的国家有好处，我就不会为这件事来烦劳您。从地理位置上讲，您的国家和郑国之间还隔着一个晋国，郑国灭亡后您要越过晋国来控制郑国，恐怕是难于做到的吧？您灭掉郑国只会加强晋文公的实力。秦晋本来势力相当，这回晋文公实力的加强，就是让您实力的削弱。如果您放弃灭亡郑国，作为您东路上的主人，当您和外交使者来往时，郑国可以供给他们资粮馆舍，对您多少有点好处。"

看秦穆公似乎有所动，烛之武继续添了一把柴："再说，晋文公这个人您又不是不知道，他的欲望是很难满足的。您曾经对他有恩，他答应给您焦、瑕两地，可是他早上渡过黄河，晚上就在那里构筑好了防御工事，这事您是知道的。晋文公今日东进灭郑国，他日后必然会西上攻秦。您难道忘了晋国假途伐虢的教训了吗？"

秦穆公是何等人？一听自然就掂量出轻重了。秦晋两国都是强国，他们灭郑，都是无利不起早，奔利而去的。可是经烛之武一分析，秦穆公发现灭郑这场杀戮中，自己非但得不到丝毫好处，还存在极大的隐患，而得到好处的全是晋文公。而如果不灭郑的话，秦郑友好，郑做东方道上的主人，秦国便能得到好处。损人不利己的事情，本来就做着没意思，更何况损人兼损己呢？遂与郑文公结盟，又派遣杞子、逢孙等人在郑国戍守，然后撤军返归。晋文公见失掉同盟国家，也就没有继续进攻郑国。

由此可见，将事情掰开揉碎，利弊各自分开，不需多言，其理自明。俗话说：人不为己，天诛地灭。这话说得虽有点残酷，但确也是人性的弱点。

让定位与目标相一致

你会发现，为了实现目标，自己付出了极大的努力，却收效甚微，其内在的原因就在于我们潜意识中的自我定位与我们的目标不相一致，这种背离极大地削弱和降低了我们的努力和付出。一个错误的过时的自我定位，是潜藏在你内心、影响你走向成功的致命负面因素。及时更新你的定位，使之与你的目标相一致，是迫切而必要的，因为它直接关系到你付出的效率，决定着你的成败。

其实，对于人们来说，无论是左脑还是右脑，无论是做逻辑思考还是做图像学习，本身都没有错。可是前提，一定要让孩子有一个目标，也就是说，学这个要干什么。

每个人都有自己的家，每个人也同样都有属于自己的位置，但要想找到适合自己的位置，就不那么简单了。

给自己一个准确的定位，看看自己适合扮演什么角色，只能这样才能取得真正的成功。如果没有给自己确定一个准确的位置，你就可能会失去一生的财富。

两个乡下人，外出打工。一个去纽约，一个去华盛顿。可是在候车厅等车时，都又改变了主意，因为邻座的人议论说，纽约人精明，外地人问路都收费；华盛顿人质朴，见了吃不上饭的人，不仅给面包，还送旧衣服。

去纽约的人想，还是华盛顿好，挣不到钱也饿不死，幸亏没上车，不然真掉进了火坑。

去华盛顿的人想，还是纽约好，给人带路都能挣钱，还有什么不能挣钱的？幸亏还没上车，不然真失去一次致富的机会。

于是他们在退票处相遇了。原来要去纽约的换到了去华盛顿的票，原来要去华盛顿的换到了去纽约的票。

去华盛顿的人发现，华盛顿果然好。他初到华盛顿的一个月，什么都没干，竟然没有饿着。不仅银行大厅里的水可以白喝，而且商场里欢迎品尝的点心也可以白吃。

去纽约的人发现，纽约果然是一个可以发财的城市。干什么都可以赚钱，带路可以赚钱，开厕所可以赚钱，弄盆凉水让人洗脸也可以赚钱。只要想点办法，再花点力气，什么都可以赚钱。

凭着乡下人对泥土的感情和认识，第二天，他在建筑工地装了 10 包含有沙子和树叶的土，以"花盆土"的名义，向不见泥土而又爱花的纽约人兜售。当天他在城郊间往返 6 次，净赚了 50 美元。一年后，凭"花盆土"他竟然在纽约拥有了一间不小的门面。

在常年的走街串巷中，他又有一个新的发现：一些商店楼面亮丽而招牌较黑，一打听才知道是清洗公司只负责洗楼不负责洗招牌的结果。他立即抓住这一空当，买了人字梯、水桶和抹布，办起一个小型清洗公司，专门负责擦洗招牌。如今他的公司已有 150 多个打工仔，业务也发展到多个城市。

前不久，他坐火车去华盛顿考察清洗市场。在火车站，一个捡破烂的人把头伸进软卧车厢，向他要一只空啤酒瓶，就在递瓶时，两个人都愣住了，因为 5 年前，他们曾换过一次票。

为什么两个人换票后，就出现了不同的命运呢？这很简单，原本想去华盛顿的人在去纽约的时候，改变了自己的人生定位，重新考虑了自己适合扮演什么角色，从而也改变了命运。而原本要去纽约的人，却没能找到适合自己扮演的角色，最终与成功失之交臂。

须指出的是，我们在给自己定位时，要根据自己的能力来定位，不能定得太高，也不能定得太低。把自己的位置定得太高，你可能就会感到力不从心，把自己的位置定得太低，你可能就难以获得更大的成功。只有通过合理的定位的角色，才是你适合扮演的角色。

自信也是给自己成功定位的重要因素之一。假如你给自己定位以后，却不知道确定的位置是否适合自己，那么你就可能怀疑自己的做法，甚至还会改变定位，这就可能造成不必要的损失。因此我们在给自己定位以后，就要对自己的决定充满自信。

有些人认为一旦退出了工作岗位，就不再需要给自己定位了，可以想干什么就干什么了。其实这种观点是错误的，即使你已经离开了工作岗位，你仍能对社会做一些有用的事。

　　1982年9月，美国前国务卿基辛格建立了一个名叫"基辛格联合咨询公司"的私人组织，专门为前来光顾的委托人提供对世界上任何一个他们可能想做生意的地区的重大战略看法。

　　公司的成立，起源于前英国外交大臣卡林顿的建议。这是在一次晚餐时谈起来的，当时卡林顿说："我有个想法，并且做了种种考虑，基辛格当然是干这事情最令人神往、最精力充沛的人选。"事实上，一些公司，大亨找上门来，在很大程度上是冲着名人来的，他们宁愿出大价钱来听取这些名人，尤其是基辛格那样的人的高见，他们想要的是他的经验、知识、专长、智慧。卡林顿的建议得到了积极响应。

　　公司的同人除基辛格、卡林顿外，还有沃尔沃公司的奇才佩尔·于伦哈马尔、前美国国家安全顾问布伦特·斯考克罗夫特、助理国务卿威廉·罗杰斯和银行家杰夫·坎宁安等。他们定期举行全体会议，经常通电话，并且根据各人的特长，有所侧重地承担某些咨询业务。如遇到一个印度或非洲问题，或欧洲共同体内的一项计划，通常就由卡林顿出来谈看法或亲临实地考察；而设置于华盛顿的办事处则由布伦特·斯考克罗夫特主持。

　　这是一家不耗费巨资开办的公司，出售的是智慧。上门的主顾也大有人在，为着公司的利益，抑或长远、潜在的市场，他们是舍得下本钱的。而公司的实力——其所拥有的智慧足可以成为这些主顾最后决断的依据。自然，公司所收的费用也属可观：对一个企业或某个人指点的收费在10至15

万美元。这笔费用是公司主要人员运用集体智慧的代价，因此也由他们分享。其中基辛格显然要略微多得一些。当然，那些找上门来的委托人的姓名也是秘而不宣的。

为什么基辛格等一些人在退休以后，还能为他人提出做生意和投资等重大战略的建议呢？这就是他们为自己准确而成功地确定了一个位置。所以我们说无论你的学历有多高，年龄有多大，只要你能找到适合自己扮演的角色，你就会活得精彩。

要想做到准确地给自己定位，就要确定谁是你的竞争对手，什么是你首先要解决的问题。要对自己做出的定位充满信心，这样你做起事来便会余。

有因有果，寻找联系

　　任何现象的产生都有一定的原因，任何原因都会产生一定的结果，因果联系是客观事物最普遍的必然联系，也是现象之间普遍联系的表现形式之一。"析因究果，寻找联系"就是通过找出某一现象的原因，以因果联系为根据得出结论的辩论方法。

　　在专业的脑科学研究中，对因果联系的逻辑推演有清晰的阐述。人有两件宝，双手和大脑，只要我们善用大脑的潜能，必能化平庸为神奇。

　　在日常生活中，人们常常使用因果论证来表达看法和说服别人，因此，有因就有果，有果必有因，我们可以通过这个逻辑来找到事物之间的联系。

1. 探因求异

　　一位生物学教授通过试验，发现蝙蝠具有以耳代目的活雷达特性，而另一位学者则持有不同意见，于是两个人展开了辩论。

　　生物学教授："蝙蝠能在阴暗的岩洞里准确无误地飞行，

这是为什么？"

学者："因为它的眼睛特别敏锐，能在微弱的光线下看清周围的障碍物。"

生物学教授："为什么蝙蝠能在黑夜穿过茂密的树林？"

学者："也许它有异常的夜视能力。"

生物学教授："当我们把它的双眼遮住，或让它失明，它仍能完全正常地飞行，这又是为什么？若去掉它双眼的蒙罩，将它的双耳遮住，它飞行时就会到处碰壁，这又该如何解释？"

学者无言以对，只好认输。

生物学教授考察了蒙住蝙蝠耳朵与不蒙住耳朵的不同情况：蒙住耳朵不能正常飞行，不蒙则可以正常飞行，这两个场合其他情况都相同，只有蒙住与不蒙住耳朵不同，因而得出结论：蝙蝠是以耳朵探测方向的。生物学教授由于正确地运用了探因求异法，所以得出了无可辩驳的结论。

这种方法和下面的探因求同基本相同，只是探求的结果是"异"而非"同"。所谓探因求异，是指在被考察现象出现和不出现的几种场合中，其他的情况均相同，只有一种情况不同，于是得出结论：这个不同的情况就是被考察现象的原因。

2. 探因求同

18世纪俄国科学家罗蒙诺索夫在一次学术会议上，在为自己的观点辩护时，这样论证："我们搓擦冻僵了的双手，手便慢慢暖和起来；我们使劲敲击冰冷的石块，石块便能发出火光；我们用锤子不断地锤击铁块，铁块也可以热到发烫……由此可知：运动能够产生热。"

罗蒙诺索夫考察了搓擦双手、敲击石块、锤击铁块等发热情况出现的不同场合。这些场合其他的情况都不相同，而只有一种情况相同，就是运动，于是他得出结论：运动是发热的原因，运动可以产生热。

探因求同是根据被考察现象出现的几个场合，如果其他情况都不相同，而只有一个情况相同，于是得出结论，这个相同的情况就是被考察现象的原因。

3. 从许多相同的事情中找出原因

有研究者考察某城市地面下沉的原因时，发现"抽取地下水少的地区，地面下沉得便少；抽取地下水多的，地面下沉得就多"。因此他得出结论"抽取地下水是地面下沉的原因"。这里使用的就是这一方法。

这个方法是指当某一种现象发生变化时，被研究的现象也随之发生变化，从而判断出该现象就是被研究现象的原因。

有因必有果，这是一种重要的辩论方法。这种方法对于某一事物来说，不仅可以使听众知其然，而且也可以使人知其所以然。

正确使用这一方法是辩论中逻辑关系运用的基础。

第三章

开启左脑智慧

综观古今，大凡成就一番事业者，智商不但要高人一等，情商也要超乎寻常。

用辩证的思维看智商与情商

　　想成大事者，在才智过人的同时，历练情商显得非常重要。许多格言警句都是告诫人们要历练情商，要有较好的自我控制力。唯有如此，才能顺应时代和潮流，成为有用之才，成为时代的佼佼者。

　　情商是另一种智慧形式。在研究中、在教学中，把智商和情商分得很清楚。但是，在实际生活和学习等活动中，智商与情商是可以结合的，在一个人身上是可以得到统一的。

　　虽然，人们普遍认为情商是一种非智力因素，好像与智商不搭界；其实，二者也不一定就是泾渭分明，智商与情商的关系要用辩证的哲学思维来看。智商、情商是天平上的两个砝码，缺少了一个砝码，天平就倾斜了，所以既找不到完全脱离智商的情商，也找不到与情商没有任何联系的智商。

　　在有些人身上，直觉思维甚至变成一种先知能力，使他们能预知未来的变化，事先做出重大决策。这也是左脑和右脑相互作用的结果。

　　英国有一位记者问著名戏剧家萧伯纳：你成功的秘诀是什么？是你很有钱，是你很努力工作，还是你很有天分？萧伯纳的回答是：你能告诉我，你要想让一辆自行车往前走，它的哪一个轮子最重要？

同样的道理，智商和情商就相当于一辆自行车的两个轮子，它们互相依存，缺一不可。

事实上，情感是不可能完全脱离理智而单独存在的。智商、情商，不仅仅是这种不可或缺的平行的关系，其实，它们还有包含关系和相互的渗透关系。智商与情商之间你中有我，我中有你。

智商和情商的相关性

情商并不是智商的反义词，也不是智商的对立面。不能认为，智商高情商就一定低，而情商高智商就一定不高。情商和智商不是相互抵制的，高情商者可能具有高智商，低智商者也可能是低情商。事实上，智商和情商还存在着某种程度的相关性。

智商高而情商特低，或者情商高而智商特低的人，在生活中是很少见的。虽然说智商和情商反映的内容不同，但对个人来说，无论哪一方面存在较大的缺陷，事业都是很难成功的。

情商、智商在很大程度上都受到左脑的制约。

例如，2005 年举行的第十届全国"华罗庚杯"少年数学邀请赛上，几个带队的教练都表示：要想在这样的比赛中胜出，仅仅数学好还不行，还要语文好；只有智商高也不行，还得情商高。

人人都知道比尔·盖茨特别聪明，他是世界一流的天才。

比尔·盖茨在小学六年级的时候，整日躲在家里的卧室不出来。

母亲拿起电话问他："你在做什么？"

"我要思考。"盖茨在电话里大喊。

"你在思考？"

"是的，我在思考。"盖茨大声说，"你从来没有试着思考过吗？"

进入中学不久，他与同伴艾伦一起迷上了一台笨拙的计算机终端机。八年级时，盖茨写出了他的第一个软件程序。十年级时，他和艾伦一起建立了"编程小组"，为当地公司开发软件。

1975 年，他和艾伦树起了微软的大旗。

比尔·盖茨的成功源于他的智商。他的脑袋简直就是一台或若干台高速运转的计算机。他加工提炼信息的能力实在惊人，也许他的思维就是数字化的：没有脆弱的感情，没有含混的模拟状态，冷静地将输入转化成正确的答案。

比尔·盖茨的情商也很高，而且他把情商与智商很好地结合了起来。

有人问他："盖茨先生，如果让你离开现在的微软，你能再造一个微软吗？"

盖茨回答："可以，但得让我带走微软的 100 个人。"他并没有说要带走厂房、机器，多少台电脑，而是特别重视人才，这是他高明之处。从他特别重视人的情况来看，他不是那种见物不见人的管理者，这是他情商高的重要体现。他把智商和情商有机地统一了起来。

进入 21 世纪，比尔·盖茨把微软 CEO 的位置拱手让给长期的伙伴史蒂夫·鲍尔默，保留董事会主席一职，同时出任新职务"首席软件设计师"。盖茨在微软财富空前膨胀的时刻放弃这一最有权力的位置令人不可思议，但这就是高智商的表现，他很好地运用了"例外原则"，他具有真诚的合作态度和主人翁精神，这又是高情商的表现。

比尔·盖茨善于把情感效应转化为经济效益。在管理中，他提出了"享受一切"的口号，在公司的管理上特别有人情味。他的公司总部看起来像一个大学生运动场，里面尽是花园、飞瀑，星期天职员在这里打垒球，到健身房锻炼，或者去看电影、听音乐会。

比尔·盖茨具有社会责任感。2005 年，比尔·盖茨宣布，他的个人财产除很少留给子女外，都捐献给社会，可以说，这就是"享受一切"口号的最大体现。

一个人如果太情绪化，走极端、好偏激，情绪经常不能控制，好感情用事，其思维也会经常进入死胡同，就会钻牛角尖。

一个人如果不能调动自己的积极情绪，没有激情，什么都无所谓，他的智商才能也不可能得到充分的发挥。

做到智商和情商互补

茫茫人海，芸芸众生，每个人都是由智商和情商两者组成的综合体。但是，不同的人，智商和情商的高低各不相同，有的人智商高，但情商不高，有的人情商高，但智商不高。

一个木桶，装水的多少不是由最长的那一块或几块木板决定的，而主要是由最短的那块木板决定的。对于智商与情商而言，可以通过多种测试和实践进行检验，找到自己智商和情商的"短板"所在，并努力分析造成这些"短板"的原因。然后，要想办法把自己的"短板"变长，并把智商和情商很好地结合起来，相互补充，做到互补，全面发展。

大多数人的智商与情商都处于一般水平。在一个人身上，智商或情商某一方面不是太高，通过一定的训练进行大幅度提高也是有一定难度的，或者是需要一个过程的，因为不同的人存在个体差异。这时，就要用互补的方法来将"短"变"长"。

诚然，人的左脑、右脑各有千秋，又相互连接，相互交叠，以一个统一的实体线开展活动。

1. 人员配置要合理

在一个团队里，既不能都配备高智商的人，也不能都配备高情商的人；同一类型的人在一个团队里，往往不是最佳的人力资源组合，反而常常出事。在一个团队中，有一些人高智商、情商略低，就要配备一些高情商、智商略低的人，当然还要配备一些双高的人。

2. 位置摆放要合理

世上本无垃圾，全是放错了地方的财富；世上本无蠢材，全是放错了岗位的天才。

每个人只有在真正适合自己的岗位上，才能充分发挥自己的才能，才能把高智商和高情商的潜能最大限度地发挥出来。

达尔文在小的时候，他的父母坚持要他学医，但他却对昆虫感兴趣，父母都很不理解。如果达尔文最终走上的是医学道路，他也许可以成为一名好医生，但在进化论方面的高智商不会发挥得那么淋漓尽致。

泰戈尔年轻时曾有过发明创造的梦想，但结果使他很失望，后来他致力于文学创作，非常成功。

别林斯基大学时写过诗，一度又想当演员，可他没有演戏天分。后来，他发现自己有一种识别天才的非凡才能，便写文章评论果戈理、普希金等人的作品，终于成了伟大的文学评论家。

珍妮·古道尔认识到自己没有过人的才智，但却有超人的毅力，所以，她没有去攻读数学、物理学，而是走进非洲森林考察黑猩猩，终于成了一位有成就的动物学家。

维克多·格林尼亚年轻时整日游手好闲，不思进取。有一次，在一个盛大的宴会上，他像往常一样傲气十足地邀请一位年轻美丽的小姐跳舞，那位小姐觉得受到了极大的侮辱，怒不可遏地说："算了，请你站远一点儿。我最讨厌你这样的花花公子挡住我的视线。"

这句话刺痛了格林尼亚的心。他在震惊、痛苦之余，猛然醒悟，深感自己不学无术，让人看不起，他对自己的过去无比悔恨，决心离开这里，去闯一条新路。

结果，经过 8 年的刻苦奋斗和努力学习，他终于发明了"格氏试剂"，后来荣获诺贝尔化学奖，成为著名的化学家。

上面的多个例子告诉我们，只有干真正适合自己的事，才能发挥自己的最大潜力。

古人说得好："知人者智，自知者明。"一个人首先是去干适合自己的那一行，才可能使自己成为这一行的"状元"。

一个人一旦发现在某一行确实不适合自己时，就要及时调整，更重要的是要及时发现自己的长处在哪里。如果确实认为全面的智商训练不能发挥自己的长处，不妨在智商的某一方面有所发展；或者不妨在情商方面试试，着力开发情商潜力，或许有意想不到的收获。

条条道路通罗马，条条道路通成功。例如，当高考没有成功，当成为科学家、高级管理人员、音乐家、画家等梦想破灭后，也许就应该朝着营销人员、公关人员、服务人员，或者是社会活动工作者的角色转变；在高度上不能得到发展，就在广度上着力发展；在广博上发展有困难，就在某一点上弄深、弄透。

　　而一个人一旦发现自己的情商不太高，在处理人际关系方面有不足之处时，又觉得自己的社交能力不强而又难以训练提高时，一方面可以在情商的诸多方面中的某一方面发展；另一方面，可以在与人打交道较少的方面去找乐趣，出成果，做贡献，体现自己人生的价值所在。

让智商和情商相互促进

智商和情商不仅关系密切，还能够相互作用、相互促进。大多数人都必须使智商和情商相互作用、相互促进，才能获得真正的成功。

一个人目标远大，信念坚定，人际关系好，长于合作，这是情商高的表现。

只有情商，很可能就只会处理人际关系，过分、过度地讲情面，过度地强调情感情绪，认为除了"情"别无他途，过分地只讲人际关系而忽略了提高智商的一面，有不学无术之嫌。

只有智商，很可能不会处理人际关系，不容易与人合作，就只会怨天尤人，老是认为自己是怀才不遇，老是认为全世界的人都对不起自己，"大道如青天，我独不得出"。

实际上，智商和情商在很多方面都是可以结合的，在学习中、在生活中、在工作中都可以结合。智商与情商结合的方法和技巧也是多方面的。

每个人都有提升智商和情商的潜能，它犹如一座等待开发的金矿，只要充分挖掘和发挥，任何人都可以成就一番惊天动地的事业，任何人都可以通过智商和情商的提高，把自己的学习、工作做得更出色。

要么发掘智商潜能，要么发掘情商潜能，或者对这两种潜能分别进行单独开发，也都会取得较好的效果。其实，发掘智商潜能和情商潜能在有所侧重的前提下，可以结合起来。一方面，结合起来开发可以相互促进，作用更为显著；另一方面，二者开发的方法和技巧有一些是交叉重叠的，甚至是相近或相通的。

训练情绪情感、处理好人际关系、乐观豁达、积极进取、把握人生机会，这些是开发情商潜能的方法，同时也可以在开发智商潜能上起一定的作用。智商和情商开发的根本目的在于开发后对智商与情商潜能的运用。在工作、生活和学习中，可以将智商和情商能力结合起来运用。

任何人都需要激励，任何人的智商和情商都可能通过激励提高和发挥得更好。

激励的类型有很多，如物质激励、精神激励、信息激励、目标激励、过程激励、正激励、负激励、外在激励、自我激励等。

通过多方面开发大脑智力，培育情商能力，我们将在生活中如鱼得水，事半功倍。

一个小孩，还不太会走路，他口渴了，看见桌子上有一个玻璃杯，里面装满了黄色的液体，便歪歪斜斜地走过去端过来喝。一不小心，玻璃杯掉在地上，水杯被打破了，小孩子吓哭了。

妈妈闻声出来，见到这番情境，非常生气，在小孩子的臀部打了几下，说："臭小子，逞什么能？这么小的人儿，端什么水？要喝水不知道叫妈妈吗？你看看，进口地毯被弄脏了，水杯也打破了，好在水还不烫人，要是水很烫，不把你烫起泡才怪。"

这时，小孩哭得更厉害了。他从中得到了什么启示？今后再渴也不敢自己端水喝了。妈妈打起来是很疼的，地毯弄脏了很难洗的。

于是，今后再有需求他也不会自己动手，他会大叫："妈妈，我要喝水，快点快点，我都快渴死了；爸爸，快给我拿袜子；爷爷，快给我拿书包；奶奶，快给我拿筷子。"

孩子就这样养成了"等、靠、要"的习惯，而且总认为你给他拿是天经地义的，他也不会说谢谢，不会感恩的。

要是换了一个妈妈出来，或者妈妈换了一副面孔出来，就不同了：

见儿子把水杯弄破了，一个劲儿地哭，妈妈也在儿子臀部上轻轻地、爱抚地拍几下，夸奖地说："哇，我的儿子真乖，这么小，路还不会走就知道自己去端水喝。儿子，长大了就要这样，自己的事自己做。水弄洒了没关系，妈妈把地毯洗一下就是了。不过，今后再端水杯的时候要注意，先试一下水烫不烫，如果很烫，就不要去端，不然的话，手会被烫起泡的，烫了泡很疼的。再有，端起水杯后，眼睛不要光看水杯，要看路。"

这样激励的结果是什么？孩子会破涕为笑。今后，再口渴的时候，他还会自己去端水喝，也许还会弄洒几次，久而久之，他就不会再弄洒了，而且袜子、书包、筷子，都会自己拿了。

后一种激励方法，既教会了孩子自强自立，开发了情商，又教会了孩子怎样端水，还教会了孩子做其他的事。因此，通过激励方法，可以把开发智商和开发情商的方法结合起来。

智商和情商有很多结合点，结合得最紧密甚至有重叠部分的有两个点："心"和"趣"。"心"就是心智和心情，"趣"就是智趣和情趣。

成功者独特的思维方式

　　我们可以复制别人成功的模式，但有些东西是我们无法彻底复制的，比如思维方式。成功者们能从芸芸众生中脱颖而出，主要是他们具有独特的思维方式。这些思维方式能够帮助他们获得成功，也是他们身上鲜明的个性特点。

　　人们常常会以一种固定的思维方式去做事，这种思维方式的结果就是我们不会将未来看成是与过去不可割舍的整体。这对你的创新是很有害的，它容易导致偏见，使我们将任何不符合已有思维模式的事物都排斥在外。

　　认知世界的方式可能改变我们的信念，同时也会左右我们的预期。如果基本认知就是错的，我们还以固定的思维去做某件事，并不准备对其加以验证，那会怎样呢？大多数情况下我们往往会做出错误的反应和判断。

　　最根本的方法，是我们必须让我们的大脑思维与现实的具体情况紧密结合，这样才能得出最符合实际的判断。

　　一个司机开车去山里送货，半路上看见一个老人带着一个小孩站在路边冲他摆手，嘴里还在说些什么，他想这个老人一定是想搭他的车，便加快了车速，把老人远远地甩在了后面。但当他行驶到一座桥边的时候，却发现桥已被洪水冲垮了，他这才想起刚才老人为什么摆手，但刹车已经太晚了……

司机按照自己的判断做出了错误的反应，所以他悲惨的下场在所难免。

世间的万物都处于不断变化的过程中，因此笼罩在一种变化的氛围中。我们看待世界的方式也应有所变化，这不仅在视觉方面，而且在认知感方面也是如此。为了改变世界，我们必须改变认知世界的方式，只有改变认知方式才能创造高效益。

走进珠宝店，人们都会对店内珠宝饰品价格之昂贵惊讶，除了少数人会光顾，一般平民百姓很少买得起珠宝，因此这些店往往顾客很少，生意平淡得很。

英国有个名叫拉特纳的青年，他接下父亲留下的珠宝店后，决心彻底改变传统的经营思想。他想，价格太高了，买的人就少，如果所有珠宝店仅仅满足于少数人，生意就永远也不可能扩大。与其守着没有顾客的高价珠宝，不如大幅度降价，薄利多销，使珠宝成为平民百姓都能接受的大众化商品。

说干就干，店内的珠宝饰品价格全部下调，有的珠宝饰品甚至便宜到99便士，这种价格在当时的珠宝店里是不可思议的。拉特纳打破了长期沿袭的、一成不变的经营理念，在当时确属大胆的创举。

一石激起千层浪，这一做法受到同行们的猛烈攻击，他们讥讽拉特纳把高贵的珠宝店变成了三教九流们经常光顾的杂货铺。但这一做法受到普通百姓欢迎，他们终于也买得起珠宝饰品了。拉特纳的珠宝店从此生意兴隆，与同行们形成了鲜明的对比。

正是改变了对世界的认知，才使拉特纳打破了陈旧的观念。他大胆的创举不但满足了平民百姓的需求，也使珠宝店的生意从此兴隆起来。

人们对世界的"认知"有时就像是一副"有色眼镜"，戴什么颜色的眼镜，世界就会以什么颜色呈现在你面前。如果你对世界的认知是悲观的、消极的，那么呈现在你面前的世界就是一个灰暗的世界。如果你对世界的认知是积极向上的，那么呈现在你面前的就是一个充满活力的世界。

所以，此时此刻，我们就要调动大脑的积极思维、能动思维，给我们以乐观的预期，才能培养一个健康的心态。所谓"心胜则兴，心败则衰"。

如果理解了这个认知的法则，并将它应用到自己身上，我们就能够学会如何使自己成长、成功。

19世纪80年代，约翰·洛克菲勒已经以他独有的魄力和手段控制了美国的石油资源，这一成就主要受益于他那从创业中锻炼出来的认知能力和冒险胆略。1859年，当美国的宾夕法尼亚州的泰特斯维尔出现第一口油井时起，洛克菲勒这位精明的青年商人，就从当时的石油热潮中看到了这项风险事业有利可图的前景。

他在与合伙人争购安德鲁斯·克拉克公司的股权中表现出非凡的冒险精神：拍卖从 500 美元开始，洛克菲勒每次都比对手出价高。当标价达到 5 万美元时，双方都知道，标价已经大大超出石油公司的实际价值，但洛克菲勒满怀信心，决意要买下这家公司，当对方最后出价 7.2 万美元时，洛克菲勒毫不迟疑地出价 7.25 万美元，最后终于战胜对手。当时，人们对洛克菲勒的这一做法感到非常不解。

从此，年仅 26 岁的洛克菲勒经营起当时风险很大的石油生意。当他所经营的标准石油公司在激烈的市场竞争中控制了美国出售全部炼制石油的 90% 时，他并没有停止冒险行为。19 世纪 80 年代，利马发现一个大油田，因为含硫最高，人们称之为"酸油"。当时没有人能找到一种有效的办法提炼它，因此这种酸油卖价很便宜。洛克菲勒认识到这种石油总有一天能找到方法提炼，坚信它的潜在价值是巨大的，所以执意要买下这个油田。

当时他的这个建议遭到董事会多数人的坚决反对，事后他只得说："我将冒个人风险，自己拿钱去关心这一产品，如果必要，拿出 200 万、300 万。"洛克菲勒的决心终于迫使董事们同意了他的决策。结果，两年多时间，洛克菲勒就找到了炼制酸油的方法，油价迅速上涨，标准石油公司在那里建造了全世界最大的炼油厂，盈利猛增到几亿美元。

洛克菲勒正是理解了认知的法则，并且将它运用到自己身上，才取得了一个又一个的成功。它向我们证明了认知世界的方式十分重要。

　　正确的认知方式应当将"外部的"碎片与"内部的"图画以及由以往记忆、经验和惯式形成的模式或参照系相匹配。即不是被动地、静止地、表面地，而是主动地、动态地、本质地观察世界。用这一认知"规则"应对一切状况，我们就能比较客观、正确地认识世界，认识自我，从而取得成功。

　　同样一件事情，角度和看法不同，就会产生不同的认知。凡事多往好处想，才能少生苦恼，而多有喜乐、平安。

心态决定着思维和观察方式

如果你想成为你所处领域内的佼佼者，那就要求你必须具备能够认识将要发生的事情的能力。假如你只固守自己的态度和行为，那么，你很难取得真正的成功。

一种新理念的出现，就是说范式的改变总会导致变革，这也同样需要我们做更多的工作。但是，如果我们想调整范式，就必须保证未来的范式不是过去心态的一种延伸。也就是说，心态决定着一种固定并且占主导地位的思维和观察方式，而我们也总以这些假设或信念的范式来感受世界，它还可以不断地强化自我。

我们每个人总以为所见到的情况就是实际情况，我们的态度和行为就是自然发展的结果，我们所看待事情的方式就是这个事情本身的方式。这是普遍存在的一种范式，它对我们是不利的。

研究证明，大多数人的认知都处于一种"范式"中。什么是"范式"呢？简单地说，"范式"是形成我们态度和行为举止的起源，它通过认知结果来影响我们的思维和判断。它实际上就是给我们指引方向的参照系或地图。假设你刚到一处陌生的地方，却发现拿错了地图，你一定会感到非常无助，无论怎么走也难以到达目的地。这正如我们的范式，如果你的范式本来就不正确，即使你付出再大的努力，也不会成功。

古语说：心之官则思。古人把思维的能力错误地给了心；现代人把思维的能力正确地归还给了大脑。在任何环境和时候，只要我们发挥大脑的思维潜能，一定能够别开生面。所谓办法总比困难多。

1880 年，美国西部出现了淘金热。当时 20 岁的德拉也到旧金山去淘金。他看到那千千万万寻找金矿的人生活不方便以后，便放弃了淘金工作，开了一家商店，专门销售淘金者需要的日用品，包括露营用的帐篷和用来制作马车篷的帆布。和德拉一起来淘金的伙伴都嘲笑他胸无大志，明明是来淘金的却又改行开起了小商店，而德拉却不以为然。

有一次，一位淘金工人对他说："我看用你的帆布做短裤挺好。矿工们现在穿的短裤都是用棉布做的，很快就磨破了。如果用帆布来做，结实耐磨，肯定会大受欢迎。"德拉听后，便用帆布做了一批短裤，果然很快销售一空，赚了一大笔钱。

接着，德拉又在旧金山开设了一家服装厂，生产用帆布做的裤子。他根据矿工们的劳动特点，不断改进裤子的样式。例如，臀部的裤袋，缝制时改用金属钉钉牢；扣子则用铜与锌的合金，重要的部分还用皮革镶边。后来他又改用法国尼姆出产的哔叽布做原料，裤子缝得比较紧身，从而形成了牛仔裤特有的样式。

牛仔裤一出现，便受到美国人尤其是年轻人的欢迎，不仅矿工们爱穿，大学生们也认为是时髦的服饰而穿了起来。于是牛仔裤就从美国传到欧洲、亚洲、非洲和南美洲。生产牛仔裤的美国"德拉·施特劳斯国际公司"，现在海外设有35处营业机构，在12个国家设有工厂，在许多国家和地区设有销售网，年营业额达到5.4亿美元，跻身于美国五百家大企业中。

德拉原来的目的是淘金，当他发现淘金并不能取得高效益的时候，他改变了自己的目标。而德拉的那些伙伴们只是沿袭自己原来的想法，一味地追逐淘金的目标，到最后却不一定能成功。

由此我们可以看出，大多数人的认知都是处于一种"范式"中，好好通过实际研究，来判断它的正确与否，把握住重要的理念和机遇，无论是对你的学习还是工作都会大有帮助。

让大脑的思维、认知，突破固化的"范式"，根据实际情况，灵活决策，才是成事之道。

两艘正在演习的战舰在阴沉的天气中航行了数日。有一天傍晚，能见度极差，此时船长守在船桥上指挥一切。

入夜后不久，船桥一侧的船员忽然报告："右舷有灯光。"

船长询问光线是正逼近还是远离。船员回答："逼近。"这表示对方会撞上我们，后果不堪设想。

船长命令人通知对方："我们正迎面驶来，建议你转向20度。"

对方说："我是二等水手，贵船最好转向。"

这时船长已勃然大怒，他大叫："告诉他，我这里是战舰，转向 20 度。"

对方的信号传来："这里是灯塔。"

结果，他们改了航道。

船长之所以判断失误，是因为他没有转换自己的思维，他一直都以自己的范式去看待事物，他的观点是这些假设自然发展的结果，在他的思维范式或参照系中，他一直都在认为前面的灯光是从一艘船上传来的。他的范式本身就是错误的，那么他的判断也变成了错误。

错误的范式导致我们忽视生活中一些非常重要的理念和机遇，我们如何能够发现以前一直被忽视了的理念和机遇呢？其实很简单，只要我们通过实际研究用观察世界的"范式透镜"，便能很好地把握住对我们非常重要的理念和机遇。

霍英东先生是举世闻名的亿万富翁，他曾分析、论证淘沙业在香港很有赚头。

当时的情况是：香港淘沙业是企业家们很少问津的一个行业，因为这一业务用工多，获利少，赚钱难。

霍英东却认为，随着建筑业的发展，河沙的需要量会越来越大，是个很有潜力的市场，加上许多大企业不屑一顾，这正是一个有利可图的良好机会。淘沙业用工多，获利少，赚钱难，那是因为投入少的缘故。

于是他引进先进的设备，提高劳动生产率。他派人到欧洲用重金定购现代的淘沙船。这些船在 20 分钟内可以从海底挖泥沙 200 吨，并自动卸入船舱中。

　　现在，霍英东先生拥有先进的挖泥船 20 多艘，生意相当红火。

　　霍英东先生正是通过实际研究，发现淘沙业是个可以获得高效益的行业，他抓住这一机遇，取得了超乎想象的成功。

内心决定言行举止

我们生活的一切真正改变，都是从我们的内心开始。《礼记·大学》中所言："自天子以至于庶人，壹是皆以修身为本。"这里的修身，并非指修养我们的身体，而是指我们内在的心灵。因为，只有修养好了心灵，才能发乎于心，现乎于行。

对过去的观察、思维和行为模式不再适合今天，我们称之为"范式变化"。有些范式变化会缓慢地进行，而有些范式变化则是非常快速的。

范式的变化通常是源自我们的"意愿"，但有的时候它还会源自其他的理念，也就是不同层次的思考。

当我们看见某些熟悉的事情的时候，往往能够认知这些事情，并使之成为自己的理念。但当我们看见一些新鲜事物的时候，有时并不能完全认知，也不能把它变为自己的理念。我们需要时间来慢慢理解这些新理念。

我们的大脑，不应该自我僵化，而应该开发大脑，发挥大脑的思维能力，开拓出一片新天地。

可以假设一下，第一次看到有人把黑头发染成黄头发的时候，我们通常会反驳道："我不能接受它，中国人的头发本来就是黑色的，外国人的头发才是黄色的，我们是中国人为什么要学外国人呢？"当第二次看到这种现象的时候，我们会说："我能明白这种现象意味着什么，我也能理解他们的想法，但我还是不能接受它。"当第三次看到这种现象的时候，我们可能会说："其实那种颜色的头发也挺好看的。"

这就说明我们的认知不是不能改变，只是它的改变有时比较难。

在几个世纪前，曾经为划分疆界产生了一张世界地图，这张地图表明世界是平面的，人们也认为地球是平面的。而当打破了传统向西而不是向东航行的时候，有些人开始认识到地球是球形的。当哥白尼提出太阳是宇宙的中心，地球围绕着太阳转的时候，他的观点就被称之为邪说，他的理论在几个世纪里都被罗马教皇所封杀。因为这种观点与当时人们固有的范式是相悖的，它动摇了当时已经被认可的地球为中心这一观点。

我们必须经历一次范式变化之后，才可能接受新理念。历史已经证明，所有有胆识的突破都是在打破了传统思想的基础上进行的。那时，原有的被认可的做事方式已被突破，而突破者通常是那些不怕失败并且能够用慧眼去看待事物的人。

伽利略从小勤学好问，立志要研究一切事物。24 岁时，伽利略发表了一篇题为《固体的重心》的论文，从此一举成名。但他并不热衷于荣誉。后来他被母校比萨大学请去当数学教授。

　　亚里士多德关于物体降落的速率和物体的重量成正比关系的理论，一千多年来一直被认为是理所当然的真理，当时比萨大学绝大多数师生都相信这种理论。然而，当时只有 25 岁的伽利略，为了追求真理，全然不顾这些传统观念，断然推翻了亚里士多德的理论，在这种情况下他完全是逆风而行，遇到的压力可想而知。

　　伽利略制造了世界上第一架望远镜。他利用自制的能放大 36 倍的望远镜，观测到许多足以证明哥白尼学说的现象，如金星绕太阳转动，繁星密聚的银河，木星的四个卫星以及太阳表面的黑子。他的许多新发现，有力地证明了哥白尼的日心学说。他的发现也就打破了亚里士多德的"天体完整无缺"的理论。

　　然而，当时很多教授都不相信他，并且攻击伽利略在说谎，"以魔术欺骗人"。而伽利略对这些诽谤不屑一顾，他仍然埋头从事他的天文观察工作。他发现月亮并不是想象中那么美妙，那么"皎洁无瑕"，而是一个"满脸麻子的美人"。他还发现了新的星星。于是他带着自己制造的望远镜到处游历，宣扬他的发现。这就更加引起了教会的恐慌和仇视。宗教裁判所终于在 1611 年 2 月宣布伽利略的著作为异端邪说，不许伽利略宣传他的学说，也禁止出售他的著作。

　　可以看出，范式的改变过程并不是那么顺利的，伽利略在改变范式的过程中遇到层层障碍,他受到了那些抱有传统范式的宗教的封杀。

伽利略并没有因此而停止科学研究活动,他偷偷地著书立说,几年后,出版了《天文对话》一书,以浅显生动的文笔,通俗地介绍哥白尼学说。伽利略同哥白尼一样,对地球运动没有明显和直接的证据,采用这两种体系的各自拥护者间的对话形式,容易说明新学说的论据并且有无比的说服力。旧理论所不能说明的事实和现象,用新学说的观点都可以得到圆满解释。为了避免由此招来灾难,他在书前加了一篇序言试图加以掩饰。尽管如此小心,还是引起了教皇的注意。1633 年 2 月伽利略再次被传回罗马。这时他已经是 70 多岁的老人了。

宗教法庭对他进行一次又一次的审讯,使他受到残酷的折磨。当时朋友们都劝他低头认罪,他的女儿也写了许多信来哀求他,但伽利略却十分坦然,毫不动摇。审判员软硬兼施,一连审了三个月,也毫无结果。

对此,教皇气急败坏,竟下令对伽利略动用刑讯。他们强迫伽利略跪下受审,并说这是最后一次机会了,但他毫无惧色,昂首阔步地走进刑室。动刑三天也无法使伽利略屈服,他们只好采取卑鄙的手段。最后,伽利略被教会判处终身监禁,他的书被列为禁书。

伽利略的肉体受到了极大的摧残,但他坚持真理的意志力却没有被摧毁,在监禁中仍坚持科学研究。不久他双目失明,然而他的大脑并没有休息。伽利略在囚禁中克服了种种困难，写了《两种新科学谈话》等书。

那些为打破旧的理念、为发展带来新范式和新境界而引发的革命，通常会遇到强大的阻力。毕竟旧的范式已经成为传统，一旦这种范式形成了，且延续的时间越长，它就会轻松地凌驾于个人之上。因此，只有那些不畏权势、不怕牺牲，敢于突破旧观念的斗士，才能够维护真理，获得成功。

跳出传统的思维定式

　　现实生活中，一张有黑点的白纸展现在我们面前，引起我们注意的往往是黑点而不是白纸。这或许是我们的本能使然，也许是习惯作祟，但不管是本能还是习惯，最终反映出的是一种长期以来形成的思维定式，并且在一定的范围内似乎它也是没错的。可是如果勇敢地跳出传统的、已形成习惯的思维定式，将会看到一个浩瀚的、多姿多彩的世界。

　　如果你想接受新思维，就必须打破思维定式。利用旧的观念和方法是无法找到新途径的。一种被人们认可的思维定式存在的时间越长，打破它时所遇到的阻力就越大。

　　一种理论延续的时间越长，它受到质疑的机会就越小，这就成为拒绝接受新的思维方式的理由。当有人提出新的观点并掀起一场革命时，可能有的人就会说："如果你提出的新理论正确的话，那以前为什么没有人想到过呢？"旧的思想有一定的时间基础，它毕竟已经成为传统，因此许多人便会拒绝变革。因此，你只有打破传统的思维定式，才能为你的事业开辟一片新的天地。

　　所谓"当局者迷，旁观者清"。苏东坡说："不识庐山真面目，只缘身在此山中。"我们必须有意识地让大脑跳出传统的思维定式，才能换一个全新的角度，发现新局面、新境界。

纽克伦原本是一个小经营者，但他一天也没有放弃做大事业的想法。一个偶然的机会，他看到一家大公司开了几辆装垃圾的汽车，把垃圾倒在一个垃圾山上，然后付出一笔钱给垃圾的"订货人"。与此同时，他又看到一些人付给垃圾的"收货人"一点儿微薄的"管理费"后，便整天埋头在垃圾山里"拣宝"。

纽克伦经过调查发现，垃圾已成为许多企业大伤脑筋的事情，他们都愿意花点钱把它们清除出去。他还发现，这些垃圾并不全是废物，在垃圾中有不少宝贵的东西，只要设法把它们分离出来，妥善处理，就可以使之变为财富。于是纽克伦决定在很少有人涉足的垃圾行业中干一番事业。

他先在郊区购买了一块土地，作为垃圾堆放场，还雇用了几名工人，买了一些简单的清理和加工设备干了起来。开张的那天，纽克伦亲自坐镇堆放场，迎接每一车垃圾。但遗憾的是，纽克伦创办的垃圾公司并没有引起人们的重视，送垃圾来的只有几家小厂商，一天的垃圾只有一小堆。面对这一局面，纽克伦决定采取上门服务的方式，这种一改过去坐等收垃圾的方式，争取到了越来越多的厂商送来的垃圾。

纽克伦上门服务的举措，也是一种打破传统的思维定式。

纽克伦指挥手下的人把垃圾中的塑料、玻璃片、破布、废铜料、化学废渣等分别拣出来，送交有关厂家处理。两个半月，经济效益就看出来了。他赚了 4 倍的利润，比他原先的小本经营利润高出 20 倍。

纽克伦打破了旧的传统理念，虽然在这个过程中遇到了很多困难，但他还是取得了成功。

其实阻碍思维定式改变的因素，不仅仅是懒于改变，对新思维定式的排斥也是改变的障碍。例如，以前为了减慢打字员的敲击速度以防止按键被卡住，而有意地打乱了打字机键盘的排序。在以后打字机和电脑的发展过程当中，尽管已经证明了其他的键盘布局更易于学习，会减少操作失误，同样也可以提高打字速度，但人们依然使用传统的键盘布局，这就受到了懒于改变的障碍。

无论何时，你都必须明白传统的思维定式是怎样影响你的行为的。当你听到自己用一种传统的语调去说某件事的时候，你就要问问自己是否在无意中设置了障碍阻止思维定式的改进。如果你的回答是"事情就是以前的那个样子"，那就说明你正被传统的思维定式所困扰。以前美好的旧时光，并不是你现在的生活所在，我们不应该受传统的思维定式所支配，我们应该活在新的思维里，这就要求我们走出传统的思维定式的牢笼，去接受和理解新的思维。

在人们固有的思维定式中，中药店和茶馆是两个不同的行当，也没有人会把这两个行当联系在一起，而日本的石川先生偏偏把这两个行当联系在一起，竟产生了意想不到的效果。这也许就是新思维的魅力吧！

20 世纪 70 年代的日本，人们普遍信奉西医，中医备受冷落，中药根本就卖不出去，因而经营中药的中药店的境况很是凄凉。从事中药经营的伊仓产业公司的社长石川为了改变这一境况，绞尽脑汁，苦苦寻找办法。

石川认为，过去的中药店总是给人们一种阴郁的感觉，而且服用中药味道不太好，难以下咽。于是，石川社长想了一个办法，他把中药和现代生活方式的茶馆结合起来。石川按照茶馆的式样进行装修，店内豪华气派，格调高雅，并且装设了空调、音响等。墙壁刷得雪白，地面、桌椅则全部刷成绿色。店中的壁柜里放着或透明或橙黄色的药酒还有果汁，中药味已大大减轻。伊仓吃茶馆别具一格的经营方式，立即吸引了大量的年轻顾客，店里经常座无虚席，青年顾客们在美妙动听的流行音乐中，悠闲地品味着既能强健身体又合口味的中药饮料，伊仓吃茶馆成了一大热点，并带动了东京其他药店的繁荣。

伊仓吃茶馆开张两个月后，就因电视和报纸的宣传而誉满日本全国，各地寄来了数不清的信件要求伊仓吃茶馆提供中药的订单和配药方法，过去没有人愿意吃的中药，现在成为人们竞相购买的珍品，伊仓公司因此一炮打响。

可以设想一下，如果石川社长总是抱着传统的思维定式去看待问题，那么他还能提出新设想吗？还能取得这么大的成功吗？

为什么当亚里士多德和伽利略看到摇摆的石头的时候，前者看到的仅是坠落的石头，后者则看到了一个钟摆？这就因为他们看待事物的方式不同。

你的行为和态度的真正起源便是你所持的传统的思维定式，一种新的思维定式将会使你的认识和行为有巨大飞跃。你的思维定式变化了，你的态度和行为也会随之变化。所以在瞬息万变的全球市场中，无论是企业还是个人，要想在市场竞争中占有一席之地，就必须打破传统的思维定式和理念，遵循新的规则。

发展未有穷期，创新永不止步。旧习惯、固有思维的改变，好习惯、新思维的塑造绝非一日之功，也绝非一人之力就可完成。

心态是改变生活的钥匙

心态会决定着一个人的幸福与否。如果一个人对生活抱一种达观的态度，就不会稍有不如意，就自怨自艾。大部分终日苦恼的人，实际上并不是遭受了多大的不幸，而是自己的内心素质存在着某种缺陷，对生活的认识存在偏差。事实上，生活中有很多坚强的人，即使遭受不幸，精神上也不会被打垮。

充满着欢乐的人们，永远带着欢乐。

心态是改变生活的一把钥匙，它可以影响你的态度和行为。同时心态也是一把双刃剑，它可以促使你成长，也可以阻碍你的发展。

"心胜则兴，心败则衰"，那么，决定心态的又是什么呢？决定心态的是一个人的智慧以及思维的方式。

一个乞丐来到一个庭院，向女主人乞讨，这个乞丐很可怜，他的一条手臂断了，空空的袖子晃荡着，让人看了很难过，碰上谁都会慷慨施舍的，可是女主人毫不客气地指着门前一堆砖对乞丐说："你帮我把这砖搬到屋后去吧。"

乞丐生气地说："我只有一只手，你还忍心叫我搬砖。不愿给就不给，何必捉弄人呢？"

女主人并不生气，俯身搬起砖来。她只用一只手搬了一趟说："你看，并不是非要两只手才能干活。我能干，你为什么不能干呢？"

乞丐怔住了，他用异样的目光看着妇人，尖突的喉结像一枚橄榄上下滑动了两下，终于他俯下身子，用他那唯一的一只手搬起砖来，一次只能搬两块。他整整搬了两个小时，才把砖搬完，累得气喘如牛，脸上有很多灰尘，几绺乱发被汗水濡湿了，歪贴在额头上。

妇人递给乞丐一条雪白的毛巾。乞丐接过去，很仔细地把脸和脖子擦了一遍，白毛巾变成了黑毛巾。

妇人又递给乞丐 20 元钱。乞丐接过钱，很感激地说："谢谢你。"

妇人说："你不用谢我，这是你自己凭力气挣的工钱。"

乞丐说："我不会忘记你的，这条毛巾也留给我做纪念吧。"说完他深深地鞠一躬，就上路了。

过了很多天，又有一个乞丐来到这庭院。那妇人把乞丐引到屋后，指着砖堆对他说：把砖搬到屋前就给你 20 元钱。这个双手健全的乞丐却鄙夷地走开了，不知是不屑那 20 元钱还是因为别的什么。

妇人的孩子不解地问母亲："上次你叫乞丐把砖从屋前搬到屋后，这次你又叫乞丐把砖从屋后搬到屋前。你到底想把砖放在屋后，还是放在屋前？"

母亲对他说："砖放在屋前和放在屋后都一样，可搬不搬对乞丐来说可就不一样了。"

此后还来过几个乞丐，那堆砖也就在屋前屋后来回被搬了几趟。

若干年后，一个很体面的人来到这个庭院。他西装革履，气度不凡，跟那些自信、自重的成功人士一模一样，美中不足的是，这人只有一只左手，右边是一个空空的衣袖，一荡一荡的。

来人俯下身用一只手拉住有些老态的女主人说："如果没有你，我也许还是个乞丐，可是现在，我是一家公司的董事长。"

妇人已经记不起来是哪一位了，只是淡淡地说："这是你自己干出来的。"

独臂的董事长要把妇人连同她一家人请到城里去住，做城市人，过好日子。

妇人说："我们不能接受你的照顾。"

"为什么？"

"因为我们一家人个个都有两只手。"

董事长伤心地坚持着："夫人，你让我知道什么叫人，什么是人格，那房子是你教育我应得的报酬！"

妇人终于笑了："你就把房子送给连一只手都没有的人吧。"

第一个乞丐之所以能成为一位董事长，就是因为他具备了良好的心态，他在妇人的引导下改变了自己的思维定式，认识到只有一只手的人并不是一个废物，并不是什么都不能干，只不过遇到的困难会多一些而已。第二个乞丐的心态却不怎么好，他依然按照自己传统的思维定式去看待事情，所以他到最后也只能做一个乞丐。

当开始怀疑旧的理念的时候，我们才能体会到更大的精神领悟。对我们怀疑的事情提出质疑，会帮助我们对一件事情形成一种特殊的做法。新的思维定式和心态更有助于我们深刻地认知自己和周围世界的关系以及规则，使我们放弃旧的目标，树立新的目标，从而取得新的成功。

19 世纪中叶，美国加州传来发现金矿的消息。许多人认为这是一个千载难逢的发财机会，纷纷奔赴加州。18 岁的亚默尔也加入了这支庞大的淘金队伍。他同大家一样，历尽千辛万苦，赶到加州。

淘金梦是美好的，做这种梦的人也很多，越来越多的人蜂拥而至，一时间加州遍地都是淘金者，金子自然越来越难淘。

不但金子难淘，生活也越来越艰苦。当地气候干燥，水源奇缺，许多不幸的淘金者不但没有圆了致富梦，反而丧身此处。

经过一段时间的努力，亚默尔和大多数人一样，没有发现黄金，反而被饥渴折磨得半死。一天，望着水袋中一点点舍不得喝的水，听着周围人对缺水的抱怨，亚默尔突发奇想：淘金的希望太渺茫了，还不如卖水呢。

于是亚默尔毅然放弃挖金矿，将手中挖金矿的工具换成挖水渠的工具，从远方将河水引入水池，用细沙过滤，成了清凉可口的饮用水。然后将水袋装进桶里，挑到山谷卖给找金矿的人。

当时有人嘲笑亚默尔，说他胸无大志："千辛万苦地赶到加州来，为的是来挖金子，而他却放弃了金子，干起了这种蝇头小利的买卖，这种生意哪儿不能干，何必跑到这里来？"

亚默尔毫不在意，不为所动，继续卖他的水。哪里有这样的好买卖，把几乎无成本的水卖出去？哪里有这样好的市场？

结果，大多数淘金者都空手而归，而亚默尔却在很短的时间靠卖水赚到6000美元，这在当时是一笔非常可观的财富了。

大多数的淘金者，都抱着挖金子的心态来到了加州，他们抱着这固有的思维定式不放，不去发现自己周围的一些更有利可图的事物。亚默尔却不受这些因素的影响，不受现有的思维定式所形成规则的限制，用一种良好的心态去接受新的思维定式，从而使自己有了一笔非常可观的财富。

当我们投入地去做一件事并希望达到理想的目标时，不要忘记生活中会出现许多新事物、新问题，许多方法及习惯随着它们的形成而逐渐改变，它不会永远产生我们一直希望的结果。

如果你想取得永远的成功，那就需要你不断地改变自己的心态，积极地改变心态和传统的思维定式是你取得长久成功的重要保障。

　　每个人的内心都有一面魔镜：正面是阳光普照、春暖花开；反面是阴沉愁闷。用哪一面来引领你的人生之路就在于你常常拂拭哪一面魔镜。

换个视角，找到幸福

很多事情都是横看是烦恼，但是换个角度，却能看到幸福。只要心怀乐观，就真的能把烦恼换成幸福。把烦恼换成幸福，是一种生活态度，更是一种生活智慧。

我们在做事时，如果总是按照一种固定的方法，那么得到的结果也是一样的。要想改变事情的结果，就必须先改变做事的方法，而要想改变做事的方法，就必须改变你的思维方式，换个角度去思考。

只要我们换一种思维方式去思考问题，那么问题的答案也就会随之改变。

美国神经生物学家们最近有个惊人的发现：好心情的人不是后天的，而是先天的。他们通过长达 10 年时间的研究，得出的结论为：一个人是否拥有好心情与左脑有关。

阿甘死后遇到了彼得。

彼得对他说："很高兴见到你，阿甘，我们已经听到了许多赞扬你的话。但我不得不告诉你，你必须得接受一次测验。"

阿甘说："彼得，能来到这里我很高兴。不过没有人告诉我测验的事，但我还是希望能通过测验。但愿题目不要太难，毕竟生活本身就已经是一次足够难的测验了。"

彼得说："我知道，阿甘。测验不是很难，只有两个问题：

1. 一个星期中有哪几天是以字母'T'开头的？

2. 一年有多少秒（Seconds）？"

阿甘带着这几个问题离开了。第二天，他找到彼得，要回答问题。彼得向他挥了挥手说："现在你还有机会再想一想，然后回答我。"

阿甘说："不必了。你的第一个问题太简单了，答案就是今天（Today）和明天（Tomorrow）。"

彼得的眼睛睁得大大的，喊道："阿甘，这可不是我意料中的答案。不过你言之有理，我想我没有把问题说清楚。好吧，我同意你的答案是正确的。"

"下一个问题呢？一年有多少秒（Seconds）？"

"这个有点难，"阿甘说，"我想了又想，觉得答案应该是'12'。"

彼得惊得目瞪口呆："'12'！天啊，你怎么能说一年只有 12 秒？"

阿甘说："是的，是'12'，它们是 1 月 2 日（January-Second）、2 月 2 日（February Second）、3 月 2 日（March Second）……"

"好了，好了，"彼得打断阿甘，"我知道你是怎么想的了，我明白你的意思了，这个答案又出乎我的意料。不过我还是算你对了。"

阿甘之所以能够回答出彼得提出的问题，这是他用另一种方式看待问题的结果。

由此看出，对待同一个问题，你与别人的看法不同，这并不一定证明你是错的，只不过是你们的范式不同。

刚到法国时，去朋友家做客。吃饭时，朋友 8 岁的孩子用一小块面包逗小狗玩，狗跳起来撞翻了他手中的盘子，盘子碎成几块。

男孩对父母说："你们看见了，是小狗打碎了盘子，不是我的错。"

母亲说："盘子确实是小狗撞翻的，可是你有没有错?"男孩大叫："是小狗的错，不是我的错。"

父亲过来叫男孩离开餐桌到他自己的房间里去，要他好好想想自己究竟有没有错。

十几分钟后男孩走出房间说："小狗有错，我也有错，我不该在吃饭时逗狗，这是你们多次对我说过的。"父亲笑了："那么今天你就该为自己的错承担责任：收拾餐桌，并拿出零用钱赔这只盘子。"

男孩怎么办? 男孩同意了。

小狗把盘子打碎，按照大多数父母的思维，应该责罚的是小狗而不是孩子。而这对法国夫妇却不同，他们用这件事教育孩子做错事就要敢于承认，而不是沿袭别人的思路行事，取得良好的效果。

下面让我们一起思考一下这个脑筋急转弯的问题，看看你的思维方式是不是一种传统的范式。

一天，一个警察局局长和一个老头正在聚精会神地下棋，这时跑来一个气喘吁吁的小男孩对警察局局长说："不好了，你爸爸和我爸爸吵起来了。"老头问警察局局长："这个小男孩是谁？"警察局局长说："他是我儿子。"读者朋友你能说出这是怎么一回事吗？

其实答案很简单，警察局局长是个女的，小男孩所说的"你爸爸"，也就是警察局局长的爸爸，小男孩的外公；"我的爸爸"就是警察局局长的丈夫。这个答案你想到了吗？

在人们的传统观念中，一提到警察局局长，人们便认为是男的，再加上和老头下棋就更能使人迷惑。这就需要你以另外一种观念来超越现有的认识。

农村是巨大的潜在销售市场。河南周口味精厂巧妙制胜的策略之一就是采取"农村包围城市"的销售对策。周口味精厂在建厂初期，由于产品质量、销售方式等问题，年产400吨的味精有一半卖不出去。

周口味精厂抓紧技术改造，提高产品质量的同时，针对国内味精市场已被沈阳的"红梅"、天津的"玫瑰"、上海的"佛手"等几大名牌产品基本占领的现状，将重点转移到广大的农村。于是50多名销售人员连同大批产品撒到了河北、安徽、山东等地的乡镇和厂矿，并采取灵活的销售方式，让销售部门先销货，后付款，享受批发价格。实施一些优惠措施后，短短的一年时间，200多个县的农村市场被周口味精垄断。周口味精厂乘胜追击，在巩固农村根据地的基础上，积极往城市渗透，开始了向城市进攻。

从地摊到商场、从集体到国营、从边疆到内地，周口味精以质优价廉迅速覆盖了国内大中城市，并远销海外 20 多个国家和地区，1991 年销售收入突破 4 亿元大关。周口味精厂把军事战略活用在市场销售上，以特有的"农村包围城市"销售对策，使滞销产品在国内外生根开花。

河南周口味精厂打破了城市才是销售主渠道的这一固有观念，以"农村包围城市"使企业扭亏为盈，创造了巨大的效益。

思维方式改变了，视野也随之扩大，这就为进一步的发展提供了机遇。

想象力的创造性

想象力是你脑海中的一座桥梁，帮你连接起你的下层脑和上层脑。如果不是因为想象力的创造性与才情，逻辑脑将一无是处，只是不停地重复自己，生活将索然无味、了无生趣。想象力决定着我们的生活质量，因为能想多远，我们就能让自己走多远。如果你信任自己的想象力，将其作为心灵之声，那么，想象力越强，你的真实自我越可能实现，而无须从他人的生活中寻找想法。你有足够多的原创资源，一辈子也用不完。

人的大脑中最宝贵的即是可以从已知推出未知，从现在推出未来。让我们开发大脑无尽的创造力，建设一个五彩缤纷的世界。

许多科学家之所以能够有那么多的发明创造，就是因为他们具有丰富的想象力。康德如果没有想象力，就不会提出拉普拉斯星云假说；瓦特如果没有想象力，就不会发明蒸汽机；伽利略如果没有想象力，就不可能发明望远镜，就不会发现摆的等时性原理，也就不会有现在的钟表。想象力是开拓见解的工具，是创造力的源泉。

　　大科学家们往往勇于把富有创造力的观点提出来，把那些早已存在，而未被人们发现的富有创造性的想象力挖掘出来。他们关注生活中的每一个事物，去发现、去想象，然后将真理挖掘出来，总结成原理、公式、定义、思想等公之于众，为人类的进步做出巨大的贡献。

　　1642 年年初，科学巨星、近代力学之父伽利略陨落。而1643 年年初，另一颗科学巨星牛顿却在英国升起。这是一颗更加灿烂的明星，科学史上千年一遇的巨人，他在天文学、力学、光学和数学上取得了开创性的成就，为科学史开创了一个牛顿时代。

　　艾萨克·牛顿出生在英国。牛顿出生时，给他接生的接生婆说："这么一个小不点儿，我简直可以把他塞进一只杯子里去。"这就是命运之神把一个叱咤风云的思想家介绍到世界上来的一种开玩笑的方式。

　　由于母亲再嫁，从两岁起，他就与年迈的外祖母过着贫困孤苦的生活。在小学时他就非常爱科学，经常制作水钟、风筝和日晷等。他的兴趣很广，时而作诗，时而绘画。他是一个意志坚强的孩子，因为经济困难，14 岁就离开学校回家务农。

　　牛顿时常眨着一双眼睛，在想着一些稀奇古怪的事情。劳动之余，他还独自躺在草地上聚精会神地思考数学问题。

　　牛顿的舅父是剑桥大学三一学院成员，发现牛顿热爱科学，很有钻研精神，就帮助他重新回到学校读书。1661 年，牛顿 18 岁，作为公费生进入剑桥大学学习。剑桥是英国最古老、最有威望的大学之一。这是一所思想比较自由、学术气氛浓厚的高等学府。他在这里学习数学、天文学和物理学。读到三年级时，一位游历过欧洲的学者巴罗来剑桥担任"鲁卡斯讲座"的首任教授，给剑桥带来了科学的新曙光。他向学生介绍哥白尼、开普勒、伽利略和笛卡尔等人的先进思想、科学理论以及研究方法。这使牛顿大开眼界。

1667年，牛顿回到剑桥大学三一学院继续其学业，于1668年得到硕士学位。1669年，由巴罗推荐，他担任剑桥大学教授，接替巴罗担任了鲁卡斯讲座的第二代教授职务。这时，牛顿年仅27岁。

可以这样认为，如果没有丰富的想象力，牛顿这匹千里马就不可能驰骋在科学的大道上。

一个傍晚，牛顿坐在花园的苹果树下，正在考虑一个关于运动的问题。忽然一只熟透的苹果掉了下来，正好落在牛顿的面前。这只苹果引起了牛顿的注意。他想，苹果为什么不向天上飞，也不向前后左右落，而偏偏垂直地落到地上呢？肯定是地球在吸引它。既然地球能吸引离地面这么高的苹果树上的苹果，那它也肯定在吸引着月亮。后来，牛顿就发现了万有引力定律。至今在剑桥大学三一学院的博物馆中，还保存着那棵苹果树的一段树干，作为纪念。

当然，这仅仅是一个故事而已，肯定存在着后人的夸大渲染。如果单凭苹果落地，牛顿一下子就发现了万有引力定律，那成为一个科学巨匠也太容易了。牛顿自己曾说过："万有引力定律是'不停地想象，不停地思考'的结果。"不过，苹果落地触发牛顿对引力的富有想象力的思考，这是完全可能的。

在长时间的思考中，牛顿逐渐认识到，地球吸引地球表面物体的力（如吸引苹果落地的力），与地球吸引月球的力，以及太阳吸引行星的力，是同一种力。这种力是任何物体、任何物质都有的。这是人类认识上的一个重大飞跃。

后来，牛顿又通过地球对月球的引力研究，发现了地球、月球间的引力与其距离平方成反比的关系，并认为，这一引力并非磁力，本质上是重力。

不过，牛顿对引力的这些研究结果一直没有发表，直到多年后的 80 年代才重新提出。这一点颇令人费解，据后来科学史学考证，主要的原因是牛顿无法肯定天体的全部质量是否集中在其中心，这样也就无法确定两个天体之间距离的精确值。因为这只是一个想象的产物。虽然在一般天体情况下，这一点影响并不大，但牛顿是一个非常谨慎的人，对此他是不会贸然下结论的。后来，在 1685 年他的微积分创立后，这个问题才得到完满的解决。这样，万有引力定律也才正式提出来。

牛顿正是凭着他丰富的想象力，从一个落地的苹果想象到地球是具有吸引力的，从而发现了万有引力定律。

对万事充满好奇，给思维插上想象的翅膀，这样你就不会机械地去做事，而是按照自己的想法，按照生命的基本规律去做事，那么想象就能为你带来无穷的能量。

要想挖掘出隐藏在你身体内部的那些有创造力的想法，

就要留心你的灵感，当灵感出现的时候，你一定要紧紧抓住它。

　　孩子们往往能把自己的想象说出来，他们不害怕别人会笑话，而他们的想象力有时也会成为他们成才的基础。如果我们能像小孩那样不怕别人笑话，勇于把自己的想法提出来，勇于去证明它们，你的想象力也许会帮你有一些发明创造呢。

　　你也许已经错过了许多机会，但只要你从现在开始，准备一个笔记本去记录你的灵感，然后根据自己的想法，去理解，去探索，按照自己的方法去做，就可以有所发现，有所前进。

有条有理，逻辑严密

在生活中，一个善于运用左脑思考的人，往往能够因时制宜，从而寻找到解决问题的良好方案。

《战国策》中记载着这样一个故事，姚贾面对韩非的诽谤，用有条有理、逻辑严密的口才逐一辩白，维护了自己的尊严。

燕、赵、吴、楚四国结成联盟，准备攻打秦国。秦王召集了大臣和宾客们商讨怎么办。秦王说："目前四国已经结成联盟，对秦不利，我国目前正处于财力衰竭的状况，百姓听到这个消息后都纷纷逃到其他国家去了，我们该怎么办呢?"大臣、宾客们都默不作声。姚贾说："我愿意出使四国，破坏他们的阴谋，阻止战争爆发。"

于是，秦王为姚贾准备了百辆车和千两黄金，并且，让他穿着自己的衣服，佩带自己的剑。姚贾辞别秦王，拜访四国。姚贾此次出行，不但阻止了战事发生，还与四国建立了友好外交关系。秦王对此非常满意，并封他为上卿。

韩非得知此事后，对秦王说："姚贾用金银珠宝等贵重的礼品，出使荆、吴、燕、代等地，长达三年之久，这些国家未必是真心与秦合作。姚贾是想用大王的钱财，私自结交诸侯、权贵，请大王明察。再说，姚贾身份低微，只不过是魏都大梁一个守门人的儿子，曾在魏国有过偷盗的行为；虽然在赵国当过官，但是后来因种种原因被驱逐出境了，这样一个人，怎么能让他参与国家大事呢？"

秦王将姚贾叫来说："我听说你私下里用秦国的财产，去结交各国诸侯、权贵，有这样的事吗？"

姚贾说："有这样的事。"

秦王一听，顿时大怒："那你还有什么脸面来见我？"

姚贾说："昔日曾参孝敬父母，任何人都希望有这样的儿子；伍子胥尽忠报主，每位诸侯都希望得到这样的臣子；贞女擅长女工，每一位男子都希望娶这样的女子为妻。我对大王忠心耿耿，可大王却不知道，如果我不把珠宝送给那四个国家的诸侯，怎么能让他们归顺秦国呢？大王再想想，如果我对大王不忠，那四个国家的国君又怎么能相信我呢？夏桀因听信谗言，而杀害了忠臣良将关龙逢；纣王因听信谗言，而杀了比干，结果国破身死。现在，大王又听信谗言，以后还会有忠臣为您出力吗？"

秦王说："我听说你是魏都大梁一个看门人的儿子，而且有过偷盗行为，虽在赵国做过官，但最后却被赵国驱逐出来了。"

姚贾不卑不亢地说："姜太公是一个被老婆赶出家门、连猪肉都卖不出去的齐人，在荆津时，即使做劳力都没有人雇佣，可最终却建立了丰功伟业。管仲只不过是齐国边界的一个小商贩，在南阳的时候非常贫穷，在鲁国时曾经被囚禁，最后却帮助齐桓公建立了霸业。百里奚只不过是虞国的一个乞丐，其身价只值五张羊皮，穆公任用他作为宰相，而使西戎各少数民族诚服。文公任用中山国的盗贼，而打了胜仗。这四位贤人，都没有显赫的身世背景，出身也并非高贵，甚至是曾被命运抛弃，可最终却取得了出色的成绩，主要原因是得到了明主的重用。倘若人人都像卞随、务光、申屠狄那样，谁还能心甘情愿为国效命呢？因此，英明的君主是不会计较臣子以往的过失，不会听信他人谗言的，他们只会考验臣子们的能力，然后加以重用。大凡能保住江山社稷的人，不会听信谣言，不会封赏没有功绩的人。这样，臣子们就不敢用虚名欺骗国君了。"

秦王说："的确如此。"于是，保留了姚贾的职务。

姚贾巧妙自保的典故，说到底，是利用智慧的大脑，巧妙分析利弊、利害，以事实为根据，以理服人。

综观姚贾的自我辩白，有条有理、逻辑严密。我们在说理时，也要做到一件一件来、一条一条说，切不可东扯葫芦西扯瓢，让人听了云里雾里。此外，不管引证了多少事实、典故，多少知识，都要纳入逻辑的轨道，才能具有无可辩驳的说服力。离开了逻辑规则，再生动的事例，再迷人的故事，你的听者都可能无动于衷。我们只有用逻辑的法则，把要表述的思想、事例、典故等材料有机地组织起来，组成很有逻辑性的话，才能达到正面说理的目的。

成功取决于诚信加智慧

每一个人都梦想成功，可成功不是从天上掉下来的，是通过努力，加上诚信和智慧而得到的。诚信，是一个人最宝贵的品质，是心灵最圣洁的鲜花。拥有诚信的人，才可以创造更多的社会财富，才可以拥有更完美的人生。与此同时，人生事业成功离不开人生智慧。人的成功秘诀主要取决于诚信加智慧。

诚信，则应该归结到一个人情商的范畴之内，在很大程度上与左脑有关。

我们常常认为，只要效率高任何事都会成功的。其实这种观点是不全面的。山田本一的成功就是一个典型例子，他不仅仅是凭着高效率来取得成功的，更重要的是他懂得如何用智慧来取胜——分段实现大的目标。

1984 年，在东京国际马拉松邀请赛中，名不见经传的日本选手山田本一出人意料地夺得了世界冠军。当记者问他凭什么取得如此惊人的成绩时，他说了这么一句话：凭智慧战胜对手。

马拉松赛是体力和耐力的运动，只要身体素质好又有耐性就有望夺冠，爆发力和速度都还在其次，说用智慧取胜确实有点勉强。

两年后，意大利国际马拉松邀请赛在意大利北部的城市米兰举行，山田本一代表日本参加比赛。这一次，他又获得了世界冠军，记者又请他谈谈经验。

山田本一性情木讷，不善言谈，回答的仍是上次那句话：用智慧战胜对手。这回记者在报纸上没有再挖苦他，但对他所谓的智慧还是迷惑不解。

10年后，这个谜终于被解开了，他在他的自传中是这么说的：每次比赛之前，我都要乘车把比赛的线路仔细地看一遍，并把沿途比较醒目的标志画下来，比如第一个标志是银行；第二个标志是一棵大树；第三个标志是一座红房子……这样一直画到赛程的终点。比赛开始后，我就以百米的速度奋力地向第一个目标冲去，等到达第一个目标后，我又以同样的速度向第二个目标冲击。40多公里的赛程，就被我分解成这么几个小目标轻松地跑完了。起初，我并不懂这样的道理，我把我的目标定在40多公里外终点上的那面旗帜上，结果我跑到十几公里时就疲惫不堪了，我被前面的那段遥远的路程给吓倒了。

在生活中，如果人们想一套做一套，那么他们就具有欺骗性。如果针对你自己的是一种法则，针对别人又是另外一种法则，那么人与人之间就不会存在信任。正如一家商店对有钱的顾客采用笑脸相迎的态度，而对普通的顾客却持相反的态度，那么顾客还会相信这家商店吗？

信任是形成所有持久关系的基础。信任的两个关键要素是诚实和能力，只有具备这两个因素你才能取得事业的成功。

有统计资料表明，现在日本有 1.35 万间麦当劳店，一年的营业总额突破 40 亿美元大关。拥有这两个数据的主人是一个叫藤田田的日本老人，日本麦当劳株式会社的名誉社长。藤田田 1965 年毕业于日本早稻田大学经济学系，毕业之后随即在一家大电器公司打工。1971 年，他开始创立了自己的事业，经营麦当劳生意。麦当劳是闻名全球的连锁速食公司，采用的是特许连锁经营机制，而要取得特许经营资格是需要具备相当的财力和特殊资格的。

而藤田田当时只是一个才出校门几年、毫无家族资本支持的打工一族，根本就无法具备麦当劳总部所要求的 75 万美元现款和一家中等规模以上银行信用支持的苛刻条件。只有不到 5 万美元存款的藤田田，看准了美国连锁速食文化在日本的巨大发展潜力，决意要不惜一切代价在日本创立麦当劳事业。事与愿违，5 个月下来，只借到 4 万美元。面对巨大的资金落差，要是一般人，也许早就心灰意冷，前功尽弃了。然而，藤田田却偏偏有对困难说不的勇气，偏要迎难而上。

于是，在一个风和日丽的春天的早晨，他西装革履满怀信心地跨进住友银行总裁办公室的大门。藤田田以极其诚恳的态度，向对方表明了他的创业计划和求助愿望。在耐心细致地听完他的表述之后，银行总裁做出了"你先回去吧，让我再考虑考虑"的决定。

藤田田听后，心里即刻掠过一丝失望，但马上镇定下来，恳切地对总裁说了一句："先生可否让我告诉你，我那 5 万美元存款的来历？"回答是"可以"。

"那是我 6 年来按月存款的收获，"藤田田说道："6 年里，我每月坚持存下 1/3 的工资奖金，雷打不动，从未间断。6 年里，无数次面对手痒难耐的尴尬局面，我都咬紧牙关，克制欲望，硬挺了过来。有时候，碰到意外事故需要额外用钱，我也照存不误，甚至不惜厚着脸皮四处告贷，以增加存款。这是没有办法的事，我必须这样做，因为在跨出大学门槛的那一天我就立下宏愿，要以 10 年为期，存够 10 万美元，然后自创事业，出人头地。现在机会来了，我一定要提早开创事业……"

藤田田一口气讲了 10 分钟，总裁越听神情越严肃，并向藤田田问明了他存钱的那家银行的地址，然后对藤田田说："好吧，年轻人，我下午就会给你答复。"

送走藤田田后，总裁立即驱车前往那家银行，亲自了解藤田田存钱的情况。柜台小姐了解总裁来意后，说了这样几句话："他可是我接触过的最有毅力、最有礼貌的一个年轻人。6 年来，他真正做到风雨无阻地准时来我这里存钱。老实说，这么严谨的人，我真是佩服得五体投地！"

听完小姐介绍后，总裁大为动容，觉得藤田田是一个非常值得信赖的人。总裁立即打通了藤田田家里的电话，告诉他住友银行可以毫无条件地支持他创建麦当劳事业。

正是藤田田诚实的态度和办事的能力深深打动了总裁，让总裁觉得他是一个可以信赖的人。可以设想一下，如果藤田田在叙述他 5 万美元存款来历的时候欺骗了总裁，总裁还会把钱借给他吗？肯定是不会。即使一个人办事的能力和效率再高，如果没有信任做支撑他也不会取得成功的。

比如说，你在生活中遇到了烦恼的事，想找个朋友寻求一些建议，如果你这个朋友非常诚实却没有能力，那么他可能就无法满足你的需要；如果你这个朋友非常有能力，但他却不诚实，你同样不会对他有信心。诚实和能力是成功的两个必备要素，缺一不可。

诚信、智慧是成就人生事业不可或缺的基本条件。只要能够永远保持诚信、充满智慧，终究会使人成功。在成功到来之前，必须具备良好的诚信道德、智慧，否则，即使成功对你频频光临，你也可能一无所成。

天才大脑潜能开发

思维导图

李 宏 编著

吉林出版集团股份有限公司 | 全国百佳图书出版单位

图书在版编目（CIP）数据

　　天才大脑潜能开发 . 思维导图 / 李宏编著 . -- 长春：
吉林出版集团股份有限公司 , 2020.8

　　ISBN 978-7-5581-9007-0

　　Ⅰ . ①天… Ⅱ . ①李… Ⅲ . ①智力开发 Ⅳ .
① G421

　　中国版本图书馆 CIP 数据核字（2020）第 140008 号

前 言

在 21 世纪，对大脑的正确认识比以往更显重要。我们比以往活得时间更长也更健康，但有时候会忘记，如果不能使头脑健全，活得更长更健康是没有意义的。健全头脑意味着我们的大脑能够灵活运转——有记忆力，高效思考和富于创造性——最终实现个人潜能，而这在不久之前曾受制于出身和身体健康的不同；这样我们就可以摆脱某种宿命，从而开创新的人生。

现在我们可以思考一些重大问题："我该做些什么来改变我的人生?""这些都有怎样的意义?"我想大脑思维研究的兴起，不仅是因为对如何使人们有更好的表现或者甚至拥有更好的记忆力提供解决方案——虽然这些都极受欢迎——而是一些更值得探究的问题："什么使得我成为与众不同的那一个?"和"如何激发我未被开发的潜能?"。物理学家尼尔斯·玻尔曾经批评学生："你不是在思考，而只是有逻辑而已。"因此，我想逻辑能力并非评估我们思维潜能的标准。大脑实际上有别于一台有逻辑的电脑。本套书总结了管理、经济、心理、事业、人生等方面的经典定律、法则和效应，全方位地扫描人生的全过程，交给我们一把把开启智慧之门的钥匙，点亮一盏盏指路的明灯。理解这些定律，对于我们了解事物的本质、发现事物发展的规律、解决生活和工作中遇到的问题，具有十分重要的指导意义。学习这些定律的过程，是不断挑战自我的过程，是拒绝一次次诱惑的过程，是接受一次次考验的过程，也是克服一个个困难的过程，更是不停地向人生的理想靠近的过程。只要掌握了这些定律，你一定可以享受到生命中无穷的欢乐。

　　运用逻辑思维训练和思维导图，你可以"画"出完美人生！本套书教你快速掌握提高思维能力的高效方法，让学习更轻松，成功更容易！

目　录

第一章
神奇的思维导图

　　思维导图又称脑图、心智地图等，是表达发散性思维的有效图形思维工具，它简单却又很有效，是一种实用性的思维工具。

揭开思维导图的核心秘密

　　思维导图是由世界著名的英国学者东尼·博赞发明。思维导图又叫心智图，是把我们大脑中的想法用彩色的笔画在纸上。它把传统的语言智能、数字智能和创造智能结合起来，是表达发散性思维的有效图形思维工具。

　　作为 21 世纪全球革命性的思维工具、学习工具、管理工具，思维导图已经应用于生活和工作的各个方面，包括学习、写作、沟通、家庭、教育、演讲、管理、会议等，运用思维导图带来的学习能力和清晰的思维方式已经成功改变了数亿人的思维习惯。

　　英国人东尼·博赞作为"瑞士军刀"般思维工具的创始人，因为发明"思维导图"这一简单便捷的思维工具，被誉为"智力魔法师"和"世界大脑先生"，闻名世界。作为大脑和学习方面的世界超级作家，东尼·博赞出版了 80 多部专著或合著，系列图书销售量已达到 1000 万册。

　　思维导图是一种革命性的学习工具，它的核心思想就是把形象思维与抽象思维很好地结合起来，让你的左右脑同时运作，将你的思维痕迹在纸上用图画和线条形成发散性的结

构，极大地提高你的智力水平和智慧水准。

在这里，我们不仅是介绍一个概念，更要阐述一种最有效最神奇的学习方法。不仅如此，我们还要推广它的使用范围，让它的神奇效果惠及每一个人。

思维导图应用得越广泛，对人类乃至整个宇宙产生的影响就越大。

而你在接触这个新东西的时候会收获一种激动和伟大发现的感觉。

思维导图用起来特别简单。比如，你今天一天的打算，你所要做的每一件事，我们可以用一张从图中心发散出来的每个分支代表今天需要做的不同事情。

简单地说，思维导图所要做的工作就是更加有效地将信息"放入"你的大脑，或者将信息从你的大脑中"取出来"。

思维导图能够按照大脑本身的规律进行工作，启发我们抛弃传统的线性思维模式，改用发散性的联想思维思考问题；

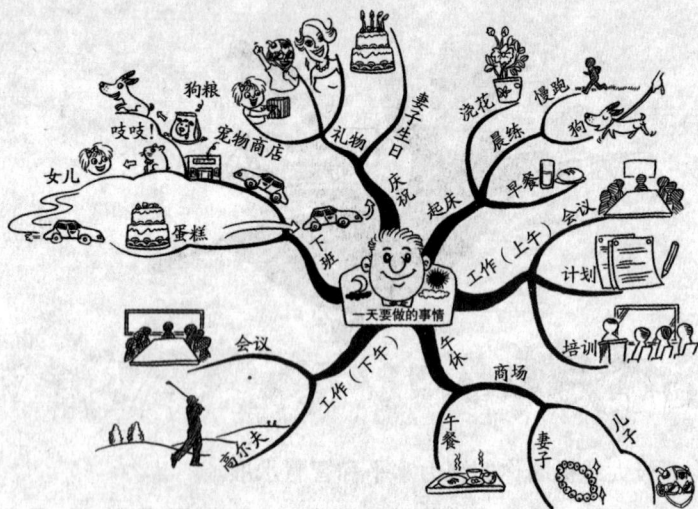

帮助我们做出选择、组织自己的思想、组织别人的思想，进行创造性的思维和脑力风暴，改善记忆和想象力等；思维导图通过画图的方式，充分地开发左脑和右脑，帮助我们释放出巨大的大脑潜能。

让数亿人受益一生的思维习惯

随着思维导图的不断普及，世界上使用思维导图的人数可能已经远远超过数亿。

据了解，目前许多跨国公司正在使用或已经使用思维导图作为工作工具；新加坡、澳大利亚、墨西哥早已将思维导图引入教育领域，收效明显，哈佛大学、剑桥大学、伦敦经济学院等知名学府也在使用和教授思维导图。

可见，思维导图已经悄悄来到了你我的身边。

我们之所以使用思维导图，是因为它可以帮助我们更好地解决实际中的问题，比如，在以下方面可以帮助我们获取更多的创意：（1）对你的思想进行梳理并使它逐渐清晰；（2）以良好的成绩通过考试；（3）更好地记忆；（4）更高效、快速地学习；（5）把学习变成"小菜一碟"；（6）看到事物的"全景"；（7）制订计划；（8）表现出更强的创造力；（9）节省时间；（10）解决难题；（11）集中注意力；（12）更好地沟通交往；（13）生存；（14）节约纸张。

怎样绘制思维导图

其实，绘制思维导图非常简单。思维导图就是一幅幅帮助你了解并掌握大脑工作原理的使用说明书。

思维导图就是按照文字将你的想法"画"出来，因为这样才更容易记忆。

绘制过程中，我们要使用到颜色。因为思维导图在确定中央图像之后，有从中心发散出来的自然结构；它们都使用线条、符号、词汇和图像，遵循一套简单、基本、自然、易被大脑接受的规则。

颜色可以将一长串枯燥无味的信息变成丰富多彩的、便于记忆的、有高度组织性的图画，接近于大脑平时处理事物的方式。

"思维导图"绘制工具如下：

（1）一张白纸；

（2）彩色水笔和铅笔数支；

（3）你的大脑；

（4）你的想象。

这些就是最基本的工具，当然在绘制过程中，你还可以使用更适合自己习惯的绘图工具，比如成套的软芯笔，色彩明亮的涂色笔或者钢笔。

东尼·博赞给我们提供了绘制思维导图的 7 个步骤，具体如下：

（1）从一张白纸的中心画图，周围留出足够的空白。从中心开始画图，可以使你的思维向各个方向自由发散，能更自由、更自然地表达你的思想。

（2）在白纸的中心用一幅图像或图画表达你的中心思想。因为一幅图画可以抵得上 1000 个词汇或者更多，图像不仅能刺激你的创造性思维，帮助你运用想象力，还能强化记忆。

（3）尽可能多地使用各种颜色。因为颜色和图像一样能让你的大脑兴奋。颜色能够给你的思维导图增添跳跃感和生命力，为你的创造性思维增添巨大的能量。此外，自由地使用颜色绘画本身也非常有趣！

（4）将中心图像和主要分支连接起来，然后把主要分支和二级分支连接起来，再把三级分支和二级分支连接起来，

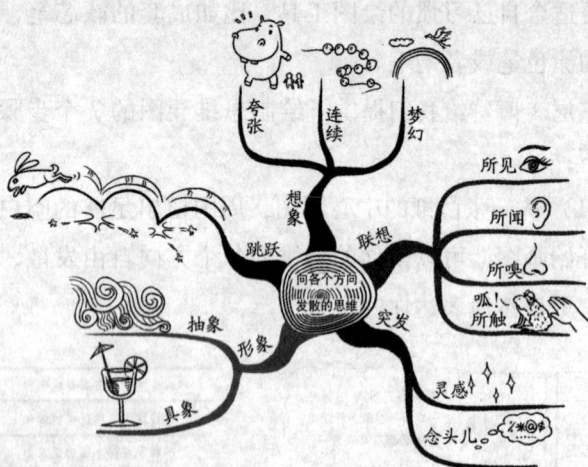

依此类推。

我们的大脑是通过联想来思维的。如果把分支连接起来，你会更容易理解和记忆许多东西。把主要分支连接起来，同时也创建了思维的基本结构。

其实，这和自然界中大树的形状极为相似。树枝从主干生出，向四面八方发散。假如大树的主干和主要分支、或主要分支和更小的分支以及分支末梢之间有断裂，那么它就会出现问题！

（5）让思维导图的分支自然弯曲，不要画成一条直线。曲线永远是美的，你的大脑会对直线感到厌烦。美丽的曲线和分支，就像大树的枝杈一样更能吸引你的眼球。

（6）在每条线上使用一个关键词。所谓关键词，是表达核心意思的字或词，可以是名词或动词。关键词应该是具体的、有意义的，这样才有助于回忆。

　　单个的词语使思维导图更具有力量和灵活性。每个关键词就像大树的主要枝权，繁殖出更多与它自己相关的、互相联系的一系列次级枝权。

　　当你使用单个关键词时，每一个词都更加自由，因此也更有助于新想法的产生。而短语和句子却容易扼杀这种火花。

　　（7）自始至终使用图形。思维导图上的每一个图形，就像中心图形一样，可以胜过千言万语。所以，如果你在思维导图上画出了 10 个图形，那么就相当于记了数万字的笔记！

　　以上就是绘制思维导图的 7 个步骤，不过，这里还有几个技巧可供参考：

　　把纸张横放，使宽度变大。在纸的中心，画出能够代表你心目中的主体形象的中心图像，再用水彩笔任意发挥你的思路。

　　先从图形中心开始画，标出一些向四周放射出来的粗线条。每一条线都代表你的主体思想，尽量使用不同的颜色区分。

　　在主要线条的每一个分支上，用大号字清楚地标上关键词，当你想到这个概念时，这些关键词立刻就会从大脑里跳出来。

　　运用你的想象力，不断改进你的思维导图。

　　在每一个关键词旁边，画一个能够代表它、解释它的图形。

画思维导图时纸张要横着放，这又是为什么呢？

因为横长竖短符合人类视野规律，比如电影屏幕。所以横放会更好呀！

　　用联想来扩展这幅思维导图。对于每个关键词，每个人都会想到更多的词。比如当你写下"橙子"这个词时，你可以想到颜色、果汁、维生素 C，等等。

　　根据你联想到的事物，从每一个关键词上发散出更多的连线。连线的数量根据你的想象可以有无数个。

教你绘制一幅自己的思维导图

思维导图就是一幅帮助你了解并掌握大脑工作原理的使用说明书，并借助文字将你的想法"画"出来，便于记忆。

现在，让我们来绘制一幅"如何维护保养大脑"的思维导图。

你可以试着按以下步骤进行：

准备一张白纸（最好横放），在白纸的中心画出你的这张思维导图的主题。主题可以用关键词和图像（比如在这张纸的中心可以画上你的大脑）来表示。

用一幅图像或图画表达你的中心思想（比如你可以把你的大脑想象成蜘蛛网）。

使用多种颜色（比如用绿色表示营养部分，红色表示激励部分）。

连接中心图像和主要分支，然后再连接主要分支和二级分支，接着再连接二级分支和三级分支，依次类推（比如"营养"是主要分支，"维生素""蛋白质"等是二级分支，"维生素 A""B 族维生素""卵磷脂"等是三级分支）。

用曲线连接。每条线上注明一个关键词（比如"滋润"

"创造力"等)。

多使用一些图形。

好了，按照这几个步骤，这张思维导图你画好了吗?

下面就是编者绘制的一张"如何维护保养大脑"的思维导图，仅供大家参考。

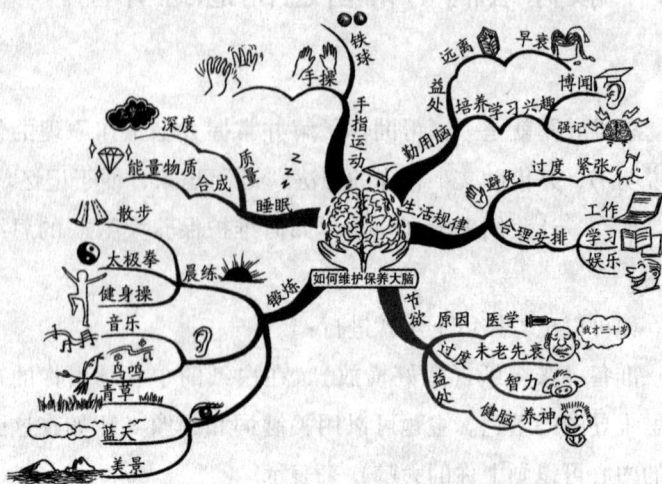

第二章

思维导图与大脑风暴

你了解自己的大脑吗?

你认为自己大脑的潜力都发挥出来了吗?

你常常认为自己很笨吗?

认识大脑从认识大脑的潜能开始

生活中，总有一些人认为自己很笨，没有别人聪明。但是他们不知道，自己之所以没能取得好成绩、没能获得成功，是因为只使用了大脑潜力的一小部分，个人的能力并没有全部发挥出来。

现在的社会发展速度极快，不论在学习还是其他方面，如果我们想表现得更出色，那么就必须重视我们的大脑，让大脑发挥出更大的潜力。遗憾的是，很少有人重视这一点。

其实，你的大脑比你想象的要厉害得多。

近年来，对大脑的开发和研究引起了很多科学家的注意，他们做了很多有益的探索，也取得了很多新的科研成果。过去十年中，人类对大脑的认识比过去整个科学史上所认识的还要多得多。特别是近代科技上所取得的惊人成就，使我们能够借助它们得以一窥大脑的奥秘。

他们一致认为，世界上最复杂的东西莫过于人的大脑。人类在探索外太空极限的同时，却忽略了宇宙间最大的一片未被开采过的地方——大脑。我们对大脑的研究还远远不够，还有很多未知的领域，而且可以肯定我们对大脑的研究和开发将会极大地推动人类社会的进步。

那么，就让我们先来初步认识一下我们的头脑——这个自然界最精密、最复杂的器官：

人脑由三部分组成：脑干、小脑和大脑。

脑干位于头颅的底部，自脊椎延伸而出。大脑这一部分的功能是人类和较低等动物（蜥蜴、鳄鱼等）所共有的，所以脑干又被称为爬虫类脑部。脑干被认为是原始的脑，它的主要功能是传递感觉信息，控制某些基本的活动，如呼吸和心跳。

脑干没有任何思维和感觉功能，它能控制其他原始直觉，如人类的地域感。在有人过度接近自己时，我们会感到愤怒、受威胁或不舒服，这些感觉都是脑干发出的。

小脑负责肌肉的整合，并有控制记忆的功能。随着年龄的增长和身体各部分结构的成熟，小脑会逐渐得到训练而提高其生理功能。对于运动，我们并没有达到完全控制的程度，这就是小脑没有得到锻炼的结果。你可以自己测试一下：在不活动其他手指的情况下，试着弯曲小拇指以接触手掌，这个动作是很难做到的，而灵活的大拇指却能十分轻松地完成这个动作。

大脑是人类记忆、情感与思维的中心，由两个半球组成，表面覆盖着 2.5mm ~ 3mm 厚的大脑皮层。如果没有这个大脑皮层，我们只能处于一种植物状态。

大脑可分成左、右两个半球，左半球就是"左脑"，右半球就是"右脑"，尽管左脑和右脑的形状相同，二者的功

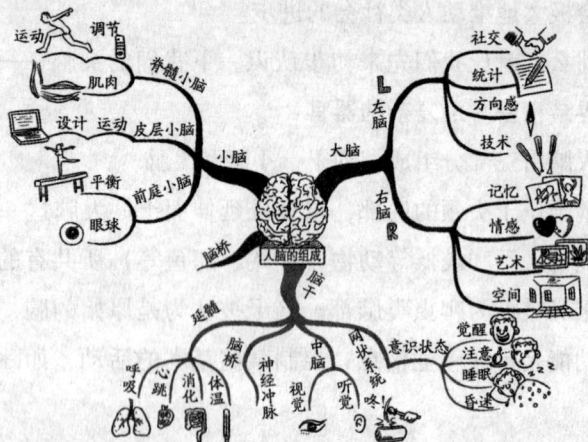

能却大相径庭。左脑主要负责语言，也就是用语言来处理信息，把我们通过五种感官（视觉、听觉、触觉、味觉和嗅觉）感受到的信息传入大脑中，再转换成语言表达出来。因此，左脑主要起处理语言、逻辑思维和判断的作用，即它具有学习的本领。右脑主要用来处理节奏、旋律、音乐、图像和幻想。它能将接收到的信息以图像方式进行处理，并且在瞬间即可处理完毕。一般大量的信息处理工作（例如心算、速读等）是由右脑完成的。右脑具有创造性活动的本领。例如，我们仅凭熟悉的声音或脚步声，即可判断来人是谁。

有研究证明，我们今天已经获取的有关大脑的全部知识，可能还不到必须掌握知识的 1%。这表明，大脑中蕴藏着无数待开发的资源。

如果把大脑比喻成一座冰山的话，那么一般人所使用的资源还不到 1%，这只不过是冰山一角；剩下 99% 的资源被白白闲置了，而这正是大脑的巨大潜能之所在。

科学也证明，我们的大脑有 2000 亿个脑细胞，能够容纳 1000 亿个信息单位，为什么我们还常常听一些人抱怨自己学得不好，记得不牢呢？

我们的思考速度大约是每小时 773 千米，快过最快的子弹头列车，为什么我们不能思考得更迅速呢？

我们的大脑能够建立 100 万亿个联结，甚至比最尖端的计数机还厉害，为什么我们不能理解得更完整、更透彻呢？

而且，我们的大脑平均每 24 小时会产生 4000 种念头，为什么我们每天不能更有创造性地工作和学习呢？

其实，答案很简单。我们只使用了大脑的一部分资源，按照美国最大的研究机构斯坦福研究所的科学家们所说，我们大约只利用了大脑潜能的 10%，其余 90% 的大脑潜能尚未得到开发。

我们不妨大胆假设一下，假如我们能利用大脑潜力的 20%，也就是把大脑潜能提高一倍的话，你的外在表现力将是多么惊人！

或许我们已经知道，我们的大脑远比以前想象的精妙得多，任何人所谓的"正常"的大脑，其能力和潜力远比以前我们所认识到的要强大得多。

现在，我们找到了问题的原因，那就是我们对自己所拥有的内在潜力一无所知，更不用说如何去充分利用了。

要调动大脑的发散思维

思维导图是发散性思维的表达，作为思维发展的新概念，发散性思维是思维导图最核心的表现。

比如下面这个事例。

在某个公司的活动中，公司老总和员工们做了一个游戏：

组织者把参加活动的人分成了若干个小组，每个小组选出一个小组长扮演"领导"的角色。不过，大家的台词只有一句，那就是要充满激情地说一句："太棒了！还有呢？"其余的人扮演员工，台词是："如果……有多好！"游戏的主题词设定为"马桶"。

当主持人宣布游戏开始的时候，大家出现了一阵习惯性的沉默，不一会儿，突然有人开口："如果马桶不用冲水，又没有臭味有多好！"

"领导"一听，激动地一拍大腿："太棒了！还有呢？"

另外一个员工接着说："如果坐在马桶上也不影响工作和娱乐有多好！"

又一位"领导"也马上伸出大拇指："太棒了！还有呢？"

"如果小孩在床上也能上马桶有多好！"

……

讨论进行得热火朝天，每个人的想法天马行空，出乎大家的意料。

这个公司的管理人员对此进行了讨论，并认为有三种马桶可以尝试生产并投入市场：一种是能够自行处理，并能把废物转化成小体积密封肥料的马桶；一种是带书架或耳机的马桶；还有一种是带多个"终端"的马桶，即小孩和老人都可以在床上方便，废物可以通过"网络"传到"主"马桶里。

这个游戏获得了巨大的成功，其中便得益于发散性思维的运用。

针对这个游戏，我们同样可以利用思维导图表示出来。

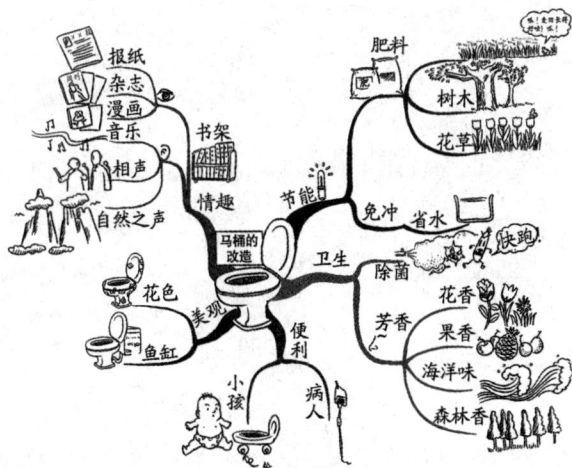

思维导图是发散性思维的外部表现，因为思维导图总是从一个中心点开始向四周发散的。

我们应该明白，发散性思维是一种自然和几乎自动的思维方式，人类所有的思维都是以这种方式发挥作用的。

思维导图让大脑方便快捷地处理信息

让大脑更好更快地处理各种信息，这正是思维导图的优势所在。使用思维导图，可以把枯燥的信息变成彩色的、容易记忆的、高度组织的图，它与我们大脑处理事物的自然方式相吻合。

思维导图可以让大脑处理起信息更简单有效。

从思维导图的特点及作用来看，它可以用于工作、学习和生活中的任何一个领域。

比如作为个人：可以用来进行计划、项目管理、沟通、组织、分析解决问题等；作为一个学习者：可以用于记忆、笔记、写报告、写论文、做演讲、考试、思考、集中注意力等；作为职业人士：可以用于会议、培训、谈判、面试、掀起头脑风暴等。

利用思维导图来应对以上方面，都可以极大地提高你的效率，增强思考的有效性和准确性，以及提升你的注意力和工作乐趣。

比如，我们谈到演讲。

起初，也许你会怀疑，演讲也适合做思维导图吗？

没错！你用不着担心思维导图无法使相关演讲信息顺利过渡。一旦思维导图完成，你所需要的全部信息就都呈现出来了。

其实，我们需要做的只是决定各种信息的最终排列顺序。一幅好的思维导图将有多种可选性，思维导图的每个区域将涂上不同的颜色，并标上正确的序号。继而将它转化为写作或口头语言形式，将是很简单的事，你只要圈出所需的主要区域，然后按各分支之间连接的逻辑关系，一点一点地进行就可以了。

按这种方式，无论多么烦琐的信息、多么艰难的问题都将被一一解决。

又比如，我们在组织活动或讨论会时需用到思维导图。

也许我们这次需要处理各种信息，解决很多方面的问题。当我们没有想到思维导图的时候，往往会让人陷入这样的局面：每个人都在听别人讲话，每个人也都在等别人讲话，目的只是为了等说话人讲完话后，有机会发表自己的观点。

在这种活动或讨论会上，或许会发生我们不愿看到的结果，比如，大家叽叽喳喳，没有提出我们期望的好点子，讨论来讨论去没有解决需要解决的问题，最后现场不仅没有一点秩序，而且时间也白白地浪费了。

这时，如果活动组织者运用思维导图的话，所有问题将迎刃而解。活动组织者可以在会议室中心的黑板上，以思维导图的基本形式，写下讨论的中心议题及几个副题，让与会者事先了解会议的内容，使他们有备而来。

组织者还可以在每个人陈述完他的看法之后，要求他用关键词的形式，总结一下，并指出在这个思维导图上，他的观点从何而来，与主题思维导图的关联等。

这种使用思维导图方式的好处显而易见：

（1）可以准确地记录每个人的发言；

（2）保证信息的全面；

（3）各种观点都可以得到充分的展现；

（4）大家容易围绕主题和发言展开，不会跑题；

（5）活动结束后，每个人都可以记录下思维导图，不会马上忘记。

在处理复杂信息时，思维导图是你思维相互关系的外在"写照"，它能使你的大脑更清楚地"明确自我"，因而更能全面地提高思维技能，提高解决问题的效率。

人体最重要的保护对象是大脑

几乎每个人都知道，大脑实在是太重要了。

它是人体最重要的器官之一，它为我们人类创造了无尽的创意和价值……

大脑对人体是如此重要、如此宝贵，但它也很娇嫩，容易受到伤害：大脑只有 1400 克左右的重量，80% 都是水；它虽然只占约人体总重量的 2%，却要使用我们呼吸进来的 20% 的氧气。

大脑需要的能量很大，却不能储备能量，它每 1 秒钟要进行 10 万种不同的化学反应，消耗的氧气和葡萄糖分别占全身供应量的 20% ~ 25%，每分钟需要动脉供血 800ml ~ 1200ml，而且脑组织中几乎没有氧和葡萄糖的储备，必须不停地接受心脏搏出的动脉血液来维持正常的功能。

大脑需要通畅的血管，以供给足够的血液。若脑缺血 30 秒钟则神经元代谢受损，缺血 2 分钟神经细胞代谢将停止。

尽管每个人都有坚实的颅骨，像一个天然的头盔保护着我们的大脑，大脑仍然容易受到各种外伤。50 岁以下的人中，脑外伤是常见的致死和致残原因，脑外伤也是 35 岁以下男性死亡的第二位原因（枪伤为第一位）。大约一半的严重脑外伤患者不能存活。

即使颅骨没有被穿透，头部遭遇外力打击时大脑也难以避免受到损伤；突然的头部加速运动，与猛击头部一样可引起脑组织损伤；头部快速撞击不能移动的硬物或突然减速运动也是常见的脑外伤原因。受撞击的一侧或相反方向的脑组织与坚硬而凸起的颅骨发生碰撞时极易受到损伤。

大脑每天都在为我们工作，不仅能有效地制作思维导图，还能轻松地为我们解决各种问题……

在日常生活中，我们该如何维护、保养好我们的大脑呢？

首先，我们要认识到保护自己的大脑不受伤害是头等重要的事情，特别要注意使自己的大脑不受外伤是保证你处于最佳状态的一个关键。

其次，保护你的大脑不受情感创伤的侵害。情感创伤就像身体创伤一样，能够干扰大脑的正常发育以及给大脑带来负面的影响。比如遭遇地震、火灾、交通事故或者被抢劫、枪击等以后，受害者的情感会受到强烈的刺激，如果不能及时给予心理治疗和适当的药物治疗，大脑的功能就会受到伤害。

第三，保护你的大脑不受有毒物质的侵害。众所周知，酗酒、吸烟、吸毒对大脑有很大的毒害作用，我们一定要远离毒品、尼古丁和酒精。同时我们还要知道有很多药物对大脑也会起到毒害作用，尽量减少药物对大脑的伤害。

良好的生活方式有利于保护大脑

　　良好的生活方式对于保护大脑，维持大脑的正常运转，以及进行创造性思维活动具有重要的意义。

　　简要说来，良好的生活方式包括：起居有时、饮食有节、生活规律、适当运动、保持积极乐观的心态、大人要戒烟限酒等。

　　与之相反，如果我们的生活无规律——尤其睡眠不足，喜欢吃含有有害物质的垃圾食品和没有营养价值的快餐食品，很少参加户外活动，身体患病不及时医治，吸烟酗酒，甚至赌博吸毒，都会对大脑产生不利的影响，甚至造成损伤。只有保证大脑健康，才能让自己清醒思考，明白做事。生活中，哪些生活方式会影响大脑的健康呢？

　　日常生活中，人们的用脑习惯和生活因素，对大脑智力和思维有着不利的影响。

　　具体表现在以下几个方面：

懒用脑

　　科学证明，合理地使用大脑，能延缓大脑神经系统的衰老，并通过神经系统对机体功能产生调节与控制作用，达到健脑益寿之目的。

乱用脑

这主要表现在用脑过于焦虑和紧张，或者是不切实际的担忧，对身体和大脑均有损害。

病用脑

人在身体不舒服或生病时，继续用脑，不仅会降低学习和工作效率，同时会对大脑造成损害，而且不利于身体的康复。

饿用脑

很多人习惯了早晨不吃早餐，使上午的学习或工作一直处于饥饿状态，自然血糖不能正常供给，继而大脑营养供应不足。长期下去，会对大脑的健康和思维功能造成影响。

睡眠差

睡眠有利于消除大脑疲劳，如果经常睡眠不足，或者睡眠质量不高，对大脑都是一个不良刺激，容易使大脑衰老。

蒙头睡

很多人不知道蒙头睡觉的害处，所以习惯用被子蒙住头。实际上，被子中藏有大量的二氧化碳，被子中二氧化碳浓度

在不断增加，氧的浓度在不断下降，空气变得相对污浊，势
必对大脑造成损害。

　　建立良好的生活方式，不仅能保证大脑的健康，而且能
有效地挖掘大脑潜能，顺利进行创造性思维活动。

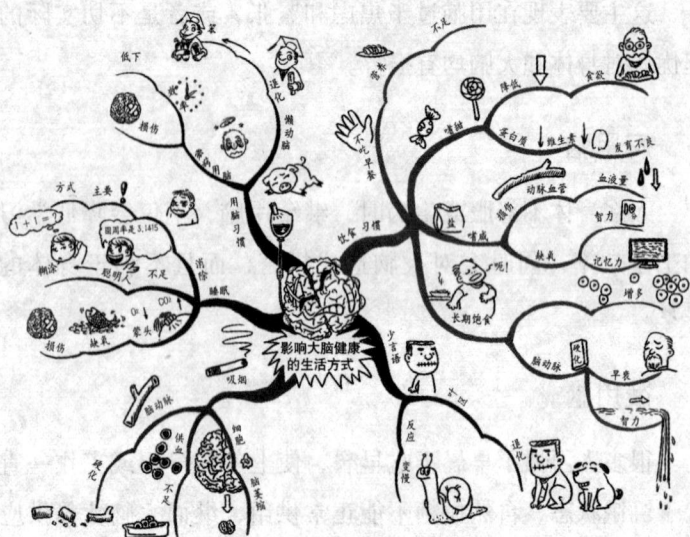

第三章

大脑海啸来了

　　头脑风暴的目的是激发人类大脑的创新思维以及能够产生出新的想法、新的观念。

走近头脑风暴法

美国学者 A. F. 奥斯本提出了头脑风暴法。

头脑风暴法原指精神病患者头脑中短时间出现的思维紊乱现象，病人会产生大量的胡思乱想。奥斯本借用这个概念来比喻思维高度活跃，因打破常规的思维方式而产生大量创造性设想的状况。

讲到头脑风暴还要提到一个人，那就是英国的大文豪萧伯纳，他曾经就交换苹果的事情，提出这样的理论：

假如两个人来交换苹果，那每个人得到的也就是一个苹果，并没有损失也没有收获，但是假如交换的是思想，那情况就绝对不一样了。

假设两个人交换思想，两个人的脑子里装的可就是两个人的思想了。对于萧伯纳的理论，A. F. 奥斯本大表赞同。他认为，应该让人们的头脑来一次彻底性的革命，卷起一次风暴。

有这样一个案例：

美国的北方每年的冬天都十分寒冷，尤其是进入 12 月之后，大雪纷飞。这对当地的通信设备影响严重，因为大雪经常会压断电线。

以往人们为了解决这一问题，都会想出各种各样的办法，但是没有一种能够成功，基本上都是刚开始有些效果，到最后还是没有办法战胜自然环境。

奥斯本是一家电讯公司的经理，他为了解决大雪经常性地阻断通信设备的数据传输，召开了一次全体职工的会议，目的就是想让大家开动脑筋，畅所欲言，能够解决问题。

他要求大家首先要独立思考，参加会议的人员要解放自己的思想，不要考虑自己的想法是多么可笑或是完全行不通。

其次，大家发言之后，其他人不要去评论这个想法是好还是不好，发言的人只管自己发言，而评断想法值不值得借鉴的话，最后交给高层的组织者。

再次，发言者不要过多地考虑发言的质量，也就是自己提出来的想法到底有多大的可行性，这次会议的重点就是看谁说得多。

最后，就是要求发言的人能够将多个想法拼接成一个，优化资源，尽可能地想出一个效果最为突出的解决办法。

说完规定之后，参加会议的员工便积极地议论起来，大家纷纷出招。有的人说要是能够设计一种给电线用的清扫积雪的机器就好了。可是怎么才能爬到电线上去？难道是坐飞机拿着扫把扫吗？这种想法提出来之后，大家心里都觉得不切实际。

过了一会儿，又有人通过上面提出的坐飞机扫雪想到可不可以利用飞机飞行的原理，让飞机在电线的上空飞行，通过飞机的螺旋桨的震动，把电线上的积雪扫落下来。就这样，大家通过联想飞机除雪的点子，又接着发散思维想到用直升机除雪等七八种新颖的想法。就这样仅仅一个小时的时间，参加会议的员工就想到九十多种解决办法。

不久，公司高层根据大家的想法找到了专家，利用类似于飞机螺旋桨震动的原理设计出了一种类似于"坐飞机扫雪"的除雪机，巧妙地解决了冬天积雪过厚，影响通信设备正常工作的问题，还很聪明地避开了采用电热或电磁那种研制时间长、费用高的方案。

从研发除雪机的案例可以看到，这种互相碰撞能够激起脑袋中的关于创造性的"风暴"，也就是所谓的头脑风暴，英文是 brainstorming。虽然其原意是精神病人的胡言乱语，但是通过奥斯本的引用和应用，得到了广泛的发展和实施。

中国有句古话说"三个臭皮匠，顶个诸葛亮"，对于那些天资一般的人，如果进行这样的互相补充，一样是可以做出不同凡响的成绩的。也正是奥斯本的头脑风暴的方法，从另外一个角度证明通过头脑风暴这种互相帮助、互相交流的形式，可以集思广益得到不同凡响的效果。

如果，我们要用思维导图法来表示的话，头脑风暴法可作为核心词汇放在中间。接下来，作为思维导图的二级分支，头脑风暴法按照不同的性质又可分成不同的类别。按照交流思想的形式可以分成：智力激励法、默写式智力激励法、卡片式智力激励法等。

如果按照头脑风暴会议的处理形式分类的话，又可以分为直接和质疑的两种。前者是指在群体激发头脑思维的时候，仅仅考虑的是产生出更多更新颖的办法和想法，而不会去质疑或是否定某一个想法；而后者质疑的头脑风暴法，就是去之糟粕，取之精华，最终找到可行的方案办法。

说到分类，又不得不提出另外一个问题——如何解决群体思维。

群体思维是指在多数人商讨决策的时候，由于个人心理因素的问题，往往会产生大多数人同意某个决策而忽视了头脑风暴的本身。这样的话就会大大降低头脑风暴的创造力，同时也影响了决策的质量。

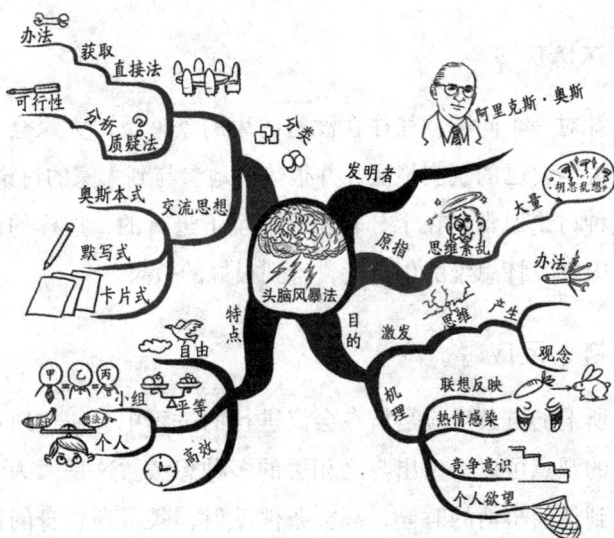

而头脑风暴法可以减轻群体心理弊端，从而达到提高决策质量的目的，保证了群体决策的创造性。

激发头脑风暴法的机理是什么

头脑风暴作为一种新兴的思维方式，它又是如何发挥自己的优点，受到众人青睐的呢？通过奥斯本的研究发现，可以得出以下几个因素：

环境因素

针对一个问题，往往在没有约束的条件下，大家会十分愿意说出自己的真实想法，并很热情地参与到大家的讨论中。而这种讨论通常是在十分轻松的环境下进行的，这样的话会更大限度发挥思维的创造性，得到很好的效果。

链条反应

所谓的链条反应是指在会议进行的过程中，往往通过一个人的观点可以衍生出与之相关的多种想法。这是因为人类在遇到任何事情的时候，都会条件反射，联系到自身的情况进行联想式的发散思维。

竞争情节

有时候，也会出现大家争先恐后发言的情况。那是因为在这种特定的环境下，由于大家的思想都十分活跃，再加上有一种好胜心理的影响，每个人的心理活动的频率会十分高，而且内容也会相当丰富。

质疑心理

这是另外一个群众性的心理因素，简单地说就是赞同还是不赞同的问题。当某一个人的观点提出后，其他人在心理上有的是认同的，有的则是非常不赞同。表现在情绪上无非是眼神和动作，而表现在行动上就是提出与之不同的想法。

头脑风暴法的操作流程

首先我们具体说一说如何利用头脑风暴法举行一次思想交流的会议。

准备开始阶段

我们要确定此次会议的负责人，然后制定所要研究的议题是什么，抓住议题的关键。

与此同时要敲定参加会议的人数，5~10人为最好。等确认好人数和议题之后，就可以选择会议的时间、场所，然后准备好会议的相关资料通知与会人员参加会议就可以了。

在会议开始阶段，不易上来就让大家开始讨论。因为与会人员还未进入状态，讨论的效果不会很好，气氛也不会很融洽。所以我们先要暖场，和大家说一些轻松的话题，让彼此之间有些交流和沟通，不会显得生分。

在大家逐渐进入状态后，就可以开始议题了。

此时，主持人要明确地告诉参加会议的人员，本次的议题是什么。

这段时间不要占用得太多，因为过多的描述在一定程度上会干扰大脑的思考。

之后大家就可以开始讨论了。

在进行一段时间的讨论后，大家往往会有更多的关于议题的想法，但弊端是，有可能只是围绕着一个方向发散思维。这时主持人可以重新明确讨论议题，使大家在回味讨论的情况下重新出发，找到不同的方向。

自由发言阶段

也叫畅谈阶段。畅谈阶段的准则是不允许私下互相交流，不能评论别人的发言等。在这种规定之下，主持人要发挥自己的能力，引导大家进入一种自由的讨论状态。

此外要注意会议的记录。随着会议的结束，会议上提出的很多新颖的想法要怎么处理呢？

以下是一些处理方法：

在会议结束的一两天内，主持人还要回访参加会议的人员，看是否还有更加新颖的想法。然后根据解决方案的标准，对每一个问题进行识别，主要是是否有创新性，是否有可实施性。经过多次的斟酌和评断，最后找到最佳方案。这里说的最佳方案往往是一个或多个想法的综合。

除了头脑风暴法之外，其实还有很多种类似于这样的优势组合，下面我们就来看另外几种头脑风暴法，即美国人卡尔·格雷高里创立的 7×7 法、日本人川田喜的 KJ 法、兰德公司创立的德尔菲法。

这些方法主要有以下过程：

首先从组织上讲，参加的人员不要太多，5~10人最好，而且参加者不要是同一专业或是同一部门的。

而这些与会的人员如何选定呢？不妨建立一个专家小组来进行选定，这个专家小组不但负责挑选参加会议的人员，还要监督会议。

选择参加人员的主要标准：

（1）如果彼此之间互相认识，不能有领导参加，不能有级别的压力。应在同一职位中进行选择。

（2）如果参加的人互相不认识，那就可以不用考虑同一职位了。但是在会议上不能透露职位大小，因为这样会造成与会人员的压力。

（3）对应不同的议题，要选择不同程度的人员。而专家组的人员最好是阅历比较丰富，层次比较高的人，因为这样的话，会提高决策结果的可行性。

下面就具体谈谈专家人员的组成：

首先主持人应该是懂得方法论的人，这样会更好地调动会议气氛；参加会议的人员应该是涉及讨论议题领域的专家，这样针对性就会很强；后期分析创新思维的人，应该是专业领域更高级别的专家，他们会从非常专业的角度来客观正确地分析这些想法。最后可以决策最终可执行方案的人，应该是具备更高的逻辑思维能力的专家。

为什么对于专家组的要求这么高呢？那又为什么不同能力的专家负责不同的事情呢？

这是因为在头脑风暴的会议上，与会者大都是思维敏捷的人。他们往往在别人发言的时候，心里已经开始有其他的设想了。所以在这种高频率的情况下，需要这种专家的参与，并且能够集大家之长，得到更好的决策。

说完专家组了，再谈谈头脑风暴会议的指挥——主持人。

主持人的要求应该是从他自身敏捷的思维说起。主持人不但要了解和熟悉头脑风暴的程序以及如何处理会议中出现的任何问题，还要能激发大家对议题的兴趣，懂得多用些询问的方法，让大家有种争分夺秒的感觉。

此外，主持人还要负责开场时的暖场，鼓励与会者的发言，引导参加会议的人员往更远更广的地方开始发散思维，因为只有这样，方案出现的概率才会大。

值得注意的是主持人的职责仅限于会议开始之初。

因为接下来更重要的工作就是如何记录，如果有条件的话应该准备录音笔，尽量不落下每个细节。

收集上来的想法和观点就可以通过分析组来进行系统化的处理。

系统化处理的流程如下：

（1）简化每一个想法，简言之就是总结出关键词进行列表；

（2）将每个设想用专业的术语标志出来；

（3）对于类似的想法，进行综合分析；

（4）规范出评价的标准；

（5）完成上面的步骤之后，重新做一次一览表。

专家组质疑阶段

在统计归纳完成之后，就要对提出的方案进行系统性的质疑并加以完善。这是一个独立的程序。此程序分为三个阶段：

第一个阶段：将所有提出的想法和设想拿出来，每一条都要有所质疑，并且要加上评论。值得提出的是，通常在这个过程中，会产生新的设想，主要就是因为设想无法实现，有限制因素。而新的议题就要有所针对地提出修改意见。

第二个阶段：和直接头脑风暴的原则一样，对每个设想编制一个评论意见的一览表。主持人再次强调此次议题的重点和内容，使参加者能够明白如何进行全面评论。对已有的思想不能提出肯定意见，即使觉得某设想十分可行也要有所质疑。

整个过程要一直进行到没有可质疑的问题为止，然后从中总结和归纳所有的评价和建议的可行性。整个过程要注意记录。

第三个阶段：对上述所提出的意见再次进行删选，这个过程是十分重要的，因为在这个过程中，我们要重新考虑所有能够影响方案实施的限制因素，这些限制因素对于最终结果的产生是十分重要的。

分析组的组成人员应该是一些十分有能力，而且判断力高的专家，因为假如有时候某些决策要在短时间内出来的话，这些专家就会派上很大的用场。

关于评价标准，我们先看个案例：

美国在制定科技规划时，曾经请过 50 名专家用头脑风暴的形式举行了为期两周的会议，而这些专家的主要任务就是对于事先提出的关于美国长期的科技规划提出些批评。最终得到的规划文件，其内容只是原先文件的 25% ~ 30%。由此可见经过一系列的分析和质疑，最后找到一组可行的方案，这就是头脑风暴排除折中的方法。

此外，值得我们注意的是，影响头脑风暴实施的因素还有时间、费用以及参与者的素质。

此处可作为思维导图的二级分支。头脑风暴成功的关键是探讨方式以及排解心理压力等。要在一个公平公正的情况

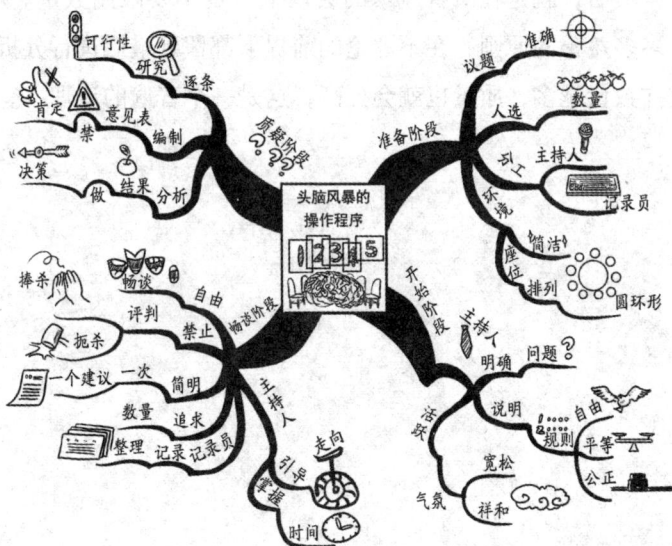

下，才能有无差别的交流，思想碰撞也就更大了。

首先，与会者能够在一个公平公正的前提下进行交流，不要受任何因素的影响，从各个方面进行发散式的思维，可以大胆地发言。

其次，就是不要在现场就对提出的观点进行评论，也不要私自交流。要充分保证会议现场自由畅谈的状态，这样与会的人员才能够集中精力思考议题，能够得到更多的想法。

再次，不允许任何形式的评论，因为评论会抑制其他人的思维发散，从而影响整个会议的发展趋势。可能有些人会谦虚地表达自己的意思，但是一旦受到质疑，就会给发言人带来心理压力。

最后，就是在头脑风暴的会议上一定不要限制数量。本着多多益善的原则，在不评论的前提下都留到最后进行分析。这样数量越多，质量也就会提高，这是一个普遍的道理。

头脑风暴法活动要注意的事项

参与会议的人员需要注意以下事项：

（1）要对整个会议进行初步的设想，对于你要参加的议题要有所了解。不要觉得你的发言就能得到所有人的赞同。

（2）不要对参加会议的人员有个人情绪，对每个人的发言都要公平，不要以个人的原因而去质疑或是指责别人的想法。

（3）为了使与会者不受任何的影响，最好在一个十分干净的房间内举行会议，使大家不受外界因素的干扰。

（4）要对自己有心理暗示。你的提议不是没有用的，恰恰相反，也许正是你的提议成了最后的决策。

（5）假如你的提议没有被选中或是得不到别人的认同，也不要失落，不要去坚持，把它看作是整个头脑风暴的原材料即可。

（6）在你思考了一段时间后，很有可能你的脑力已经坚持不住了。你可以选择出去散步，吃点东西等，缓解自己的这种压力，从而整理思绪重新参与到团队中来。

（7）最后，要学会记笔记，因为有些细节很可能在你听的时候就遗漏掉了，所以用笔记录是十分重要的步骤。千万不要忽略了这一步。

　　头脑风暴为我们提供了一种有效的就特定主题集中注意力与思想进行创造性沟通的方式，无论是对于学术主题探讨或日常事务的解决，都不失为一种可资借鉴的途径。

　　学会如何进行头脑风暴，可以帮助我们激发自身的创造力，把我们最好的创意变成现实，并享受创新思维带来的无限乐趣，让生活更有意义。

第四章

将思维发挥到巅峰状态

　　几个人一同看天上的云，有人看到的只是一片云，有人看到了一只绵羊，有人则看到一个仙女……画家在画布上勾勒出这些图像来，作家在作品中描述着他们的感知，演员们则把对事物的感知表演了出来，商人们在梦想中看到了它们——所有这些都是想象出来的。

走近联想思维

"学习是件特别枯燥的事情。"我们身边有很多人会抱怨学习无趣。

"写作文的时候我老觉得没有东西可写。"也有很多人抱怨写出的作文空洞无物。那么，在抱怨之前，请先问一问自己："我具有丰富的想象力吗?"

一个人，如果具有丰富的想象力，就拥有了联想的空间，这好比为学习找到了一种强大动力，想象力能把光明的未来展示在人们的面前，鼓舞人们以大量的精力去从事创造性的学习。只有拥有丰富的想象力，我们的学习才会具有创造性，在学习的过程中，我们便会发现学习也是一种乐趣。

法国著名作家儒勒·凡尔纳以想象力超群而著称。他在无线电还未发明时，就已经想到了电视，在莱特兄弟制造出飞机之前的半个世纪，就已想到了直升机和飞机。什么坦克、导弹、潜水艇、霓虹灯等，他都预先想象到了。

凡尔纳在《月亮旅行记》中甚至讲到了几个炮兵坐在炮弹上，想让大炮把他们发射到月亮上。他想象在地球上挖一个几百米深的发射井，在井中铸造一个大炮筒，把精心设计的"炮弹车厢"发射到月球上去。他甚至选择好了离开地球的最近时刻，计算了克服地心引力所需要的最低速度，以及怎样解决密封的"炮弹车厢"的氧气供给问题。

据说齐尔斯基——宇宙航行的开拓者之一，正是受了凡尔纳著作的启发，才去从事星际航行理论研究的。

俄国科学家齐奥科夫斯基青年时代就被人们称为"大胆的幻想家"，他把未来的宇宙航行想象成 15 步。值得惊叹的是，在齐奥科夫斯基做出这一大胆想象的时候，莱特兄弟的飞机还尚未问世。

当时除了冲天鞭炮以外，世界上没有什么火箭，更加令人吃惊的是，许多想象通过近几十年的航空、航天技术的发展，已经成为活生生的现实。即，随着火箭、喷气式飞机、人造卫星、阿波罗登月计划、航天轨道站以及航天飞机的相继成功，齐奥科夫斯基的前几步已基本实现。

其实，很多古人认为不可能的事情，今天都已经成为我们司空见惯的事实了。"不是做不到，只是想不到。"事实证明，头脑中的形象越丰富，想象就越开阔、深刻，我们的想象力就越强。因此平时要不断接触各种事物，使这些事物在你的头脑中留下深刻的印象，这些印象就是你进行丰富想象的素材。

倘若你能正确使用你的想象力，你的作文就不再是干巴巴的记叙文，你的解题方式可能有很多种，此路不通另寻他路，你对历史也就不会毫无感觉。的确，很多学习上的问题，说到底就是头脑中能否想象的问题。

锡德·帕纳斯在他的《优化你的大脑魔力》一书中提到了一个很不错的练习。

他问他的读者们:"如果我说 4 是 8 的一半,对吗?"人们回答说:"对。"随后他说道:"如果我说 0 是 8 的一半,对吗?"经过一段时间思考后,几乎所有的人都同意这一说法(数字 8 是由两个 0 上下相叠而成的)。

然后他又说:"如果我说 3 是 8 的一半,对吗?"现在每个人都看到把 8 竖着分为两半,则是两个 3。然后他又说到 2、5、6,甚至 1 都是 8 的一半。能否看出这些关系来,就看你是否有想象力。

每个字母和每个数字都可能具有上百万种形状、大小,事实上存在的东西,已经远远超出了我们的想象。而且你越是广泛涉猎,你就越会惊叹那些天才的想象力。

奥威尔在《动物农场》中,甚至想象了一个与他不同时代的国家的面貌。想象力不是胡思乱想,而是建立在常识基础上的发散思考。如果你以为想象力就是不负责任地胡乱联系,那你是在侮辱自己的智商。

怎样提高我们的想象力呢?这里有一些线索可以给你参考。

首先,我们要相信每个事物都可能成为其他所有的事物。在艺术家看来,每个事物都是其他所有的事物,艺术家的大脑是高度创造性的大脑,那里没有逾越不了的障碍,自由想象是学习者最好的朋友。

可这一点对很多人来说就很困难。首先是因为有的人不敢放开自己的思路，政治的题目就一定要从政治的角度来思考，历史的问题就绝对不能从地理的因素来考虑。这样的头脑是很难有创造性的。

另外，在学习过程中，不要把自己限制在自己的小世界里，应该勇敢地走出去，到野外去亲近自然，感受大自然的奇妙。

如此一来，外面的世界更有可能激发你的灵感。假如你读过《瓦尔登湖》，就能知道原来描述自然的文字能达到如此唯美的境界。如果只注重书本知识，成天把自己关在屋子里，使书本知识和实践严重脱节，就会变成"无源之水、无本之木"，也不利于想象力的发展。

未来的世界一定是越来越重视想象力的世界，你可以对想象力做有针对性的训练：

积累丰富的感性形象

可以在社会实践中开阔视野，以扩大对自然界和人类社会各种形象的储备。社会调查、参观、游览、欣赏影视歌舞、读书，都可以扩大形象储备。

借用"朦胧"想象

不少科学家善于在睡意蒙眬的状态下思考问题。运用朦胧法，能发现事物之间的一些原来意想不到的相似点，从而触发想象和灵感。

融合想象与判断

合理的想象只有同准确的判断力一道才能发挥作用。丰富的想象力，既需思想活跃，又需判断正确。

练习比喻、类比和联想

比喻、类比是想象力的花朵。经常打比方，可使想象力活跃。读小说时，可以有意识地在关键时刻停下来，自己设想一下故事的多种发展趋向，然后比较小说的写法，从中受到启迪。看电视连续剧可逐集练习。

走近形象思维

　　形象思维是建立在形象联想的基础上的，先要使需要思考记忆的物品在脑子里形成清晰的形象，并将这一形象附着在一个容易回忆的联结点上。这样，只要想到所熟悉的联结点，便能立刻想起学习过的新东西。

　　依照形象思维而来的形象记忆是目前最合乎人类的右脑运作模式的记忆法，它可以让人瞬间记忆上千个电话号码，而且长时间不会忘记。

　　但是，当人们在利用语言作为思维的材料和物质外壳，不断促进意义记忆和抽象思维的发展，促进左脑功能的迅速发展，而这种发展又推动人的思维从低级到高级不断进步、完善，并越来越能发挥无比神奇作用的过程中，却犯了一个本不应犯的错误——逐渐忽视了形象记忆和形象思维的重要作用。

　　于是，人类越来越偏重于使用左脑的功能进行意义记忆和抽象思维了，而右脑的形象记忆和形象思维功能渐渐遭到不应有的冷落。其实，我们对右脑形象记忆的潜力还缺乏深刻的认识。

现在，让我们来做个小游戏，请在一分钟内记住下列东西：风筝、铅笔、汽车、电饭锅、蜡烛、果酱。

怎么样，你感到费力吗？你记住了几项呢？其实，你完全可以轻而易举地记全这六项，只要你利用你的想象力。

你可以想象，你放着风筝，风筝在天上飞，这是一个什么样的风筝呢？是一个白色的风筝。忽然有一支铅笔，被抛了上去，把风筝刺了个大洞，于是风筝掉了下来。而铅笔也掉了下来，砸到了一辆汽车上。

后来，汽车只好放到一个大电饭锅里去，当汽车放入电饭锅后，汽车融化了，变软了。再后来，你拿着一个蜡烛，敲着电饭锅，非常大声，而蜡烛，被涂上了果酱。

现在回想一下：

风筝怎么了？被铅笔刺了个大洞。

铅笔怎么了？砸到了汽车。

汽车怎么了？被放到电饭锅里。

电饭锅怎么了？被蜡烛敲出了声音。

蜡烛怎么了？被涂上了果酱。

如果你再回想几次，就把这六项记起来了。

这个游戏说明：联结是形象记忆的关键。好的、生动的联结要求将新信息放在旧信息上，创造另一个生动的影像，将新信息放在长期记忆中，以荒谬、无意义的方式用动作将影像联结。

好的联结在回想时速度快，也不易忘记。一般而言有声音的联结比没有声音的好，有颜色的联结比没有颜色的好，有变形的联结比没有变形的好，动态的比静态的好。

　　想象是形象记忆法常用的方式，当一种事物和另一种事物相类似时，往往会从这一事物联想到另一事物。把记忆的材料与自己体验过的事物联结起来，记忆效果就好。

　　比如，要记住我国的省级行政单位的轮廓及位置，确实很困难。如果能运用形象记忆，就会减少这方面的困难。仔细观察中国地图我们不难发现各省市行政区的轮廓，与日常生活中的一些实物很相似。

　　比如，我们知道：黑龙江省像只天鹅，内蒙古自治区像展翅飞翔的老鹰，吉林省大致呈三角形，辽宁省像个大逗号，山东省像攥起右手伸出拇指的拳头，山西省像平行四边形，福建省像相思鸟，安徽省像张兔子皮，海南省似菠萝，广东省似象头，广西壮族自治区似树叶，青海省像兔子，西藏自治区像登山鞋，新疆维吾尔自治区像朝西的牛头，甘肃省像哑铃，陕西省像跪俑，云南省像开屏的孔雀，湖北省像警察的大盖帽，湖南省和江西省像一对亲密无间的伴侣……形象记忆不仅使呆板的省区轮廓图变得生动有趣，也提高了记忆的效果。

　　成为记忆能人的条件，是要具备能够在头脑中描绘具体形象的能力，让我们再来看看一些名人的形象记忆记录。

　　日本著名的将棋名人中原能在不用纸笔记录的情况下，把 10 个人在 3 天时间里分两桌进行的麻将赛的每一局胜负都记得清清楚楚。

　　日本另外一个将棋好手大山也有类似的逸闻，他曾和朋友一起在旅馆打了 3 天麻将，没想到他们的麻将战绩表被旅馆的女服务员当作废纸给扔了，在大家一筹莫展之时，大山已将多达 20 多人的战绩准确地重新写下来了。

马克·吐温曾经为记不住讲演稿而苦恼，但后来他采用一种形象的记忆之后，竟然不再需要带讲演稿了。他在《汉堡》杂志中这样说：

"最难记忆的是数字，因为它既单调又没有显著的外形。如果你能在脑中把一幅图画和数字联系起来，记忆就容易多了。如果这幅图画是你自己想象出来的，那你就更不会忘掉了。我曾经有过这种体验：在 30 年前，每晚我都要演讲一次。所以我每晚要写一个简单的演说稿，把每段的意思用一个句子写出来，平均每篇约 11 句。

"有一天晚上，我忽然把次序忘了，我窘得满头大汗。因为这次经验，于是我想了一个方法：在每个指甲上依次写上一个号码，共计 10 个。第二天晚上我再去演说，便常常留心指甲，为了不忘掉刚才看的是哪个指甲，看完一个便把号码揩去一个。但是这样一来，听众都奇怪我为什么一直望自己的指甲。结果，这次的演讲又失败了。

"忽然，我想到为什么不用图画来代表次序呢？这使我立刻解决了一切难题。两分钟内我用笔画出了 6 幅图画，用来代表 11 个话题。然后我把图画抛开，然而那些图画已经给了我一个很深的印象，只要我闭上眼睛，图画就很明显地出现在眼前。这还是远在 30 年前的事，可是至今我的演说稿，还是得借助图画的力量才能记忆起来。"

马克·吐温的例子更有力地证明了形象记忆的神奇作用，由此，我们每一个人应该有意识地锻炼自己的形象记忆能力。

形象记忆是右脑的功能之一，加强形象记忆可促进形象思维的发展，在听音乐时可以听记旋律、记忆主题、默读乐谱、反复欣赏、活跃思维。

爱因斯坦说："如果我在早年没有接受音乐教育的话，那么，在什么事业上我都将一事无成。在科学思维中，永远有着音乐的因素，真正的科学和音乐要求同样的思维过程。"因此，在听音乐时要有计划、有目的地培养自己的多种思维形式，各种音乐环节中必须始终贯穿形象思维训练，促进记忆的提升。

你还可以通过下面的方法训练自己形象思维：

小人儿想象

做法如下：

（1）冥想、呼吸使身心放松。

（2）暗示自己的身体逐渐变小，比米粒和沙子还小，变成了肉眼看不见的小人儿，能进入任何地方。

（3）想象自己走进书里面，看看书里面写的什么故事，画的什么样的画。

木棒想象

首先让身体处于一种紧张的状态，想象自己僵直得如同

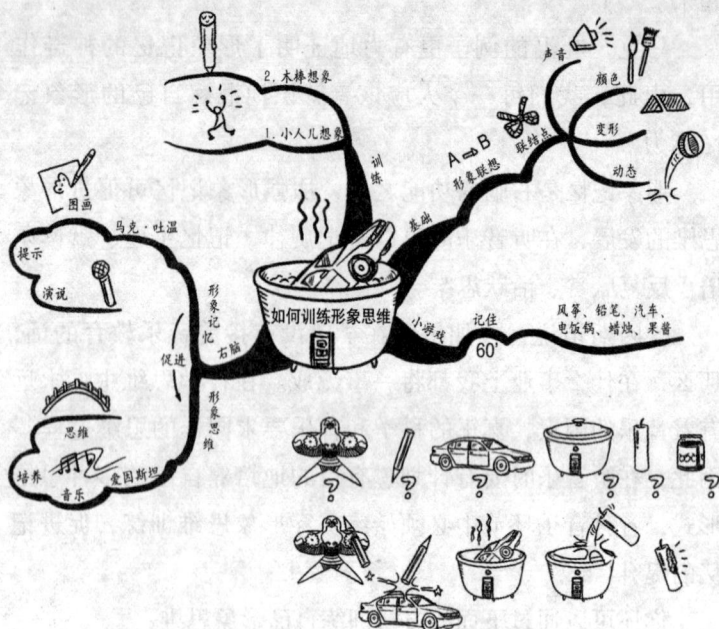

木棒一般，然后再逐渐松弛下来，放松身体。反复重复上述训练可以起到深化你的冥想能力的作用。

（1）在床上静卧，闭上双眼。按照自己的正常速度，重复进行三次深呼吸。

（2）然后重新恢复到正常呼吸状态。接下来想象自己的身体变成一根坚硬的木棒，感觉自己又仿佛变成了一座桥梁，在空中划出一道有韧性的弧线，如此重复。身体变得僵直、坚硬。

（3）感觉身体开始松弛、变软。

（4）再次僵直、变硬，变得越来越坚固。

（5）迅速恢复松弛、柔软的状态。

（6）再一次变得僵硬起来。

（7）身体重新松弛下来。下面重复进行三次深呼吸。在呼气的时候，努力进行更深层次的放松，感觉大脑处于一种冥想的状态，并逐渐上升至更高级别的层次。

（8）下面从 1 数到 10，在数数的过程中，想象你自己冥想的级别也在逐步提升，努力认真地想象自己冥想的级别在不断深化。

（9）下面开始数：

1、2，冥想的级别在逐渐深化；

3、4，进一步深化；

5、6，更进一步的深化；

7、8，更为深入的深化；

9、10，已进入较高层次的深化。

（10）接下来，开始进行颜色想象训练。一开始先想象自己面前 30 厘米处出现一个屏幕，然后想象屏幕上出现红、黄、绿等颜色。首先进行红色的想象，然后看到眼前出现红色。

（11）下面，红色消失，逐渐变成黄色，就这样想象下去。

（12）接下来，黄色消失，逐渐变成绿色。

（13）下面开始想象你自己家正门的样子，已经开始逐渐看清楚了吧，对，想得越细越好，直到完全可以清楚地看到为止。

（14）下面，打开房门，走进去，看看屋子里面是什么样的。

（15）现在可以清醒过来了，开始从10数到0，感觉自己心情舒畅地醒来。

走近发散思维

　　死气沉沉的大脑毫无创造力可言，在学习过程中，若要保持大脑的兴奋，就要保持思维的活跃，而发散思维可以帮助大脑维持一个灵敏的状态。

　　几乎从启蒙那天开始，社会、家庭和学校便开始向学生灌输这样的思想：这个问题只有一个答案、不要标新立异、这是规矩等。当然，就做人的行为准则而言，遵循一定的道德规范是对的，正所谓"没有规矩，不成方圆"。然而，凡事都制定唯一的准则，这一做法是在扼杀创造力。

　　有人曾对一群学生做过一个测试，请他们在 5 分钟之内说出红砖的用途，结果他们的回答是："盖房子、建教室、修烟囱、铺路面、盖仓库……"尽管他们说出了砖头的多种用途，但始终没有离开"建筑材料"这一大类。

　　其实，我们只需从多个角度来考察红砖，便会发现还有如压纸、砸钉子、打狗、锻炼身体、垫桌脚、画线、做红标志，甚至磨红粉等诸多其他用途。这种从多个角度观察同一问题的做法所体现的就是发散思维的运用。

　　发散思维的概念，是美国心理学家吉尔福特在 1950 年以

《创造力》为题的演讲中首先提出的，半个多世纪来，引起了普遍重视，促进了创造性思维的研究工作。发散思维法又称求异思维、扩散思维、辐射思维等，它是一种从不同的方向、不同的途径和不同的角度去设想的展开型思考方法，是从一个思维出发点探求多种不同答案的思维过程，它能使人产生大量的创造性设想，摆脱习惯性思维的束缚，使人们的思维灵活多样。

比如一支曲别针（回形针）究竟有多少种用途？你能说出几种？10种？几十种？还是几百种？你可以来一场头脑风暴，看看自己能想到的极限是多少种——如果你想继续这个游戏的话，可能你到人生的最后一刻，都能找到特别的用途。下面这个关于曲别针的故事告诉你的不只是曲别针的用途，更是一种思维方法。

在一次有许多中外学者参加的如何开发创造力的研讨会上，日本一位创造力研究专家应邀出席了这次研讨活动。面对这些创造性思维能力很强的学者同人，风度翩翩的村上幸雄先生捧来一把曲别针，说道："请诸位朋友动一动脑筋，打破框框，看谁能说出这些曲别针的更多种用途，看谁创造性思维开发得好！"

片刻，一些代表踊跃回答：

"曲别针可以别相片，可以用来夹稿件、讲义。"

"纽扣掉了，可以用曲别针临时代替……"

大家七嘴八舌，说了10多种，其中较奇特的回答是把曲别针磨成鱼钩，引来一阵笑声。村上对大家在不长时间内讲出 10 多种曲别针的用途，很是称道。人们问："村上，您能讲多少种？"

村上一笑，伸出 3 个指头。

"30 种？"

村上摇头。

"300 种？"

村上点头。

人们惊异，不由得佩服他敏捷的思维。也有人怀疑。

村上紧了紧领带，扫视了一眼台下那些透着不信任的眼睛，用幻灯片映出了曲别针的用途……这时只见中国的一位以"思维魔王"著称的怪才许国泰先生向台上递了一张纸条。

"对于曲别针的用途，我能说出 3000 种，甚至 3 万种！"

邻座对他侧目："吹牛不罚款，真狂！"

第 2 天上午 11 点，许国泰"揭榜应战"，走上了讲台。他拿起一支粉笔，在黑板上写了一行字：村上幸雄曲别针用途求解。原先不以为然的听众一下子被吸引过来了。

"昨天，大家和村上讲的用途可用 4 个字概括，这就是钩、挂、别、联。要启发思路，使思维突破这种格局，最好的办法是借助于简单的形式思维工具——信息标与信息反应场。"

许国泰把曲别针的总体信息分解成重量、体积、长度、截面、弹性、直线、银白色等 10 多个要素。再把这些要素，用条标线连接起来，形成一条信息标。然后，再把与曲别针有关的人类实践活动要素连成信息标，最后形成信息反应场。

这时，现代思维之光射入了这枚平常的曲别针，它马上变成了孙悟空手中神奇的金箍棒。许国泰从容地将信息反应场的坐标不停地组切交合。通过两轴推出一系列曲别针在数学中的用途，如，曲别针分别做成 1、2、3、4、5、6、7、8、9、0，再做成 +、-、×、÷ 的符号，用来进行四则运算，运算出数量，就有 1000 万、1 亿……在音乐上可创作曲谱；曲别针可做成英、俄、希腊等外文字母，用来进行拼读；曲别针可以与硫酸反应生成氢气；可以用曲别针做指南针；可以把曲别针串起来导电；曲别针由铁元素构成，铁与铜化合是青铜，铁与不同比例的几十种金属元素分别化合，生成的化合物则是成千上万种……

实际上，曲别针的用途，近于无穷！他在台上讲着，台下一片寂静。与会的人们被"思维魔王"深深地吸引着。

许国泰先生运用的方法就是发散思维法。具有发散思维的人，在观察一个事物时，往往通过各种各样的牵线搭桥，将思路扩展开来，而不仅仅局限于事物本身，也就常常能够发现别人发现不了的事物与规律。许多优秀的学习者，在学习活动中也很重视发散思维的学习运用，因此获得了较佳的学习效果。

要想提高自己的发散思维，我们不妨按照以下几个步骤来进行练习：

充分想象

人的想象力和思维能力是紧密相连的，在进行思维的过程中，一定要学会运用想象力，使自己尽快跳出原有的知识圈子，只有让思路不局限于一点，才能让思维更加开阔。

不要过分紧张

要想进行发散思维，必须拥有一个较好的思维环境，同时也应该保持较好的心情，这就要求我们在碰到问题的时候不能过于紧张。紧张只能使人方寸大乱，于解决问题没有丝毫助益。

从不同角度发散思维

思考问题的时候不要从单一的角度进行，应该学会从不同角度、不同方向、不同层次进行，同时对自己所掌握的知识或经验进行重新组合、加工，只有这样才能找到更多解决问题的办法。

发散的角度越多，思维就越灵活。在学习中，对于有新意、有深度的看法，我们应该大胆地提出来，和老师、同学们一起探讨，从而激发全班学生的发散性思维。

比如，当你看到苏轼的时候，你可以想到《水调歌头·明月几时有》，也可以想到《江城子·密州出猎》这些作品；同时我们能想到的还有北宋的政治制度，苏东坡曾经的遭遇；

我们还能想到东坡肉这种美食，以及东坡酒、东坡的政敌王安石、苏门三位文豪等。

当我们的看法出现错误时，也不要觉得不好意思，这只能说明我们的想法还不完善。让我们在一个轻松、活泼、能充分发表自己观点的氛围中，展现个性，展现能力，展现学习成果。

走近缜密思维

　　有人常说："其实我都会，就是粗心做错了几道题。"乍听之下，好像他本来很聪明，不是不会做题，只是不太细心。但事实上，拿高分的人从来不丢应得的分数。如果你真的聪明的话，就更应该重视每一个细节。

　　有人说："我是一个不拘小节的人。"殊不知，细节往往是解决问题的突破口。老子说："天下难事，必作于易；天下大事，必作于细。"不起眼的事物也许会带来新的发现。

　　亚历山大·弗莱明这个名字可能你不是很熟悉，不过他有一个杰出的贡献改变了世界——青霉素，我们来看看青霉素是怎么被发现的。

　　弗莱明本身是学医学的，1922年，他在研究工作中盯上了葡萄球菌。葡萄球菌是一种分布最广、对人类健康威胁最大的病原菌。人受伤后伤口感染化脓，其元凶就是葡萄球菌，可当时人们对它没有什么好的应对办法。

　　很长一段时间，弗莱明致力于葡萄球菌的研究。在他的实验室里，几十个细菌培养皿里都培养着葡萄球菌。弗莱明将各种药物分别加入培养皿中，以期筛选出对葡萄球菌有抑制作用的药物。可是，一种种的药物都不是葡萄球菌的对手。实验一次次失败了。

1928年的一天，弗莱明与往常一样，一到实验室，便观察培养皿里的葡萄球菌的生长情况。他发现一只培养皿里长出了一团青绿色的霉。显然，这是某种天然霉菌落进去造成的。这使他感到懊丧，因为这意味着培养皿里的培养基没有用了。弗莱明正想把这只被感染的培养基倒掉时，发现青霉周围呈现出一片清澈。凭着多年从事细菌研究的经验，弗莱明立刻意识到，这是葡萄球菌被杀死的迹象。

为了证实自己的判断，弗莱明用吸管从培养皿中吸取一滴溶液，涂在干净的玻璃上，然后放在高倍显微镜下观察。结果，在显微镜下竟然没有看到一个葡萄球菌！这让弗莱明兴奋不已——这青霉到底是哪一路"英雄"呢？

弗莱明将青霉接种到其他培养皿中培养，用线分别蘸溶有伤寒菌或大肠杆菌等的水溶液，分别放在青霉的培养基上，结果这几种病菌生长得很好，说明青霉没有抑制这几种病菌生长的作用。而将带有葡萄球菌、白喉菌和炭疽菌的线，分别放在青霉培养基上，这些细菌全部被杀死。

弗莱明又将生长着青霉的培养液稀释800倍，可稀释液仍有良好的杀菌作用，由此弗莱明断定青霉会分泌一种杀死葡萄球菌的物质。这种物质要是能用在人身上那该多好啊！

弗莱明将青霉的培养液注射到老鼠体内，结果老鼠安然无恙。这说明青霉分泌物没有毒性。

弗莱明高兴得差点跳起来。青霉分泌物对葡萄球菌灭杀效果好，而且没有毒性，这不是自己梦寐以求的杀菌药吗？他想应该可以在人身上试一试了。试验结果正如他所预料，青霉分泌物确有奇效，且对人体没有副作用。后来医学上把这种青霉分泌物命名为青霉素，并作为杀菌药物，广泛应用于临床医疗。

青霉素的发现主要是弗莱明细心的结果，要是碰上我们这样总是粗心大意的人，很可能青霉素就不能那么早运用到医学上了。如果你认为有大志向的人就是不拘小节，甚至就是只要心里明白就行，做对做错无所谓，那就大错特错了！

殊不知，在竞争激烈的社会中，一个不小心可能就会毁掉一个大企业，粗心是任何成功人士的大敌。现在有很多人经常去肯德基，其实很多人不知道，早在1991年，中国曾有一个企业叫作荣华鸡快餐公司。荣华鸡快餐公司曾经声称"肯德基开到哪，我就开到哪"，但是在不到六年的时间里，"荣华鸡"节节败退，最后在与肯德基的大战中"落荒而逃"。

荣华鸡为什么比不过肯德基？专家分析认为，包括荣华鸡在内的中式快餐与洋快餐较量落于下风的根本原因在于细节。肯德基能在全球迅速推广开，就是他们注重细节，"冠军"的英文单词"CHAMPS"就是它们的发展计划：C：Cleanliness，保持美观整洁的餐厅；H：Hospitality，提供真诚友善的接待；A：Accuracy，确保准确无误的供应；M：Maintenance，维持优良的设备；P：Productquality，坚持高质稳定的产品；S：Speed，注意快速迅捷的服务。

　　"冠军计划"有非常详尽、操作性极强的细节，保证了肯德基在世界各地每一处餐厅都能严格执行统一规范的操作，而荣华鸡还远没有达到这种要求。中式快餐的厨师都是手工化操作，食品没办法根据标准进行批量生产。细节上做得不够，顾客就会选择细节做得好的企业。

　　细节可爱也可怕。有经验的人可以从细节窥见太多太多的内容，你所展示出来的细节，实际上已经在"出卖"你。下次，可别再说"这些我都会，只是没注意"了。

走近超前思维

在某次考场作文的审题现场，老师拿起一篇作文惊呼："好文啊！好文！——满分！"于是，老师们争相传看这篇文章。

这次作文的考题是根据一则材料来写自己的感想，材料讲的是对兔子学游泳的感想。

很多人都说兔子学游泳强人所难，接着也许会大谈一番道理，但是这篇让老师激动不已的文章的作者，则把自己想象成一头驴，如何练得比马还要快，最后得出一个"行行出状元"的结论。

其实从结论来看，这篇作文无甚稀奇，而且这篇作文的风格也很口语化，没有瑰丽的文采。但是它最令老师欣赏的，将自己投入作文中的创意。

看看往年的满分作文我们就能明白，几乎所有的作文都有不同之处，或者是立意，或者是布局，如果一样了，就没有什么竞争力了。很多优秀的学生往往会撇开众人常用的思路，尝试多种角度的考虑方式，从他人意想不到的"点"去开辟问题的新解法。所以，发散性思维训练的首要因素便是要找到事物的这个"点"进行扩散。

华若德克是美国实业界的大人物。在他未成名之前，有一次，带领属下参加在休斯敦举行的美国商品展销会。令他十分懊丧的是，他被分配到一个极为偏僻的角落，而这个角落是绝少有人光顾的。为他设计摊位布置的装饰工程师劝他干脆放弃这个摊位，因为在这种恶劣的地理条件下，想要成功展览几乎是不可能的。华若德克沉思良久，觉得自己若放弃这一机会实在是太可惜了，可不可以将这个不好的地理位置通过某种方式得以化解，使之变成整个展销会的焦点呢？

华若德克想到了自己创业的艰辛，想到了自己受到展销大会组委会的排斥和冷眼，想到了摊位的偏僻，他的脑海里突然涌现出偏远非洲的景象，觉得自己就像非洲人一样受着不应有的歧视。他走到了自己的摊位前，心中充满感慨，灵机一动："既然你们都把我看成非洲难民，那我就打扮成一回非洲难民给你们看！"于是一个计划应运而生。

华若德克让设计师为他设计了一个古阿拉伯宫殿式的氛围，围绕着摊位布满了具有浓郁非洲风情的装饰物，把摊位前的那一条荒凉的大路变成了黄澄澄的沙漠。他安排雇来的人穿上非洲人的服装，并且特地雇了动物园的双峰骆驼来运输货物。此外他还派人定做大批气球，准备在展销会上用。

展销会开幕那天，华若德克挥了挥手，顿时展览厅里升起无数的彩色气球，气球升空不久自行爆炸，落下无数的碎片，上面写着："当你拾起这小小的碎片时，你的运气就开始了，我们衷心祝贺你。请到华若德克的摊位，接受来自遥远非洲的礼物。"

这无数的碎片落在热闹的人群中，于是一传十，十传百，消息越传越广，人们纷纷集聚到这个本来无人问津的摊位前。旺盛的人气给华若德克带来了非常可观的生意和潜在机会，而那些黄金地段的摊位反而遭到了人们的冷落。

也许相对一般人，那些商业人士所面临的生活压力更大，所以这些人总能想出来一些奇妙的方法解决问题。上面这个例子就是其中之一。而我们现在非常熟知的名人唐骏，当年在微软公司做程序员的时候，就是凭借比别人多想一点而赢得上级的关注。

当时，有上千人与唐骏同时进入企业，唐骏想的是，如果要引起别人的注意，就要进行差异化竞争。结果在提交方案的时候，他不仅提出了一个人人都能注意到的产品开发问题，还提出了具体解决的方案。当时他的老板非常激动地对他说："你不是第一个提出这个问题的人，但你是第一个提出如何解决这个问题的人。"就这样，他脱颖而出了。

几乎所有的创意都重在突破常规，它不怕奇思妙想，也不怕荒诞不经。沿着可能存在的"点"尽量向外延伸，或许，一些从常规思路出发看来根本办不成的事，其前景往往柳暗花明、豁然开朗。所以，在平日的生活中，多发挥思维的能动性，让它带着你任意驰骋在广阔的思维天地，或许会让你看到平日见不到的美妙风景。

那么现在思考一下，我们怎样才能做到比别人多考虑一点呢?

1. 积极提问

在各种学习课上,我们不仅要做到专心听讲、对别人给出的答案敢于发表自己的独到见解,而且还能够积极思考,勇于提出问题。因为提问是积极思考的一个表现,问题越多的学习者,对知识掌握得有可能越全面,领会得越透彻,积极提问也说明他们思考得比别人多,想的"点"多。

而那些很少提问甚至从不提问的学习者,虽然在同一课堂上学习了同样的内容,印象也不如积极思考的同学深,不仅对知识的应用能力更差,而且容易遗忘。

2. 保持好奇心

对我们的大脑来说,好奇心本身就是一种奖励,优秀的学习者正是因为保持自己的好奇心才能学习到更多的知识。

其实每个人都有浓厚的好奇心和求知欲,尤其是对于学生来说,表现得更为强烈。比如书本上的知识会引起他们的好奇心,自然界和社会生活中纷繁复杂的现象,也会吸引着他们,甚至连路旁的一棵小树、天空中一片漂浮的云彩,都会引起他们无穷无尽的遐想。

美籍华人、诺贝尔物理学奖获得者李政道教授一次在同中国科技大学少年班学生座谈时指出:"为什么理论物理领域做出贡献的大都是年轻人呢?就是因为他们敢于怀疑,敢问。"他还强调说："一定要从小就培养学生的好奇心，要敢于提出问题。"

　　一个人善于动脑和思考，就会不断发现问题，养成"非思不问"的习惯，这样我们考虑的就能比别人多，学到的东西自然也就会更多！

走近总结思维

对于总结思维，我们可以举一个关于如何学习英语的例子，即如何运用规律记忆法记忆英语单词：

规律记忆法巧记英语单词：

第一种，派生法

英语构词法之一派生法，也叫词缀法，就是在词根前面或后面加上前缀或后缀就构成了新的词。由派生法构成的词叫派生词。大体上讲，派生法有两种规律：加前缀和加后缀。

加前缀：

honest（诚实）前面加前缀 dis，就构成了新的单词 dishonest（不诚实）；

able（能）前面加前缀 un，就构成了新的单词 unable（不能）；

night（夜晚）前面加前缀 mid，就构成了新的单词 midnight（午夜）。

加后缀：

work（工作）后面加后缀 er，就构成了新的单词 worker

（工人）；

child（孩子）后面加后缀 hood，就构成了新的单词 childhood（童年）。

第二种，合成法

英语构词法之二合成法，就是把两个以上独立的词合成一个新词。

比如，class（课）+ room（房间）就构成了 classroom（教室）；

every（每一）+ one（一）就构成了 everyone（每人）；

some（一些）+ body（人）就构成了 somebody（某人）；

my（我的）+ self（自己）就构成了 myself（我自己）。

一般来讲事物之间是存在着联系的，它们之间总有自己的规律存在。在记忆的时候如果能找到它们之间的规律，就能轻松地学习和提高，有这样一个故事：

德国大数学家高斯在小学念书时，数学老师叫布特纳，在当地小有名气。

这位来自城市的数学老师总认为乡下的孩子都很笨，感到自己的才华无法施展，因此经常很郁闷。有一次，布特纳在上课时心情又非常不好，就在黑板上写了一道题目：

$1 + 2 + 3 + \cdots + 100 = ?$

"这么多个数相加，要算多长时间呀？"学生们有点无从下手。

正当全班学生紧张地挨个数相加时，高斯已经得出结果是 5050。同学们都很惊奇。

布特纳看了一下高斯的答案，感到非常惊讶。他问高斯："你是怎么算的？怎么算得这样快？"

高斯说："$1+100=101$、$2+99=101$、$3+98=101$……最后 $50+51=101$，总共有 50 个 101，所以 $101 \times 50 = 5050$。"

原来，高斯并不是像其他孩子一样一个数一个数地相加，而是通过细心的观察，找到了算式的规律。

善学者总是有意识地去寻找事物的规律，在分析规律的过程中不断加强理解，记忆起来就会容易得多。一个人学习成绩优秀，除了他刻苦学习外，良好的学习习惯也起着决定性的作用。学习成效与记忆力最为相关，不同人的记忆能力是有所差异的，但除了极少数智力存在缺陷的人外，差异是不大的，只要我们能掌握并遵循记忆规律，合理安排我们的学习和复习时间，就一定能取得好的学习效果。

那么，我们该怎样去遵循记忆规律，提高自己的记忆力呢？

1. 一次记忆的材料不宜过多

应该控制好每一次记忆材料的总量，如果总量过多很容易使大脑疲劳，记忆效率下降。

正确的做法是，把量控制在一个范围，能让你一次完成记忆过程，记忆完成后，还觉得意犹未尽，有余力再从事其他科目的学习。如果需要记忆的材料实在过多，也可以把它们切分成几部分，每次解决其中一部分。

2. 要善于找"特征"

良好记忆习惯的养成非常有利于记忆力的提高。所以平时在学习中一定要努力寻找规律，细心挖掘其特征，通过理解来加深记忆。

3. 事先做好心理调节

记忆之前，必须先做好心理调节，树立起自信心，相信自己一定能掌握这些材料。千万不要在记忆之前怀疑自己，担心自己背不下来。

走近重点思维

考试的时候你是否经常不知道应该先做选择题还是计算题？

语文、英语、生物和数学作业同时放在面前，你是否知道应该先做哪一个？

你是否考虑过，在任何一门课上，你应该先认真听讲呢，还是先把黑板上的笔记抄下来呢？

其实，当你在思考这些问题、感叹时间不够用的时候，善于学习的人早已把自己的精力合理分配，向学习的顶峰攀登。

当我们向优秀的人请教学习方法时，他们经常说："想一想，在平时的学习过程中，你是否总是贪多贪全，因为把精力浪费在芝麻小事上而忘记了最重要的内容呢？"

现实生活中，有不少人往往分不清自己要做的事情的轻重缓急，因为很多人的事情不是靠自己来安排的，有些人长期像一个提线木偶，在长辈的安排下生活、学习，这也是造成其不善于安排时间的一大原因。

学习中，一些人总是贪多，总想一下子把所有的内容都学完学会，把所有的题都做完，把所有的课文都背下来，糟糕的是却不会预先安排时间，找到侧重点。这种追求面面俱到却抓不住学习重点的做法，结果往往是事倍功半。

不知你是否思考过，钻头为什么能在极短的时间内钻透厚厚的墙壁或者坚硬的岩层呢？

或许有些人已经知道其原理：同样的力量集中于一点，单位压强就大；而集中在一个平面上，单位压强就会减小数倍。像钻头这样攻其一点的谋略是解决问题的好办法。

只有我们知道什么是最重要的，抓住了关键，不把精力浪费在芝麻小事上，才能安排时间，集中时间、精力于一点，认准目标，将学习贯彻到底。

因为每个人的脑力有限，所以更需要合理地规划和安排。日常生活中，上网、玩游戏、交朋友都会牵扯大量精力，这时就需要提高自控能力，定好学习目标，争取贯彻到底。

或许我们不知道，著名幻想小说《海底两万里》是法国科幻作家凡尔纳在航海旅途中完成的；奥地利的大音乐家莫扎特连理发时也在考虑创作乐曲；贝多芬去了餐馆只管写曲谱，常常忘了自己是否已经用过餐……

对于我们每个人来说，只有正确把握要做的事情与时间之间的关系，才有可能把这些事情都处理好。

另外，应把每天要做的事情按照轻重缓急程度排列顺序：

第一类是重要而紧迫的事情，如考试、测验等；

第二类是紧迫但不重要的事情，如完成家庭作业等；

第三类是重要但不紧迫的事情，如提高阅读能力等；

第四类是既不重要也不紧迫的事情，如果时间不允许可以不做的事，比如逛街等。

如果能够按照这个顺序来安排学习任务，就可以保证把重要的事情首先完成，把学习安排得井井有条。

相对而言，有很多人每天看起来总是一副很忙的样子，却不知道自己到底做了什么。

事实上，这种忙碌的背后有三种情况：

（1）不会管理自己的时间的忙碌。这些人常常感觉时间不够用，甚至忙得发疯。

（2）已经学会应对与取舍的忙碌。这种忙碌往往能最为有效地利用时间。

（3）假装忙碌。因为我们现在几乎是将忙与成功、闲和失败联系到一起了，所以有的人认为只要忙碌学习或工作就会成功，于是他们就成天忙个不停，可是效果并不是很理想。

生活中，常常困扰一些人的"芝麻小事"可能是中午吃什么，买什么颜色的笔记本，关注的电视剧到了哪一集，男主角和女主角最后怎么样了……仔细想想，这些事情真的不值得我们花上大段的时间。只有把主要精力放在重要的事情上，才是善学者的思维方式。

第五章
施展大脑的超级能量

创新思维是一种不受常规思维束缚，寻求全新独特的解决问题方法的思维过程。创新思维是相对于传统思维的新思维，就是我们常说的创造性思维，是每个人天生就拥有的。但是，却不是人人都能够娴熟地使用它。

创新思维有哪些特征

1. 创新思维的定义

我们知道，小孩的创新思维表现在胡思乱想和丰富的想象力上。但是，如果一个小孩子问他的幼儿园老师："老师，如果天上有一个太阳，那会不会有两个呢？"不负责任的老师通常会说一句"胡说"。孩子的创新思维就这样一次次被打压磨灭，直到完全陷入常规性思维。

传统思维和常规性思维主导了大部分人，为我们的生活带来了一定的便利，但是，却也在一定程度上，阻碍了我们前进的步伐。

2. 创新思维的作用

创新是一个民族进步的灵魂，是国家兴旺发达的不竭动力。迎接未来科学技术的挑战，最重要的是坚持创新，勇于创新。

爱因斯坦说过："没有个人独创性和个人志愿的统一规格的人所组成的社会将是一个没有发展可能的不幸的社会。"

老师，天上的太阳会不会有两个呢？

胡说，天上怎么会有两个太阳！

孩子的思维是天马行空的，是具有创造性的。

成人的思维是模式化的，不小心就会打击孩子的创造性。

　　管理学大师德鲁克也说："对企业而言，要么创新，要么死亡。"可见，创新的重要性。而创新当然来自有着创新思维的人。

　　（1）创新思维是创新实践的前提

　　"思路决定出路，格局决定结局。"有了创新思维才能走出创新的道路。同样，错误的思维会使人走上错误的道路。

　　当年，泰坦尼克号之所以会沉船并且几乎全员覆没，全因为管理层的错误思维。管理层没有带望远镜，于是没有看到远处的冰山，肉眼看到时已然扭转无力。救生艇和救生衣数量的严重缺乏，导致大多数人没有逃生的可能性。这是错误思维引领人走上错误道路的一个例证。

　　（2）创新思维是参与竞争的制胜法宝

　　这个社会是相互竞争的社会，资本则是特色、创新、点子、思路。尤其是在企业竞争当中，更需要创新思维。

一家公司专门生产牙膏，牙膏包装精美，品质精良，深受消费者喜爱。

记录显示，前年营业增长率均为 10% ~ 20%，但在两年后，增长停滞。董事会非常不满意，于是决定召开全国经理及高层会议。会议中有位年轻经理对董事会提出了一条建议，并收费 5 万元。董事会虽然非常生气，却依然买下建议。

果然，公司在三年停滞不前后，第四年的营业额增加了32%。这条建议是什么呢？很简单，增大牙膏开口 1 毫米。人人多用 1 毫米，数量不可估量。脑袋开口一毫米，就是创意。如果企业摒弃 1 毫米，就会丧失进步的机会。

创新思维是企业竞争的法宝，有创新思维的人是企业的重点人才和制胜法宝。

（3）创新思维是高素质人才的重要组成部分

高素质人才当中最缺乏的是有创新思维的人才。有创新思维的人才，才能让社会、国家持续发展，才能带领企业突破瓶颈。培养创新思维人才，是教育的重要课题。

（4）创新思维能够应用到各行各业

无论学习、教书、改革开放或是职场生涯，创新都会对我们产生作用力。

A、B 从同一所大学毕业去同一家公司上班，两年后，老总让 B 升职。A 心里不平衡，他想，一起来工作的两个人，都很努力，为什么提拔 B 却不提拔我，一定是老总

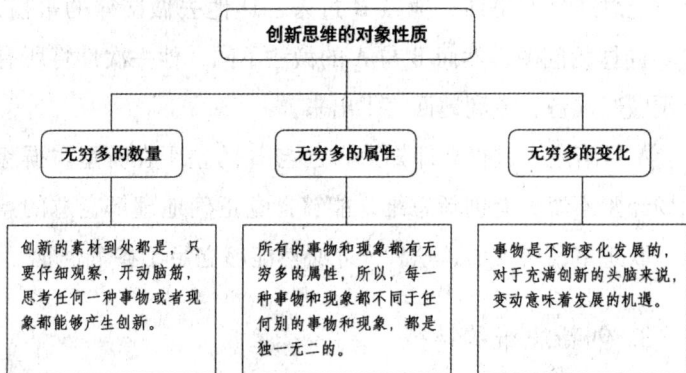

创新思维的对象性质

无穷多的数量	无穷多的属性	无穷多的变化
创新的素材到处都是，只要仔细观察，开动脑筋，思考任何一种事物或者现象都能够产生创新。	所有的事物和现象都有无穷多的属性，所以，每一种事物和现象都不同于任何别的事物和现象，都是独一无二的。	事物是不断变化发展的，对于充满创新的头脑来说，变动意味着发展的机遇。

偏心。

于是 A 去找老总理论："你吩咐我的每项工作我都踏踏实实完成了，为什么你却只提拔 B 不提拔我呢？我感到很委屈。"老总并没有正面回答 A 的问题，而让他去楼下自由市场看看是否有东西卖。不久，A 回来答复。

A："老总，楼下有个推手推车的农民在卖苹果。"

老总："苹果怎么卖？"

A："我去看一下。"

A："每斤 2 元。"

老总："那一车有多少斤呢？"

A 又下楼回来。

A："大概 300 斤。"

老总："如果全部都要，最便宜能多少钱呢？"

A 再次下楼。

A："如果您全部都要的话，他可以每斤 1.2 元给您。但是，您要这么多苹果干吗？"

老总还是不说话，他喊 B 过来，让他去做同样的事情，问 B 同样的问题，然而 B 与 A 的做法不同，他一次性将所有问题做好准备，流利地回答了出来。

A 目睹这一过程立即知道自己与 B 的差距在哪里。摒除职场经验不谈，有创新思维，能够自觉正确地理解老总的意图，联想事情的发展，这种人才必然能够立足于各个企业。

3. 创新思维的特征

（1）新

新是创新思维的第一特征，也是最根本的特征之一。

没有变化、没有差异的思维是旧思维，但旧思维也可能是曾经的新思维。只是因为在某一时间点上没有继续创新，所以就变旧了。

"新"就是有新意，能够给人带来新鲜感，是新思路、新点子，是一种新的考量方式。

（2）差异性

差异性是创新思维最大的、最根本的特征之一。

创新思维就是与众不同的思维，它能够用与众不同的语言、行为、方式表现出来。有差异才能有新意。

（3）变化性

变化性也是创新思维的根本特点之一。

无论新意还是差异都需要通过不断的改变来实现。旧的东西也需要通过改变来变成新的。

（4）现实性

虽然思维、创新等概念似乎都是看不见摸不着、虚无缥缈的东西，但创新思维依然具有现实性特征。从另一方面看，它其实是实实在在地存在于人们的生活当中，通过人们的言行举止、学习、工作、生活表现出来，并且几乎人人都有思维创新的经历。

比如，上下班高峰期的地铁、公交车常常人满为患，扶手不够，有人就把旧牙刷用开水烫弯，弯成弯钩形状，坐车时便能临时使用。

（5）开放性

"开放"就是让思想冲破牢笼，没有顾忌地飞翔。开放的对立面是封闭，封闭的环境会扼杀创新思维的产生。

（6）间断性

这是人的思维特征。一个正在思考问题或专心说话的人，一旦被打断，便很难继续下去。这就是思维的间断性表现。如果在创新的过程中遭遇困难、风险，遇到危机，甚至会损害自身利益，创新思维就会被中断。当然，如果在思维创新上不思进取，创新自然难以为继。

激发潜伏在体内的创新思维

创新思维是人类才有的高级思维活动，是成为各种出类拔萃的人才所必须具备的条件。心理学家认为：创新思维是指思维不仅能提示客观事物的本质及内在联系，而且还能产生新颖的、具有社会价值的前所未有的思维成果。

即使遗失了与生俱来的创造性思维，我们也可以通过运用心理学上的"自我调节"，有意识地在各个方面认真思考和勤奋练习，重新将创造性思维找回来。卓别林说过："和拉提琴或弹钢琴相似，思考也是需要每天练习的！"

张开想象的翅膀

爱因斯坦曾经说过："想象力比知识更重要，因为知识是有限的，而想象力概括着世界的一切，推动着进步，并且是知识进化的源泉。"

爱因斯坦之所以能研究出"狭义相对论"，便是因为他在孩童时期便常常幻想自己同光线赛跑。而世界上第一架飞机也来自人们想要像鸟类一样飞翔的梦想。幻想是创造性想象的一种特殊形式，适当的幻想能够引导人们发现新事物，做出新努力、新探索和创造性的劳动。

大部分人终其一生只运用了大脑想象区大约15%的空间，开发这个空间应该从想象开始。想象力是人类运用储存在大脑中的信息进行综合分析、推断和设想的思维能力。

培养发散思维

发散思维的含义是指一个问题假如存在着不止一种答案，就要通过思维的向外发散，找出更多妥帖的创造性答案。

"涉猎多方面的学问可以开阔思路……对世界或人类社会的事物形象掌握得越多，越有助于抽象思维。"1979年诺贝尔物理学奖金获得者、美国科学家格拉肖启发我们。

当我们思考砖头有多少种用途的时候，充分运用发散性思维可以给出我们如此多的答案：建筑房屋、铺路、刹住停靠在斜坡的车辆、砸东西、压纸、垫高、防卫的武器……这就是发散思维的力量！

发展直觉思维

顾名思义，直觉思维是指不经思考分析的顿悟，是创造性思维活跃的表现之一。

想象和幻想的区别

· 想象

想象是人在头脑里对已储存的表象进行加工改造，形成新形象的心理过程。它是一种特殊的思维形式。

· 幻想

幻想同想象不同，是指人内心荒谬的想法。

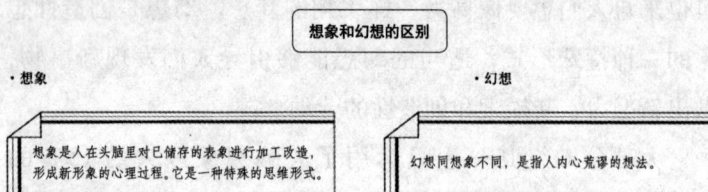

物理学家阿基米德在跳入浴缸的时候，注意到浴缸溢出水的体积大约等同于身体入水部分的体积，灵光一闪，发现了"阿基米德原理"。

达尔文在观察植物幼苗生长的过程中，发现幼苗顶端向太阳照射的方向弯曲，推测出可能是由于其顶端含有某种物质，在光照的作用下，转向背光一侧。后来，在达尔文的基础上，科学家做了反复研究，才找到这种植物生长素。

在学习过程中，直觉思维可能表现在许多方面，比如大胆的猜测，急中生智的回答，或者新奇的想法和方案等。在发现和解决问题的过程中，我们要及时留住这些突然闯入的来客，努力发展自己的直觉思维。

培养强烈的求知欲

人类对自然界和自身存在的惊奇是哲学的起源。

古希腊哲学家柏拉图和亚里士多德认为，当人们在对某一问题具有追根究底的探索欲望时，积极的创造性思维便由此萌发。精神上的需求是产生求知欲的基础。我们要有意识地设置难题或者探索前人遗留的未解之谜，激发自己创造性学习的欲望，把强烈的求知欲望转移到科学上去，不断探索，使它永远保持旺盛。这样才能使自己在学习过程中积极主动地"上下求索"，进而探索未知的新境界、新知识，创造前所未有的新成就。

创新思维与企业创新

首先看一个案例：

【案例】 海尔小小神童洗衣机

无论各行各业，都存在着旺季与淡季之分，洗衣机厂也不例外。一般说来，洗衣机的销售淡季主要是每年的 8～9 月，也就是夏季最热的时候。每当遭遇淡季，各大洗衣机厂便召回销售人员以减少成本，并且被动等待旺季的到来。

海尔工作人员通过分析发现，夏季恰恰是人们最需要洗衣服的时节，大部分人都有天天洗澡日日更衣的习惯，可是为什么洗衣机反而没有市场呢？

结论是，虽然人们换洗衣服勤快，可夏季衣服通常较薄，而洗衣机容量又太大，常洗小件衣服既费水又耗电，还不容易清洗干净。

根据以上情况，海尔人开发出了容量为 1.5 千克的"小小神童"洗衣机，不但满足了消费者的需求，也消除了洗衣机市场的淡季之说。

后来，海尔还研制出不用洗衣粉的洗衣机，"洗净比"

甚至高于普遍使用洗衣粉的洗衣机，病菌杀灭率也非常高。最让人无法抗拒的是海尔的洗衣机都很有特色，操作非常简单，比较人性化，难怪成为行业翘楚。

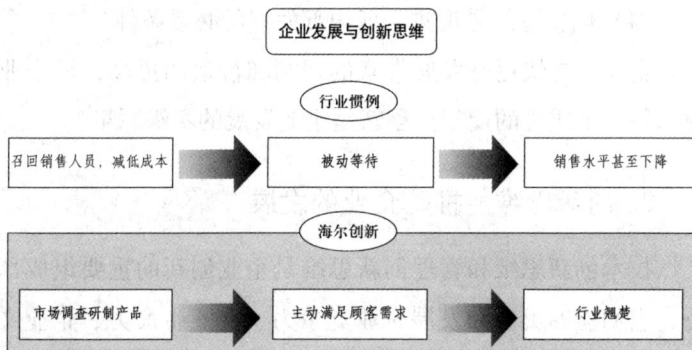

企业发展需要创新思维。其实，创新思维与企业之间是相互联系相互促进的，不但企业发展需要创新思维，创新思维也能够推动企业的发展。

下面就来具体分析企业和创新思维之间的相互关系：

1. 企业发展需要创新思维

企业发展需要创新思维，这是因为：

（1）创新思维能给企业带来进步技术

由于市场结构和技术领域发生了翻天覆地的变化，企业必须创新才能适应市场以及创造利润。

（2）创新思维是市场的推动力

企业需要不断地变革创新，来适应产品周期的兴衰或市场的产业结构变动，以确保在新的经济环境的挑战中，不断进步。

（3）企业的创新与国家政策紧密相连

如果想加快企业发展，获得更多市场份额，就要时时关注国家政策的要求。

（4）创新思维是促进企业内部发展的必要条件

企业的更快更好发展带来的福利和待遇的提高，是企业内部每一个成员的期望。创新是企业发展的不竭源泉。

2. 创新思维能推动企业的发展

技术创新思维和管理创新思维是企业创新的重要组成部分，它们能够巩固和发展企业竞争力、企业生命力、企业文化等。

企业创新思维包括：创造新产品或将原有产品赋予新的功能、采用新方法、开辟新市场、获得新供给来源、实行新的企业组织形式、实施新的管理实施办法、使用新的人才录用机制等。

（1）管理创新思维为什么能推动企业发展

管理创新思维能够有效地整合人力资源，让企业最大限度地发挥人力作用，从而起到推动企业发展的作用。

管理创新思维可以推动企业的市场竞争力。改革开放后，敢于运用创新思维进行改革的企业得到了长足的发展。

管理创新思维可以推动企业文化。有了创新思维就会对不符合企业发展的企业文化提出质疑，然后进行调整，能丰富和完善企业文化，促进企业员工了解企业文化，加大归属感。

管理创新思维能推动企业凝聚力。管理创新思维能给企业带来生机，给员工带来实际利益，企业的凝聚力就加强了。企业凝聚力提高后，优秀人才不但会失而复得，还能吸引大批外来人员。

（2）技术创新思维为什么能推动企业发展

技术创新思维包括新技术的引用、新设备的投入、新产品的设计等，极大地推动着企业在科技技术发展、新技术产品开发和新业务的拓展等方面的新成就。

技术创新思维能够促进产品不断创新，跟随市场需求变动，在激烈的竞争中提高市场占有率，从而锻炼企业的技术队伍，提升企业的技术实力，增强企业的核心竞争力。

技术创新思维运用到企业的创新技术人才管理和新技术开发及引进方面，能够使企业始终保持强势的核心竞争力和旺盛的生命力。

技术创新思维能够在企业进行新技术开发和引进的时候，引发成员的危机感，促使他们学习新知识来适应企业的人才需要，而企业必须招揽能够尽快适应新技术的优秀人才，从而推动企业的人力资源管理。

创新思维从人事制度、企业文化、技术知识、财务等各方面全位地推动着企业竞争力的加强和发展，巩固着企业在市场竞争中的地位，保持企业旺盛的生命力。

【案例】上海通用汽车的柔性化生产模式

几乎中国所有的汽车工厂都是采用一个车型、一个平台、一条流水线、一个厂房的生产方式。但是上海通用汽车却实现了在一条生产线上共线生产四种不同平台的车型，这种生产方式叫作"柔性化"生产方式。

与此方式相配备的是严格而规范的采购系统，科学严密的物流配送系统，以市场为导向的高度柔性化生产系统，以及以客户为中心的客户关系管理系统，这些配备共同组成了柔性化生产管理模式，为厂家和消费者带来了最直接的利益——金钱与时间。

柔性化生产管理模式多年来深入上海通用汽车企业管理的每一个环节，这也是通用汽车占据汽车市场极大份额的原因。

小车代表着一个企业。

人代表着管理思维，管理思维创新能有力地推动企业的发展。

车轮是一个企业的技术，要想车子走得快，就要在技术上有所创新。

企业创新的三种方法

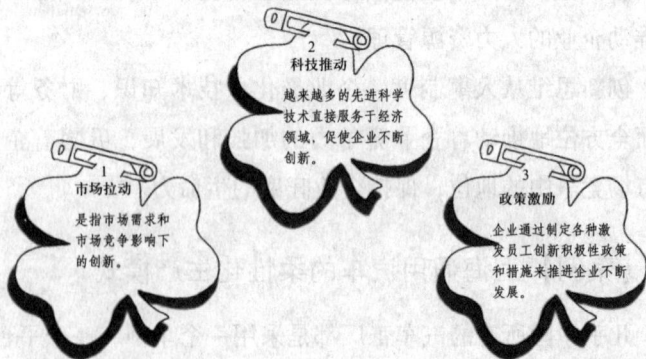

1
市场拉动
是指市场需求和市场竞争影响下的创新。

2
科技推动
越来越多的先进科学技术直接服务于经济领域，促使企业不断创新。

3
政策激励
企业通过制定各种激发员工创新积极性政策和措施来推进企业不断发展。

创新思维和社会创新

首先，了解什么是社会创新。

社会创新是指可以实现社会目标的新想法，通过发展新产品、新服务和新机构来满足未被满足的社会需求。社会创新的过程是国家政府、城市以及企业通过设计和开发新的有效方法，应对城市扩张、交通堵塞、人口老龄化等一系列迫在眉睫的必须解决的问题的过程。

（1）人口老龄化

当老年人在总人口的比例中占了绝大多数或者有了很大比例的上升，就需要有新的，如养老金和护理等方法、形式甚至法律来保障老年人的利益，改善他们的生活境况。

（2）差异文化

世界上不同文化、民族、国家甚至不同城市之间，都具有差异性，这些差异性容易造成彼此之间的冲突。因此，我们需要以创新的方式来进行文化教育和语言学习，来促进不同地域文化间的和谐。

（3）医疗部门

传统的医疗部门在抑制慢性病发生率和急性病转化成慢

性病的过程中，并未发挥出完善的作用。因此，越来越多的人开始认识到创新的必要性。

（4）个人不良习惯的治疗

传统的方法对于解决吸烟饮酒、赌博、肥胖和不良饮食习惯等"富贵病"常常束手无策，这些行为问题正在等待创新疗法。

（5）环境问题

二氧化碳排放量超标导致的全球变暖，人类乱砍滥伐造成的热带雨林面积的剧减，都使气候发生了不可逆转的变化。如何重新调整交通系统，重组城市布局和住房体系，来适应这种状况，各界都在等待合适有效的创新方法。

创新活动必然需要机构、组织或个人来发起，那么哪些机构、组织或个人掌握了发起社会创新的先天条件呢？

实现社会创新并不是一件容易的事情，总会遇到来自各方面的阻力。

这些阻力使社会创新无法成功实现，也可以看成社会创新失败的原因。

具体表现在：

（1）里昂那多效应

很久以前，有一个叫里昂纳多的人，他总是会有一些奇怪的想法，例如插上翅膀就可以成为飞人等。但这在他所处的时代无法实现，并且违反了物理学原则。

虽然人们天生就具有创造力和好奇心，但是社会创新并不总是简单易行，应该说社会创新的实现是非常有难度的，特别是那些远远超过现有科技水平、像直升机那样高高在上的想法。人们将这种情形称之为"里昂那多效应"。

（2）不适宜的环境。

可保证的法律制度与开放的媒体和网络是实现社会创新的关键因素。商业环境中的社会创新通常会因为资本垄断受阻；政治和政府方面的社会创新活动通常被党派竞争所阻；社会机构可进行的社会创新活动则通常因为私心和经验不足而受阻。

（3）失败的规律。

社会创新同商业和科技领域里的多数创新一样，通常失败次数比成功的次数多得多。

（4）社会创新实行者的错误想法。

政府或公共部门对新想法通常会保持谨慎的态度，因为他们责任在身，并且是在用稳定性为人们的生活提供依靠（比如交通等系统和福利发放部门）。大多数的公共服务和非营利组织，通常会集中精力运用管理来提高现有模式的水准，而并非采取新想法。因此，社会创新实行者对政府反应迟缓的错误想法也会影响他进一步改善自己的想法，以至于影响社会创新活动的顺利实施。

（5）缺乏耐性。

显然，缺乏耐性的创新活动领导者很难将任何一件事情真正打理成功。

创新思维和个人创新

创新思维有时与个体创新有着密切的联系。

【案例】

几名装修工在帮助客户装修房子时遇到了一个问题：要把新电线穿过一个 10 米长，但直径只有 25 厘米的管道。管道砌在墙壁的砖石里，转了 4 个弯。要把电线装好，就必须打烂墙壁，不仅花费不小，房子的主人也不情愿。

大家思考了很久，却依然想不出不毁坏墙壁就让电线穿过去的方法。

突然间，一个工作人员想到了一个点子。大家一听，连连称妙。根据这个点子进行操作，果然很快就把问题解决了。

解决这一难题的主角，竟然是两只小白鼠！

他们到一个商店买来两只小白鼠，一只公一只母，然后把一根线绑在公鼠身上并把它放到管子的一端。

另一个工作人员则把那只母鼠放到管子的另一端，逗它"吱吱"地叫。公鼠听到母鼠的叫声，便沿着管子跑去救它。公鼠沿着管子跑，身后的那根线也被拖着跑。电线拴在线上，小公鼠就拉着线和电线跑过了整个管道。

这是一个比较简单的运用创新思维的案例，点子虽简单，却可以解决大问题，这就是创新思维的魅力所在。

由此，我们应该认识到：

1. 培养个体创新思维十分重要

俗话说得好："不怕做不到，就怕想不到。"思路决定出路。在竞争激烈的社会中，要想取得一番成就，就必须具有创新思维。

你用哪一种思维思考问题，往往决定你会拥有怎样的人生。社会环境和自身条件并不能限制个人的成功，我们需要发展创新思维和创新精神，来适应不断进步的时代，造就精彩的人生。创新是新时代的主旋律，创新素质是当代人才选拔的标准。是否具有创新能力和是否具有创造力，是衡量人才价值和能否成为一流人才的标尺。

2. 个体创新思维的四个阶段

创造思维并非喊喊口号或者凭空想象就可以获得，它通常需要完成很多有序的思考。

创新思维一般由准备、酝酿、顿悟、验证这四个阶段组成，各个阶段互相联系，相互交叉。

3. 顿悟阶段个体创新思维方法

个体创新思维的方法不胜枚举，如果不运用正确的思维

1 准备阶段	2 酝酿阶段	3 顿悟阶段	4 验证阶段
发现问题、分析问题，考虑问题是否有创造性价值。	按照实际需要分析各种想法的可行性。	在酝酿阶段遇到瓶颈期，之后突然出现灵感，获悉最佳创意。	对已经完善的创意思维进行思考和实践验证。

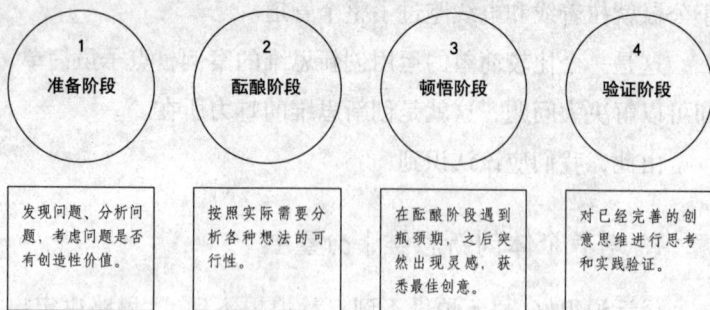

方式，很难解决问题。但是，掌握创新思维方法只是基础，只有深入理解才能在特定的环境和事件中合理应用创新思维来解决具体问题，进行创新活动。

其实，每个人自身都有一座宝藏，一座几乎被遗忘的宝藏。那就是我们的头脑，我们的创新思维；头脑能思维，思维能产生创意，创意能改变世界——人的外在世界和内心世界。

认真地挖掘这座属于你自己的宝藏，肯定会有意想不到的收获。

第六章

改变现状，从改变自己开始

　　对于每一个事物，我们都应该首先去
认识事物的性质和特点，然后再根据实际
情况来调整和改变自己的思路和行为方式。
只有如此，我们才能在顺应事物变化的同
时，驾驭变化，走向成功。

以"已变"应万变

现代社会，瞬息万变。如果我们的思维不能顺时而变、顺势而变，那么生存的空间可能就会很小。

动物学家们在做青蛙与蜥蜴的比较实验时发现：

青蛙在捕食时，四平八稳、目不斜视、呆若木鸡，直到有小虫子自动飞到它的嘴边时，才猛地伸出舌头，粘住飞虫吃下去。

之后，它又开始那目不斜视的等待。看得出来，青蛙是在"等饭吃"。而蜥蜴则完全不同，它们整天奔忙在私人住宅区、老式办公楼、蓄水池边等地方，四处游荡搜寻猎物。一旦发现目标，它们就会狂奔猛追，直到吃到嘴里为止。吃完后，它们再略事休息，喝口水后，就整装待发，又去"找饭吃"了。

我们不妨将青蛙与蜥蜴的捕食方法当作两种不同的处世风格。

青蛙的捕食方法也有可能会吃饱，但它对环境的依赖性过高，不能对随时变化的环境做出迅速的反应，池塘一旦干涸了，青蛙也就消失了；而蜥蜴的方法却很灵活，它们能够快速适应变化了的环境，所以，即使这一片池塘干涸了，蜥蜴仍能够活跃在另外一个池塘边。

曾有一位哲人说过："如果你不能阻止环境的变化，那么就改变自己，去适应它吧。"

改变了自己，相当于为自己提供了更多的生存机会，为职场发展扫除了诸多障碍，为事业的成功增添了砝码。

1930 年，日本初秋的一个清晨，一个只有 1.45 米的矮个子年轻人从公园的长凳上爬了起来，徒步去上班，他因为拖欠房租，已经在公园的长凳上睡了两个多月了。他是一家保险公司的推销员，虽然工作勤奋，但收入少得甚至租不起房子，每天还要看尽人们的脸色。

一天，年轻人来到一家寺庙向住持介绍投保的好处。老和尚很有耐心地听他把话讲完，然后平静地说："听完你的介绍之后，丝毫引不起我投保的意愿。"

"人与人之间，像这样相对而坐的时候，一定要具备一种强烈吸引对方的魅力，如果你做不到这一点，将来就不会有什么前途可言……"

从寺庙里出来，年轻人一路思索着老和尚的话，若有所悟。接下来，他组织了专门针对自己的"批评会"，请同事或客户吃饭，目的是请他们指出自己的缺点。

"你的个性太急躁了，常常沉不住气……"

"你有些自以为是，往往听不进别人的意见……"

"你面对的是形形色色的人，必须要有丰富的知识，所以必须加强进修，以便能很快与客户找到共同的话题，拉近彼此之间的距离。"

……

年轻人把这些可贵的逆耳忠言一一记录下来。每一次"批评会"后，他都有被剥了一层皮的感觉。通过一次次的"批评会"，他把自己身上那一层又一层的劣根一点点剥落。

与此同时，他总结出了含义不同的 39 种笑容，并一一列出各种笑容要表达的心情与意义，然后再对着镜子反复练习。

年轻人开始像一只成长的蚕，随着时光的流逝悄悄地蜕变着。到了 1939 年，他的销售业绩荣膺全日本之最，并从 1948 年起，连续 15 年保持全日本销售量第一的好成绩。1968 年，他成了美国百万圆桌会议的终身会员。

这个人就是被日本国民誉为"练出价值百万美金笑容的小个子"、被美国著名作家奥格·曼狄诺称为"世界上最伟大的推销员"的推销大师原一平。

"我们这一代最伟大的发现是，人类可以由改变自己而改变命运。"原一平用自己的行动印证了这句话，那就是：有些时候，迫切应该改变的或许不是环境，而是我们自己。

有时想一想，顿觉人生如钓鱼。如果你固守在一个位置，用一套渔具、一个方法来钓，也许可以偶尔钓上来一条，但不会钓到大鱼，更不会有许多鱼上钩。

钓鱼的设备和方法要随着不同情况而有所改变。钓不同的鱼要用不同的鱼饵、不同长度的线；即使钓同一种鱼，依季节的变化，方法也不相同。鱼不会听从人的安排而上钩，但想钓上它来，就必须改变自己，以你的方式适应鱼的习性。

　　世界上的任何事情都不会完全按照我们的主观意志去发展变化。我们要获得成功，就首先得去认识事物的性质和特点，适时地调整自己。如果我们想当然地凭自己的想法去办事，就会像钓鱼不知道鱼的习性一样，注定要徒劳无功。

　　所以，做一切事、解决一切问题，我们都必须随着客观情况的变化而不断地调整自己，不断地采取与之相适应的方法，做到以"己"变应万变，才能够在职场上立足，使自己的职业之树常青。

　　对此，你可以运用思维导图，针对自己的现状，画出你身上的优秀品质，以及需要改变和调整的地方。

谁可以"砸开"这把"锁"

曾有这样一个故事,讲的是一个技术精湛、手艺高超的开锁专家,号称没有他打不开的锁。

于是镇里的人想捉弄一下这位专家,将他关在一个注满水的箱子里,并上了一把锁,请这位开锁专家表演"水中逃生"。

专家费了九牛二虎之力,用尽了所有的开锁方法,也没能将锁打开。为了不出生命危险,专家不得不认输,才得以将头探出水面换一换气。

看了专家表演的人无不哈哈大笑,原来,那把锁根本就没有锁死,只需轻轻一拉便可以打开了。

有些人读了这个故事只会淡然一笑,如果你能够读出故事背后的深意会更好。

为什么开锁专家没能打开这把未锁死的锁呢?其实,在他的头脑里已经存在了一把更为顽固的锁,使得他不会从另外一个角度去思考问题、解决问题。

那么,我们的头脑中是否也存在着各式各样的锁呢?

答案是肯定的。生活的习惯、传统的观念、定式的思维、专家权威的意见、对困难的畏惧，还有许许多多的锁，锁住了我们的思想，锁住了我们的智慧。

我们又应该怎么办呢？由谁来"砸开"这些"锁"？

答案是：自己。

创新，就需要有质疑的精神，敢于说"不"，只有敢于质疑，才能打开心头那把锁，才能开拓创新。

刚刚毕业不久的大学生敢于对权威企业咨询公司的调查结果说"不"，这是何等的胆量，随后，按照自己拟定的计划使企业走出困境，这又是何等的大智慧。这些，在杨少锋身上体现得淋漓尽致。

2002 年秋季，在中国移动的强力阻击下，中国联通 CDMA 的销售在全国范围内陷入了历史性低谷。从 5 月份进入福州市场，到 11 月份 CDMA 销量才达 2 万多用户，其中数千部还是靠员工担保送给亲朋好友的。

与国内其他城市相比，这个成绩实在是拿不出手。联通本来是委托全球著名的一家专业咨询策划公司做的策划方案，但是根据这一方案在近一年内投进去的大量广告费都未起作用。

当时杨少锋所在的广告公司正在为福州联通做策划方案。当杨少锋看过那家全球著名策划公司的方案后，得出了四个字——"不切实际"。

被杨少锋评述为"不切实际"的公司成立于 20 世纪 20 年代，在全世界拥有 70 多家分支机构，是被美国《财富》杂志誉为"世界上最著名、最严守秘密、最有声望、最有成效、最值得信赖和最令人仰慕的"企业咨询公司。

年仅 24 岁，大学刚毕业两年的杨少锋，竟然大胆否定了这家公司的方案！因为他自己已经有了一套完整周密的营销计划。中国联通福建省公司的领导经再三权衡后，最终接受了他的计划。

杨少锋计划的最重要一步，就是提高 CDMA 在福州的认知度。他认为，通过媒体重新对 CDMA 进行包装是最好的渠道。之后，他们在报纸、电视等媒体上大量投放广告，使 CDMA 具备了极高的认知度。紧接着他开始了营销计划的第二步——公开"手机不要钱"的概念。通过赠送 CDMA 手机，使联通打下了坚实的市场基础。

杨少锋的方案获得了成功，因为根据用户与联通签订的协议，这批用户两年内将给联通带来将近 7000 万元的话费收入。

这一成就源于杨少锋突破了头脑中的那把锁，没有被传统观念和专家权威所束缚。这也说明了：只要能够"砸开"那把"锁"，更加实事求是，更加熟悉市场走势，就能够更好地开拓创新思路，做出一番不凡的成绩。

用"心"来创"新"

　　总听到有人抱怨自己时运不佳，找不到任何开拓创新的时机。当看到别人有所成就时又会悔恨不已，殊不知别人的"新"是用"心"换来的。

　　凡事只有用心去做，才会激发出更多的智慧和想法；只要用心去做，就不会存在难以逾越的困境，创新就不是一件难事了。

　　日本是个服装王国，而独立公司则是这个王国中一颗格外耀眼的新星。独立公司不生产高档时装和名牌服装，而是独树一帜，专门为伤残人设计和生产各种服装，因此才在日本服装业占据了一席之地。

　　独立公司的老板是一位残疾妇女，名叫木下纪子。过去她曾经营过室内装修公司，而且在该行业颇有名气。

　　可是就在事业一帆风顺的时候，一场意外的疾病——中风，给了木下纪子毁灭性的打击。她的左半身瘫痪了。木下纪子痛苦过、颓废过，觉得再没什么希望了，甚至还想过自杀。

　　但是当她从极度痛苦中摆脱出来、冷静思考时，理智和意志终于占了上风:"必须振作起来,不能让这辈子就这样了结!"

　　然而,对于一个瘫痪的残疾人来说,要做成事业实在太难了。就拿穿衣服来说吧,这是每天必做的极小的一件事,而木下纪子却要非常吃力地花上数分钟或更长时间。"难道就不能设计出一种让伤残人容易穿脱的服装吗?"一个全新念头突然产生。一种要为和自己有同样遭遇的人解除不便的渴望重新燃起了木下纪子的事业心。

　　就这样,木下纪子根据设想和以往的经营管理经验,创办了世界上第一家专为伤残人设计和生产服装的公司——独立公司,专门产销"独立"牌服装。特意取"独立"这个名字,不仅向人们宣告伤残人的志愿和理想,同时也说出了木下纪子的心声——要走一条独立自主的生活道路,这是一个强者的选择。

　　独立公司开张后,生意非常兴隆,因为它确实抓住了一部分特殊人群的需要,找准了市场空当,更因为木下纪子是用一颗心来做这个事业的,每一点都可以体现出她的用心之处。木下纪子设计的服装看上去很普通,甚至不像伤残人穿的服装,而有点像时装。

　　对此,木下纪子有她的见解:伤残人很容易失去信心和勇气,服装的款式、面料及色彩讲究一些,不但能使伤残人穿着方便,也能增强他们的信心。更为重要的是,爱美之心人皆有之,伤残人何尝不想穿得漂亮一点!

　　木下纪子不仅是个意志刚强的女人,而且是一位具有发展眼光的企业家，她要把"独立"牌服装打进国际市场。这一计划不但得到了日本政府的支持，同时还得到了国外友人的帮助。后来，木下纪子与美国一家同行组成一个合资公司，在美国生产和销售"独立"牌服装。就连艾威琳·肯尼迪这位名门望族的后裔，也远道而来，与木下纪子协商业务合作事宜。为了扩大出口，日本政府还以政府的名义出面帮助木下纪子在美国、加拿大和澳大利亚等国举办独立公司的大型展览会。通过这种展览、展销，独立公司在国外迅速名噪一时，木下纪子的事业走向了辉煌。

木下纪子是个有心人，更是用心人。"残疾人"的身份使她更能设身处地去为客户着想，因为她的用心，才把事情做到了细微之处，同样因为用心，她才把事业做得伟大。

生活中并不缺乏创新的机遇，而是缺乏用心之人。只要你用心地去观察、去思考，就一定能够抓住创新的良机。

没有解决不了的问题，
只有还未开启的智慧

　　工作中，我们总会碰到各种各样看似无法解决的问题。这些问题就像拦路虎，挡住了我们的去路，使我们战战兢兢，不敢前行一步。也许我们努力了，但还是无法成功，于是更多的人选择了放弃，并安慰自己：算了吧，这是一个解决不了的问题，我还是不要再浪费时间了吧。

　　但是，问题真的解决不了吗？情况似乎并不是这样的。

　　詹妮芙·帕克小姐是美国鼎鼎有名的女律师。她曾被自己的同行——老资格的律师马格雷先生愚弄过一次，但是，恰恰是这次愚弄使詹妮芙小姐名扬全美国。

　　事情是这样的：

　　一位名叫康妮的小姐被美国"全国汽车公司"制造的一辆卡车撞倒，司机踩了刹车，卡车把康妮小姐卷入车下，导致康妮小姐被迫截去了四肢，骨盆也被碾碎。康妮小姐说不清楚是自己在冰上滑倒摔入车下，还是被卡车卷入车下。马格雷先生则巧妙地利用了各种证据，推翻了当时几名目击者的证词，康妮小姐因此败诉。

绝望的康妮小姐向詹妮芙·帕克小姐求援，詹妮芙通过调查掌握了该汽车公司的产品近 5 年来的 15 次车祸——原因完全相同，该汽车的制动系统有问题，急刹车时，车子后部会打转，把受害者卷入车底。

詹妮芙对马格雷说："卡车制动装置有问题，你隐瞒了它。我希望汽车公司拿出 200 万美元来给那位姑娘，否则，我们将会提出控告。"

老奸巨猾的马格雷回答道："好吧，不过，我明天要去伦敦，一个星期后回来，届时我们研究一下，做出适当安排。"

一个星期后，马格雷却没有露面。詹妮芙感到自己上当了，但又不知道为什么上当，她的目光扫到了日历上——詹妮芙恍然大悟，诉讼时效已经到期了。

詹妮芙怒气冲冲地给马格雷打了电话，马格雷在电话中得意扬扬地放声大笑："小姐，诉讼时效今天过期了，谁也不能控告我了！希望你下一次变得聪明些！"詹妮芙几乎要被气疯了，她问秘书："准备好这份案卷要多长时间？"

秘书回答："需要三四个小时。现在是下午 1 点钟，即使我们用最快的速度草拟好文件，再找到一家律师事务所，由他们草拟出一份新文件，交到法院，那也来不及了。"

"时间！时间！该死的时间！"詹妮芙小姐在屋中团团转，突然，一道灵光在她的脑海中闪现，"全国汽车公司"在美国各地都有分公司，为什么不把起诉地点往西移呢？隔一个时区就差一个小时啊！

位于太平洋上的夏威夷在西区，与纽约时差整整 5 个小时！对，就在夏威夷起诉！

詹妮芙赢得了至关重要的几个小时，她以雄辩的事实，催人泪下的语言，使陪审团的成员们大为感动。陪审团一致裁决：康妮小姐胜诉，"全国汽车公司"赔偿康妮小姐 600 万美元！

像这个故事一样，寻找解决问题的方法虽然不是很容易，但方法总是有的，只要我们努力地思考。工作中的难题也是这样，所以在工作中，如果我们遇到了难题，就应该坚持这样的原则：努力找方法，而不是轻易放弃。

对于通过思索以寻找解决问题方法的重要性，许多杰出的企业家都深有体会。比尔·盖茨曾说："一个出色的员工，应该懂得：要想让客户再度选择你的商品，就应该去寻找一个让客户再度接受你的理由。任何产品遇到了你善于思索的大脑，都肯定能有办法让它和微软的视窗一样行销天下的。"

洛克菲勒也曾经一再地告诫他的职员："请你们不要忘了思索，就像不要忘了吃饭一样。"

只要努力去找，解决困难的方法总是有的，而这些方法一定会让你有所收获。

只要精神不滑坡，方法总比困难多

在蒙牛集团，有这样一副对联："只要精神不滑坡，方法总比困难多。"这是一种无所畏惧的信念，也是一种工作指导方针。

牛根生说："在一个单位，不管是领导还是员工，只要有着这样的精神，有什么困难不能克服，有什么问题不能解决呢！"

相信不少人对 2003 年上半年的"非典"仍然记忆犹新，它带给我们的不只是对"SARS"病毒的恐慌，对我国的企业也是一种前所未有的冲击和考验。

虽然炎炎夏季来临，但冰激凌市场似乎依然冻结在"冰点"。不必说"吃冰激凌不利于预防'非典'"的传言，也不必说店铺纷纷关门，单论大街上锐减的人流，对于随意消费、冲动购买型的产品冰激凌来说，命运多舛就是注定的。

4 月下旬，冰激凌整体销量急剧下滑，一些小厂相继倒闭。

但自古"危机"就具有双面性，对退缩者而言是坟墓，对进取者而言是天堂。乱"市"出英雄，旧的市场格局每动乱一次，行业格局就调整一次。蒙牛却在此期间打了一场胜利的营销仗，它在三个方面采取了"与众不同"的措施。

或者说，在蒙牛的决策层里早已形成了一幅制胜的思维导图。

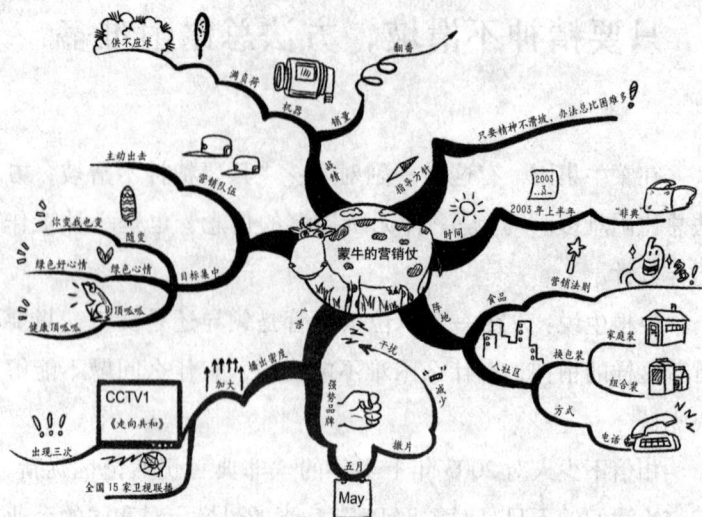

（1）转移阵地，开辟"第二渠道"。

食品一旦走出工厂，最基本的营销法则就是到"嘴多""胃多"的地方去。既然"非典"把人们逼到了社区，那么，社区就是最佳的"卖场"。

阵地变了，策略就得跟着变。蒙牛冰激凌紧急调整部署，在社区发展经销商、发展售点。同时，改换包装形式，根据人们在"非典"期间不愿打开包装而愿整箱购买的现状，发展家庭装、组合装。结果领先一步，"抢位"成功。

许多社区都打出了"不让'非典'进社区"的口号，蒙牛冰激凌何以出入社区？两个字：中转。到了小区门口，打个电话到里面，只交流货，不交流人。

（2）密播广告，强化"品牌经营"。

进入五月份，冰激凌市场萎靡不振，许多在中央电视台播放广告的强势品牌不愿再做"守望者"，纷纷撤片。连2002年销量第一的某冰激凌品牌，也不堪重负，同样撤下了在央视播放的广告。

销量第二的蒙牛却反其道而行之，不但不撤广告，甚至加大了播出密度，如在央视一套《走向共和》每晚三集剧前（这是央视一套第一次采取三集连播方式），蒙牛冰激凌广告与液体奶广告双双雄飞，集集不落，各出现三次，气势逼人；同时在全国15家卫视联播中也加大了播出密度。

为什么这样做？因为"非典"将人们堵在家里，电视成为联系外界的主要窗口，正是品牌传播的好机会。如果别人都撤了广告，那又平添了一样好处：品牌的相互干扰减少。

（3）众志成城，采取"播种行动"。

时任蒙牛冰激凌销售部长的赵全生说："非典"到来，有的冰激凌品牌选择了放弃，业务员放假的放假，观望的观望。蒙牛的营销队伍却选择了"播种"，戴上口罩，主动出击。

在产品结构调整上，放弃三类，淡化二类，主攻一类。由于目标集中，聚焦收效，"随变""绿色心情""顶呱呱"等产品，随着"你变我也变""绿色好心情""健康顶呱呱"

的宣传主题，一路畅销。

有无相生，长短相形，祸福相依。只要精神不滑坡，办法总比困难多。全国市场一会儿这里燃起一团火，一会儿那里燃起一团火，众人拾柴火焰高，"冰点"化作了"沸点"，蒙牛冰激凌 5 月份的销量比上年同期翻了一番，工厂所有机器满负荷运转，仍然供不应求，一再断货。6 月份销势更猛。

坚信"方法总比困难多"，能够增强我们战胜困难的信心，还能激发出我们的创造热情。许多成功者回忆走过的艰难路途时都表示，就是因为有了"方法总比困难多"这一信念的支撑，才有了他们今日的成就和辉煌。

一定要画出发掘你创造力的思维导图来

由于思维导图能够最大限度地挖掘大脑中的创造潜力，目前有很多企业和个人都在创造和运用开启创造力的思维导图，取得的效果也非常惊人。

一个学习型公司的总裁说："作为一个头脑风暴的工具，思维导图让我们感觉到创造力一下子打开了，新点子层出不穷，真是思如泉涌，这种感觉以前从来没有过，真是太棒了。"

那好，从现在开始，就让我们也来创造开启创造之门的思维导图吧。

在画图之前，让我们先来做以下的测试，评判一下你的创造能力：

1. 在学校里，我喜欢试着对事情或问题做猜测，即使不一定都猜对也无所谓。

A. 完全符合　　B. 部分符合　　C. 完全不符合

2. 我喜欢仔细观察我没有看过的东西，以了解详细的情形。

A. 完全符合　　B. 部分符合　　C. 完全不符合

3. 我喜欢听变化多端和富有想象力的故事。

A. 完全符合　　B. 部分符合　　C. 完全不符合

4. 画图时我喜欢临摹别人的作品。

A. 完全符合　　B. 部分符合　　C. 完全不符合

5. 我喜欢利用旧报纸、旧日历及旧罐头等废物来做成各种好玩的东西。

A. 完全符合　　B. 部分符合　　C. 完全不符合

6. 我喜欢幻想一些我想知道或想做的事。

A. 完全符合　　B. 部分符合　　C. 完全不符合

7. 如果事情不能一次完成，我会继续尝试，直到成功为止。

A. 完全符合　　B. 部分符合　　C. 完全不符合

8. 做功课时我喜欢参考各种不同的资料，以便得到多方面的了解。

A. 完全符合　　B. 部分符合　　C. 完全不符合

9. 我喜欢用相同的方法做事情，不喜欢去找其他新的方法。

A. 完全符合　　B. 部分符合　　C. 完全不符合

10. 我喜欢探究事情的真假。

A. 完全符合　　B. 部分符合　　C. 完全不符合

11. 我喜欢做许多新鲜的事。

A. 完全符合　　B. 部分符合　　C. 完全不符合

12. 我不喜欢交新朋友。

A. 完全符合　　B. 部分符合　　C. 完全不符合

13. 我喜欢想一些不会在我身上发生的事情。

A. 完全符合　　B. 部分符合　　C. 完全不符合

14. 我喜欢想象有一天能成为艺术家、音乐家或诗人。

A. 完全符合　　B. 部分符合　　C. 完全不符合

15. 我会因为一些令人兴奋的念头而忘记了其他的事。

A. 完全符合　　B. 部分符合　　C. 完全不符合

16. 我宁愿生活在太空站，也不喜欢住在地球上。

A. 完全符合　　B. 部分符合　　C. 完全不符合

17. 我认为所有的问题都有固定的答案。

A. 完全符合　　B. 部分符合　　C. 完全不符合

18. 我喜欢与众不同的事情。

A. 完全符合　　B. 部分符合　　C. 完全不符合

19. 我常想要知道别人正在想什么。

A. 完全符合　　B. 部分符合　　C. 完全不符合

20. 我喜欢故事或电视节目所描述的事。

A. 完全符合　　B. 部分符合　　C. 完全不符合

21. 我喜欢和朋友们分享我的想法。

A. 完全符合　　B. 部分符合　　C. 完全不符合

22. 如果一本故事书的最后一页被撕掉了，我就自己编造一个故事，把结局补上去。

A. 完全符合　　B. 部分符合　　C. 完全不符合

23. 我长大后，想做一些别人从没想过的事情。

A. 完全符合　　B. 部分符合　　C. 完全不符合

24. 尝试新的游戏和活动，是一件有趣的事。

A. 完全符合　　B. 部分符合　　C. 完全不符合

25. 我不喜欢太多的规则限制。

A. 完全符合　　B. 部分符合　　C. 完全不符合

26. 我喜欢解决问题，即使没有正确的答案也没关系。

A. 完全符合　　B. 部分符合　　C. 完全不符合

27. 有许多事情我都很想亲自去尝试。

A. 完全符合　　B. 部分符合　　C. 完全不符合

28. 我喜欢唱没有人知道的新歌。

A. 完全符合　　B. 部分符合　　C. 完全不符合

29. 我不喜欢在班上同学面前发表意见。

A. 完全符合　　B. 部分符合　　C. 完全不符合

30. 当我读小说或看电视时，我喜欢把自己想成故事中的人物。

A. 完全符合　　B. 部分符合　　C. 完全不符合

31. 我喜欢幻想 200 年前人类生活的情形。

A. 完全符合　　B. 部分符合　　C. 完全不符合

32. 我常想自己编一首新歌。

A. 完全符合　　B. 部分符合　　C. 完全不符合

33. 我喜欢翻箱倒柜，看看有些什么东西在里面。

A. 完全符合　　B. 部分符合　　C. 完全不符合

34. 画图时，我很喜欢改变各种东西的颜色和形状。

A. 完全符合　　B. 部分符合　　C. 完全不符合

35. 我不敢确定我对事情的看法都是对的。

A. 完全符合　　B. 部分符合　　C. 完全不符合

36. 对于一件事情先猜猜看，然后再看是不是猜对了，这种方法很有趣。

A. 完全符合　　B. 部分符合　　C. 完全不符合

37. 玩猜谜的游戏很有趣，因为我想要知道结果如何。

A. 完全符合　　B. 部分符合　　C. 完全不符合

38. 我对机器有兴趣，也很想知道它里面是什么样子，以及它是怎样运转的。

A. 完全符合　　B. 部分符合　　C. 完全不符合

39. 我喜欢可以拆开来的玩具。

A. 完全符合　　B. 部分符合　　C. 完全不符合

40. 我喜欢想一些新点子，即使用不着也无所谓。

A. 完全符合　　B. 部分符合　　C. 完全不符合

41. 一篇好的文章应该包含许多不同的意见或观点。

A. 完全符合　　B. 部分符合　　C. 完全不符合

42. 为将来可能发生的问题找答案，是令人兴奋的事。

A. 完全符合　　B. 部分符合　　C. 完全不符合

43. 我喜欢尝试新的事情，目的只是为了想知道会有什么结果。

A. 完全符合　　B. 部分符合　　C. 完全不符合

44. 玩游戏时，我通常是有兴趣参加，而不在乎输赢。

A. 完全符合　　B. 部分符合　　C. 完全不符合

45. 我喜欢想一些别人常常谈过的事情。

A. 完全符合　　B. 部分符合　　C. 完全不符合

46. 当我看到一张陌生人的照片时，我喜欢去猜测他是怎么样一个人。

A. 完全符合　　B. 部分符合　　C. 完全不符合

47. 我喜欢翻阅书籍及杂志，但只想知道它的内容是什么。

A. 完全符合　　B. 部分符合　　C. 完全不符合

48. 我不喜欢探寻事情发生的各种原因。

A. 完全符合　　B. 部分符合　　C. 完全不符合

49. 我喜欢问一些别人没有想到的问题。

A. 完全符合　　B. 部分符合　　C. 完全不符合

50. 无论在家里或在学校，我总是喜欢做许多有趣的事。

A. 完全符合　　B. 部分符合　　C. 完全不符合

该测验可以测试创造性的四种特征，即冒险性、好奇心、想象力、挑战性。记分的方法是"完全符合"记3分，"部分符合"记2分，"完全不符合"记1分。

其中"冒险性"包括1、5、21、24、25、28、29、35、36、43、44，共11题，满分33分；

"好奇心"包括2、8、11、12、19、27、32、34、37、38、39、47、48、49，共14题，满分42分；

"想象力"包括6、13、14、16、20、22、23、30、31、32、40、45、46，共13题，满分39分；

"挑战性"包括3、4、7、9、10、15、17、18、26、41、42、50，共12题，满分36分。

在冒险性特征上得分高：表明受测者具有下列特征：勇于面对失败或批评；敢于猜测；能在杂乱的情境下完成任务；

勇于为自己的观点辩护。而低分者缺乏冒险性，因而创造性不足。

在好奇心特征上得分高：表明受测者富有追根究底的精神；主意多，乐于接触暧昧迷离的情境；肯深入思索事物的奥妙；能把握特殊的现象并观察其结果。在好奇心特征上得分低，表明受测者不具备上述特征，影响受测者创造力的发展。

在想象力特征上得分高：表明受测者善于视觉化并建立心像；善于幻想尚未发生的事情；可进行直觉推测；能够超越感官及现实的界限。低分者缺乏想象力，因而创造性不高。

在挑战性特征上得分高：表明受测者善于寻找各种可能性；能够了解事情的可能性与现实间的差距；能够从杂乱中理出秩序；愿意探究复杂的问题或主意。低分者在这方面表现出因循守旧的特点，因而缺乏创造性。

通过这个测试，想来你对自己的创造力已经有了一个比较准确的估价。接下来，你就可以根据自己的具体情况，画一张发掘创造力的思维导图了。

为了用思维导图证实我们具有非凡的创造力，现在让我们做一个关于"水"的练习，并尝试自己绘制一幅简单的思维导图。

首先，我们在思维导图上画"水"的形象图。分别有5条或更多的分支将从思维导图的中心发散出去，并且每条分支的"末梢"又有三条小的分支。

接下来，运用你的想象力，给那些分支加上关键词和图形。那么，围绕"水"字就引发出 5 个主要想法，这样你第一次的创造成果就增加到了 5 个。

其次，你可以使用这 5 个新创造出来的想法，把它们中的每一个都另外扩展出 3 个新的想法，这样就又增加了 3 倍，或者说增加了 300%。即，瞬间的工夫，你把你的一个想法扩展出 15 个新想法。

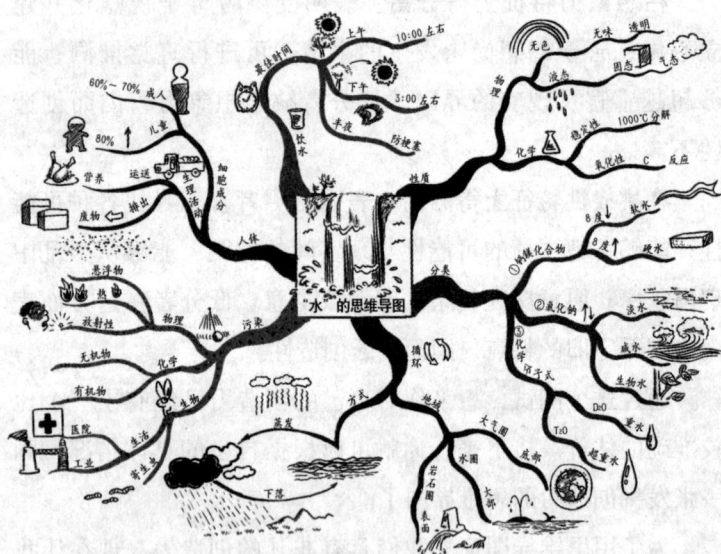

如果现在让你把最初扩展出来的 15 个关键词中的每一个再扩展 5 个呢？你当然可以！那将会创造出 75 个新想法。

如果接着扩展下去呢，又将会有 375 个新想法……

一直扩展下去，可以持续多久呢？

　　答案是永远！

　　这就是思维导图的神奇之处，同时也证明了我们每个人都有无限的创造力。因此，思维导图是发掘你无穷创造潜能的最好方法。

唤醒你内心深处的艺术细胞

当你还是个不会讲话的婴幼儿时，如果拿到了一支蜡笔，你马上能在纸上画出一个痕迹。那个痕迹或许是条弯曲的线，或许是个不圆的圆。

等你再长大一些的时候，你的画中开始出现肖像，你往往用圆圈代表眼睛或者嘴巴。渐渐地，随着你的成长，你的画也越来越复杂。比如，你的画上开始出现长长的胳膊长长的腿，你会把眼睛画得又大又圆，你还会给衣服画上漂亮的扣子。再后来，你开始用图画向别人讲自己的故事，比如，你会画一张全家福，一家人很开心地手拉着手。

每个人天生都是艺术家，只是你没有发现这种与生俱来的艺术天赋罢了。然而一旦将它激活，你就会成为一个善于创造，有胆量，自我表现力很强的人。你的朋友们会觉得你很有趣，因为你总是能带给大家惊喜。

人的大脑拥有无穷无尽的创造力，而帮助你唤醒这种能力的不是别的，而是绘画！在绘画的过程中你还将学会用不同的方法看事物和解决问题，并使用这种特殊的语言来表达自己！

对于艺术来说，想象力是不可缺少的因素之一。

正像亚里士多德所说的那样，如果要想从事创作工作，就必须有想象的才能。更重要的一点是，我们从事某项艺术所取得的创作成果取决于所使用的方法，比如，当我们在听音乐的时候，只需处于一种非常有利于想象的环境之中。

我们习惯了从左向右的阅读顺序，习惯了从上到下地打量事物，所以，当原本熟悉的东西忽然颠倒着出现在你面前时，你几乎认不出它。这是因为熟悉的事物颠倒过来就会看起来不一样。我们会自动为感知到的事物指定上、下和两边，并且期望看到事物像平常那样，即朝正确的方向放置。因为当事物朝正确方向放置时我们能够认出它，说出它的名字，并把它归类到与我们存储的记忆和概念相符合的类别中去。

让大脑迸发出创意的火花——灵感

生活中，也许你会遇到这样一种情况：一个难题难住了你，你也使用了吃奶的力气去寻找解决的办法，但是结果一点收获都没有。

你垂首丧气、疲惫不堪，就在决定放弃的时候，意想不到的事情出现了。你猛地抬起头来，双眼圆睁，啊哈！你突然意识到，你已经撞到了解决问题的答案——灵感。

法国著名画家毕加索曾说："艺术家是一个容器，他可以容纳来自四面八方的感情，可以是来自天上的，地下的，来自一张碎纸片，也可以是来自一闪即过的形象，或是来自一张蜘蛛网。"毕加索说的，就是创意的火花——灵感。

灵感指的是当人们研究某个问题的时候，并没有像通常那样运用逻辑推理，一步一步地由未知达到已知，而是一步到位，一眼看穿事物的本质。

神话传说中的灵感是缪斯女神对凡间诗人的赐予。如此说来，灵感似乎是神赐之物，它来自外部。或许某些发挥创造力的人在某些情况之下会认为自己的灵感的确是来自外部，但冷静地分析下来，大部分的情况并非如此。一个人灵感

"来"的时候，会达到一种极度专注的境界，这可能是外在事物带来的一种刺激，但绝非拜神所赐。

著名的诗《忽必烈汗》是英国浪漫主义诗人柯勒律治从一次梦中得到的启示，醒来之后即刻写下来，直到一位访客到他家拜访，打断了他的思绪，这首诗后来就写不下去了。

现代英国诗人豪斯曼曾生动地描述他创作一首诗的灵感过程。他写作时习惯在住家附近的英国乡下散步，他说：在途中，这首诗的其中两段就来到我脑中，跟后来出版的一字不差。喝完下午茶之后，稍做努力，第三段也跟着来了。但还差一段，就是来不了，那一段我还得费事自己写呢。

著名作家赖声川的舞台剧《在那遥远的星球，一粒沙》的故事也是他做梦梦到的，半夜醒来，逼自己起床写下来。最后完成的剧本跟那天半夜的笔记相差甚少。

豪斯曼说那些词句"就来到我脑中"到底是什么意思？从哪里来？赖声川说《在那遥远的星球，一粒沙》的故事是"做梦梦到的"，那故事又是从哪里来的？难道空气中某处真的存在一间大仓库，里面装满故事、诗、音乐、画、各种发明和创意点子供创意人取用？谁能走进这间仓库？去哪里办通行证？还是真的有"缪斯"，我们可以培养她们，随时请求她们从空气中传递创意构想和执行方法给我们？

其实灵感的产生没有那么玄。灵感的产生与我们的内在需求相呼应，针对创意题目，灵感提供可行的答案和方向。

以豪斯曼及赖声川为例，这是很明确的。以柯勒律治为例，我们无法确定他是否一直想写一首异国情调的浪漫诗，但灵感在他身上产生的时候，并不是以无法辨认的密码形式出现的，它是可理解的，并且应当是针对他意识中或潜意识中所关心的题目而来的。

换句话说，当你苦思一个创意题目时，来的灵感是针对这个题目的。万一是另一个题目的答案来到心中，这题目必定也是在自己意识或潜意识中浮现过的。

灵感的逻辑很难捉摸。当灵感来的时候，它可能出现的面貌好比说是"A"，但它带来的联想未必是"B"，很可能是"C"，而从"C"未必顺理成章到达"D"，可能直接跳到结论"Z"。

所以说，当我们看到"A"突然联结到"Z"，不了解整体情况的人会觉得毫无道理，所以看不懂，认定是神秘而不可分析的。但跳跃的逻辑也是一种逻辑，道理自然存在于它发生的过程中。

为什么在某一时刻，思考者会对某样东西或某件事物产生一种新的视角，看到新的可能性，知道如何组合、清楚地排列到心中？虽然灵感的发生充满神秘色彩，但不管多么随机、庞大、复杂，灵感发生的方式确实有其脉络可循。

这些用途都可以在思维导图中很好地表示出来。

不知你尝试过每个月至少读一本自己并不感兴趣的书没

有？你只有在阅读过程中受到新的影响，才能得到新的想法。

爱因斯坦曾说过："我日复一日、年复一年地不断思考，99 次的结论都是错误的，但第 100 次我是正确的。"很多灵感在刚产生的时候就被扼杀了，没经过任何考验，因此，它们仅仅是灵感而已。

还有很多灵感在实现过程中由于种种原因失败了——每次当你想出一个新创意时，你一定能听见很多关于失败的例子。

如果你想有所收获，你必须敢于尝试新事物。要想成功，你必须敢于面对失败。事实上，如果你想让你的灵感得到生长，来一点小小的疯狂是会有所帮助的。

提倡使用思维导图进行创意性工作，其中一个最大的好处就是激发创意和灵感，加强和巩固构思过程，增加了生成新想法的可能性。

　　使用思维导图还能让人感到轻松愉快、充满幽默，使思维导图的制作者极有可能游离于常识之外，因而导致新创意——灵感的产生。

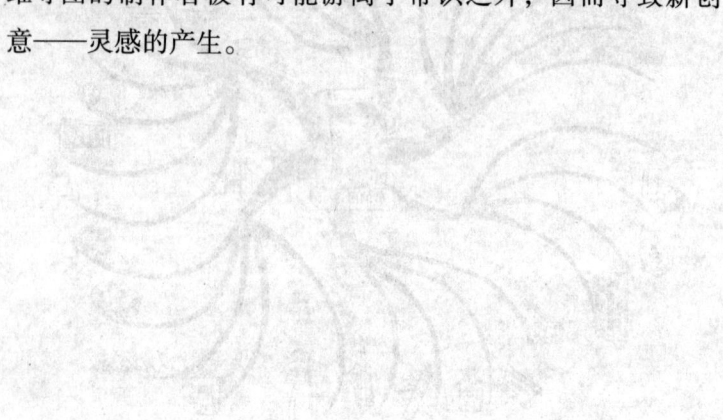

怎样正确地做事和做正确的事

让我们先看一个故事。

这是约翰·米勒先生亲身经历的一件事，也许从这件事中你可以体会出"效能"的含义。

那是阳光明媚的一个中午，在明尼阿波利斯市区，米勒先生经过一家叫"石邸"的餐厅，想吃顿简单的午餐。

餐厅就餐的人非常多，赶时间的米勒先生很庆幸找到了一张吧台旁边的凳子坐了下来。几分钟后，有位年轻人端了满满一托盘要送到厨房清洗的脏碟子，匆匆地从他的身边经过。年轻人用眼角余光注意到了米勒先生，于是停下来，回头说道："先生，有人招呼您了吗?"

"还没有，"他说，"我赶时间，只是想来一份沙拉和两个面包圈。"

"我替您拿来，先生。您想喝点什么?"

"麻烦来杯健怡可乐。"

"对不起，我们只卖百事可乐，可以吗?"

"啊，那就不用了，谢谢。"米勒先生面带微笑，说道，"请给我一杯水加一片柠檬。"

"好的，先生，马上就来。"他一溜烟不见了。

过了一会儿，他为米勒先生送来了沙拉、面包圈和水，留下米勒先生用餐。

又过了一会儿，年轻人突然为米勒先生送来了一听冰凉的健怡可乐。

米勒先生一阵高兴，却又有疑问："抱歉，我以为你们不卖健怡可乐。"他说。

"没错，先生，我们不卖。"

"那这是从哪儿来的?"

"街角杂货店，先生。"米勒先生惊讶极了。

"谁付的钱?"他问。

"是我，才2块钱而已。"

听到这里，米勒先生不禁为年轻人专业的服务所折服，他原本想说的是："你太棒了!"但实际却说："少来了，你忙得不可开交，哪有时间去买呢?"

面带笑容的年轻人，在米勒先生眼前似乎变得更高更大了。"不是我买的，先生。我请我的经理去买的!"

米勒先生被这位年轻人高效能的工作作风所感动了，他认为这个店员选用了"正确的方式"做了"正确的事"。于是米勒先生当时就决定：把这家伙挖过来，不管多费事!你明白了吗?"效能"就是指"用正确的方式做了正确的事"。"正确地做事"保证了做事的效率，"做正确的事"保证了将事做对，二者结合在一起，也就保证了我们说的"工作效能"。

"正确地做事"指的是方法问题，就像这个故事中的年轻人变通地"让经理替自己去杂货店买健怡可乐"这一做法就属于"正确地做事"。

他没有拘泥于传统的服务理念，而是以顾客的需求为重，努力找方法创造性地满足了顾客的需求。这种创造性思维和做法都是我们所提倡的。

要了解"做正确的事"的含义，就要先了解什么才是"正确的事"。

我们的生活、工作中有许许多多的事情需要去做，是否这些都是"正确的事"呢？不是的。比如，你在第二天有重要的工作要做，现在需要充分地休息，可这时接到一个朋友的电话邀请你去酒吧聊天。那么，"休息"就是"正确的事"，而"去酒吧聊天"就不是"正确的事"。

我们每天面对的众多事情，怎么才能区分哪些是需要做的"正确的事"呢？其实，按照轻重缓急的程度，我们遇到的事情可以分为以下四个象限，即重要且紧急的事，重要但不紧急的事，不紧急也不重要的事紧急但不重要的事。

第一象限是重要且紧急的事。诸如应付难缠的客户、准时完成工作、住院开刀，等等。

第二象限是重要但不紧急的事。比如，长期的规划、问题的发掘与预防、参加培训、向上级提出问题处理的建议，等等。

第三象限是不紧急但不重要的事。既然不重要也不紧急，那就不值得花时间在这个象限。

　　第四象限是紧急但不重要的事。表面看似第一象限，因为迫切的呼声会让我们产生"这件事很重要"的错觉——实际上就算重要也是对别人而言。电话、会议、突来访客都属于这一类。我们花很多时间在这个里面打转，自以为是在第一象限，其实只是在第四象限徘徊。

　　现在我们不妨回顾一下上周的生活与工作，你在哪个象限花的时间最多？请注意，在划分第一和第三象限时要特别小心，急迫的事很容易被误认为是重要的事。

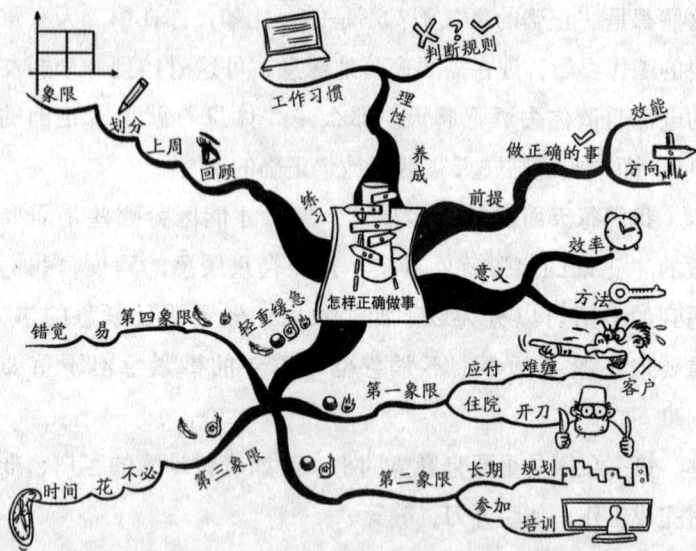

　　其实二者的区别就在于这件事是否有助于完成某个重要的目标，如果答案是否定的，便应归入第三象限。

　　要学会把时间花在第二象限，做重要而不紧迫的事。那样才会减少重要的事进入第一象限，变得紧急。

在工作中，我们需要时刻提醒自己，怎样做才是创造最高工作效能的最佳方式。那就是找到重要但不紧急的事，之后用上全部的智慧、最恰当的方法去做好它，你的工作就能够保持高效而平衡了。

机器不转动，工厂也能赚钱

据参观丰田工厂的人说，丰田工厂和其他工厂一样，机器一行一行地排列着。但有的在运转，有的都没有启动。

于是有的参观者疑惑不解："丰田公司让机器这样停着也赚钱？"

不错，机器停着也能赚钱！这是由于丰田汽车公司创造了这样的工作方法：必须做的工作要在必要的时间去做，以避免生产过量的浪费，避免库存的浪费。

原来，不当的生产方式会造成各种各样的浪费，而浪费又是关涉提高效能、增加利润的大事。

丰田公司对浪费做了严格区分，将浪费现象分为以下7种：

（1）生产过量的浪费；

（2）窝工造成的浪费；

（3）搬运上的浪费；

（4）加工本身的浪费；

（5）库存的浪费；

（6）操作上的浪费。

（7）制成次品的浪费。

丰田公司又是怎样避免和杜绝库存浪费的呢？许多企业的管理人员都认为，库存比以前减少一半左右就无法再减了，但丰田公司就是要将库存率降为零。为了达到这一目的，丰田公司采用了一种"防范体系"。

就以作业的再分配来说，几个人为一组干活，一定会存在有人"等活"之类的窝工现象存在。所以，有人就认为，对作业进行再分配，减少人员以杜绝浪费并不难。

但实际情况并非完全如此，多数浪费是隐藏着的，尤其是丰田人称之为"最凶恶敌人"的生产过量的浪费。丰田人意识到，在推进提高效率、缩短工时以及降低库存的活动中，关键在于设法消灭这种过量生产的浪费。

为了消除这种浪费，丰田公司采取了很多措施。以自动化设备为例，该工序的"标准手头存活量"规定是5件，如果现在手头只剩3件，那么，前一道工序便自动开始加工，加到5件为止。

到了规定的5件，前一道工序便依次停止生产，制止超出需求量的加工。后一道工序的标准手头存活量是4件，如减少1件，前一道工序便开始加工，送到后一道工序。后一道工序一旦达到规定的数量，前一道工序便停止加工。

像这样，为了使各道工序经常保持标准手头存活量，各道工序在联动状态下开动设备，这种体系就叫作"防范体系"。在必要的时刻，一件一件地生产所需要的东西，就可以避免生产过量的浪费。

在丰田生产方式中，不使用"运转率"一词，全部使用"开动率"，而"开动率"和"可动率"又是严格区分的。所谓开动率就是，在一天的规定作业时间内（假设为8小时），有几小时使用机器制造产品的比率。假设有台机器只使用4小时，那么这台机器的开动率就是50%。开动率这个名词是表示为了干活而转动的意思，倘若机器单是处于转动状态即空转，即使整天开动，开动率也是零。

"可动率"是指在想要开动机器和设备时，机器能按时正常转动的比率。最理想的可动率是保持在100%。为此，必须按期进行保养维修，事先排除故障。由于汽车的产量因每月销售情况不同而有所变动，开动率当然也会随之而发生变化。如果销售情况不佳，开动率就下降；反之，如果订货很多，就要长时间加班或倒班，有时开动率为100%，有时甚至会达到120%或130%。丰田完全按照订货来调配机器的"开动率"，将过量生产的浪费情况降到最低，才出现了即使机器不转动也能赚钱的局面。

讲到这里，不得不提戴尔公司的"零库存管理模式"，它与丰田的"防范体系"颇有异曲同工之妙。

戴尔公司走在物流配送时代的前列。分析家们分析戴尔成功的诀窍时说："戴尔总支出的74%用在材料配件购买方面，2000年这方面的总开支高达210亿美元。如果我们能在物流配送方面降低0.1%，就等于我们的生产效率提高了10%。"

戴尔公司分管物流配送的副总裁迪克·亨特说："我们

只保存可供 5 天生产的存货，而我们的竞争对手则保存 30 天、45 天，甚至 90 天的存货。这就是区别。"

戴尔是怎样做到的呢？原来，这一切的实现源于互联网生产与客户紧密相连。

工厂的多数生产过程都由互联网控制，就连几辆鸣着喇叭在厂房里穿行的叉车都是由无线电脑来控制其装卸活动的。

公司 30 万平方米的厂房不仅是戴尔追求效能的标志，而且是公司不断缩短从顾客订货至成品装车这段时间的标志。目前的目标是 5~7 小时。

由于戴尔公司按单定制，因此，这些库存一年可周转 15 次。相比之下，其他依靠分销商和转销商进行销售的竞争对手，其周转次数还不到戴尔公司的一半，这种快速的周转能使总利润多出 1.8%~3.3%。

只要有创新，垃圾也能变成金

垃圾处理一直是一件让世人关注的事情，如果处理不好便会引起各种各样的环境问题。那么，能不能将垃圾合理利用，变废为宝呢？

也许很少有人会认真思考这个问题，但麦考尔想到了，而且借此扬了名。

1974 年，美国政府为清理那些给自由女神像翻新扔下的废料，向社会广泛招标。但好几个月过去了，没人应标。

正在法国旅行的麦考尔听说后，立即飞往纽约，看过自由女神像下堆积如山的铜块、螺丝和木料后，未提任何条件，立即就签了字。

当时不少人对他的这一举动暗自发笑。因为在纽约州垃圾处理有严格的规定，弄不好会受到环保组织的起诉。

就在一些人等着麦考尔的笑话时，他开始组织工人对废料进行分类。他让人把废铜熔化，铸成小自由女神像；再把木头加工成木座；废铅、废铝做成纽约广场的钥匙。最后他甚至把从自由女神像身上扫下的灰尘都包装起来，出售给花店。

不到 3 个月时间，麦考尔让这堆废料变成了 350 万美金，每磅铜的价格整整翻了 1 万倍。

本来是一堆让政府颇感头痛的垃圾，在创新人士的眼中却可以衍化为各种各样的资源，善加分类，稍加创意，便可以从"垃圾"中挖掘出财富。

无独有偶，我国也有一个小伙子愣是利用"垃圾"致了富。

刘亮是一个由湖南去广东打工的小伙子。

有一次，刘亮跟老板到云南采购大理石，看见大理石厂的垃圾堆了一地，主要都是一些不成材的大理石边角料。

那个带领他们看货的大理石老板边走边对他们说："你们看见那些废料了吗？占了很多地方，我看见就心烦，可是没人要，只好堆在那里成了垃圾。"

刘亮当时并没在意，回到广州后，他看到广州读书人镇纸用的石条，灵感便冒了出来。

刘亮果断地辞掉了工作，买来机器，到云南与大理石厂老板签订了包清垃圾石料的合约。

之后，刘亮开始创业办厂了，专门生产大理石镇纸以及大理石地脚线等。

刘亮将平凡无奇的"大理石垃圾"加工成型后，还在每件镇纸上刻上各色生肖或名言警句，产品居然供不应求，工厂也一再招工扩产。

小伙子用自己的创意为本是垃圾的石块赋予了生命，使其成为创富的工具。

　　一位学者曾说过，世上本没有垃圾，只有放错了地方的资源。一件事情的好坏优势，关键在于你以什么样的视角来看待它。从正面看，这是一堆垃圾，那么不妨将思维转个弯，从侧面或从反面来思考，那些原本被定义为废品的东西，就会变成创造财富的宝贝。

创新中的"多一盎司"规则

著名投资专家约翰·坦普尔顿通过大量的观察研究，得出了一条很重要的原理："多一盎司定律。"盎司是英美重量单位，一盎司相当于1/16磅，在这里以一盎司表示一点微不足道的重量。所谓"多一盎司定律"，意即只要比正常多付出一丁点就会获得超常的成果。

坦普尔顿指出：取得中等成就的人与取得突出成就的人几乎做了同样多的工作，他们所做出的努力差别很小——只是"多一盎司"。但其结果，所取得的成就及成就的实质内容方面，却经常有天壤之别。

创新的道路上，也遵循着"多一盎司"定律。想得比别人深入一点点，就有可能在创新之路上比别人快了许多步。我们所熟知的发明创造故事，许许多多发明家都是因为多付出了一点点，多思考了一步，才和许多具有重大意义的"发现"相遇的。

伦琴发现X射线就是一例。很多人都知道，伦琴博士是X射线的发现者。X射线的发现是"诊断史上的一个最大的里程碑"。运用X射线造出的X光透视器可以透视人体的内脏和骨骼，能够使医生准确地发现病人的病因，从而挽救千千万万人的生命。

其实在伦琴之前，有很多人已经摸索到了 X 射线的门槛，只不过由于他们都没有踏进去，以致于和这项伟大的发现擦肩而过。

1804 年，汤姆生在测量阴极射线的速度时首先观察到了 X 射线，但他当时没有专门研究这一现象，只在论文中提了一笔，说看到了放电管几英尺远处的玻璃管上发出了荧光（19 世纪末，阴极射线研究是物理学的热门课题，许多物理实验室都致力于这个方面的研究）。

1880 年，哥尔茨坦在研究阴极射线时，也注意到阴极射线管壁上发出一种特殊的辐射，使得管内的荧光屏发光。但是他没有想到要进一步追查根源，于是错过了发现 X 射线的机会。

1887 年，早于伦琴发现 X 射线的 8 年，克色克斯也曾发现过类似现象。他把变黑的底片退还厂家，认为是底片本身有问题。

而在 1890 年，美国宾夕法尼亚大学的古茨波德也有过同样的遭遇，他甚至还拍摄到了物体的 X 光照片，但后来，他随手把底片扔到了废片堆里。5 年后，得知伦琴宣布发现 X 射线，古茨彼德才想起这件事，重新加以研究。

其实，在伦琴博士发现 X 射线以前，许多人都知道照相底片不要存放在阴极射线装置旁边，否则有可能变黑。

例如，英国牛津有一位物理学家叫史密斯，他发现保存在盒中的底片变黑了，而这个盒子就搁在克鲁克斯型放电管附近，但他只是提醒助手以后把底片放到别处保存，没有认真追查原因……这些科学家虽然都观察到了 X 射线，但他们在各自的科学路途中没有继续走下去，以致于和"X 射线发现者"这个称号失之交臂。

如果汤姆生当初多走几步，X 射线的发现或许可以提前近一个世纪！如果触及这个领域的科研工作者能够思考得再深入一层，或许这项改变人类疾病历史的发现就轮不到伦琴了。

其实，创新的机会离我们并不遥远，我们只需做一个有心人，遇到问题多想一点，再深入一步，有时只需在生活、工作中"多加一盎司"，结果可能就大不一样。

怎样才能使洗衣机洗后的衣服上不沾上小棉团之类的东西？这曾经是一个令科技人员大感棘手的难题。他们提出过一些有效的办法，但大都比较复杂，需要增添不少设备。

而增添设备就要既增加洗衣机的体积和使用的复杂程度，又要提高洗衣机的成本和价格，令人感到为解决这么一个问题，未免得不偿失。

可是家庭主妇却总为这一问题大伤脑筋。日本有一位名叫笥绍喜美贺的家庭妇女也碰到了同样的情况，能不能自己想个办法解决呢？有一天，她突然想起幼年时在农村山冈上捕捉蜻蜓的情景，联想到洗衣机，小网可以网住蜻蜓，那洗衣机中放一个小网不是也可以网住小棉团一类的杂物吗？许多科技人员都认为这样的想法太缺乏科学头脑了，未免把科技上的问题想得太简单。而笥绍喜美贺却没管这些，她用了三年时间不断研究试验，终于获得了满意的效果。

一个小小的网兜构造简单，使用方便，成本低廉，完全符合实用发明的一切条件，投入市场后大受欢迎。

很快，世界上很多洗衣机厂商都采用了这一最简单却又最实用的发明。笥绍喜美贺发明的这种洗衣机小网兜，专利期限为 15 年，仅在日本她就获得了高达 1.5 亿日元的专利费。

世事总是这样奇妙，往往与一项发明或发现已经离得很近，却又失之交臂。其实，这只能怨自己没有"再深入一步"。"一盎司"虽少，但有无这一盎司却对我们的生活和工作影响巨大。思考多加"一盎司"，激情多加"一盎司"，主动多加"一盎司"，创造多加"一盎司"，你就会发现你的收获不只是多加了"一盎司"。

天才大脑潜能开发

超级记忆术

李 宏 编著

吉林出版集团股份有限公司|全国百佳图书出版单位

图书在版编目（CIP）数据

　　天才大脑潜能开发 . 超级记忆术 / 李宏编著 . —— 长春 : 吉林出版集团股份有限公司 , 2020.8

　　ISBN 978-7-5581-9007-0

　　Ⅰ . ①天… Ⅱ . ①李… Ⅲ . ①智力开发 Ⅳ . ① G421

　　中国版本图书馆 CIP 数据核字（2020）第 140015 号

前　言

在 21 世纪，对大脑的正确认识比以往更显重要。我们比以往活得时间更长也更健康，但有时候会忘记，如果不能使头脑健全，活得更长更健康是没有意义的。健全头脑意味着我们的大脑能够灵活运转——有记忆力，高效思考和富于创造性——最终实现个人潜能，而这在不久之前曾受制于出身和身体健康的不同；这样我们就可以摆脱某种宿命，从而开创新的人生。

现在我们可以思考一些重大问题："我该做些什么来改变我的人生？""这些都有怎样的意义？"我想大脑思维研究的兴起，不仅是因为对如何使人们有更好的表现或者甚至拥有更好的记忆力提供解决方案——虽然这些都极受欢迎——而是一些更值得探究的问题："什么使得我成为与众不同的那一个？"和"如何激发我未被开发的潜能？"。物理学家尼尔斯·玻尔曾经批评学生："你不是在思考，而只是有逻辑而已。"因此，我想逻辑能力并非评估我们思维潜能的标准。大脑实际上有别于一台有逻辑的电脑。本套书总结了管理、经济、心理、事业、人生等方面的经典定律、法则和效应，

全方位地扫描人生的全过程，交给我们一把把开启智慧之门的钥匙，点亮一盏盏指路的明灯。理解这些定律，对于我们了解事物的本质、发现事物发展的规律、解决生活和工作中遇到的问题，具有十分重要的指导意义。学习这些定律的过程，是不断挑战自我的过程，是拒绝一次次诱惑的过程，是接受一次次考验的过程，也是克服一个个困难的过程，更是不停地向人生的理想靠近的过程。只要掌握了这些定律，你一定可以享受到生命中无穷的欢乐。

运用逻辑思维训练和思维导图，你可以"画"出完美人生！本套书教你快速掌握提高思维能力的高效方法，让学习更轻松，成功更容易！

目　录

第一章　神秘的记忆

第二章　成为记忆超人

第三章　清楚记忆的绊脚石

第四章　记忆的秘境

第五章　小秘诀，大效果

第一章

神秘的记忆

　　记忆，这个蒙着一层面纱的心理现象，成为古今中外许多学者研究的课题。从古代开始，学者们就对记忆问题不断地进行探讨。

揭开记忆的神秘面纱

在我国，最早阐述有关记忆原理的，可上溯到 2500 年前的教育家孔子，他曾说："学而时习之。"又说："温故而知新。"他是在解释记忆的规律。

宋朝著名教育家朱熹有许多关于教育理论的著述，他不仅提出了"循序渐进"的记忆原则，还大力倡导"熟读精思"的记忆方法。

他在《训学斋规》这篇著作中写道："余尝谓读书有三到：谓心到、眼到、口到。心不在此，则眼看不仔细，心眼既不专一，却只泛泛而读，绝不能记，记亦不能久也。三到之中，心到最急。"他在这里讲的是，读书三件宝：眼看、口念、脑思考。

明末学者顾炎武有超人的记忆力，能流畅地背诵十三经。十三经是十三部古书的统称，共有 147000 多字。他对别人讲，他背诵的要领是，巩固已经获得的知识，更好地掌握新知识，在读新段落的同时，要安排一定的时间复习读过的内容。

清朝曾参加《四库全书》编纂工作的学者戴震，每天能熟记长达几千字的文辞。

他提倡理解记忆，反对死记硬背，认为饮食不化，有伤肠胃；死记硬背的识记方法，有损人的才智。

我国古代对记忆的研究虽不成系统，但一些学者曾对记忆的过程和记忆的方法提出了独到的见解。

关于记忆学，西方最早文献源于公元2500年前希腊演说家西蒙尼提斯，希腊更是非常重视记忆学研究的国家，每年都会定期举办世界记忆锦标赛。

自从有了人类之后，记忆便跟随并服务于人们的生活中。远古时代，人们为了生存就要记住周围的环境，要分辨出哪些动物、植物对人们有害，哪些有益，如何寻找食物，如何应付各种自然灾害。

把这些经验一代一代地传递下去，就需要保存住记忆。同时，增强记忆力，也成了人类生存十分重要的学问。倘若发生什么大灾害，人类自身及所有知识记录惨遭毁灭性打击的时候，如果氏族首领侥幸存活的话，他们就需要尽一切努力去恢复一切已经失去的知识，所以他们平时要训练增强记忆的能力，把一切圣典记在自己的大脑中。

据记载，新西兰毛利族的首领卡马塔那能背诵全族长达1000年的，包括45代人的历史，这些内容足够他背上三天三夜，而他却从不看笔记之类的东西。为了解决记忆问题，古人还用结绳记事的方法，据说印加人能够用结绳记下十分复杂的长篇史诗。

但是人类究竟从什么时候开始研究记忆力的，现在人们已很难说清楚了。不过关于记忆力的最早的概念的形成却应该归功于古希腊人。

尽管有些理论在现代人看来显得很幼稚，但他们的确是第一批提出记忆力的学术概念的人。

公元前6世纪，古希腊人帕蒙尼德认为，人的记忆是由明暗（或冷热）两种物质构成的混合体，只要混合体没有受到干扰，记忆就是完整的，一旦混合体发生变化，就会出现遗忘现象。

公元前5世纪，古希腊人迪奥泽尼提出了另一种看法。他认为记忆是由使体内空气保持均匀分布的东西所组成的，与帕蒙尼德一样，他也认为一旦平衡遭到破坏，就会出现遗忘现象。

在这一问题上提出重要概念的第一人是公元前4世纪的思想家柏拉图。他的理论被称为"蜡版假说"。他认为，人对事物获得印象，就像有棱角的硬物放在蜡版上所留下的印记一样。

古希腊学者亚里士多德在公元前4世纪末，提出了一个较为科学的概念。他提出了记忆的联想理论，并写了一部专著，叫作《记忆篇》。

今天我们所认为的一些大脑的功能，在他那时主要被当作了心脏的功能。他认识到了心脏的部分功能与血液有关，而记忆则是以血液流动为基础的。遗忘的发生主要是血液流动减缓所致。

古罗马人在记忆理论方面的研究很少，不过他们使用的

"罗马家居法"和"直接联想法"一直传到了今天。这几种方法很实用，现在许多书上讲的快速记忆方法都有这两种方法的影子，有的只是变通了叫法，或者略加改进，但实质内容是一样的。

17世纪中叶，英国出现了以霍布斯、洛克为代表的"联想主义"心理学派。

霍布斯对记忆现象做了唯物主义的分析；洛克则在欧洲心理学史上第一次提出了重要的记忆现象——"联想"，此后"联想"便成了专门的术语。

其后，一些哲学家继续对记忆问题进行研究，如在18世纪，有的学者试图将记忆与回忆进行区分。到了19世纪，俄国生理学家巴甫洛夫提出了两类信号系统和高级神经活动的学说，把包括记忆研究在内的心理学引入生理学的领域。

近代实验心理学则是从1879年德国著名心理学家威廉·冯特在德国莱比锡大学创建世界上第一所心理实验室开始的；德国另一位著名构造派心理学家哈尔门·艾宾浩斯也同时开始对记忆进行实验研究，第一个在心理学史上对记忆进行系统实验。他对记忆研究的主要贡献，一是对记忆进行严格数量化的测定，二是对记忆的保持规律做了重要研究，并绘制出了著名的"艾宾浩斯遗忘曲线"。与此同时，奥地利医生、心理学家弗洛伊德也从精神分析的角度研究记忆问题，认为记忆是信息在无意识状态中的存储与提取。

第二次世界大战后，特别是20世纪90年代末，艾宾浩斯开创记忆实验研究以来，记忆问题一直受到心理学家、生理学家的重视，美、英、日、俄等国家或设立记忆法专科学校，或开办函授教学，开始对人们进行增进记忆的普及教育，取得了许多有价值的研究成果。不过，在几十年间，也就是从 19 世纪末到 20 世纪 50 年代期间，人们只知道在记忆活动中有长时记忆的一种方式，或者说，仅仅是把记忆看成是某种单一的过程，直到 20 世纪 60 年代后，现代控制论、信息论的概念和方法应用到心理学领域，在记忆研究中出现了新的见解，认为在记忆中不只存在长时记忆，而且有短时记忆，由此提出两种记忆说。

两种记忆说的提出，对记忆的研究起了重大的推动作用。当代，对于记忆的过程和规律，多趋向于用信息加工的观点进行思考。

由此可见，尽管人们对包括记忆在内的心理现象有过漫长的探究，而真正用实验的方法对心理学加以剖析，使之脱离哲学母体而成为一门独立的学科，只不过经历了一百余年。

在一百多年间，有关记忆的研讨，在理论的建构、方法的完善以及实用价值的扩展方面，都获得了丰硕成果。

不过，到目前为止，不论是从生理学还是从心理学的角度，科学家们尚未完全弄清楚记忆功能的结构，对什么是形成记忆的物质也还众说纷纭。

研究认为，记忆是人脑对过去经验反映的心理过程。人们感知过的事物、思考过的问题与理论、体验过的情绪情感、练习过的动作等都可以在人脑中留下不同程度的印象，其中有的能保留相当长时间，在一定条件下能够复现，有的则被渐渐遗忘。人们对这些过去经验的反映就是记忆。记忆与感知觉不同，感知觉是人对当前直接作用于感觉器官的事物的反映，记忆则是对经历过的事物的反映。

从某种意义上讲，记忆比感知觉更复杂，对个体发展产生的作用更大。它是心理过程在时间上的持续，联结着心理活动的过去和现在，使心理活动成为一个发展的、统一的过程。以后，研究记忆的心理学家越来越多，对记忆的认识也越来越深入。

对事情来龙去脉的触摸

《辞海》中"记忆"的定义是：人脑对经历过的事物的识记、保持、再现或再认。

一般来说，记忆是指记和忆的完整过程，从记到忆包括识记、保持、再认、回忆四个基本环节。所谓过去的经历是指过去对事物的感知，对问题的思考，对某个时间引起的情绪体验，以及进行过的动作操作。这些经验都可以以映像的形式存储在大脑中，在一定条件下，这种映像又可以从大脑中提取出来，这个过程就是记忆。记忆不像知觉那样反映当前作用于感觉器官的事物，而是对过去经验的反映。

识记即识别和记住事物的特点及联系，它的生理基础为大脑皮层形成了相应的暂时神经联系；保持即暂时联系以痕迹的形式留存于脑中；再现或再认则为暂时联系的再活跃。

通过识记和保持可积累知识经验，通过再现或再认可恢复过去的知识经验。从现代的信息论和控制论的观点来看，记忆就是人们把在生活和学习中获得的大量信息进行编码加工，输入并储存于大脑里面，在必要的时候再把有关的储存信息提取出来，应用于实践活动的过程。把两者结合起来，可以将记忆的含义表述得更确切一些。

在日常的学习和生活中，我们感知各种事物，进行各种活动，产生思想，萌发情感，这些都能作为经验在大脑中留下痕迹，并在以后需要的时候把它们再认或再生出来，这就是记忆。也可以说，记忆是把从外界获得的信息贮存于脑中，以后还能把这些信息提取出来的心理过程。

记忆现象并不神秘，我们每个人都有汪洋无极的记忆潜力，科学的记忆方法也不难掌握，学一点记忆理论和方法，会使我们终身受益无穷。记忆是人类发展才能的基础，人类智慧的长河由两路洪流汇聚而成，一是自然科学、社会科学和哲学知识的积累；一是观察、记忆、思维、想象和操作等各项能力的扩展。

在人类一代接一代的社会实践中，产生和积累了物质文明的成果，而人类社会实践的发展必然引起人的思想认识的发展。人脑是人的最高级的控制系统，人脑的集中表现是智慧，而在构成智慧的多种因素中，记忆力处于至关重要的地位。假如没有记忆，注意和观察就失去了意义，思维和想象也失去了依靠。只有保持良好的记忆，在大脑中储备尽量多的知识经验，才能为思维的创造提供材料。记忆无疑是发展各种能力的基础。我们说，记忆是人类生存进化之本，人类文明的进步依赖记忆，每一项新的发明与发现，都是以记住前人的经验为基础的。在智慧的长河中，是记忆把人类的过去、现在和未来联结在一起。

20世纪50年代以后，随着信息科学的发展及计算机技术的应用，心理学家开始用信息加工的观点解释记忆过程，认为记忆是人脑对输入信息的编码、贮存和提取的过程。信息的输入、加工、编码相当于识记过程，已经编码了的信息在人脑中的贮存相当于保持过程，对信息的提取即为再认和回忆。信息不能很好地编码、贮存，在应用时不能及时提取的现象称为遗忘。信息加工的观点对研究记忆产生了重大影响，使记忆机制的研究更加深入和精细。

记忆过程的四个基本环节是相互联系、相互制约的。识记和保持是再认和回忆的前提与关键，没有识记就没有对经验的保持，没有识记和保持就不能对经历过的事物进行再认和回忆，而再认和回忆是识记和保持的结果，也是检验识记和保持的指标。研究记忆的目的，就在于揭示记忆过程的特点和规律，科学地提高人的记忆效果。

记忆定律我知道

由"感块"（感觉）刺激大脑的记忆库产生的储存叫
"记块"。它是外界信息在大脑里的一种转化。

记块分两种：一种是遗传记块，一种是后天记块。遗传
记块包括人类和动物的行为等记块，后天记块是人类等动物
后天学习得来的记块。

遗传记块分两种：一种是单一遗传记块，另一种是整体
遗传记块。单一遗传记块比如听、看，等等，整体遗传记块
包括协同遗传记块和统一遗传记块，前者是指在同一个机体
内的一种协调，比如排泄，排泄必须有腹肌的收缩、肛门括
约肌的收缩等的共同作用才能产生；后者是指团体性行为，
比如蜜蜂筑巢、珊瑚虫形成珊瑚礁等，如果蜜蜂和珊瑚虫在
遗传基因中没有特定的整体基因支配，就不可能产生这种巢
和礁。

记和忆是记忆活动中的矛盾体，是两个过程，是一个不
可分割的整体。记是前提，忆是记的验证，记与忆的结合组
成了从开始到结尾的完整过程。

如果根本就没有记住，或是在需要回忆的时刻，无论如

何也想不起曾经识记过的那个事物，这种记忆显然是无效果的。

以学生为例，一个学生的考试成绩，在很大程度上取决于他的记忆力。考卷中所有的问题，都要从他大脑的记忆库中提取信息，进行整合后找到答案，那些成绩好的学生自然是因为记忆力好。所以，每个学生都希望自己有一个好的记忆力，以便把一切有用的知识贮存在大脑里，然而，这种愿望往往可望而不可即。

有这样的情况，在学校里，为了让学生多学一点知识，教师讲课，加班加点，用一摞参考资料搞题海战术，给学生超重的学习负担，结果事与愿违，学生边学边忘，收效甚微。

又如，有的学生学习很努力，为了参加考试，半夜挑灯，黎明即起，差不多整夜没合眼，好不容易把课程内容背得滚瓜烂熟。谁知一入考场，拿到考卷，一下子坠入重重迷雾当中，过度疲劳使他的大脑在强刺激面前霎时一片空白，自认已经见微知著的东西一点儿也想不起来了，只有面对考卷时的一筹莫展。

这些情况表明，有时我们下决心并做了极多的努力，要把一些东西记住，或把一些材料回忆出来，而记忆的效果却很差。但在生活中，又会遇到另外一种情况，有些经历过的事情，我们并不想要记住它，而它偏要占据脑海。

比如，在晚上看过一场令人兴奋的电影后，躺在床上要入睡了，而影片的镜头在眼前一幕幕地复映，场面和人物历历在目，尽管此时已经十分疲倦了，但要驱散这种讨嫌的回忆却是很不容易的。以上这些事实说明，在大脑的记忆活动中，确实有很多现象令人困惑。

记是将感块转化到大脑内储存的过程，感块进入大脑后就成了记块。忆是将记块取出来的过程。记块并不是全部可以被唤醒成为忆块的，记块能否形成忆块与时间、感块、原块的刺激程度、思维过程、深部感觉、随机性和生物钟有关。记块和忆块之间有时还存在微妙的差别，也就是它们可能失真。

记块按时间还可分为短记块和长记块，按性质还可以分为硬记块和软记块。

硬记块决定器官的细胞性质、结构、大小等，比如肝细胞和心细胞的不同。软记块决定细胞的功能和表现，比如肌细胞可以收缩。

记忆的基本原则

一、记忆与录音

录音的方法是，先将有关题目录进磁带，然后空出一段足够回答问题的时间，最后再把题目的正确答案录进去。这样，平时听音作答时，就可以检验自己遗忘或是搞错的地方。

使用这种方法，由于回答的时间有限制，就会促使头脑反应迅捷，记忆敏锐。同时，可以训练人们养成一种简洁回答问题的条件反射。

二、记忆与备忘录

当人们面对大量要记忆的事项时，首先辨别出哪些是必须记忆的，哪些是可记录备用的，这样就可以大大减少要记忆的事项，提高记忆效果。特别在信息爆炸的时代里，养成做备忘录的习惯更有益处。

三、记忆与环境

对于一般的人来说，必须注意在学习的时候桌上不要放置任何会诱惑人的东西，以免分散注意力。特别是在强记时，桌上除了同记忆有关的东西，其他一概不应放置。

还有，写字台和墙壁最好涂上一种会使人镇静的颜色。光线太强、太弱都会使眼睛疲惫。

四、记忆与字典

字典宛如一只宝盒，里面藏有各种各样知识，你只要勤于向它索取，它就会源源不绝地奉献。多查字典对于巩固记忆具有很好的效果。当我们遇到难题时，向别人请教也能解决，但这只是一种听来的知识，过后如不加以确证的话，也难以记住。而查字典却不然，这个行为往往是带有一种急于想知道词语及其用法的积极愿望和精神准备。三番五次地翻查字典更会加深印象，从而达到巩固记忆的效果。

五、记忆与少儿读物

要想记得牢，就要理解得好。现代社会中分门别类的书籍很多，但是它们对于初学者来说显然太专业化了。因此，青少年可以设法利用一些少儿知识读物。因为这些读物就是针对孩子们缺乏一定的科学知识这一特点而编写的，其内容浅显易懂，还配有大量插图和照片。等到我们掌握了这些基础知识之后，就可以转向阅读成人书籍，这时阅读起来就容易多了。

六、记忆与讨论

互相讨论的方法能弥补各自的不足之处，会使一个本来

难于解决的问题变得轻而易举。由于从提出问题到解决问题
的过程，大家都有一个清楚的了解，所以就容易记住。另外，
在讨论过程中，互相的启发往往会产生一种意想不到的灵感，
很容易找出解决问题的办法。

七、记忆与添注

有些青少年看书时泛泛而过，随着时光流逝，印象也就
悄然无踪。为此，要设法在书中找出重要的部分，然后分别
夹上小纸条，以便查找。再有，发现书中有趣的、重要的或
是有疑问的地方要做上记号；并在空白处写下自己的感想和
见解，加深自己的理解，同时使记忆事项变得鲜明突出，如
用各色铅笔画线，效果就更好。

记忆的基本作用

记忆作为一种基本的心理过程，是和其他心理活动密切联系着的。在知觉中，人的经验有重要的作用，没有记忆的参与，人就不能分辨和确认周围的事物。在解决复杂问题时，由记忆提供的知识经验起着重要作用。

近年来，认知心理学家把记忆的研究提到了重要的位置，其原因也在这里。记忆在个体心理发展中，也有重要作用。人们要发展动作机能，如行走、奔跑和各种劳动机能，就是必须保存动作的经验。人们要发展语言和思维，也必须保存词和概念。可见，没有记忆，就没有经验的累积，也就没有心理的发展。

另外，一个人某种能力的出现，一种好的或坏的习惯的养成，一种良好的行为方式和人格特征的培养，也都以记忆活动为前提。记忆联结着人的心理活动的过去和现在，是人们学习、工作和生活的基本机能。学生凭借记忆，才能获得知识和技能，不断增长自己的才干；演员凭借记忆，才能准确地表达自己各种感情、语言和动作，完成艺术表演。离开了记忆，个体就什么也学不会，他们的行为只能由本能来决定。

所以，记忆对人类社会的发展也有重要的意义，在一定意义上可以说，没有记忆和学习，就没有我们现在的人类文明。

记忆的核心潜力

恩格斯曾说："我们的意识和思维不论看起来是多么超感觉的，总是物质的、肉体的器官，即人脑的产物。"心理现象是神经系统的属性，大脑是"灵魂和意识的所在地"，各国科学家研究记忆的生理和生化方面，认知心理学家对记忆进行了大量研究，实际上这是对大脑奥秘的挖掘。在某些方面，他们达成了共识，如认为记忆存在于覆盖在人脑表面的大脑皮质之中，记忆的获得与整个大脑的突触的抑制和促进有关。

他们认为大脑一旦受到刺激，则在每一神经细胞（神经元）上生长出更多的突起，这些突起将使人脑内部的突触连接。神经联系的总量增加，形成记忆。不断的刺激，细胞间联络密切，枝杈形的突触不断增多，信息才易通过。经多次反复，促进突触愈加发达。反之，如形成的突触长期不用，会变弱、缩小，突触数也会减少，使信息不能顺利通过。所以，为了增强记忆，要经常用脑，就像经常要进行体育锻炼一样，进行头脑锻炼。

我们知道，人的大脑结构功能单元就是神经细胞，每个神经细胞相当于一个记忆组件，它有兴奋和抑制两种状态，就像一个双稳态继电器。神经细胞记忆的信息用二进制数的单位"比特"来计量，它的总数为 $1 \times 10^{10} \sim 1.4 \times 10^{10}$ 个，就是 100 亿到 140 亿个之间。如果人的一生用 60 年计算，神经细胞每秒钟接受的信息量是 14 比特（最高可达 25 比特），那么一个人毕生的总记忆储量大约是 2.8×10^{10} 比特。这种储量究竟有多大？

打个比方来说，美国国会图书馆是世界上最大的图书馆之一，藏书近 2000 万册，我们大脑的信息储量可以容下三四个美国国会图书馆。看来，一个人活到老、学到老，也只占用了自己大脑记忆储量的一丁点儿。事实上，当今社会的每一个人的大脑都具有巨大的潜力，尚待进一步开发，而少数已经完成开发的大脑超前者有着令世人惊叹、称羡的记忆力。

历史上，不少人经过认真地看、听、默诵、观察以及种种刻苦的磨炼，造就了非凡的记忆力。据传，我国东汉时，有一个名叫贾逵的人，他 5 岁时还不会开口说话，他的姐姐听到隔壁私塾里传来朗朗的读书声，常抱着他到篱笆旁倾听。到了贾逵 10 岁时，他姐姐发现他在默诵五经的内容，感到十分吃惊，原来私塾里学生反反复复地念书，贾逵在潜移默化中已能熟记。姐姐帮助他将庭院里的桑树皮剥下来，裁成薄片，使他能边诵边写，经过几年的努力，贾逵已能够通晓五经和其他史书了。

报载，美国纽约一所中学的生物教师霍华德·贝格在 1990 年以 1 分钟阅读并理解 25000 字的速度，被载入《吉尼斯世界纪录大全》。他接受了一家杂志的采访和测试，采访者给了他一本刚刚印刷完毕的《黛安娜传》，这是本厚达320页的书，仅仅花了5分钟他便读完了这本书。然后他接受提问，结果令人惊讶：10个问题中他竟准确无误地答对9题，而唯一没有回答出的是一个次要的问题——书中黛安娜就读过的一所中学的校名，采访者又拿出另一本近500页的新小说《卧房》，他用12分钟读完并答对了10个问题。据《体育生活》报道，俄罗斯棋手卡斯珀格夫具有超群的记忆力，他记下了1800多人的通信地址和450多人的电话号码，熟记了12000个棋谱。

《太原日报》载文说英国伦敦举行了第四届世界记忆力大赛，经过一番角逐，决出最好的选手汉克和奥彬，在最关键的一项比赛（1小时必须记住2000位数字，再用45分钟写下来），奥彬战胜了汉克，他记住了1140位数字，然后用45分钟写了出来。

陕西省岐山县有一个过目不忘的人，名叫张宏斌，是个医生。他看过11遍《红楼梦》，能把443个主要人物身上发生的故事的来龙去脉、相互关系，道个清清楚楚。《红楼梦》中225首诗词，他都烂熟于心。1995年5月，张宏斌给县中学高三学生讲授唐诗宋词，所有的诗词全是背出来的，讲稿上没有。全国各地名胜镌刻的楹联，他可背出4000多副。金元时期的《药性歌赋》，记载着几百种药性，他在一个星期内就全部背了下来。当人们询问他有什么记忆诀窍时，他说："一是头脑高度集中；二是博学，博学引起联想，找出内部规律；三是讲究科学性。"

让我们一起来看一看那些少时记忆力很差的科学家。

记忆是智慧的仓库，是一切智力活动的源泉，我们所有的知识都是建立在记忆的基础上，准确而强大的记忆力是事业有成的动力。一般来说，一个知识渊博的人，他的记忆力也一定出类拔萃，古今中外都有在少年时期记忆力就有超常表现的学者。

不过，早慧只是一种特例，对绝大多数人而言，与生俱来的天赋是差不多的。

心理学家对许多人进行智商测试的结果表明，多数人的智商都在中等或中等偏高的范围内，就记忆能力而言，人与人之间的差别并不大。也有的学者一生颇有建树，但在少年时期的记忆力却是很差的。

请看以下事实：

近代物理学家爱因斯坦自己讲，他少年时不比别人聪明，他的记忆力不太好。在学校读书时，除数学外，其他学科都不怎么样，而他以后在物理学方面却取得了杰出的成就，他提出了"相对论"学说，成为科学巨匠。

19 世纪，生物学家达尔文自己回忆，在他的少年时期，教师和家长都认为他的智力等而下之。

他说："我的记忆力可说是很差的，以致不能把一个日期或一行诗句记上几天。"而他后来却能记住上万种植物标本，创立了"达尔文学说"，在生物学方面取得的成就无与伦比。

大发明家爱迪生幼年读书时，老师叫他背书，他从未好好地背出过一次，而他毕生却有一千多项发明，成为举世无双的"发明大师"。

我国宋朝史学家司马光幼年读书时，常觉自己的记忆力不如别人，于是，他效法"韦编三绝"的精神，一心向学，终于写下了流芳百世的鸿篇巨制《资治通鉴》。

清朝学者阎若璩少小迟钝，读书常常不能背诵，但他一生孜孜不倦，潜心典籍，娴熟地掌握历史资料，终于成为我国历史上著名的考据学家。

国外有的心理学家做过一个统计，在全世界所有的主要科学成就中，那些少年时期就异常聪慧的人只占5%，而另外95%的科学成就，都是天赋和常人没有两样的学者在刻苦勤奋中取得的。

人们不禁要问：是什么奥秘使这些原来记忆力平淡无奇的人，善泳于茫茫书海，锻炼了他们的才能，最终成为超群出众的学者呢？

判断青少年的记忆品质

作为心理活动的记忆过程自然有共同的规律，同时，也有明显的个别差异。有的青少年记忆力好，有的青少年记忆力差，一般根据什么来判断人的记忆品质及记忆的优劣标准呢？

记忆自身的复杂性，使它不可能用单一的标准来衡量，必须使用复合的、多重的标准来衡量。所以，对记忆好坏的鉴别要从几个方面着手，来考查记忆的速度、记忆能否持久、记忆是否准确和记忆的材料有没有应用的准备。这几个方面的状况，是对记忆质量的要求，在心理学中被称为记忆的品质。

一个人的记忆力水平综合起来，可以从记忆品质的敏捷性、持久性、正确性、备用性、系统性和广阔性这六个方面来衡量和评价。

一、记忆的敏捷性

记忆的敏捷性体现记忆速度的快慢，指青少年在一定时间内能够记住的事物的数量。青少年记忆的速度有相当大的差异，是就人的记忆速度而言的。有的青少年记得快，人们用"一目十行""过目成诵"这些话来赞许记忆敏捷的人。

据说，我国唐朝有个叫常敬忠的学士，在一次考试中拿到一部万言书，读了七遍就能把全文背下来。

据《三国志》记载，建安七子之一的王粲在同别人一起走路时，阅读路旁的碑文，别人问他是否能记住，他当即背诵，一字不失。在传说中，这些人的记忆速度的确是非凡的。

有人做过这方面的实验：让受试者背诵一首唐诗，有的孩子重复 5 次就记住了，而有的却需要重复 26 次才能记住。有的学者让受试者识记一系列图形，有的人只需看 33 次就能记住，有的却需要看 75 次才能记住。这就说明了人的记忆在速度方面即敏捷性方面存在着明显的差别。

记忆快慢与人的大脑神经联系形成的速度有关，暂时联系形成得快，记忆的速度就快；反之，反应就会缓慢。人与人在记忆快慢的差别上表现很明显，如记一篇短文，有的人读过三五遍就可以背诵，有的人需要反复读十多遍才行。记忆是否敏捷，对人的学习有直接的关系，记得快的人就有可能在同样的时间内学习较多的材料。

一个人能否记得快，固然受多种因素的影响，但提高记忆速度的重要条件是注意力高度集中，使识记对象在头脑中获得最清晰和最完整的反映。如果闭目塞听，漫不经心，就绝不会有高速度的识记。

记忆是否敏捷取决于大脑皮层中条件反射形成的速度。条件反射形成得快，记忆就敏捷；条件反射形成得慢，记忆就迟钝。

每个人都希望自己的记忆具有敏捷性，因为这样就可以在单位时间里获得更多的知识。要增强记忆力，首先就是记忆的敏捷性。要想达到这个目的，一是平时要加强锻炼，通过锻炼使自己的记忆敏捷起来；二是在记忆时要集中注意力；三是要充分利用原有的知识，以此来获得新的知识。也就是说，在旧有的条件反射的基础上去建立新的条件反射，记忆力就会逐渐敏捷起来。

二、记忆的持久性

记忆的持久性，是指记忆的内容保持时间的长短，是就记忆的巩固程度来说的。光是记得快，但记忆不能持久，不能认为是好的记忆。

19 世纪，英国诗人拜伦还能对他自己几十年前写的长诗成段背诵。据塔列尔在《拿破仑传》中记载，拿破仑 19 岁那年，一次因犯军纪被关禁闭，他在禁闭室中发现并阅读了一本关于罗马法典的书，事隔十五年后，在制定拿破仑法典的会议上，他能随口引证罗马法典的条文，使那些参加立法会议的法学家们惊叹不已。记忆是否持久，与暂时神经联系是否牢固有关，暂时联系形成得越牢固，信息保持的时间越长；反之，就会消失在俯仰之间。

许多青少年都希望把那些由识记得来的对自己有用的信息长时间地保持在脑中，但人们对于刚刚经历过的事情，即便是一些细枝末节，也有可能想得起来，而过了一段时间后，回忆起来就不会那么清楚了。可以认为，贮存在大脑中的信息，是从旧的开始渐次剥离，新的记忆又逐渐积累起来，持久的记忆不是唾手可得的，必须经过一个发展的过程。

譬如，学了一个英语单词，起初把这个词读若干遍，可能记住了，但要想让它在头脑里扎根，就必须多次复习，反复出现，使它纳入大脑长时记忆的网络，才会持久地保留下来。

又如，认识了一位新朋友，起初是在某个场合见过面的，可能记住了，但要想使那个朋友形成稳定的牢固的印象，就必须再一次地回忆那个场合，或同这个朋友再次接触，同样地使这个朋友的映像进入大脑长时记忆的网结，才能持久地保留在记忆中。究竟是记得快记忆持久，还是记得慢记忆持久呢？

这与人的记忆方法有关，识记的快慢与记忆的持久性没有必然的联系。不过，要使记忆全始全终，关键是要具有记住的毅力，对一时想不起来的东西，应当努力地想，下决心把它想起来，对自己要有严格的要求。如若不肯下功夫进行复习，回忆时又懒于思索，那是什么也记不牢、想不起的。

像前面讲的，记得快也忘得快，那就没有什么实际意义了。所以，良好的记忆必须具备的第二个标准，就是持久性。记忆的持久性，顾名思义，就是指记忆的事物能在头脑中保持长久的时间。它是记忆巩固程度的体现。从生理学角度来说，记忆的持久性取决于条件反射的牢固性。条件反射建立得越牢固，记忆就越持久；条件反射建立得越松散，记忆就越短暂。

人们的记忆在持久性方面也有很大差别。有的人记忆十分长久，可以维持多年；而有的人却十分健忘，记不了多久就忘掉了。

人们都希望自己的记忆长久，但是仅仅持久仍然是不够的，如果不善于灵活运用，持久也是枉然。既有持久性又有运用的灵活性，才能牢固地掌握所学到的知识。记忆不长久，一般与功夫不深、复习记忆密度不够有关。要经常地并在适当的时机进行复习，使条件反射不断强化而得到巩固，这样就可以使记忆获得持久性。

三、记忆的正确性

记忆的正确性，是指所记忆材料在重现时是否保持原貌，对原来记忆内容的性质的保持是就记忆的可靠性来说的。一个人的记忆，如果既有敏捷性，又具有持久性，但是不具备正确性，记得又快又牢固，可就是记错了。显然这样的记忆也毫无用处。完全可以说，"正确性"是良好记忆的最重要的特点。如果记忆总是不正确，那它只能对我们学习知识和积累经验帮倒忙。正像开汽车时弄反了方向，开得越快，距离目的地越远。

20世纪的匈牙利数学家冯·诺伊曼是一位知识渊博的学者。一次，他对友人说，他能背诵英国作家狄更斯的长篇小说《双城记》，友人选了此书第一章、中间一章和末一章进行验证，诺伊曼一字不差地背了出来。

我国汉朝知名学者蔡邕的著作在兵荒马乱中遗失，他后来被杀害了。而留传下来的四百多篇蔡邕的作品，是他女儿蔡文姬通过回忆辑录下来的。我们在重现记忆的事物时，应该做到没有纰漏和歪曲，这种记忆才具有价值。

记忆是否正确，与暂时神经联系是否形成系统有关，这种联系越是系统化，记忆就越明晰；反之，就会模模糊糊。记忆是否可靠是一个很重要的品质，如果记忆不可靠，即使记得快，记得持久，但在重现中有重要内容丢失，或有意义上的偏离，这种重现就一文不值了。在记忆的准确性方面，人与人的差异是很明显的。这种现象在学生的考卷中最容易看到，有的学生的答案准确而完整，有的就杂乱无章，甚至答非所问。

记忆是否正确，固然和已有知识的储备有密切关系，但和记忆时是否认真，是否真正理解也有密切的关系。在识记时，如果马马虎虎不求甚解，或死记硬背，都可能造成回忆的混乱和失真。要保持记忆的准确，还有重要的一条，就是要克服主观意识。人往往会受主观意识的支配，对回忆的内容或增或减，使回忆产生变异。为了在回忆中如实地反映客观事物，必须保持一个客观的态度。

所以，记忆的正确性是保持人们获得正确知识的重要的心理品质。我们常常可以看到有的人记忆总是非常正确，回答问题、处理事情总是那么信心十足，准确而全面，从不丢三落四或添枝加叶。而有的青少年记忆的内容常与实际有很大出入，总是用"大概""或许""差不多"等开头。这说明人们的记忆在正确性方面也是大不相同的。记忆的不正确、不准确与识记以及遗忘的选择性有很大关系。对同一件事情，人们识记的角度和识记后遗忘的角度都不完全相同。

四、记忆的备用性

记忆的备用性是指能够根据自己的需要，从记忆中迅速而准确地提取所需要的信息，指的是能够迅速地从已识记的知识储备中提取当时所需用的信息的性能。

记忆的备用性是决定记忆效能的主要因素，是判断记忆品质的最重要的标准。记忆的备用性也是记忆的敏捷性、持久性、正确性、系统性和广阔性的体现。人们进行活动的目的是储备知识，并使之备而有用，备而能用。记忆如果没有备用性，它也就失去了存在的价值。

任何知识经验，记住只是前提，使用才是最终目的，如果把材料记了一堆，到用的时候冥思苦想，一无所得，这样的记忆就没有用处。记忆的备用性是最宝贵的，一个人在参加考试时，需要从自己大脑的记忆库中把相应的信息迅速检索出来；一个人在想象时，也需要从他大脑的记忆库中把相应的信息迅速地呈现出来。

记忆的备用性与暂时神经联系是否巩固和是否系统化有关，这种联系越牢固，越是构成系统，记忆的备用性就越强；反之，记忆的东西就会随着时间的流逝而消失。记忆与大脑中的知识是互为因果的，有良好的记忆就能获得丰富的知识，有了丰富的知识又能使记忆的效果得到提高。所以，要使记忆具有坚实的备用性，必须在平时努力拓展自己的知识面，才能在需要的时刻，使贮存在大脑中的信息以联想的方式迅速呈现。同时，要保持记忆的备用性还有重要的一条，就是要不断复习，只有对已有知识反复运用，才能在回忆中做到驾轻就熟。

记忆的四种品质是有机联系、缺一不可的。为了使自己具有良好的记忆能力，就必须建立丰富、系统、精确而牢固的条件反射，具备所有优秀的记忆品质。忽视记忆品质中的任何一个方面都是片面的。所以，检验一个人的记忆力的好坏，不能单看某一方面的品质，而必须用四个方面的品质去全面衡量。

提高记忆力的最有效方法是坚持进行记忆力训练，目前网络上比较流行的图像记忆的方法，主要是通过奇特、夸张、有趣的生动画面，强烈刺激大脑神经，从而达到一次性深刻记忆的目的，和传统的死记硬背法截然不同。传统的记忆方法是通过不断的重复内容刺激脑神经达到记忆的目的，比较费时，还容易遗忘。

图像记忆虽说也需要复习，但是只需要少数几次的复习记忆即可达到永远牢记的目的。这也充分运用了人脑的记忆优势，因为人脑具有非常大的图像记忆空间，比传统的死记硬背的记忆空间大 100 万倍。这也用到了左右脑的分工理论。

五、记忆的系统性

所谓记忆的系统性，就是按照事物的严密体系有意识地去安排记忆，使之有条不紊。人们的记忆具备了这种系统性，才能保证获得系统的知识和技能。否则，知识就会杂乱无章。

人们的记忆在系统性上的差异同样是很明显的。有的人记的东西很多，知识面似乎很广，但讲起话来却东拉西扯，语无伦次，说不到点子上。

而有的人看起来记得不多，知识面似乎也不太广，但谈起某个问题来却条理分明，知识运用起来也得心应手。

这表明了他们之间在记忆系统性上有差别，是条件反射的系统化。即在原有的条件反射基础上，再形成新的条件反射，并把新的条件反射纳入原有条件反射的系统之中。

因此，要想使自己的记忆具有系统性，获得系统的知识与技能，就要使大脑皮层建立的条件反射系统化。

按常用的话说，就是要循序渐进。循序渐进这一重要原则，有着充分的科学根据。人们对任何客观事物的认识过程，都是由浅入深、由片面到全面、由低级到高级的发展过程。

任何科学知识也都有其固有的系统性。

朱熹在《朱子大全·读书之要》中说过这样的话："以一书言之，则其篇章文句，首尾次第，亦各有序而不可乱也。"

读书要"字求其训，句索其旨，未得乎前，则不敢求其后，未通乎此，则不敢志乎彼，如是循序渐进焉，则意定理明，而无疏易凌躐之患矣"。

他还把读书比喻为"登山""登塔"和"升阶"，说一定要由下到上、由低到高，一步步、一层层、一级级地往上登才能读好。

巴甫洛夫在《给青年们的一封信》中也曾谆谆教导人们："要循序渐进，循序渐进，循序渐进。你们从一开始工作起，就得在积聚知识方面养成严格循序渐进的习惯。"

总之，为了使记忆具备系统性，要遵循由少到多、由浅入深、由近及远、按部就班的循序渐进的原则。

六、记忆的广阔性

世间的事物总是复杂多样的，知识的海洋本身就是广阔的。因此，人们对知识的记忆也一定要具有广阔性，否则也称不上是良好的记忆。人们的记忆在广阔性方面存在着差异，这也是显而易见的。

有的人通晓各方面的知识，被人称为"百科全书"；而有的人除了具有他所从事的专业方面的知识外，对其他知识则茫然不知，或是所知甚少。显然，后者记忆的知识缺乏广阔性，而前者记忆的知识则具有很大的广阔性。在现今的世界上，科学、文化、技术的发展日新月异，出现了许多边缘科学、交叉科学。如果一个人的记忆只满足于记住和自己专业有关的知识，是远远不够的，那只能使自己孤陋寡闻，对做好本职工作也是很不利的。

有一个大学毕业的内科医师，他的主要专业是诊治消化系统疾病。对此，他可以说得上"又专又精"，可是对消化系统之外的其他内科疾病却很不精通，就连许多消化系统疾病合并的其他系统症状体征也知之甚少，经常要请别的医生会诊，更不要说其他科的疾病了，拿他的话来说，叫作"隔行如隔山"，这给他的临床工作带来很大麻烦。

所以说，记忆不但要有系统性，还要具有广阔性。

　　所谓记忆的广阔性，就是在博学的基础上去记忆多方面的事物。不仅要记住本专业的知识，还要记住其他必要的知识。记忆广阔性的生理基础，就是在大脑皮层建立多方面的条件反射。要使自己的记忆具有广阔性，唯一的办法就是要到浩瀚的知识海洋中遨游，要博览群书，要在头脑中形成并巩固多方面的条件反射。

　　这里需要注意的是，不能片面强调记忆的广阔性而忽视其系统性。如果只有广阔性而无系统性，记忆的信息就会在头脑中形成一锅大杂烩，需要使用时提取不出来；反过来，只有系统性而无广阔性，记忆的信息就会贫乏，影响知识的积累。所以，二者是不可分割、相辅相成的。

　　正确的态度是，我们在记忆时既要博学又要专精。在博学的基础上专精，在专精的要求下博学；不博不专，不专不博；博而后专，专而后博；博专结合，相互促进。这样才能使记忆更加优良，才能更好地、创造性地做好本职工作。

第二章

成为记忆超人

　　要想提高记忆效果，除应运用科学的记忆方法外，还必须恰当地掌握每次识记的量。在记忆的操作中，有时方法是对的，但因识记过量，会导致劳而无功。实践证明，只有循序渐进才是正确的操作规则。

切莫急于求成

　　在学习记忆中，人人都想用较短的时间记住较多的材料，急于求成是一种通病，但这种愿望往往是欲速而不达的。譬如，你用 5 分钟记住了七个英语单词，就认为如果连续学习一小时，能记住八十四个，那就错了。

　　心理学家做过这样的实验：选择若干被试者，让他们一次学习一百个字的材料，达到背诵需 9 分钟；让他们一次学习二百字的材料，达到背诵平均每百字需 12 分钟；让他们一次学习一千字的材料，达到背诵平均每百字则需 16 分钟。这个实验说明，材料的字数越多，识记所用的平均时间越长。

　　为了说明问题，我们自己也可做一个实验：假如让你在三秒钟内记住五个数字——1、4、6、7、9，恐怕谁也不会感到困难。然后，让你在二十秒钟内记住 7、4、3、8、2、6、3、8、8、6、21、5、4、14、2 这十五个数字，就难以实现了。这就说明，虽然第二组数字的数量是第一组的三倍，但把识记时间增加六倍也无济于事。

　　有些同学在记忆的时候犯"急性病"，想要把许多知识全部装入脑海，他们一下子看许多书，记许多大大超出自己现有知识水平的内容。可是这样做的同学最后总是发现不能如愿以偿。原因之一就在于忽视了记忆的阶梯，没有循序渐进，一味贪多求快，结果反而是欲速不达。这就像盖房子只要第三层，不要一层二层一样，最后房子成了空中楼阁。

为什么操之过急的识记事倍功半呢？这是因为，要在短时间内识记大量的材料，必然要提高对大脑刺激的强度，而我们或是因为根本就达不到这种强度，或是因为脑神经细胞消耗力加快，在疲劳的作用下产生抑制，都会使记忆的效率降低。由此看来，要想在短时间里连续记住很多材料，是违背记忆规律的，那种不知进退、勉为其难的方法，绝对得不偿失。

从记忆规律上看，只有理解了的内容才容易记忆，在能够避免机械记忆的时候就应当尽量避免机械记忆，这样才是在记忆上走捷径。如果在积累知识的过程中犯"急性病"，基本的东西还没有学好，就去啃比较高深的大厚本子，这样只能生硬地背一些自己还不大理解的条目或词句，把本来可以通过理解、消化再记忆的内容，变成了只能靠机械记忆来强记的东西，当然记忆效果就差了。

有一个小学三年级的学生，数学学得比较好。平常，在听本年级数学课的时候，觉得很好理解，当堂就能消化、记忆，记忆效率比一般同学要高。后来他参加了数学小组，学的内容深了一步，要想记住，就不那么轻松了，要花些力气才能弄懂并记忆。有一天，老师给他一张票，让他去参加少年宫的数学讲座。到了那儿才知道，这个数学讲座是为高年级数学小组安排的。结果，他发现：他平时很喜欢、很感兴趣的数学，一下子变得枯燥难懂了，满黑板的数字和推导过程使他眼花缭乱、难于接受和吸收，他只能勉强记住只言片语和七零八碎的个别结论，印象也很浅显。

由此可见，学习内容过深，新旧知识的跳跃度太大，会使得本来在正常进度下可以很容易吸收和记忆的知识变得像"天书"一样难以记忆。如果不按阶梯走上去，那就会头昏、心跳，难以达到智力的高峰。心理学家认为，原来已经吸收和记忆的内容，在大脑中形成了相应的知识结构。

如果新学的内容超出原有的知识不太多，适合于原有的知识结构，那么新学的东西就会迅速而有条理地被安排在已有的知识结构里，这就好像是在已修好的一层楼上牢固地修建第二层楼。这时，存入记忆仓库的知识是活知识，记忆牢固，取用也方便。

如果新学的内容超出原有知识水平太多，和原有的知识结构毫无联系，那么新学的东西就无法融入原有的知识结构里去，只有凭空重建新的知识结构。就像凭空建立第三层楼一样，结果只能靠单调重复、死记硬背来存入一些僵死的知识，这些知识就是零散的、不牢固的。

凡是容易与已知的知识建立联系的内容，都比较容易记忆。因此，知识面越广，基础知识掌握得越牢，建立这种联系的可能性就越多，记忆起来也就越快。这跟金字塔一样，基础越宽、越深，顶部就可以建得越高。

科学分配时间，达到最佳效果

有些学生被考试逼得走投无路的时候，总想利用开夜车来一鼓作气记下大量的东西，遗憾的是，这样做却往往收不到预期的效果，因为学习同一内容的时间过长会使学习效率大大降低。

不了解这一点，反而总是埋怨自己"为什么老记不住"是不现实的。

方法不当，结果会适得其反。法国著名的记忆研究家爱富克斯专门请了一位有声望的记忆专家，对自己进行了有关记忆量和记忆时间的关系的调查。结果证明，记忆量增加 2 倍时，所需要的时间就要增加 4 倍；记忆量增加 3 倍时，时间就要增加 8 倍。

一句话，学习时间同记忆量的关系成正比。当然，记忆专家有他特殊的记忆方法，所以这种结果不能说明一般人的水平。

不过，对一般人来说，当记忆量增加了 2 倍时，要花的时间可能会增加 5 倍。如果把这个原理应用到学习上，假如 30 分钟能记 50 个英语单词，可能就会使人产生一种轻率的想法："照此进度学下去，再背 200 至 300 个单词也不成问题。"结果是，再背 50 个单词竟花了 1 个多小时，如果不抓紧时间，还会更费时。当我们明白了"早知道如此……"时，已经后悔莫及了。

开一晚上的夜车也只付出几个钟头的有限时间，所以时间分配的错误，将导致我们付出的努力付之东流。在这种场合，如果明白了"需要的时间等于内容量的几倍"这个原理，我们就不会继续走死胡同了。

学习疲倦时，可以换换气氛，改变一下记忆的内容，由记英语单词改记数学公式，以利于记忆继续进行。从某种意义上说，这也不失为一种记忆的好方法。怎样合理安排时间？上学前的清晨与放学后的晚上，是大可利用的富裕时间。

清晨，头脑清醒，往往是识记的最佳时间。这已为实验所证明，也为大多数学生所认可。"一日之计在于晨"，要抓住这个有利时机识记新的内容。识记是记忆的基础。要想成功地提高记忆能力，首先必须从识记入手。

所谓"记忆"，包括"记"与"忆"两大组成部分。记是忆的前提，没有识记，不可能有回忆。

所以，识记是成功记忆的最重要一环。把它放在清晨，再适当不过了。

当然，这里也可能存在着细微的差异。有的人在刚刚醒来时识记效果最好；有的人则在醒后过一段时间，识记功能才会逐渐达到巅峰状态。

但总的说来，清晨识记东西特别快，是一个基本事实。

晚间，思维活跃，往往是理解的最佳时间。心理学研究表明，晚上八点到十点，人们的大脑皮层处于最兴奋的状态，记忆系统最为活跃，对信息的回收能力也最强。趁此良时，最好去重温早上识记的内容，这样就能记得更牢。

最初或最后记忆最重要的部分

　　研究表明，上课或讲演时，将最重要的内容置于最初及最后 10 分钟来讲，效果最好。因为开始时，听众都会对上课、讲演内容到底是什么产生好奇心；最后的 10 分钟，又会产生整理全部内容的心理，故对内容特别留心，记忆最为深刻。

　　我们每个人的精神，不可能时时刻刻都保持在紧张状态，最多经过数分钟后，便需要略为松懈，稍作休息，故对于上课、讲演的注意力，顶多只能持续 10 分钟，头脑便自动放松了。经过了一段时间的调适，剩下最后 10 分钟，听者因希望利用这最后 10 分钟，再重做一番简要的整理、温习，故注意力又被拉回到异常集中的状态。

　　自己一个人做功课时情形也一样，故最好也像上课、讲演一样，利用最初、最后的 10 分钟来做最重要的功课。这个方法不一定光指时间上的始、末。将自己要记忆的事物，简短地列在一张纸上。第一行和最后一行，必然记得最清楚。至于中间的部分，由于易受两旁其余事项的影响，互相混淆而模糊。故在这种情况下，我们也可将重要事项编排于两端，便于加深对重要事项的印象。

准备升学考试时背英语单词，往往是 ABC 记得特别清楚，再往下就越来越模糊，但最后 XYZ 部分又有鲜明的记忆。为能记忆全体，有时可以将记忆的顺序不断改变，从尾到头、从中间往前、从中间往后等各种顺序都可以，不一定非要从头到尾不可，如此才能轮流将各项置于最前、中间及最后，加深各项的记忆。

如果突然被人问道："两个星期前的星期三下午四点左右，你正在做什么？"除非那天有特别的事情发生，或许那天是具有特别意义的日子，否则，要想起还真不容易。但如果问的是星期一，或星期六，那就比较容易回答了。为什么呢？

因为星期一是假期后的第一天，从假期所做的事联想到星期一做什么，比较有印象。而星期六是周末，心情特别轻松愉悦，想到第二天是假日，就能联想出所做的事。诸如此类，也证明最初、最后的记忆容易在脑海中存留，月初、月底亦是如此。谈到最初及最后，还有许许多多的事物，如综艺节目开始及结束时唱歌的歌手，必然是较受欢迎、较有名的歌手。选举时的海报及讲演顺序，姑且不论好坏，最初和最后者必然较为显眼。

当然，记忆的第一步，是意图记忆某项事物，但也有无意图记忆却不自觉记住的情形。而将来在极需要引出记忆时，最先被吸引的，仍为最初与最后的记忆。当你要求你的孩子记忆时，最好也能充分考虑这一点。

将内容科学分割，分块记忆，再整合起来

我们实际记忆事物时，首先要仔细观察这个事物，如果记忆的对象内容较浅显，量也不多，此时采用分割法记忆起来较为方便，也用不着特别考虑或赋予什么意义，否则容易招致混乱。

一时想记忆许多事物，不太顺利或不易记忆是理所当然的。因为，忽略了必要的条件，而勉强以填鸭式的方法来记忆，是会引起消化不良的。结果到头来，半途放弃，一定不可能成功。我们记忆众多事物时，有适当的秘诀，而不是仅以死记的方式来记忆。尤其是历史或政治学，必须首先了解该学科的基本知识，否则，死背硬背全无好处。

各项工作，各式各样的爱好、各种艺术等，不论哪一项，内容均十分丰富，故一朝一夕不可能了解全部内容。像学校的课程，必须将内容予以分割，花费好几年的时间来学习。各种爱好、各类艺术也是一样。这类拥有许多内容的事物，都需加以分割，花时间记忆，而渐渐地储蓄起来，俗语有云："积沙成塔。"点点滴滴累积起来，方能掌握全体。

瑞士人之所以能自由自在地使用好几种语言，那是从婴

儿时期开始，每天一点点积累的成果。婴儿时期能做到的事，现在当然也能做到。就让我们从现在开始，有计划、有方向地提高效能，来学习各种学问及艺术。

如学习历史之前，首先，先记忆较大的历史潮流或大纲。从历史中，选择有代表性的大事，记忆它是在何时、何地发生了什么。多件代表性大事构成整个历史的框架，其余再分割时代，在框架中添上枝叶即可。框架清晰，基础稳固，然后才能登堂入室，踏入知识的大门，年代关系也更清楚。

英语及数学等学科由基本的部分所累积的内容中，该如何记忆比较重要的部分，现在向各位介绍有效的方法：首先把内容分为 A、B、C、D、E 等部分，一开始先学 A；记好以后，再一起学 AB；记好以后，再一起学 A、B、C……这个方法叫作"累进记忆法"。这个方法在内容不多时非常有效，因为此法能弥补分析法的缺点。

短时反复记忆法

在背诵英语单词、会话、数理公式等专有名词时，我们有个非常好的方法，那就是利用你手边的录音机，把要记忆的内容录制成单个长度在三秒钟的反复录音带，并不断地听。我们认为这种三秒钟反复录音带法，是更有效率运用宝贵的一分一秒的有效方法。

在利用有限的时间，来尽可能大量记忆的时候，如果不把要记忆的事项整理成一套一套的单位，再一个个记忆起来的话，是没有办法达到目的的。因此，对于较长串的记忆内容，我们就必须把它细分成适当的单位。这个单位的长度是三秒钟，这是最适合人类记忆的单位。把要记忆的事项整理成三秒钟左右的长度，自己用录音带录下来，这就是三秒钟反复录音带。

这虽然是很简单的方法，但是在实行上有几个必须注意的重点。首先是在录音时，每个句子要反复三次。为什么是三次呢？

因为同样的句子重复太多次的话，大脑会产生其他的杂念；只出现一次的话，无助于记忆。同样的句子重复三次，是有关专家在自行制作三秒钟反复录音带时，不断尝试，试着找出最适合记忆的反复次数时所得出的结论。由于反复了三次之后，录音带的内容就改变了，因此可以产生不可思议的集中力，并进而促使大脑顺利记忆。

在录音时要注意的事项，还包括了要留意句子的节奏感及注入感情。尤其是在带头的字眼，为了加强记忆，最好能重复两次。我们想大家都曾经有过这样的经验：明明知道的事情，偏偏到了嘴边，却怎样也讲不出来；这时候很气愤自己，只要能想出一个开端就能顺利地讲。在这种场合之下，能不能继续讲下去的关键就在于带头的字眼，只要带头的字眼能想起来的话，下面的事情就能跟着源源不断地记起来，因此，把带头的字眼重复两次就是为了应对这种情况。

例如：在记忆"1492年，哥伦布发现美洲大陆"时，就可以把它录成"1492年、1492年，哥伦布发现美洲大陆"，如此一来，记忆时就效果倍增。

根据以上解说，相信各位读者都能掌握制作三秒钟反复录音的要领。运用这种学习记忆法的效果之卓越，会让自己大吃一惊，因为这种学习记忆法具有印象反复的效果。

如果能注意录音时音调的抑扬顿挫和节奏，效果会更好。如此运用录音带反复自行记忆的话，会在大脑中形成类似条件反射的状态，把所记忆的东西自然地说出来。

此外，在使用录音带时，会使人增强自信，因为自己从前老是记不起来的长篇大论，现在能轻松加以记忆，而这种自信也有助于实现良性循环，使自己更乐于使用这种学习记忆方法。

短篇幅可一气呵成记忆

在学习记忆中，若识记的材料篇幅较短，如背记一首短诗、一段名言或是一个几百字的材料，用一气呵成的集中识记的方法，效果肯定更好。

不过，在集中识记中，尽管材料的文字不多，也应特别注意掌握它的内在联系，因为材料不论长短，都有一个理解的过程，只有懂得才能记牢。

举例来说，要背记"清明时节雨纷纷，路上行人欲断魂。借问酒家何处有，牧童遥指杏花村"这首古诗，第一步是想象诗的意境：清明时节下着连绵细雨，一个独自行路的人心神不定。忽然一阵笛声穿透雨幕传来，原来是在不远的山坡上有个骑牛的牧童，那个正想借酒浇愁的行人急忙前去，问童子哪里能买到酒。小童抿着嘴不说话，只是用手指向那个隐没在杏花林里的村庄。

这种想象，是从意义识记的角度出发的，也是在启动你的右脑功能，由此而产生形象思维，在脑中勾勒出一幅图像。此时，把这种图像再转入左脑的逻辑思维功能中，由此而想道：诗人用"雨纷纷"描写春雨蒙蒙的时令，以"欲断魂"

写行人在路途中的心境，"借问酒家"一笔写行人的内心活动，引出了最后一句对杏花村的联想。

在有了意境并进行逻辑思考后，运用机械识记记住全诗每句的第一个字"清、路、借、牧"。于是，我们就在有意识记与机械识记的协同中，把这首诗背诵下来。

背诵一首诗如此，记一篇短文也是如此。在记一篇短文时，为了用最少的时间达到牢记的目的，必须看到任何短文都有若干层面。在掌握了每个层面的中心词语后，再想下一步联结的内容是什么，用这些不同层面的中心词语和词语所产生的心理联结起来，建构一条通路，让这些中心词语像一个个链环连在一起，形成记忆的思缕。

篇幅长的材料可以分散记忆

另一种识记方式是分散识记。分散识记自然适用于较长的材料，这是因为，每个人的一次可识记的量都有一定的限度，人对自己的记忆能力要有正确的估计，如能切实掌握自己一次识记所能达到的量，在识记中不超过这个量，就能避开疲劳的干扰。

分散识记的操作是把一个较长的材料分为 A、B、C、D、E 等若干部分，一开始先学 A，学完后休息；再学 B，再休息；再学 C，再休息……如此接续下去，把识记的任务分散在若干相隔的时间或是相隔在若干天内进行。识记中间的休息不论时间长短，如能做一些轻松的活动，对维持记忆的稳定性有很大的好处。

还有两种和分散识记类同的方法——累进方法与综合方法。累进方法是第一步先学 A，间隔休息后学 B；然后是第二步，复习 A 和 B，间隔后学 C，照此继续下去。综合方法是先纵览材料的整体，通过纵览了解全文，然后识记 A，间隔后识记 B，间隔后识记 C……照此延续，最后再将各部分连贯一起，进行整体复习。

　　总之，从总体上划分，识记可有集中与分散两类，凡一气呵成、中间不间断的识记称为集中识记，凡中间有休息的间断性识记称为分散识记。在两种识记方法中，究竟用哪一种合适，要根据识记材料的情况来确定。倘若对一份材料既不看它的性质，也不考虑自己一次可以识记的量，到手后就匆匆忙忙地背记，其效果必然很差。

　　心理学家认为，不论集中识记还是分散识记，成年人每次学习的时间都不要超过 50 分钟；而儿童的年龄越小，注意力集中的时间就越短，一般来说，儿童的一次学习时间应该在 40 分钟以下。

精读与过度学习

在识记的量的操作中，有一个需要明确的问题，快速识记的效率高还是放慢识记速度效率高的问题。人们通常以为，快速阅读是值得提倡的，因为快速阅读可在一定的时间内增加识记的量，故而记忆效果必定好。其实这种认识并不全面，因为就学习的总体而言，可倡导快速阅读，但就每个人来说，并不是识记的速度越快越好。在无须将一个较长材料完整地全部熟记下来的情况下，可以加快泛读的速度，而精读则必须放慢，因为精读的目的在于牢记应该记住的内容。

美国的一位心理学家认为，过度学习的定义是，在达到最低限度领会的地步后，或者在达到勉强可以回忆的地步后，对某一课题继续进行学习。这就是说，过度不是多余的，它是为了不满足于刚刚勉强记住的状态，而要在此基础上通过再次的重复求得记忆"痕迹"的巩固。

从长时记忆生理机制的角度观察，进入大脑的信息需要在神经细胞间多次循环，经过一定的次数后才能作为"痕迹"保存下来。所以，对长时记忆来说，重复多少次都不过分。但为了节省精力，减少不必要的工作量，过度应有一个限额。

德国心理学家克鲁格在进行了深入研究后认为，过度学习的部分，一般以把握在原来识记次数的百分之五十为宜。举例来说，如某个材料背诵六遍已经记住，那么，再背记三遍加以强化，效果会更令人满意。

循序渐进，更进一步

良好的记忆有三方面的表现：记得快、记得准、记得牢。这三方面的效果，绝非急功近利所能得到的，许多功成名就的学者都建议做学问要循序渐进，并告诫我们一定要在日积月累上下功夫。16世纪的捷克教育家夸美纽斯说："应当循序渐进地来学习一切，在一段时间内，只应把注意力集中在一件事情上。"

17世纪的英国哲学家弗朗西斯·培根说："急于求成是必须谨慎的，须知狼吞虎咽将会令人消化不良。"

我国当代数学家华罗庚认为，他走过的道路，是一条循序渐进的道路。他说："学习科学知识犹如筑塔，级级上升，每一级都建筑在以下诸级之上。"

丰子恺是我国著名的漫画家，同时也是一位翻译家，他是怎样学习外语的呢？他初学外语时，要求自己对每篇外语课文都读二十二遍。他第一天读第一课十遍；第二天读第二课十遍，温习第一课五遍；第三天读第三课十遍，温习前两课各五遍；第四天读第四课十遍，温习第二、三课各五遍，再温习第一课两遍。

这样，第一课用四天时间分四次读完二十二遍，用一个二十二画的繁体字"读"做记号。他就是每一课用四天时间学习二十二遍的方法来阅读外文的。

老革命家徐特立有一套行之有效的读书方法，其中主要的一条是"日积月累"。他43岁去法国勤工俭学，就是用日积月累的方法学会了法语、德语和俄语。徐老说："我读书的方法总是以定量有恒为主，不切实际的贪多，既不能理解，又不能记忆。要理解，必须记忆基本的东西，必须经常、量力才成。"

老革命家董必武曾于1932年赴苏联学习，二十年后的1952年，已经67岁的董老虽然担负着国家重要领导职务，工作十分繁忙，但他决心重温俄语。

他把俄语单词写在卡片上，每五张编为一个小队，每十张编为一个中队，每两个中队作为一个大队，每两个大队作为一个联队。像战争年代扩充军队那样，先组建第一小队，再组建第二小队，然后把两个小队组成一个中队来检阅。

此后，由中队组建大队，再由大队组建联队，不断地扩展下去，直到无数联队先后建成。他用这种方法重读了一万多个俄语单词。

诸如此类的事实告诉我们，循序渐进是在记忆中必须遵守的原则。

美国一位名叫阿尔玛的心理学家做过这样一个实验：把智力水平相当的学生分为两组，让他们读同一篇短文。A组用一天读五遍；B组每天读一遍，连续读五天。两周后通过检查发现，B 组的记忆成绩为记忆了 37% 的内容，A 组的记忆成绩仅为 13%。

俄国生理学家巴甫洛夫也说："要想一下子全知道，就意味着什么也不知道。"事实正是如此，暴饮暴食换来的难道不是伤食不化吗？请记住，我们的大脑不是市场，没有商机，不可能在一夜之间暴富。

第三章

清楚记忆的绊脚石

　　情绪对记忆的影响是被广泛承认的，因为沮丧而导致的缺少兴趣和注意力不集中是导致记忆困难的主要原因。

人脑和电脑

有些人认为大脑就像是超级电脑。他们甚至遐想去除头脑中错误的思维方式，用新的、更强劲的代替，这根本是天方夜谭。

大脑并不能和电脑相提并论——不要相信那些谬论，人的大脑既神秘又复杂，需要我们不断锻炼和保持。你的大脑中没有硬盘，这就是大脑与电脑的最大区别。

一、认识电脑

（1）没有幽默感。

（2）百分百依靠硬盘、软盘、光盘驱动器存储资料。

（3）没有视觉记忆（但输入照片便能识别）。

（4）没有情感反应。

（5）没有创造力。

（6）只能按照人的指令运行。

（7）不能存储味觉信息。

（8）不能按信息的重要性来排序记忆。

（9）没有从经验中学习的能力。

（10）不能以触觉的方式记忆。

（11）不需要休息。

（12）不需要食物（但是需要电源运行）。

二、认识人脑

（1）有幽默感（最基本的模式）。

（2）会出错，可能会丢失重要的信息。

（3）可以与别人分享存储的信息。

（4）很强的视觉记忆力。

（5）记忆往往能产生创造力。

（6）记忆可以产生相关的信息。

（7）可以记忆嗅觉信息。

（8）可以按信息的重要性排序记忆。

（9）可以吸取经验。

（10）仅用触摸就可以获得复杂的信息。

（11）必须休息，会死亡。

（12）不规律的饮食会影响记忆力。

通过以上的比较，我们认识到人脑并没有电脑那般的超强储存能力是十分必要的，但也不要对自己的记忆力听之任之，要找到影响记忆力的不良因素，这将更有助于我们拥有超级记忆力。

注意生活中的细节

一、给予足够的注意力

专注于你想要记住的事物非常重要。如果你真想记住某些东西，给予足够的注意是第一步。在下面的例子中，就是由于注意力不够而影响到了新信息的编译。

杨编辑住的公寓楼中来一个新住户——赵女士。一天，赵女士在邮筒处遇到了杨编辑，并向他介绍了自己。杨编辑就叫她的名字，向她问候，并开始友好的交谈。几分钟后，另外一个住户加入他们的谈话时，杨编辑却发现他已经想不起来赵女士的名字了。

拉拉买了几张昂贵的音乐会门票，并提醒自己到家时把它们从钱包里拿出来，然后放在一个特殊的地方，这样以后她就能很容易找到它们。

第二天早上，当她坐在车里准备上班时，她想起来自己没有把票妥善放好，她在钱包里也没有找到票。她回到公寓，发现它们在厨房的桌子上。发现票没有丢，她松了一口气，但是她不明白为什么她记不起来自己曾把它们放在了这张桌子上。

　　这两个事例说明的都是注意力方面的问题。杨编辑听到并说出了赵女士的名字，但并没有将这些信息转变为能够回忆起来的长期记忆。拉拉心不在焉地将票从钱包中取出来放在桌子上，她没有对她所做的事情给予足够的关注。

　　对一些细节给予足够的关注能避免遗忘。问问你自己："对我来说，什么时候专注是真正重要的？"在这些时候，应该将功夫放在你对事情的了解或手边的信息上。

二、存在的分散注意力的事物

　　另一个在注意力方面有可能发生的问题就是有分散注意力的事物的存在。因为可以保存在你工作记忆中的信息量是非常有限的，任何声音、场景或想法都可能会分散你的注意力，并替代当前存在于你工作记忆中的信息。你一定曾经有过一个或多个下面的这些经历。

　　你进入厨房想去取剪刀，却忘记了你去干什么。或许，在你去的路上，你在想着邮件是否到了。这个新想法代替了你从厨房拿剪刀的想法。

　　由于你始终想着要在药店关门之前拿到你的药方，因此，你或许就会将你的伞忘在医生的办公室里。

　　你正和一个朋友驱车去电影院。他的谈话将你的注意力从你们所在的确切位置引开，你忘记了并入左转道，而且发现时已经太迟了。

　　不要认为你对这些受挫经历无计可施，尽量认识到工作记忆的局限性，并在可能的时候排除分散注意力的事物。把你的注意力完全集中在可能会发生危险的情况（如开车、做饭和吃药）上尤为重要。例如，当你在一个不熟悉的地方开车时，你或许就想让你的乘客在到达之前不要说话。

年龄与记忆的辩证关系

一、年龄与记忆的关系

在西方，人们都认为随着年龄的增长，记忆会衰退。莎士比亚有这样一段话诠释了人的年纪：

"全世界是一个舞台，所有的男男女女都不过是一些演员；他们都有下场的时候，也都有上场的时候。一个人在一生中扮演着好几个角色，他的表演可以分为七个时期。最初是婴孩，在保姆的怀中啼哭呕吐。然后是背着书包、满脸红光的学童，像蜗牛一样慢腾腾地拖着脚步，不情愿地呜咽着上学堂。然后是情人，像炉灶一样叹着气，写了一首悲哀的诗歌咏叹恋人的眉毛。然后是一个军人，满口说着古怪的誓言，胡须长得像豹子一样，爱惜名誉，动不动就要打架，在炮口上寻求着泡沫一样的荣誉。然后是法官，胖胖圆圆的肚子塞满了阉鸡，凛然的眼光，整洁的胡须，满嘴都是格言和老生常谈。第六个时期变成了精瘦的穿着拖鞋的龙钟老叟，鼻子上架着眼镜，腰边悬着钱袋；他那年轻时候节省下来的长袜子套在他皱瘪的小腿上，显得宽大异常；他那朗朗的男子的声音又变成了孩子似的尖声，像是吹着风笛和哨子。终结了这段古怪的、多事的、历史的最后一场，是孩提时代的再现，全然的遗忘，没有牙齿，没有眼睛，没有口味，没有一切。"

我们要感谢他的陈述，但不是观点。东方人的观点正好相反。老年人因为阅历和智慧的增长，受到人们的尊敬和爱戴。正是由于这个原因，人们愿意做受别人崇拜的事，很多老年人生活得非常积极，在有生之年仍然和同事共同奋战。

在西方，人们有这样一个观点：新的一代不能以父母的方式变老。这一部分是思想态度的问题，一部分是医学发达造成的。它是指，如果你不想失去记忆，你就可以做到。而事实上并非如此，随着年龄的增长，我们的永久记忆也许会得到提高，但是我们的短暂记忆却大不如前。

记忆会随着年龄而变化，这主要取决于大脑发育的不同阶段。大脑中最后发育完全的区域（前叶）却是最先随着年龄开始退化的部分。

我们的记忆在 16 ~ 23 岁之间处于巅峰状态，然后就开始逐步退化。

大多数人会注意到他们的记忆随着年龄增长而发生的变化。随着身体状况开始下降，我们的大脑状态也开始下降，这是很自然的，而这对于我们的短时记忆有着特别的影响。从图表中可以看出，年长者比年轻人记忆出错的次数更多。状态首先开始变差的似乎是他们的运作记忆和回忆，因为最先开始退化的是大脑中的前叶部分。身体因素也可能起一定的作用。听力和视力的衰退会影响记忆功能，因为它们成为有效地摄入信息的障碍。

我们生成策略的效率也会随着年龄的增长而降低。然而，研究显示，如果教会老年人一个策略，他们能非常有效地使用它。

有观点认为，老年人退休后如果能通过做十字填字游戏、猜谜，培养爱好、参加读书俱乐部等来锻炼大脑，就可以防止记忆迅速退化。

二、好记忆力是否与年龄有关

应该以另一种方式来提出这个问题：是否存在一个学习效果最佳的年龄段？答案是肯定的。人们在大约 30 岁之前，能表现出不同寻常的记忆能力，较容易集中精神，并且学习速度较快。在这之后，人们学习变得有些困难。但是，这并没有什么可怕的！只不过为了达到同样的效果，人们需要用更多的时间来学习。在 15 岁时，我们只需要学习 3 次就能记住一首诗，而 50 岁时我们必须投入更多的精力来分析和处理信息，而且我们对干扰和噪声更敏感，所以需要更多的时间和更多的尝试来记住同一首诗。一个中学生可以边听音乐边复习功课，而一个 40 岁的人只能在安静的环境中才能保持精神集中。

然而，当涉及重新提取信息时，年龄大则构成一个优势，因为一个人的年龄越大，所储存的信息相对就越多。让我们来举一个例子：如果你是一位年轻记者，正在跟进一个选题，关于这项任务，你一定比你的主编知道得更多。但是他可能会告诉你，关于类似的内容，在 60 年前的某份报纸上曾发表过一篇非常有意思的文章。这是记忆中经验的参与，是随着时间的推移所积累的知识的反映。如果学习一篇医学文章，往往比较容易记住，因为若是已经拥有了这个领域的很多知识，这将有助于记住新的知识。相反，如果是一篇法律文章，往往就只能靠死记硬背，而这对很多人来说比较困难。

三、男性和女性的记忆方式是否相同

回答这个问题并不容易，虽然绝大部分的性别特征与教育有关，然而通过采用激素分泌的间接方法却证明，基因也是一个需要被考虑的因素。某些激素分泌的多少是性别特征形成的主导因素，并且对许多智力功能，特别是记忆的运作具有影响。这种干预如果出现在儿童发育时期将决定男孩和女孩的不同能力；如果出现在成人时期，将导致不同的行为效率，例如女性月经期间行为效率多少会有所下降。

通常女性在应用语言的活动中更有成就，而男性在需要求助于视觉—空间记忆时则表现得更有效率。例如，为了记住一条路线，女性趋向于记忆口语标志——"到了药店，向右拐"，而男性更注意空间方位的变化。

四、老年人的记忆力

将近 25% 的老年人与其年轻时的记忆相比没什么变化；

5%的老年人会在90岁时达到其记忆力的顶峰，就像20世纪的英国哲学家伯特兰德·拉塞尔那样。剩下70%的老年人的记忆力会有一些变化，其中10%~20%的老年人会得一种叫作老龄联想记忆损伤或轻微认知损伤的病。这样，当我们日渐变老、时间感知力迟钝时，大多数人可能不得不面对与年纪变化相应的记忆力变化。当我们日益衰老，我们所经历的生理也会依赖多方面因素，包括锻炼、营养、持续的精神刺激、尝试新鲜事物的意愿和态度等。

从20世纪70年代所做的研究中，科学家们发现不勤于使用大脑比衰老对记忆力更有害。换句话说，一个70岁的坚持学习和研究的老人的记忆力要比一个不重视智力训练的40岁的人更健康。研究还显示，多年的学校教育和近期上学习班等因素都对记忆力有积极作用。这些因素在中年女性中也与记忆技巧或记忆术的使用积极地相互关联。研究发现，通过坚持阅读和研究的习惯而保持智力活跃的成年人，能比那些精力不旺盛的成年人更好地记住他们阅读过什么。大概在16岁左右，人的记忆力达到高峰，在剩下的岁月中，记忆力开始渐渐衰减。在正常的因年迈而导致的记忆力衰减中，有许多巨大的差异，练习、目的、重要性都在此种差异中扮演着非常重要的角色。

科学家马里昂·佩尔姆特一直在研究老年人的记忆力，他发现60岁或以上的人，回忆和认知能力比他们20多岁时要差；但是记忆和认知事实效果又好于比他们更老的人。这一发现能更有力地证明年龄与记忆联系的重要性。我们越老，就越能与更复杂和全面的网络系统相连。一个健康的成年人，能以惊人的有效方式适应环境：如果我们被命令记忆，我们会找到记忆的方式。只不过一些记忆类型可能更受年龄的影响。例如，你的祖母在她 90 岁的时候，还能记得家里为庆祝每一次重要事件而举行的庆祝会的具体日期，但是，她却经常忘记关掉家用电器的电源。记住名字和脸孔的能力被称作完成多任务（即同时做好几件事情）的能力，此能力衰弱，在暮年是很正常的事。例如，正当你在准备用砂锅炖肉时，电话铃声响起，当你接完电话回来，你已忘了是不是添加了作料。而可喜的是，只要你能理解且能联系在这本书里列举的各种类型的记忆术，在任何年龄段，你的记忆力都能得到提高。

健康与记忆的辩证关系

一、健康对记忆的重要性

在杂志、报纸、电视中，健康是个被广泛谈论的话题，保持身体健康对我们大多数人来说是最要紧的。但是，你是否知道能更好地为机体（主要是我们的神经功能，尤其是我们的记忆）"上油"的原则呢？

健康是个出现相对较晚的概念。之前，当我们的身体拒绝按照大脑的指示运作时，当疾病阻碍了生命的正常进程时，我们还不是很担心。如今，健康变成了大多数人关心的问题。在西方社会，人们开始意识到健康与否可能不仅与饮食有关，还和生活环境有关，针对疾病的预防还发生过激烈争论。伴随着思想的转变，还出现了生活环境的变化和信息源的增加。今后，每个人都会要求知情权，满足自己关于健康的好奇心。

（一）什么是健康

一个人"很健康"确切指的是什么？世界卫生组织将健康定义为："一个人身体的、精神的和社会的完满状态，不只在于没有疾病或者缺陷。"这意味着对个人整体状态的关注。

从这种笼统的定义中，我们知道，如果在日常生活中遵循一定的规则，就可以保持健康。

从身体到精神，良好的生活保健带来的好处只能通过长期的努力得到，而这并不总是容易实践的，每天我们都在寻求有助于平衡的原则。关于记忆，也有一些有用的建议可以帮助你更好地认识大脑的功能和需求，以避免一些暗礁。但是，我们并不因此就鼓吹神方妙法或者轻易地承诺。

（二）健康的首要前提是平衡

为了保持良好的记忆力，健康的心理是必不可少的，压力过大、过度劳累、焦虑都是需要避开的陷阱。夜晚的睡眠修复有益于记忆的质量和效率，睡眠和做梦在巩固记忆方面扮演着一定的角色。

健康均衡的饮食是机体良好运行的保障，对大脑也不例外。我们的目的不是建立菜谱配方来增强你的记忆能力，而是建议你以理性的方式饮食，并保持快乐的多元化。

（三）远离危害健康的暗礁

酒精、药品、毒品等，如今已经被明确定为记忆的敌人，因为它们的有害成分会直接作用于记忆功能。还有一些物质和某些生理因素对记忆也具有潜在的影响，例如高血压、糖尿病、烟草等都有可能造成脑血管意外。不要认为我们的智力功能不受这些会导致心脑血管系统危险的因素的影响。

（四）常规的放松技巧

据来自美国斯坦福大学医学院研究人员报道，在获悉新事情前，有意识地放松全身肌肉或许是最有效提高记忆的途径之一，看来松弛肌肉能减少一个人在获悉事情时产生的焦虑。共 39 名男女志愿者（62 岁～83 岁）参加了由这些研究人员指导的提高记忆进程。志愿者们被分成两组。一组队员被教授指导如何放松主要肌肉组织，而另一组只在进行一堂3 小时记忆训练课程前，被简单告知如何改变对年龄增长的态度。这次试验的结果表明，进行肌肉放松技巧指导的一组在对新事情（名字、容貌）的记忆上，效率高出 25%。

二、身体对记忆的约束

（一）疾病

疾病会严重影响记忆——感到自己不在最佳状态会很让人分心。更严重的是大脑紊乱（如双极神经元紊乱、沮丧、精神分裂症、帕金森综合征、爱尔泽玛症、脑水肿，以及许多其他疾病）和大脑损伤，它们会影响大脑的物理和化学秩序，并且对记忆和注意力有反作用。

在这种情况下，建议寻求医学上的帮助，对记忆功能做一个精确的评估，并进行特殊的康复训练以帮助你改善未臻完美的方面。也可以通过更好地了解自己记忆的强项和弱项，或者通过使用内外部的策略，学会如何克服困难，来帮助自己。

你应该还记得音乐剧《金粉世界》吧，它讲述了一个年老的男士和他的女朋友谈论他们第一次约会的情景。他总是记错许多细节，女朋友总是耐心纠正他，然后他会高兴地说：

"噢，对！我记得！"这就是错误记忆综合征的典型例子。再举个例子。当王先生还是小孩子的时候，他生活在哈尔滨，他常常同小伙伴去家附近的足球场滑雪。从王先生家到那儿只要 5 分钟的路程。他清楚地记得，球场的一些建筑在右边，偌大的球场就在左边。但是，在阔别 40 多年后重回故乡时，他却发现建筑物在左边而足球场在右边，并不是王先生从另一个方向进入球场，他完完全全是按照儿时的线路来到球场。直到这时，他才发现，这是他儿时的错误记忆。

我们不知道为什么会形成错误的记忆，但是研究表明，我们能够纠正这样的记忆。最近有一项试验，让志愿者聆听一种他们没有过的经验之谈（也可能是他们没留意的经验）。例如，英国的志愿者要参与的是一个皮肤测试的试验，他们手指上的一小片皮肤要被撕去做试验（虽然这个试验在美国很盛行，但在英国却没做过，所以参加的大多数人应该都没有尝试过这个试验）。一些人来参加这个试验就是为了要弄清楚自己是否做过这个试验。

错误记忆综合征非常奇怪可笑，但它并没什么坏处。一些心理治疗医师建立诊所帮助病人脱离小时候性虐待的阴影。从理论上来讲，由于外伤带来的伤痛，使得他们会将这些痛苦的记忆深深地埋藏在内心深处。渐渐地，似乎大部分病人受到了启发，形成错误的记忆，认为其实这样的事并没有发生过。

如果你想检查下自己是否有错误记忆综合征，试试这个实验。让家人或朋友描述一下你们共同经历过的事。这个游戏可以在聚会上玩，也可以在家人团聚的时候做，或者别的什么活动上。不仅仅是试验的每个人都对一件事有稍微不同的记忆，甚至至少有一个人记得的情景，别人都可以确定没有发生过。

大脑具有可塑性

我们对大脑功能的许多认识都来源于对疾病的研究。受损的大脑区域可以帮助我们对引起大脑损伤的功能障碍进行研究。在脑病例中，最初多对患者进行颞瓣（海马脑回中）内部双边切除，以根治难医的癫痫，使病人手术后不记得新近的事情。

相反，当两个脑半球中的一边受伤或者被切除，另一边通常能够以近乎正常的方式保证日常生活所需的大部分功能。除非进行精确的测试，才能体现出某些能力的缺失。

（二）视力和听力问题

如果一个有视力或听力问题的人想不起来一些事情或经历，人们常常会说他的记忆力不好。实际上，这种问题也许不完全是记忆力的问题。当你看不清楚或听不清楚时，信息将不能被正确编译。当你听得不够清楚时，承认这一事实并让其他人大声说是很重要的。如果你不能读印刷材料，可以请求一份用大号铅字排印的副本或要求某个人读给你听。经常进行视力和听力检查是非常必要的。

你的邻居建议你给一个名叫田夏利的房地产经纪人打电话。当你打电话给这家房地产公司时，你却要王夏利先生听电话。这个问题可能是你记忆不清导致的，或是你的邻居没说清楚，或者是你的听力有问题。如果你想正确地记住某些东西，就要让那个人重复一遍，或者写下来。

在医生的办公室，接待员给你一份保险表格要你在家填写。"只要在这3个地方签名，寄走就可以了。"她指着3处空白说。当你回到家，你弄不清楚是哪些空白处了，说道："我已经忘了她对我说的话了。"这个问题也许不能怪你的记忆力，或许是你根本就没看清她指给你的地方。下一次，你应该让她在这些地方做上标记。

（三）定期做身体活动

最近的研究表明，定期做运动的人，他们都能保持较好的智力机能。换句话说，习惯性的锻炼活动对于身体和智力都有好处。然而，另外一项研究也表明，如果参与者锻炼了一段时间后又停止了，他们就会失去他们所获得的益处。

在一个严寒的冬季，小晴一直害怕在冰上滑倒，因此几乎没有离开过家。她不记得太多昨天或前天发生的事情。她害怕她的记忆力会和她的健康一起每况愈下。朋友们一直试着让她去上健身课，但她就是不想去。一天，她终于同意去上有氧健身课。当然，前几周很困难，但为了已经付了的8周课程的费用，她坚持了下来。大约一个月之后，她感觉更有精力，她的头脑好像也更敏锐了。她在报纸上读到一篇有关身体锻炼和智力机能之间关系的文章。她很感谢她的朋友，并且说："这个课程不仅对我的身体有益，对我的智力同样也有益。"

（四）疲乏

疲乏会影响到你的注意力，并减缓回想的过程。当你累的时候，你更可能在习得新信息上遇到麻烦。如果你知道一天中什么时间你的思维最敏捷，你就在这些时间里做些含有新知识的工作。

你通常在就寝时间读书，因为这样可以帮你入眠。然而，你却记不住你正读的这本书中的人物，这让你很泄气。你可以试着在你头脑比较灵活的时候读这本书。如果你想在睡觉前读，那你就读一些你无须记住的东西。

情绪影响记忆

记忆，像一个独立的个体，是一件复杂的事情。记忆是否能很好地发挥作用取决于相互联系的、同等重要的三种因素——生理方面、心理方面以及环境方面。这些因素中任何一方面的任何一个问题，哪怕是很微小的问题，也会不可避免地影响到其他两方面，因此也会影响到记忆本身。

情绪低落是记忆出问题的一个重要原因，无论是当摄入新的还是回忆已有的信息时。即使是相对轻微的情绪低落，也可能导致心理状态差。例如，受到挫折、感到担忧，或者可能专注于伤心或消极的想法，都能严重影响人的专心程度和记忆力。情绪低落还会导致大脑中有关情绪和记忆的特定化学系统的变化，如血清素（5－羟色胺）。

对记忆和回忆投入的努力，取决于你对事情感兴趣的程度以及你当时的心情。你的大脑可以过滤出一些和你的情绪相一致的因素，所以如果你很悲伤，那么一些负面的记忆就很容易进入你的脑海，而且你也更容易记起一些令人沮丧的事情。相反，如果你心情愉快，你的记忆更容易储存和回忆一些积极的事情。

一、记忆力是如何受情绪影响的

研究表明，一切记忆力的表现，无论好或不好，都与你的身体和情绪状况有关。对此，我们都有切身的感受，但你认为，究竟哪个作用大？很明显的想法是，如果身体或精神疲惫，注意力肯定不集中。我们对不注意的内容不会有印象，可见情绪和记忆力的联系很重要。我们可以想象有多少人在长期苦闷、疾病或沮丧这样的问题长期出现时，都会对其他事物漠不关心和缺乏兴趣，然后导致逃避丰富多彩的世界。沉闷会影响大脑的生理机能。所以，极度的沮丧、焦虑、压力和局促不安会降低思维活跃度。

（一）大脑失衡

心情长期不好也会造成生理反应链的错乱，导致大脑中神经递质失衡。当主要负责获取、巩固和更新记忆的神经递质失衡时，记忆力会衰退。情绪低落的人经常抱怨记忆力差，特别是短期记忆力。只有问题有效解决，记忆力才会提高。使大脑回到正常的化学物质平衡，才是有效改善情绪低落和情绪不稳定的基础。

一些研究者还注意到，短期记忆力的下降与早前情绪不稳定有关。随着年龄增长，生理机能的变化会产生很多记忆力问题。面对生命的重大变化，挑战是寻求新的行动和有把握的目标。我们在后半生会经历很多不同程度的感情伤害，从爱人或亲朋好友的去世到亲人丧失生理能力，以及你的社会地位和经济状况发生重大变化。这些变故和伤害很容易使

人感到沮丧，从而导致厌食和营养不良，离群和孤僻。这种
情形需要合适的干预，以打破"情绪沮丧——逃避现实——
化学反应"的恶性循环。

（二）控制情绪

当你通过干涉恢复到健康良好状态时，自我感觉良好，
通常积极事件的记忆力就能提高不少。好的精神状态使记忆
自动恢复。这是情绪决定论，即在相同环境或情绪状态下的
事情容易记忆。20 世纪神经递质的发现表明它们对人的情绪
和记忆的必然作用，而在此之前，很多康复的人和接受治疗
的新患者说："生活随思想而改变。"这可能比实验性的解释
更具有建设性。

（三）呵护情绪

在迪帕克·乔普拉的《精神疗法和完美健康》一书中，
他讲了人的思想和情绪对神经化学物质的作用。在分子量子
层次，人体不再是一具肉和骨的架子，而是能量的流动，而
且时刻都通过高度整合的化学信使或肽释放的信息在周身流
动传递。意识和身体的化学构成有直接联系。比如，视觉想
象可以帮助焦躁的人放松，使人产生积极的态度，对精神和
身体都有正面作用。乔普拉也尝试用气味治疗病人。他解释
说，人的嗅觉与大脑直接联系，下丘脑的嗅觉接收器是一组
影响记忆、感情、体温、食欲及性欲的细胞，减轻心理压力
需要生理治疗。总之，如果你想增强记忆力，就要像关注身
体健康一样呵护好自己的情绪。

二、记忆受各种坏情绪的影响

(一) 抑郁症

许多人认为抑郁症是逐渐变老过程中产生的一种正常现象。事实上，抑郁症并不是一种正常现象，它是一种疾病——一种可以医治的疾病。我们知道，记忆问题通常会与抑郁症一同出现，如果抑郁症得到了医治，记忆问题就会有所好转。

常见的抑郁症症状有：食欲改变（最常见的是食欲减退）；睡眠障碍；疲乏；焦虑、恐惧、过度忧虑；感到绝望或无助；注意力不集中、记忆困难；做决定时犹豫不决；不安、踱步；易怒；感到生活没有意义；做什么都觉得无趣；总是感觉不舒服或疲劳；情绪低落；有自杀倾向。

那么抑郁症是如何影响记忆力的呢？

1. 动机

当你情绪低落时，你就不会在意你新邻居的名字、你健身课的时间或政府采取的新措施。这些事情好像对你来说都无关紧要。

2. 注意力

即使你想记住如何填写你的医疗保险表，抑郁症也会使你感到头脑模糊，而不能把注意力集中在要做的事情上。

3. 感知

如果你情绪低落，你也许会将许多遗忘的事情当成你记不住任何事情的一种征兆。

小华几年前得了抑郁症。他的朋友和家人都发现，当他情绪低落时，他就会忘记一些约会，并且记不起来一天前发生的事情。经过咨询，医生认为，如果小华的抑郁症通过药物和心理咨询得到医治的话，他的记忆问题可能会有所改善。医生也建议小华在抑郁症好转之前，应该尽可能多地进行一些记忆训练，以协助治疗。

（二）失落和悲伤

当经历了重大的挫折或变故时，人们常常会被痛苦和悲伤的情绪包围。此时，将注意力集中在自身以外的任何事情上都是困难的，并且注意力也会分散。忧伤时会出现记忆问题，但随着时间过去，忧伤会逐渐减轻，除非这个悲伤者的情况发展成抑郁症。

当产生痛苦和悲伤的时候，大多数人最初都会想到死。实际上，失落的情绪也许是由许多不同经历引起的，包括重大的外科手术、自己或配偶退休、视力或听力损伤、朋友或家庭成员患病、经济状况的改变、宠物的死亡、孩子或朋友结婚及个人健康状况的改变。当这些情况中的两种或多种同时发生时，对情绪的影响会大大增加。

老齐几年来一直想退休，这一天最终来临了。他不用早起、不用附和老板，并把时间都花在他的地下工作室里。然而，退休后，他惊讶地发现，他常常感到忧伤并且无所适从。他也注意到，他总记不住东西。

在妻子的鼓励下，他自愿去为卧床在家的人上门送餐，并开办了一个绘画班。他感觉自己非常有用，他的悲伤情绪和健忘也逐渐消失了。由此看来，即使是你自我选择的一个改变，也可能引起失落情绪。

小峰和小丽交往了一年半的时间。小峰认为他们进展得不错，并计划着他们的未来。一段假期之后，小丽告诉他，她现在觉得他们在一起并不快乐，她不想再见到他了。

小峰开始非常生气，并暗自设想，没有她自己也会过得很好。很长一段时间内，他都发现自己很忧伤，并且始终无法摆脱这种情绪。他不能将注意力放在他的工作上。他突然感到他的脑子不管用了，他的记忆力正在逐渐丧失，但他又不知该如何去做。几个月过去了，他感觉慢慢变好了，而且记忆力也比以前好多了。随着小峰的悲伤情绪逐渐减少，他的记忆力又恢复了正常。

（三）焦虑

焦虑的特征表现为内心紧张不安，并伴有生理症状和说不清的恐惧。许多严重焦虑的人都不能将注意力集中在他们身外的事情上。他们的头脑中充满了担忧，因此他们不可能将注意力放在外界发生的事情上，并且记忆力的衰退还影响到他们大脑日常的功能。

焦虑的常见症状：神经过敏、忧虑或恐惧；有一种不祥的预感；一阵一阵的恐慌；注意力难以集中；失眠；对可能患有生理疾病的恐惧；肚子痛或腹泻；出汗；头昏眼花或头重脚轻；不安或易变；易怒。

（四）特定对象恐惧症

当某种物体被看作是危险的来源，并且这种物体可能导

致的伤害被夸大时，对这种物体的恐惧就发展成为特定对象
恐惧症。特定对象恐惧症包括对某种动物的过度恐惧，对诸
如狭窄空间、开放空间或者高地之类的环境的恐惧，以及对
窒息或者呕吐的恐惧。

当恐惧症患者遭遇到令他感到恐惧的物体或者环境时，
他身体上的焦虑反应将不断增加，他所要做的事情是尽力避
开这个物体或者环境。例如，当蜘蛛恐惧症患者看到类似于
蜘蛛的物体靠近他们时，他们将经历心跳加速、恶心和极端
恐惧的过程。他们所要做的事情是尽力逃离这样的环境。当
这种恐惧症的患者接触到这种物体或者环境的图像时，他们
也会做出类似的反应。

据估计，每 100 个美国人中就有 10 个人受到特定对象恐
惧症的影响。这种恐惧症是女性精神障碍中最为常见的一种，
而它在男性精神障碍中位居第二位（位居第一位的是物质障
碍）。某个人患上特定对象恐惧症的年龄取决于这种恐惧症
的类型。人们患上恐惧症往往与他们儿童时期所处的自然环
境有关。诸如飞行恐惧症、恐高症和狭窄空间恐惧症之类的
条件性恐惧症，往往在某个人处于 20 岁这个年龄段时形成。

（五）广泛性焦虑症

广泛性焦虑症指的是由于过度的、长期的忧虑而引起的
焦虑症。广泛性焦虑症形成的原因有以下几种：一是担心不
能应付面临的问题；二是害怕失败；三是担心被拒绝；四是
对死亡的恐惧。患有广泛性焦虑症的人身体上也会出现一定
的症状，包括肌肉紧张加剧、敏感性增强、呼吸频率加快以

及觉醒程度增加（比如心跳加快）。

广泛性焦虑症是一种常见的精神障碍，它对女性的影响是其对男性影响的 2 倍。虽然人们受广泛性焦虑症影响的年龄会因人而异，但是人们往往在 20 多岁时才开始寻求治疗这种焦虑症的办法。在美国，一般有 3%～8% 的人受到广泛性焦虑症的影响。心理学家估计，那些患有广泛性焦虑症的人中有超过 50% 的人患有其他的精神障碍，比如沮丧或者另外一种不同类型的焦虑症。

其他影响记忆的因素

因为多种原因，记忆有时会"受阻"。有时，记忆虽然仍然存在于脑海之中，却无法访问。在其他情况下，记忆的存储在一开始就被阻止。

（一）记忆被制约

有时，一些记忆可能太令人触景伤情或令人感到心情不快而避免回忆。根据弗洛伊德等人创立的精神分析理论，忘记某些事情的一个原因并不是事实上失去了记忆，只是记忆被制约了。它就在那个地方，但人对它进行了制约，因为有意地去想起它是一件非常令人痛苦的事情。

（二）心灵创伤

记忆有时可能并未丧失或受到制约，只是难以真正说出口。对有心灵创伤的人的研究显示，许多人普遍不记得——有意识地——一些发生的事情，但他们在非语言的提示下（如声音、香味或触觉），仍然有一定的记忆。例如，警报声能激发经历过某个事故的人的焦虑，或者可能对解救该事件产生非常生动的幻想。这就是众所周知的创伤后紧张和紊乱。

这种症状的治疗方法之一是让病人讲述事故，以缓解与它有联系的焦虑。

（三）童年造成的记忆缺失

很少有人能记得自己小时候的事情，因为4岁之前大脑尚未完全发育。最先发育的是孩子的颞叶，它们是负责记忆模样的（如人脸）。最后发育的是前叶，因此运作记忆也是最后建立的。另外，我们一直要到2岁以后才学会说话，而语言又可能是记忆中一个至关重要的因素。

孩子在记忆测试中的错误率极高。孩子的社会知觉尚未形成，所以他们很难做出联想。可能已经有记忆，但却不大可能去访问它们。除非有重要事件能影响孩子，才可能形成记忆。然而，这也可能是孩子通过父母在他长大一些后告诉他而形成记忆，所以他几乎是杜撰了一个"故事"。

许多孩子有假想的朋友。有个理论说这是他们在学习自己的记忆。记忆是关于我们自己的故事汇总，而随着年龄的增长，我们知道这是有许多原因的。它为我们提供了一个个人的历史，帮助我们理解，并且在日常生活中起着重要的作用。孩子通常不理解这些。他们甚至难以理解想象与现实之间的区别。你是否也曾经怀疑过某件事情是亲身经历还是想象出来的呢？

（四）自信心

你无疑遇到过记忆困难的情况，它让你认为自己在记忆一些特定种类的信息方面特别差。你也可能明白在特定的情况下自己的记忆力会更差。我们每个人都有长处和短处，而且不同的因素影响着我们的记忆表现——如我们的精神有多集中、荷尔蒙、酒精、药物等。其他如年龄之类的因素也很重要，因为随着逐渐变老，大脑就会像身体一样老化。

人们的基本记忆能力也会有自然变化，甚至每个星期都会不同，这取决于我们在生活中发生了什么。这就是我们会感到有些时候比其他时候记得更好、更准确的原因。比如，你会注意到，宿醉似乎会使复杂的任务和记忆变得困难得多。再比如，荷尔蒙水平的自然变化有着同样的影响，而我们对此几乎无法控制。

把自己同其他人相比基本上没多大意义。记忆与智力有关，但关系并不大。当你认为别人的记忆力似乎比你要好得多时，通常是你只片面地看到了他们强的一面，而它可能正是你弱的地方。换句话说，如果你对你老板在生意场上似乎总能记住客户的姓名感到佩服，这更可能是他正在使用某个策略。尽管你的记忆力可能没有什么问题，但采取一些方法来提高它或使之达到最佳是可能的。

很多时候，我们总满足于自我实现的预言，只达到我们认为自己能做到的水平。事实上，人们在更多情况下表现得更聪明或有着更好的记忆，仅仅是因为他们有自信心。

例如，有这样一个说法，上大学的人一定很聪明。好，当然这可能是真的，在许多情况下，学生们考试成绩好并上了大学，是因为他们学习认真，并从他们的成就中获得了自信。这些人通常有好的运气，可以进入有好教师的学校学习，在那儿，他们能学到许多东西并，对自己拥有信心。

有一些人就没那么幸运——也许他们上的学校把超越看成是"没有把握的",或者他们被告知自己资质平庸。他们可能因为家境贫寒而几乎没有机会在毕业后继续深造,甚至根本没有想过报考大学。所以,要学会相信自己,并对自己的能力有信心。

(五)气质和个性也会影响记忆力

我们都有不同的个性。思维敏捷的性格外向者是一个极端。思维敏捷是一件好事,但这类人也可能听得不仔细、会出错、说话不经过大脑,而且注意力不集中。这类人的生活方式似乎也不太健康,且条理性较差。

相反,在另一端的是性格内向类型的人,他们显得缓慢和安静得多——"埋头苦干者"。然而,这些人经常能仔细听讲,更加有办法和条理,而且注意力更集中。

(六)智力缺乏激励

常言道:"不用则失。"这句话常被用于说明记忆机能。保持脑子活跃,并使用一些记忆方法可以使你的超强记忆力进一步提高。以下是一些智力激励的例子:参加一个讨论小组;做些纵横拼字谜;打桥牌、下象棋或玩益智游戏;回答智力问答节目中的问题;阅读益智书籍;使用最近学到的记忆方法。

陈先生对时事一直都很感兴趣。尽管他每天都读报纸,但他最近发现要记住所需的信息,并在某些问题上阐明自己的立场很困难。他没有放弃,而是加入了他所在的公寓楼里的时事讨论小组。他非常喜爱这些踊跃的讨论,并发现通过为准备发言及听取其他人的观点，对这些问题的记忆加强了。

（七）紧张

紧张是记忆功能中一个重要的因素，它对记忆有很大的影响，它是记忆力"差"的关键原因之一。人们在紧张时更难摄入信息，因为紧张会导致大脑"僵化"。这可能是因为各种各样消极的念头充满了他们的运作记忆，占据了有用的加工空间，一定程度激发大脑的紧张（正面的紧张）。但如果紧张过度，运作记忆可能就会被淹没、记忆系统会变得僵化。例如，当你有太多的事情要做时，就会感到茫然和不知所措。

第四章

记忆的秘境

　　当要应对马上遭遇的情况时，我们会采取机械记忆的方法。这是为几天以后的考试做准备的非常有效的方法。

重复记忆与机械记忆

"有的时候，我们确实需要机械地记忆一些东西。"这是一个在擅长机械记忆和不擅长机械记忆的人群之间引起热烈争论的问题。不擅长机械记忆的人群大声反驳说："这种说法是不公正的！"然而，事实上，任何人都可以通过重复来巩固和强化所学的知识。

一、如何达到熟记

当你已经失去了这种习惯和能力的时候，熟记不是一件容易的事情。这种学习方法是学校教育甚至是高等教育不可或缺的组成部分。如果你处在这两个学习阶段中的任何一个，这种纯粹机械记忆的方法都是简单而有效的。如果要重新唤醒这种记忆能力，你所要做的第一步就是找一个安静的地方坐下，确保不被他人打扰，依照循序渐进的原则，数次重复你的目标信息。

两周以后，你也可能仍然记得整首诗的内容，但是更大的可能性是你只记得其中的某些句子。在这方面，每个人的能力以及表现都不同。

　　无论情况怎样，机械学习都不是保持长时记忆的最好方法。我们不是总能够将兴趣长久地保持在学习过的东西上面，而且，最后期限一过，我们也不会再费力地重复所学的东西了。

二、记忆需要重复的时间巩固

　　把经过编码的信息转化为长时记忆，这要求你为这项信息建立起十分坚固的表象，也就是使其得到巩固和强化。巩固信息的方法有很多：通过联想，把新信息和已存在的信息联系在一起；分类法；逻辑组织法。无论你用哪种方法，强烈的感情都是必不可少的，它能够大大地提升巩固效果。

　　对于简单的材料来说，重复始终是最可靠、最有效的巩固法。每一次的重复对于强化信息都能起到很好的作用：已经存在的信息再次被确认并存储，会使其在大脑中保持更长的时间。此外，重复是兴趣和重视程度的体现，也是保持此信息的体现。总之，各种各样可能的原因使信息牢牢地留在你的记忆里。

　　另外，如果你利用每天晚上上床睡觉之前的时间来记忆一些东西，就更能促进长时记忆。但是为了防止它被其他吸引你注意力的事情或者事物所代替，你必须在第二天早上一醒来，就立刻回忆前一天晚上记忆过的内容。

怎样借助联想来记忆

　　联想是将你想要记住的东西和你已知的东西之间形成智力联系的过程。尽管许多联想是自动产生的，但是联想的意识创造是将新信息编译的一个极好方法。将一事物与另一事物联系起来，便于我们记忆。例如，小安时常会忘记这个词——"樱草属植物"（一种植物，人们喜欢叫它"兔耳朵"）。他注意到它的叶子长得像小轮子，于是他就叫它"骑车的人"，之后就再没忘记过。联想有利于记住一些奇怪而又简单的信息。一旦你形成了联想，你在心里重复几遍或大声复述几遍将有助于你记忆。

　　这一方法可以用于记忆这些事情：你的新邻居的名字；你的朋友居住的小区；你想推荐的一部电影的名字；去往新开张的商店的路是向右转还是向左转；去往朋友家的公交汽车。

　　初到一个新城市，张原认识了许许多多的新同学，其中有一个同学的名字叫华振兴。由于某种原因，张原一直记不住他的名字。后来，她在记忆课上学了联想这个方法，并试着使用。她默念了几次"华振兴"之后，突然想到一句口号——

"振兴中华"，她认为自己可以通过将"华振兴"与"振兴中华"联系在一起记住他的名字。每次张原看到他，就会心里想着"振兴中华"。

小年在读中学的时候，对于记忆汉代的大规模农民起义伤透脑筋：一是公元 17 年发生的绿林赤眉起义；二是公元184 年发生的黄巾起义。前一次发生在西汉，后一次发生在东汉。最让人头痛的是起义名称和先后顺序很容易搞混。为此，他通过联想进行记忆：这两次起义的名称都有颜色，即红、黄，可以将这种变化同枫叶联系起来记忆。枫叶春夏时绿，秋天变红，冬天变黄。这样一来，不但不容易弄混，而且容易记忆。

翰海总是记不住意大利的版图，后来，他对它进行了联想。他注意到，意大利的版图很像高筒的马靴——圆柱形的靴身、流行的鞋尖、锥形的鞋跟。没错，意大利就像优雅的腿，一脚踩出欧洲大陆。经过联想记忆后，他永远都忘记不了意大利版图的样子。

怎样借助图像来记忆

　　翻阅一下你的记忆，你很有可能会产生这样一种感觉：一组组图片在你头脑中展开，就像是幻灯片一样掠过脑海。当你想保留其中的一项时，首先依赖于感觉器官对它进行登记。如果你稍加注意，不只会保留视觉性的印象，甚至还会有听觉性和触觉性的特征。如果你读一篇自己不感兴趣的文章，不投入注意力，没想过要记住内容，也不期望以后会用到这篇文章，那么将不会产生任何的心理表象，这篇文章的信息不会被提交给记忆。相反，如果以上三点都具备——兴趣、注意力，以及把信息传达给别人的期望，就会形成一系列的心理表象，并且把记忆调动起来。

　　有没有人会想到自己 10 年前、15 年前或 20 年前的一些特别经历呢（当然如果你还小，可以想想去年或前年的特别经历）？也许这些经历是令你印象特别深刻的，甚至可能是恐怖的。例如车祸，受伤的人衣服变红、躺倒在地、地上都是他的物品、车子的颜色，等等。这些鲜明的细节可能会被你记住十几年，甚至一辈子。

　　为什么十几年后很多自认为记忆力差的人还能生动地描

述曾经发生过的车祸的场面呢？这就是因为回忆了记忆中的图像的缘故。

我们的各种记忆感官中，其中一个感官就是对图像的感官，当我们看到相关的影像时，这个图像自然就会浮现在脑海里，并被记录在右脑里。不要忘记，除了视觉的存盘，还有其他的感官记录可以加入想象的空间。例如，我们也许记得车祸时撞车的声音，因此由听觉引出图像的存盘；也许车祸引起火灾，可以闻到烟火的味道，在车祸现场还可能触摸到倒在地上的车辆或受伤者，这就有了由嗅觉感官、触觉感官所记录的图像。

总之，如果我们用各方面的感官来记录一个情景，有印象特别深刻的影像被记录下来，不仅会加强回忆功能，还会变成清晰的记忆功能。

你常会听人说，图像胜过千言万语。将事物清楚地呈现在脑海是一个有意识地将一件事、一个数字、一个名字、一个字或一个想法在你脑中形成一种形象的过程。如果你花些时间将话语转变成一幅富有含义的图像，然后把这幅图像记在心里几分钟，你就更可能记住这个名字、事情或想法了。

一些朋友天生就具有良好的视觉能力。他们想象的画面生动且丰富多彩。如果你有很好的视觉记忆能力，你可以以多种方式充分地利用它们，其中一种方法就是建立记忆频道。

你可以尽情地使用这样的技巧。例如，一些朋友会将日期表刻在石头上来帮助记忆日期。视觉记忆还可以帮助记忆外貌和地点。如果视觉记忆对你适用，那么你只需自然地运用它即可。如果你去游览一个小镇，你要记住经过的路线，这样你就可以准确地回到停车的地方。

我们以前所说的拍照式的记忆就是现在说的"图像记忆法"。一些人能在 1 分钟内复述出看过的物体、设计和文件，就好像他们在脑中给这些事物拍了照一样。

当然，有一些人的确有超出常人的一种记忆方式。有一个老裁缝，她就能用极短的时间观察别人的着装，然后完全模仿出来。她成就了辉煌的事业，为顾客参谋穿着，这些穿着都是她从婚礼和明星的照片上看到的。如果她能够看一眼服装杂志上的一些衣着，或是现场看到别人的衣服，那么她就能更完美地模仿它们。

怎样借助细节观察来记忆

一、基本记忆常识

记住你没有清楚地观察过的事物或不感兴趣的事物通常是困难的。积极观察是有意识地去注意你所看见、听见或读到的事物细节的过程。积极观察，你会发现一张照片、一张新面孔、一处自然景观、一席谈话、一件发生在街道上的事情或一件艺术品的含义以及带给你的震颤。积极观察相对于对周围的事物不加以思考，或因不感兴趣而听之任之的消极生活态度是截然不同的。记忆的关键是对其感兴趣。

一个短暂、未经审查的想法是毫无价值并且很容易被遗忘的。当我们将一个想法或主意详细说明之后，我们就能将它更深刻地编译。当某些事情非常有趣或很富有争议时，例如，第一次打篮球，我们不用有意识地去记，就能将这一经历非常深刻地记住。在我们的头脑中，我们评论发生的事件；我们试图了解发生了什么；我们将它与我们知道的情形联系起来；我们问自己对它的感觉如何。这个过程，可以有意地将它用作一种可以将我们想记住的信息进行编译的方法。这种方法可以用于记忆这些事情：你在一家商店中看到一条被子的图案；如何玩朋友教你的新游戏；你看到的许多人的面貌；新买的吸尘器的使用方法；两位市长候选人的简介；你在大学里所学的课程；你和朋友讨论的一本书的情节。

二、实例的运用

伟伟最近买了一台录像机，他读着冗长乏味的使用说明书，并按照它们来录制自己喜欢的电视节目。第二次，他试着录一个电视节目时，想不起来如何做了，就不得不重看了一遍使用说明书。由于他想不查阅这本手册就能使用录像机，就又复述了一遍所有的步骤，了解了每一步的次序和重要性，将这些死板的手册指南转变为自己的话。他将这些步骤重复了几次，并将它们存储在自己的长期记忆中。他发现，如果将这些话大声说出来，记忆的效果会更好。使用了详细描述的方法之后，他仍然能记住这些步骤，甚至在三周的度假之后，还能记忆犹新。

小宛一生只去过夏威夷群岛旅行。她去了其中的三个岛，那些岛都非常美丽，然而也有所不同。她想将这些岛清楚地告诉朋友们。她曾在报纸上读到，如果你详细地阐述了你想要记住的事物的细节，那么你就能将这些信息更好地编译。她想了想小岛之间不同的自然特征、她在每个岛上做的事情以及她住宿的地方。她将这些细节与岛的名字联系在一起进行了一些联想，她将这些细节重复了好几天，现在她发现记住它们很容易。

　　小凡有严重的关节炎，出门的次数很少。他非常厌烦这种日复一日的生活，并且他的记忆力似乎变得越来越差。女儿在他的生日时送给他一个鸟食容器，渐渐地，他开始观察来啄食的鸟。一天，他看到一只自己不认识的鸟。他问女儿是否认识这是只什么鸟，女儿也不知道。但是女儿后来带回来一本有几百种鸟类彩色图片和详细介绍的书。当他们查询这只鸟时，小凡非常惊讶，没想到世界上竟然有这么多种鸟。这个鸟食容器改变了小凡的生活！他看到并听到了许多新事情，而且他非常吃惊于他真的能记住它们。

　　有一次，露露去一个大型购物中心，她把车停在了车库。在地上有一些向上和向下的坡道，而在她停车的地方也没有任何文字或数字。露露意识到，她会很容易把车放在难记的地方。她仔细观察了她走的这条通向出口楼梯的通道，并且当她到达那儿时，回头看了看，以加深汽车所在位置的场景的印象。当她回来时，很清楚地记得自己的汽车所在位置以及到那儿的路。

　　学习了积极观察这个方法之后，小跃决定试试。他去了当地的博物馆，并花时间看一幅由莫内塔画的两个女人的油画。他没有像通常那样很快地扫视这幅画，而是看了看细节，又看了看整体，并问了自己一些问题：它漂亮吗？它是什么年代的作品？这两个女人看起来是高兴的还是悲伤的？她们穿着什么样的衣服？并想着是否把它挂在自己的起居室里。当他离开这家博物馆时，他就知道他会记得这次博物馆之旅：因为他所记忆的东西不是通常的那些模糊的画面。

怎样借助外部暗示来记忆

　　当人们面临一些无法立刻认知其含义的形象时，就会通过深入想象来寻找答案。那时人们所看到的——或者认为其所看到的不仅能够反映出人们习惯性的感觉、思考和行动方式，而且还能反映人们以前已经感觉到、经历过的东西，甚至是潜意识。人们的想象力产生作用的方式反映了人们的实质，因此心理学家开始借助于视觉辅助手段（图画、照片等多样化的文件）。通过这些辅助手段，可以了解到人们对自身的真实看法，以及其他人对他们的反应或者是可能做出的反应。

一、认识记忆辅助工具

　　我的冰箱上贴满了便条！它们真的很必要吗？

　　想象一下你准备购买的物品，试着在脑子里列一个你所需要的所有物品的清单。这个记忆练习是我们每天都要做的事情。下一步你要做什么？写一张购物清单吗？

　　面对日常生活中许许多多不同的任务，我们倾向于向一些辅助工具（一张纸、笔记、便条、告示牌……）求助。它们真的对记忆有所帮助吗？还是会以损害我们的记忆力而告终？我们应该尝试离开它们去做事情吗？

好的辅助工具能够使我们完成那些离开它们便不可能完成的事情。假设我们能够回忆起日记或者地址簿里的所有东西，但这是合理、现实的事情吗？其实那是对你的记忆能力估计过高。日记和地址簿使我们能够在不加重记忆负担的情况下一天一天地生活下去，因此，它们是非常好的工具。

另一方面，当辅助工具使我们不能充分发挥我们的记忆力时，它就变得有害了。因此，当我们不自觉地打开电话本查找一个熟悉的电话号码时，就剥夺了对记忆而言极为重要的思想训练，并且会导致懒惰，而这种懒惰在不久以后会对我们个人的独立性产生消极影响。

二、做好书面提示

你不必将所有东西都记在你的脑子里。尽管有许多时候，你必须依靠你的头脑来记忆，但大多数人在整个日常生活中都用外部暗示来提示自己。例如，你也许会使用闹钟叫你起床、遵守约会的日程，使用厨房定时器来煮饭，或使用一个有标记的药盒。你必须承认，在许多情况下，无须相信你的记忆力。如果你能使用你所在环境中的一些东西来提醒你，你的脑子就不必想其他事情了。

尽管很多人都使用日程表、约会簿和笔记用以巩固他们想要记住的东西，但是仍旧有许多人怀疑做书面提示是否真的对记忆力差的人是一个帮助。事实上，将事情写下来是最有用的方法之一。

如果你想更好地记住这类事情，就将所有的信息记在一个笔记本里。

下面的内容将为你提供一些创造性地使用书面提示的思路。

（1）列一份你需要做的事情的目录。你一想到某件事情，就将它添加到这个目录中。

（2）使用一个约会簿或日程表来提示你自己想在以后打的电话，例如，打电话给一位刚做过手术的老师。同时要养成经常翻看日程表的习惯。

（3）记下在下次看病时你想问医生的一些健康问题。在离开医生办公室之前，记下医生的嘱咐。

（4）写日记记录每天发生的事情。如果想知道自己是否已经完成了作业或听了一堂重要的讲课，你就可以查看这本日记。

（5）列一份你想读的书或你已经读过的书的名字、目录。

（6）记录你发出或收到的邮件和贺年卡。

（7）记录你所服的每种药物的名字和剂量。包括你开始服用的日期。

（8）将你想记住的所有人的名字列一个目录，例如，邻居们、社团的成员们和你同学的家长们。

（9）记录你想记住的周年纪念日或节日。

三、如何改变环境

提醒你记住某件事情的最好、最简单的方法之一就是改变你所在环境中的某一事物，这样你就能注意到这一改变。然后，它就作为一个暗示，来唤起你的记忆。

当你还小的时候，你可能使用过一些小技巧，比如在手帕角上打个结，帮助你记忆杂事。这种方法通常能使你轻松地记住很容易被你忘却的事情。手帕上的结提醒你周末的模拟考试，结虽小但却很重要。还有人使用别的物质记忆方法，比如在手指上绑胶带。

物质提醒可以从自身的记忆延伸到周边的事物。不要将物品摆放在平常摆放的地方就能起到很好的提醒作用。对于我们大多数人来说，这个方法简单实用（比如将一本书放在茶几上，而不是放在书架上，可以提醒你上学时要带着它），但是如果你滥用这种方法，改变太多摆放的东西，就会混淆。

有的家庭喜欢采用特别的方式来交流、传递信息，有一些让人很难理解。例如，一个家庭成员将一个石头摆放在门前，以此来告诉其他成员家里备用的钥匙就藏在下面。这能算得上是妙计吗？恐怕只会引来不速之客。

乐乐是这样做的：桌上打开着的书用来提醒她要去图书馆。自行车钥匙放在电脑上方提醒她要修车。妈妈的照片倒着摆放并不是因为她粗心大意，而是因为第二天是妈妈的生日，这样摆放可提醒她买礼物。

不要只用一种技巧去记事物，试着结合所有的技巧。视觉、听觉和实践都应该结合起来，这样才能够达到最好的记忆效果。

这有一些可以唤起你记忆的环境暗示的例子。

（1）将要拿去给洗衣工清洗的衣服放在门前。

（2）将一个纸条放在厨房桌子上，这样当你吃早餐时，你就会看到它并记得给你的朋友寄张卡片。

（3）将一个纸条放在书包上，用于提醒你在书店停下来。

（4）在你手提包的提手上系一条细绳，这样在没有被提醒邮寄包里的信件的情况下，你不会打开它。

（5）当你下楼时，在楼梯的前面放一个空盒子，用来提醒自己在上去之前把电热器关了。

（6）把手表或手链换到另一只手上，你就经常能感觉到它。当你开车去你的朋友家时，它将提醒你去告诉他有关周末计划改变的情况。如果你再大声告诉自己："告诉老板计划有所改变!"这个方法的效果将会更好。

在使用任何这些外部提示时，不要拖延是至关重要的。只要你一想到你需要在以后做的事情，便选择这些方法中的一种并立刻应用。如果你想着"当这个电视节目结束时，我就在我的购物单上添上土豆"。那么你 10 分钟后或许就将有关土豆的事情全部忘光了。

怎样借助好习惯来增强记忆

　　大多数人都有许多，甚至成百上千种习惯让我们记住生活的责任与义务。当然，大多数人都是无意识地养成这些习惯的。这些习惯可能是把我们的台历翻到一周中恰当的一天，把便条粘在醒目的地方，标记出我们要记得带去学校或公司的东西等。这里的策略是有意识地在生活中养成习惯，以减轻记忆的负担。比如，当你走进屋子时，总是把钥匙放在同一地方，它更适宜放在靠近门的地方。一旦意识到自己的习惯，你就可以利用它们把要记住的信息联系起来。例如，你可能把自己要记得带去公司的书与钥匙放在一起，在你例行其事的时候，就不需要刻意去记忆。

　　对于一些朋友来说，最好的学习方法就是实践。相对于看一大堆的书来说，他们往往能从实践中学到更多的东西。这个记忆技巧是建立在动手的基础上的，我们称之为动觉。

　　付先生小的时候，他所就读的学校就非常注重学生是否能准确地带着书本和其他教学辅助设备来上课。通常"对不起""我忘了"的借口是行不通的。那么，付先生是怎样避免出现这些错误的呢？他培养自己养成一种整理书包的习惯，非常复杂，但是的确很起作用。他不仅仅为每件要带的物品规定摆放的位置，而且还要按顺序将它们放进书包。这样做，他就不可能忘记任何东西，一旦发现摆放的过程有差异，他就能察觉可能忽视了哪个物品。

当我们有重要的事时，为了确保它能按部就班地实施，就该使它成为例行之事。如记忆有顺序的事物时（比如电话号码），你在记忆的同时需要时刻改变它们的顺序。如果你没有改变顺序，很有可能就会陷入顺序的圈套。你可能要重复所有的号码才能想起其中的一个号码。所以在记忆的时候要经常变换顺序，别让机械的顺序干扰你的记忆。

曾霞有一种习惯。她每次逛超市几乎都是同一路线、行程。她每个星期可能都会多买或少买一些东西，因此，购买的物品可能会有改动（比如不用每个星期都买笔记本）。一旦固定了购买的清单，就不用再去想它，可以注意一些别的以往不会买的东西（例如这个星期可能会买一些红酒代替啤酒）。

不要否认习惯这一记忆方式。它既轻松，又能帮助你准确无误地记忆非常复杂的信息。想想你是怎样驾驶汽车的，你是不是会有意识地想：刹车，减速，换挡，查看后视镜和汽车边距？当然不会。一旦你上了车，所有的程序都变得很自然。不管路上的情况怎样，以往开车的经验、习惯都会教你准确地处理。只有在遇到了意外的情况时，你才可能会不知所措，因为之前没有碰到过。

怎样借助逻辑推理来记忆

符合逻辑的思考能力通常被认为是聪明和智力的象征，但它是不是也意味着拥有好的记忆力呢？

这个小节将激发你去思考、推理，找出规律和联系，并最终找出解决问题的方案。它们看起来仿佛在开发抽象思维能力方面而非提高记忆力方面具有更大的指导意义。

事实也往往如此，你可能在抽象的推理和数理逻辑方面有着非凡的天分，同时对于这些方面的信息表现出惊人的记忆力，但是记忆其他方面的信息却让你手足无措。

情况也可能恰恰相反，你对于需要良好记忆力的活动得心应手，而纯粹的逻辑推理的活动或游戏却会让你焦头烂额。总之一句话，情况因人而异。

不过，你越经常动脑筋，理解能力就会越好。而对信息透彻地理解毫无疑问会改善记忆。同时，你的专注能力也得到保持和提高。

思考和专注共同作用，能维持一种高水平的大脑活动。最重要的是，逻辑推理能够训练大脑赋予信息结构的能力，即根据某些规则建立秩序并且赋予意义的能力。秩序对于记忆来说是必需的。

同样的规则也适用于单词、图像和目录清单。你只需要找出某种规则或者逻辑，架构信息，使其变得有意义，信息就能更容易地留存在你的记忆里。

如果知识已经依照一个完善的逻辑体系被贮存在你的大脑中了，那么当任何新问题出现时，已有的信息结构就会被调动起来，找出合适的解决方法。

如果你坚持锻炼逻辑推理能力，你的大脑将会变得训练有素，这样它就不仅仅能在智力操作中很好地为你服务，还会让你在日常生活中受益匪浅。不管怎么样，记忆力都会得到提高。

第五章
小秘诀，大效果

　　增强记忆的方法数不胜数，但真正实用、有效的还是不多，我们可根据自身条件与爱好选择下面几种主要记忆方法。

触景生情最容易记住

学文科的同学可能有这种感触：一些历史地名老是记不住，太枯燥。

那么假如有人问你，你到过历史上有名的地方，比方说，去过南京、见过雨花台吗？那个用大石头堆砌起来的地方，只要是看过一次，不管谁都会深受感动，一辈子也不会忘记。这时在历史上发生的有关革命先烈的一桩桩事件，就会在脑子里打转转。

所以，我们应该亲自到那样的地方去，脚踏实地亲自看看那些历史遗迹，把它弄个清楚。在那里体会从书本上得到的历史知识，想象当时的风景，缅怀中国革命史上曾发生过什么事件。只要站在那里，闭上眼睛，就可以心向往之，引起无限感慨。历史事件一旦和这种感慨结合起来，就会被牢牢地记住，什么时候都可以和实地观察的体会一道回忆起来。接触实物引起的这种现实感，能够加强理解和加深记忆。另外，亲临现场看看，就会增加对历史的感情，回来之后，就会引起学习和研究有关历史的动机，并有助于加深理解和记忆历史事实。

　　另外，好奇心也大大有助于理解和记忆，哪怕是读一本历史小说，也会引起强烈的好奇心。为了满足这种好奇心，固然可以去翻阅各种文献，但如制订一个称为历史纪行那样的计划，去实地考证小说中的历史遗迹，那就会使好奇心得到更大程度上的满足，而且旅行的情趣也会增加。

卡片游戏可辅助记忆

当我们正聚精会神地看电视剧时，会突然"啊呀"地惊叫一声。原来摄影师运用特殊手法和不同角度，为某演员拍出一个特别优美的画面，以前不太被注意的影星，人们顿时觉得她格外具有魅力。或者是在歌唱节目里也如此，有几台摄影机在同时操作，从各种角度来拍摄歌星的姿态，也都给人留下新鲜画面。

记忆也是如此，相同的记忆材料，如能从各种角度来读，会更加印象鲜明，而且可能有新发现，最后可靠这种驱动力，来使记忆扎根。方法就是多运用卡片，因为卡片和笔记不同，可自由排列组合。以历史而论，可把每个历史人物写一张卡片，分别按年代、国别、功业来排列，一套卡片可有无数种组合，借以加强记忆和印象。其实何止历史应运用卡片，其他各学科都可靠卡片来帮助记忆。

在青少年所要记忆的事情当中，最费力的恐怕就是英语单词了。据统计，如想从容地应付大学升学考试，最低限度也须记忆6000个英语单词，这必须从初中开始努力，持续地记忆，慢慢地将单词一个一个地累积起来，才能达到目标，但是，对大部分人而言，这实在不是件容易办到的事。

尤其有的人进入高中以后，才开始想要用功，努力追上过去落后的功课进度。另外，为了升学考试，须背更多的单词，内心焦急，只觉得升学考试真是痛苦万分，背了又背，却没什么效果，心头越来越沉重，每天都郁郁寡欢。

目前考大学，最低限度要记忆6000个单词。若是从初中时起就坚持记忆，努力去增加单词的记忆量，本来可以比较容易地达到目标，但一般的同学却很少这样做。

有一部分同学，进了高中以后才想弥补这段损失，不得不专门为了高考去记忆单词，感到十分焦急。考前突击怎么能不痛苦呢？拼命地去记单词，却仍然顷刻便忘得精光，让人看了既觉可怜又觉无奈。

这时起作用的是卡片游戏。用图画纸制作很多宽七厘米、长三厘米的长方形卡片，在这卡片上面写上要记忆的英语单词，背面写上汉语释义。把发音错误和有特别用法的地方弄清之后，也一并记在背面。正面用黑色写，背面用红色写，很醒目，便于区别。

把卡片做好后，读正面的单词，再看背面，如此很容易便能记住。或者任意将卡片排列在桌上，记一个收一个，同时翻开背面再确认是否正确，正确的就放在小盒子里，大体上觉得记住了时，就把卡片正面朝上放在桌子上，胡乱放置。然后把已记住的单词卡片拣出来，翻过来看看自己记忆得是否准确。记对了的，放进小箱内，错了的另放在一边。若一卡片经常被留在桌上，应集中注意力，注视那个单词，努力地想出其含义，最后仍想不出来的或记错的单词，重新收起来再做一遍。

你如能写一套英语单词卡片，可分别按照难易、生熟、音节等顺序编成各种组合，不但可以加强记忆，而且随时可以使你产生新鲜感，一直到你把所有单词都记得滚瓜烂熟为止。

这样反复练习，看着卡片一次次减少，心中颇有成就感，也别有一番乐趣，记忆起来自然更快、更轻松了。每次做卡片时，大约五十张就差不多了。使用词卡，不必像笔记或单词簿那样按照次序，你可以任意排列、选择要记的词。如果由好几个人一起来做竞赛游戏，那就更好玩了。将卡片全排在桌上，每人一次拿一张，并说出正确的含义，对了加五分，错了扣两分，看最后谁的得分最高。最后桌上仍剩下的词卡，由大家一一翻开记忆。当然，这种卡片记忆法，不光可以用在英语单词上，也可以把应该记住的名字写在上面，而相关的资料列在背面，便能记住人名，更可以用来加深对各种事物的记忆。这样的卡片游戏，相信任何孩子都会感兴趣。

经过一番苦战，桌子上便只剩下一些含义没记清的单词卡片。我们不妨再回头来一张张地努力去记忆它的意思。接着，再把最后仍未记忆起来的和记错的单词卡片集中起来重新记忆。

这样反反复复地记忆之后，就会为卡片渐渐减少而高兴，对记忆本身也有了兴趣。若是把记忆所需的时间和几胜几败也记录下来，就会激励自己的斗志。当然，如果是几个人同时来比赛，会更有趣味。把卡片摆在桌子上，每人一次只准拣一张，由拣的人说那张卡片所写单词的含义，说对了的，给他记一分，说错了的扣一分。记完为止，然后评比分数。到最后桌子上如仍残留着卡片时，大伙儿就一一翻过来再记。实践证明，这一方法比把单词表一路背下来的记忆效果要好得多。

利用相反、相近关系可以增强记忆

　　语言中有无数对立、类似的关系。比如有人说："目前通货膨胀的情况将持续一段时间。"这句话中的"通货膨胀"，如想正确地记忆，最好也能查出通货膨胀的反义词："通货紧缩"。仔细研究此二者之差异，互做比较。只要记住其中一方，便能清楚地把握另一方的含义。借着彼此对立的情况，便能清楚地记住。

　　类似的词语，由于容易混淆，想要正确地记忆较为困难，但如果运用上述方法记忆则不难。

　　想查找"股份公司"的正确定义而记忆时，最好将其他的公司形态一并查出，相互比较。如"独资公司""股份有限公司""有限公司"等，找出它们的相似点与对立点，清楚地了解其中的关系，再来记忆，就变得非常容易了。

　　反义词如此，近义词也一样。比如想记"股份公司"一词的定义时，就需对其他形式的公司如"有限公司""合股公司""合资公司""独资公司"等也清楚了解，特别是要把对立点和类似点加以确认。

　　我们经常会碰到两个看似风马牛不相及的事物，而往往不会发觉它们之间的关系，究竟是相似抑或相对立。如一个棒球用语"不规则弹跳"（Irregular bound），很多人使用好长一段时间，也搞不清"Irregular"这个词和"Regular 选手"（正规选手）中的"Regular"是彼此对立的单词。

借助故事来记忆

　　已经能很流畅地念出来的东西，就不会像散乱的东西那样难记。遇有必须大量记忆的情况时，如能加以整理再来记，效果既显著而又容易记牢。因此，自古以来最实用的记忆术，就是把所要记忆的东西套入某些特定事物里，并且编成一则故事，然后只要记住整个故事的情节就可以了。

　　第一要紧的，就是所编的这则故事，必须新奇好笑。三千年前写羊皮纸古书的人，就早已经发现这种道理："人对普通的事不容易记住，只有对新奇、神秘、惊讶的事，一见就牢记在心，而且久久不忘。"第二要紧的是加以形象化，就像演电影一般。假如所要记的是单词，就要变成易于浮现在脑中的形象，然后再编串成可笑的故事情节，如此才能牢记不忘。

　　例如：现在要记 Tree（树）、Airplane（飞机）、Submarine（潜水艇）、Telephone（电话）、Automobile（汽车）、Squirrel（松鼠）六个单词。首先，你要想象出一棵大树（Tree），接着这棵大树像火箭一般开始上升，而且发出隆隆的声音。不久，大树在空中飞舞，也就是像飞机（Airplane）飞去。飞到海上的飞机突然坠落到海中，变成一艘潜水艇（Submarine）。潜水艇里有一部电话（Telephone），电话铃不停地响，但是没人来接电话。这时潜水艇的尾部突然出现一辆汽车（Automobile），有人一只手拿镜子，另一只手拿起电话听筒，但是听筒并没有响声，却跑出一只松鼠（Squirrel），并且顺着拿镜子的人的胳膊，飞跳到汽车里，坐在驾驶座上，开着汽车绝尘而去。如此，就编成一则新奇好笑的故事。

有个考生曾对老师说："我不论读中国史还是世界史，都把史实想象成史剧。"这种历史记忆法，就是在记某种史实时，随便编成一则历史故事，这不但可以增加读历史的趣味，而且可以训练想象力。

例如林肯被刺，当时在戏院发生激烈枪战，不幸，林肯当场被暴徒击毙。

又如甘地被刺，凶手只是一个不满20岁的青年，而当时甘地已是八十高龄。因此，当凶手要开枪时，甘地也许会痛责凶手不该对长者有如此暴行，但凶手却回答，他是代表全巴基斯坦人来行刺，结果一枪就击中甘地的胸膛。

再如：拿破仑被困死在圣赫勒拿岛，临终前仍然保有法国皇帝的名义，但他却在英军的严密监视之下，并且不准他走出该岛一步，结果使这位盖世英雄饮恨而终。当初，英国本想处死拿破仑，但担心因此惹得法国军民暴动，而和英国发生一场新战争，迫使英国不得不放弃处死拿破仑的阴谋，把他放逐到圣赫勒拿岛，迫使他自然死亡。

恰如前面所说，和自己的兴趣连接在一起，并且尽量加以趣味化，尽管是出于虚构，却足以加强记忆。当然，要把历史戏剧化时，必须切记史实与虚构的部分，否则如弄假成真，岂不是歪曲了史实。史实是书上写的，而史剧是自己编的，目的在加强对史实的记忆，史剧只是一种记忆的手段，到运用时自然要把史剧铲除。这就如同盖楼房搭鹰架一般，鹰架是临时搭建的，目的是为便于工程的进行，楼房建成以后就要拆除，谁也不会把鹰架当楼房的一部分来使用。

据美国的实验，这种把要记忆的东西加以故事化的记忆法，可以比单独记忆增加七倍的记忆效果，而且最适合记忆英语单词和历史事实。

对记忆对象了如指掌

现在的学生，每天接受的信息量较之以前大大增加，因此在有意识地记忆之前必须有一个前提：认清该记忆对象。否则，不管什么信息都照单全收，会大大增加记忆量和记忆的难度，影响记忆效果。

原因何在？

打个比方，你想记忆本年度的前十家公司以及它们上一年度的总销售额，或想记忆今年新加入的全部新生的面孔。

想记忆前者，必须从相关资料中查出各家公司去年的总销售额，列成一览表。

想记忆后者，则须收集新加入的所有学生照片，制成一张表，在照片下面写上他们的姓名、年龄，利用空闲时间，仔细看清每个新生的面孔，并与姓名及其他资料对应起来。

之所以这样做，目的是在进行有效的、清楚的记忆时，能将要记忆的对象具体归纳整理，并和其他不准备记忆的事物，做一个明确的划分。

除了编列成表，有时也可将要记忆的事物写成短篇文章以方便记忆。假如预备记忆的事物模糊不清，犹如坠入迷雾中，连方向都辨不明，就想把这些模糊不清的事物记忆起来，那不知要消耗多少体力、能量，花费多少精神才办得到，有时甚至仍然记不下来；或者虽然记住了，却仍模糊一片，效果不佳，即使记住了，也没什么用处。

因此，预备记忆的内容，一定要十分明确清楚，才容易记忆，以后再确认时，也才能迅速无误地想起，并做出准确的判断。对自己的记忆没信心者，大概无法将记忆的对象巧妙地整理出来。不论在企业界、学校，或在工作场合、日常生活中，凡是遇到必须记忆的事物，如能清楚记忆的对象，不论多庞杂的资料，只要花点时间、耐心和毅力，任何人都记得住。

假如你原本不太了解本校新生的具体情况，而想加以记忆，就可以运用上面的方法。首先，寻找对此较为清楚的老师，向他们查询有关数据。或者到教务处调阅新生名册，直接到各班调查也可以。找到了所有成员名单后，列出简洁的记忆表，在这过程中或许会遇到例外的情形。但先不要去管它，只要先掌握大概，等大体记忆好后，再详细记忆每个部分。最后，全部记忆好了，将记忆表盖起来，重新回想一遍，测验一下自己是否能完全记住。如果有地方遗漏了，就继续反复记忆，直到完全正确地记忆为止。

科学减少记忆元素

如果必须记忆的事物有二三十个，一想到有这么多的东西要记，心就先凉了一半，还没开始记忆，信心已开始动摇。因为，如果该记忆的事物太多，在脑海中刻画如此众多的形象，必须要花费极大的力气，即使下许多的功夫，花很长的时间，也许都还记不好，难怪一看到要记那么多东西就已经先令人沮丧了。

一下子要将许多东西，一股脑儿全塞入脑海里，只怕只能使头脑昏沉、混乱，到头来一点用处也没有，相信大家也都有同感吧！

现在就向大家介绍一个可以轻松记住许多事物，且不会在脑海中造成混乱的秘诀：

首先，记忆之前先检查必须记忆的事物，将来还有可能用到吗？究竟有无记忆的必要呢？记忆这件事对以后能有帮助吗？在记忆前养成检查事物的习惯，有助于从众多资讯中，正确选择对自己有帮助的、有意义的部分来记忆，可以减轻记忆过多事物的负担，并避免将时间浪费在不必要的事物上。

其次，将要记忆的事物，由自己亲自加以整理分类，将相似的事物置于同类的一组。如此一来，只要想起其中一类，就能把每一类中的各个事物一个接一个地记起。

为了清楚记忆，整理分类的工作最好由自己来做，将构成的一类事物，整理为一个主题或一篇短文，在脑海中描绘出主题或短文的特性及重点，以便于记忆其中的各个事物。

现在是信息爆炸的时代，我们必须对所有的信息（包括课内、课外）做一番正确的取舍，才能真正记忆对我们有益处的东西，并加以灵活运用。如果真能做到这一点，对我们的生活会有极大的帮助。

先把事物进行分类整理再开始记忆

当我们走进某个房间中，无意间看见屋子里有钢笔、笔记簿、便条纸、啤酒瓶、墨水、茶杯、铅笔、玻璃杯、书、报纸。倘若想将这些东西全部记起来，该怎么做呢？

当然，将这些东西一个个记起来，也没什么不好。但若能先将这些东西加以分类，记忆时比较容易，再回忆时也比较不易遗漏。

具体的步骤如下：

首先，把钢笔、铅笔、墨水归为一类——为笔记用具。

其次，把笔记簿、书、便条纸、报纸归为一类——这些都是用纸做的。

最后，把茶杯、玻璃杯、啤酒瓶归为一类——它们都是装液体的容器。

先发掘共同点，再加以归类，且依各个类别分别予以记忆。每一类中只有少数几样东西，更能轻松地记忆，且不易忘记或遗漏。同理，学习中那些杂乱无章的内容，记忆之前，也必须先分类整理。虽然，分类时也要花一点时间，但为了记忆所花的时间与记忆并再现原本杂乱无章的事物所须花费的时间一经比较，仍然要少得多，而且正确率更高，故仍十分值得。

　　整理后的记忆分组的标准特性，不一定只能有一个，可依其机能、构造、性质、大小、颜色、轻重、存在场所、时代等来划分。如果并非东西，而是人的话，可依性别、年龄、出生地、籍贯、毕业学校或字母顺序来划分。

　　为便于分类，组数及组内的个数都须适当，不要过多也不要过少。组数过多，记忆不易；组数过少，组内个数相对增加，也不易记。同时，分组时也要注意，每组的个数相差太多也不好。分类结果，往往会出现既不属于这一组，也不属于那一组，编入任何组都不恰当的东西，这时，不必勉强非把它归进某一类不可，或拼命地寻找它和其他事物的共性，只需将其单独归为一类便可。

不良情绪是记忆的敌人

像成年人一样，青少年的心情也总是变幻不定的。生活中的诸多因素，如环境的干扰、生活状态的变化，等等，都会对青少年的学习和记忆起消极的作用，使他们对学习和记忆感到厌烦至极。

那些看到同伴似乎从不用功苦读却成绩优异的争强好胜的小学生，总是自视甚高，你可如此，我为何不能？那些迷恋电视游戏节目的贪玩孩子，总是固执地认为学习就像玩游戏那样，可轻而易举地成功。孩子们的天性使他们乐于沉溺于愉快的游乐之中，而厌恶枯燥的学习；幻想则使他们不切实际地估计自己的能力，难以做到正确地自我评价。

这些来自各个方面的干扰，对孩子们的学习和记忆均会产生不利的影响。因此，一定要清除这些不利因素的影响。对于许多父母来讲，收录机或电视的干扰是一个非常令人头痛的问题。家长总是看到孩子们边看电视边做作业，而孩子们却错误地认为这样做没有任何害处。事实已经表明，学习过程中因注意力不集中而造成的心神不安是相当消耗精力的。因为，人们的记忆过程恰恰像其他任何生理过程一样，是身体能量的消耗过程。

如果青少年同时做两件事情，那么，他在完成必要的记忆过程时，需要多付出一部分能量用以克服干扰，从而增加了身体能量的消耗，致使他很容易感到疲劳。所以，为了成功地学习，为了成功地记忆，家长必须告诫自己的孩子，应把全部精力倾注于眼前的学习之中。

有人做过这样的实验：一组人坐在舒适的椅子上，甚至半仰着身子，在那里读书；另一组人坐在硬板凳上，从事紧张的演算工作。过了一段时间，前一组人很快就疲倦了，产生一种昏昏欲睡的感觉；而后一组人注意力集中，精神亢奋。结果，后一组人记忆效率要比前一组人高了10%。心理学家把这种情形概括为"紧张状态"理论。

这一理论认为，一个人只有在"紧张状态"下才能使某些行为、某些目的得以完成或达到。这里所说的"紧张状态"，是指某种行为向完成状态过渡的趋势。这个时候，人的兴致最高。

比如：端来一盘食物，吃到大半的时候，你可能就饱了，但还是想把盘子里的东西吃完，否则就感到别扭。再比如：小孩玩游戏，玩到兴头上，谁叫他也不理，既不觉得饿，也不觉得累，非要玩完游戏才罢休。同样的道理，这个时候，人的记忆功能也最有效。

心理学家又根据紧张状态理论做了一个进一步的实验。实验要求被试者在限定的时间内背诵一组单词，进行到一半的时候，突然打断他们，再给一些新的单词，要求他们限时记忆。结果，不管是先记的，还是后记的，记忆效果都不好。

相反，如果让他们连续记忆一组单词，中间没有任何干扰，结果记得就很牢。这个实验说明，连续记忆一组单词，被试者就会全身心地投入到记忆目标中，因而记忆效果最佳；假如中间加入干扰，就打断了"紧张状态"，必然影响记忆效果，因此，从理论上说，寻找借口，放松自己，实际上就随意破坏了记忆系统的"紧张状态"，使之不能连续正常工作，结果不仅浪费了时间，而且什么事都干不成。怎样控制上述种种不良情绪？这个问题看似简单，却相当重要。

只有解决了这个问题，孩子才能在改进记忆效能方面把步子迈得更大一些。为此，下面简要地介绍一下控制情绪的三个步骤：

首先，当孩子产生某种滞涩情绪时，家长应首先使孩子敏感地意识到："我正被某种奇怪念头转移奋斗的目标。"如果孩子迎合了这种滞涩的情绪，无疑就是向某种奇怪的念头屈服了。这些奇怪的念头多种多样，也许是想读小说，也许是想看电视，也许是想听音乐，也许是想聊天。不管它是以什么形式出现，其目的只有一个，就是迫使孩子成为它的奴隶，阻止孩子完成业已确定的任务。

如果想要孩子提高自己的记忆能力，就需要有一种明确的意识：绝不能让形形色色的奇怪念头左右孩子，绝不能让孩子轻易地放纵自己，沦为情绪的奴隶。

其次，尽快着手做那些业已确定要做的事情。奇怪的念头随时都会出现。它是前进道路上的陷阱，稍有不慎，孩子

就会陷入这个难以自拔的圈套。今天，孩子可能仅仅推迟了
1~2分钟，明天，孩子就有可能推迟一两个小时，长此以
往，孩子推迟的时间必然会越拉越长，无端地消磨了宝贵的
时光。因此，要时刻保持清醒的头脑，凡事不能有片刻的迟
疑。该做的，马上就做，不能受情绪的摆布，而是应当成为
情绪的主人。

　　最后，不受任何干扰，继续工作，直至完成。不要误以
为已经掌握了控制情绪的前两个步骤，就不会再受情绪的干
扰，可以轻松一下了，这种想法是大错特错的。

把历史变成活的东西

有很多同学一提到"历史"，就认为这是一门罗列年代与人名的枯燥无味的功课。但如果把单纯的史实与人物和我们的日常生活关联起来，就能把死历史变成活东西。其方法是多读历史小说和传记，从里面发掘历史掌故和插曲。如此就可以把枯燥无味的历史人物，变成你喜欢记的活人物，例如拿破仑的恋爱故事，路易十六被送上断头台，等等。又如美国史上有一个重要年代，就是 1800 年把首都迁到华盛顿。而作为总统府的白宫，其中有一间今天作为办公室的房间，当年是第二任总统夫人的晒衣场。倘能多记些此种有趣的掌故，自然会对历史产生兴趣而加强记忆。

一、适当复习

适时地加以反复记忆很重要，但有的人却认为隔几天再复习一两遍就可以了。

换句话说，有很多人认为，几小时以后复习，和几天以后复习是一个样的。若有人这样想，必然将所学的东西很快忘得精光。

　　原因是，同样的复习，和最初学习时间的远近，在效果上有很大差别。根据艾宾浩斯所做的实验，人类的记忆分成易忘部分和不易忘部分。易忘部分约占全体的 2/3，记住之后如果不复习，多半在 9 小时以后就忘掉。其余不易忘部分的 1/3 能维持到数日的记忆周期，但到最后也会慢慢忘掉。

　　假如你能适时加以复习，不但能把全部忘掉的东西重新记起，而且能加强模糊不清的记忆部分，对读书效率的提高自然很显著。虽说如此，关于最容易忘记的部分，如能在还没忘掉的 9 小时内复习，和经过 5 天或 15 天以后再复习，前者 10 分钟的效果，可和后者 1 小时的效果相比。不过，如果在读后 30 分钟或 1 小时就复习，由于忘记率不高，无加强记忆的必要，所以复习的效果反倒不好。

　　复习计划是复习工作的前提条件。制订复习计划，是使复习工作有秩序地进行，并实现计划目标的重要保证。复习计划中的目标，应有总体目标和各科的分目标。家长辅导孩子制订复习计划的目的就是把孩子的注意力集中在这些目标上，从而减少复习中的盲目性，控制复习的进度，有效地提高复习质量。

　　家长在辅导孩子制订复习计划时，应遵循以下几点要求：

　　（1）根据国家教委颁布的各科《教学大纲》和教材制订复习计划，使复习的范围与《教学大纲》的范围相统一；

　　（2）根据学生本人的实际情况制订复习计划，计划中提出的目标和任务应该是经过努力可以实现的；

（3）复习计划的任务要明确，措施要具体，完成任务的时间要落实。

制订复习计划，应注意长期计划与每日计划相结合。长期计划就是考试之前的这个时期内复习的大致安排；每日计划是每天的具体安排。

一般说来，复习计划应包括以下几方面的内容：

（1）各科复习的基本要求和力争达到的定量标准；

（2）各科复习的重点与难点；

（3）复习的方式、方法；

（4）日程安排。

在制订复习计划时，还应注意以下几个问题：

（1）适当安排复习内容，相似材料不应交错复习。如果复习完一种材料，紧接着复习另一种与它相似的材料，两种材料会互相干扰，影响复习效果。

例如：刚复习完汉语语法，不宜马上复习英语语法。此外，难易程度不同的材料也应交叉复习，不宜把难度大的材料都放在一起复习，以免造成劳逸不均，疲劳过度，影响复习效果。

（2）教材的整体与部分应结合起来进行复习。复习一个具有完整意义的材料，通常有整体复习、部分复习、整体与部分相结合复习三种形式。但综合复习（即整体与部分结合）的效果一般优于单纯的整体复习或部分复习。

在运用综合复习形式时，材料分段范围的大小，应根据材料的内容、难度以及自己的能力来定。

（3）对一段教材中间部分的复习应该比两端部分稍多些，因为在记忆中间部分内容时，要同时受到前、后内容的干扰，因此难度较大。

二、怎样及时复习

（一）复述复习法

每一个孩子的能力、个性都不一样，记忆的能力也不一样，复习方法也要多样化。下面是各种常见的有效的复习方法，你可以根据自己孩子的特点选择其中一种。用及时复习法学习最怕遗忘，所以才需要复习。

根据心理学家的研究，青少年学习过程中的"遗忘"有以下几个特点：

（1）学习结束后，遗忘就已开始。

（2）遗忘速度的规律是"先快后慢"。

（3）大部分遗忘是由于干扰所造成的，即新学知识对旧知识的干扰。

（4）不用的东西会很快被遗忘。

第一次复习：下课后立即整理笔记，并记住其要点。阅读后，立即用自己的话复述一遍，这是保持记忆的最好方法。

第二次复习：重新看一遍笔记，将要点用自己的话复述一遍。有不明白之处，立即向老师请教。

第三次复习：每周一次，将本周和以前所学的东西全部复习一遍，串起来思考、记忆。这样系统地及时复习会取得最佳记忆效果。

（二）后退复习法

当复习中出现难点搞不清时，说明这部分知识在理解上还不够深刻。经验证明，人体活动时，能迅速诱导大脑思维问题，急中生智就是这个道理。合上书本，尝试回忆，最好自己把主要内容复述出来。把所有复习的功课及重点问题，从头到尾再现一遍。

这样做的优点是：记忆清晰、节省时间。

（三）袖珍本法

把重点公式、定理、定律，英语单词、概念、语法，简要地分别整理在几个小本子上，每页的正面记问题，背面记答案。

此方法的优点是：携带方便，随时随地都能复习。

（四）小考问法

同学之间互相提问，口头和书面相结合。

其优点是：取长补短，加强记忆。

（五）请先生法

就是请同学把你不懂的问题讲一遍。

它的优点是：节省复习时间，提高复习效果。不耻下问，是一种解决疑难问题的较好方法。

（六）总结法

在复习完某一单元或者一门学科之后，回过头来总结一下，进行知识归类，使其系统化，并找出纵横联系。对知识纵向的画线，即用最主要的基本原理、公理、定律为线索，把各部分知识串联起来，从中发现其规律性，并找出各自的特点；横向的挂钩，即把不同的学科或者不同知识联系起来。

其优点是：系统、完整地掌握所学过的知识，融会贯通，便于记忆，灵活运用，提高分析问题和解决问题的能力。

三、内容相同，用不同形式反复记忆

就记忆而言，反复练习是不可缺少的要素。不过，反复练习法有很多，特别是把所记住的东西能准确无误地想起，是所有方法中最重要的。记忆第一阶段的复习，当然是用相同方法机械式地复习相同内容。

例如：英语单词、历史年代、人名及其功绩、化学方程式、数学和物理公式，不论哪一种在记住之后，都还需要反复练习，有时朗读出来效果更好。但要想能够准确顺利地记起想要记住的事物，采用相同的方法反复练习，效果并不理想。单纯的反复作业，自然会产生厌倦感，容易出现"视而不见"的情形，也就是"心不在焉"地读，无法理解内容。

特别是对于记忆的确认，如用和最初学习相同的方法，只能从相同的角度来视察内容，这并不是最有效的读书方法。为了强化记忆，要尽量使用新方法来复习。即使完全相同的内容，由于所接触的形态不同，就会对内容有一种新鲜感，而且会对内容有新的发现。

就拿历史来说，最初死记教科书，其次看年表，再次看

参考书，然后又翻阅历史地图，最后读历史题解，运用各种角度来记，包括预习、复习、上课，等等，效果一定特别好。如此改变方式反复练习，复习的效果一定会更好。即使在记英语单词时，不仅要英译汉，还要汉译英，并且用这些单词来造句，甚至于当标题写短文，也是用各种角度来加强记忆，才能记得牢，而且永久不忘。

对青少年记忆的成果给予奖励

很多人在买参考书时，往往不管内容好坏，只选有名作者和一流出版社所出的书，其实这是极大的错误，因为不论作者如何有名，如果他的解释形式和记忆方法和你平时读书的习惯不同，那对你也丝毫无用。

例如：一个要学打高尔夫球的人，必须先选和自己身高差不多的人来教，因为身高直接影响挥棒方法。记忆也与打高尔夫球挥棒相同，虽然有一般性的记忆法则，但个人却有个人的独特方法。而作为记忆教材的参考书，就相当于高尔夫球的教练，必须选合乎自己记忆方式的书。

建议在读书时，最好专选完全合乎自己读书方式的参考书，这会提高读书效率。遇不到"合乎自己读书方式"的参考书绝不买，假如不彻底实行这种原则，即使你有再多参考书，对你的记忆也无帮助。

另外，即使不太愿意做的事，一旦有报酬，总会产生或多或少想做的意愿。报酬的吸引力极大时，即使不曾特别叮咛孩子，孩子自己也会因报酬的强烈吸引，而积极地向父母要求帮忙做事。大人和孩子相比，虽然不像孩子这样坦率而毫不犹豫地争取，但报酬的确也产生了激励的作用，故我们在记忆时，便可利用自己的这种心理状态。

而对于孩子，当然就更不用说了。如果本来没有积极的意愿去记忆某一件事，但得知一旦记忆之后，将获得报酬，立刻就振奋、积极了。虽称为"酬劳"，却并没什么特别，如果把作为目标的事物范围扩大，就让自己舒舒服服地坐在沙发里，喝口茶，休息休息，吃点点心，看看电视什么的，也可以把用功的时间划分为好几节，每做一节，就有一笔酬劳，酬劳越来越高，就能充满耐性地坚持到最后。

不过，用这种方法要特别注意，莫让报酬的吸引力过强，致使孩子为达不到要求而自暴自弃，干脆把用功丢在一边，专心看起漫画或电视，那就前功尽弃了。成人虽不致如此，但是也要避免，以免静不下心来用功。心绪不宁，杂念纷至，那是没有记忆效果的。

对于有些意志力薄弱的人，我们无话可说。但是，一般的青少年往往能因为想要酬劳，鞭策自己努力，而很容易达到集中精神、提高效率的效果。

因为，过度禁欲式的用功，久而久之，效果会越来越差。最好把时间划分为 30 分钟，到时就休息，比较有助于提高记忆效率。所谓报酬，便是令自己获得喘息的机会。休息是为了走更长远的路，这句话真是一点不错。这样的奖赏，相信任何父母都拿得出来，绝不会吝啬。

压力面前要保持乐观

　　在学习记忆的过程中，不会一帆风顺，一旦遇到挫折，便会给孩子带来巨大的压力。作为一个学生来说，应该怎样正确对待来自各方面的压力，特别是来自学习记忆方面的压力呢？

　　第一，要正确认识压力。

　　压力对学生来说，主要取决于成绩。一个孩子如果学习成绩好，那么压力就小；如果成绩不好或不太好，那么压力就大。什么人给孩子压力？除了老师以外，主要是家长。家长为什么给孩子压力？就是希望孩子能提高成绩。这样分析，家长给孩子以压力，其出发点绝大多数是好的，是善意的。

　　有些孩子由于害怕压力，把施压者视为仇敌，这明显是十分错误的。同时，更要认识到，有压力并不是坏事。

　　有一名清华大学的学生曾打过这样一个比方："吃过高压锅煮的饭吗？松软可口。喝过高压锅煨的各种肉汤吗？肉烂汤鲜。知道为什么吗？正因为那是用'高压'锅做的。这个比喻也许不太恰当，但我想说的只是这样一个意思：高压能造就人。我要说明的一点是：我所说的'减轻压力'并不是说让你去减轻外界压力，而是保持心态平衡。我赞成外界的压力，为什么说'自古英才出贫家'，纨绔子弟没有生活压力，也就没有了吃苦耐劳的品质，当然无法成才。"这名学生讲的话确实是有道理的，每一个人生活在社会中，确实离不开压力，可以说没有压力，社会就不可能进步。

以美国制造原子弹来说，如果不是当时希特勒在着手制造原子弹，而美国想要抢在德国前面，那么，美国就不可能那么快地造出了原子弹。这也就是说，正是由于德国的压力，才促使美国提前造出了原子弹。由此说明，压力并不全是坏事，而很可能是好事。所以，孩子从小经受一些压力，并不是坏事。如果每一个孩子都能如上面那名清华学子一样正确认识压力，以及正确对待施压者，那么，对压力产生的恐惧心理就会小得多。

第二，对压力要采取乐观的态度，要保持一种豁达的心态。

有一名品学兼优的学生是这样对待压力的。他说："当我发现被压得越来越重时，便挖一个'小孔'给自己透透气。第二名，要紧吗？不要紧，没有常胜将军，跌倒了，还可以再爬起来，在哪里跌倒，就从哪里爬起来迎头赶上！往最坏处想，高考落榜，要紧吗？我担保这个社会饿不死你。不是只有高考一条路，世上的路千千万万条，条条大路通罗马。多向自己说几个'不要紧'。一次考试的失误，老师家长的批评，都说明不了你会永远不行。不要害怕失败，用一句最通俗的话说：'失败乃成功之母。'这一点，便是减轻压力的精要所在。也许你在过去十几年中一帆风顺，于是受不得一点的失败，这样无形中给自己加上了很重的枷锁。请务必相信，人的一生必然会经历失败，我们应该勇敢地面对。"

这名同学所讲的减轻压力的办法就是豁达。什么是豁达？豁达就是"想得开"，具体来说就是处处做最坏的打算。最坏的打算都能承受，压力就不成为压力，自然就减轻了。有些同学之所以会寻短见，会痛不欲生，全是不豁达的结果，全是想不开的结果。问题的关键在于，考试成绩是次要的，只要自己已经尽了力，已经问心无愧，对父母也可交代了。同时，如果能从此吸取教训，更加努力学习，化消极因素为积极因素，从此取得好成绩，反而是一件好事。

按部就班地学习

将一门课程的教材按逻辑顺序分解为许多单元和小项目或小步子，每个项目都要求学生用填充、是非或选择的方式作答，然后指出答案的正误，进行下一步复习，一步步累积，达到学习目标，这就是程序记忆法。程序复习有许多模式，有代表性的是直线式程序和分支式程序。

一、直线式程序

其特点是单一解答，复习的目标是重现而不是再认。该程序是将教材分解为一系列连续的小步子，每次只向学生呈现一个小步子，要求学生做出解答反应。若答对了，就往下进行；若答错了，则设法纠正。等答对了，才呈现新的项目，进行下一步复习。它要求学生严格按规定复习。

二、分支式程序

"分支式程序"又称"可变程序"，其特点是具有多重选择反应。

它的具体做法是：把教材分解为小的逻辑单元，步子比直线程序大，内容多：学生复习一个逻辑单元以后，用多重选择反应进行测验（让学生回答对、错或不知道），由测验结果决定下一步复习的单元。若选择答案正确，表明他已领会教材，可以进入新单元复习；若是选错了，就分别引入分支程序去复习补充教材，然后再重新选择答案，直到选对答案后，才进行复习。

一般认为，分支式程序能够适应学生的个别差异，能提供不同的途径及其相应的补充教材，帮助学生纠正错误，因此，比直线式程序更为有效。

采用程序复习法复习某科教材时，应该遵循下述四项原则：

（1）积极反应原则。学生对所学内容要反应积极，认真思考，千方百计寻求答案。

（2）及时强化原则。家长对学习结果要立即予以强化，答对了就要及时给予奖励，答错了就要及时予以纠正。

（3）小步子原则。就是将所学内容按逻辑顺序分解为许多小单元或小项目，一部分一部分地复习，直到熟练掌握为止，切勿"暴饮暴食"。

（4）速度自控原则。根据自己的能力来控制和调节记忆速度，从慢到快，以便掌握扎实、牢固。

程序记忆法具有以下优点：

（1）分步学习自定步调，使学生能从自己实际水平出发，有利于培养学生的兴趣和积极性。

（2）以学生自学为主并进行自测，有利于发展学生的自学能力。

（3）分支程序不仅能根据学生的错误提供补充教材、帮助学生纠正错误，还可使家长了解学生的复习过程和有关问题，有利于改进辅导工作。

复习的次数应"过量"一些

所谓过度复习，就是复习某一课程的材料在达到最低限度的领会或勉强可以回忆的地步以后，集中一定的时间继续进行复习的一种复习方式。也就是说，复习知识的次数要稍微"过量"一些。

比如：记忆一篇文章，其中需要背诵一些词语，如果背四遍能全部背诵出来，则不要就此停止，而应比四遍再多几次。复习一种材料后，继续进行复习，不但能加深记忆，而且节省时间。过度复习能取得良好的记忆效果，在日常学习中有不少事例可以说明。

英语中的 26 个字母之间没逻辑关系，但由于人们时常接触，对前后顺序记忆很牢固。反复练习过的技能如骑自行车、游泳和打字等，即使多年没使用过，也只需少许练习就能恢复以前的水平。

实验表明，过度复习的程序不同，其记忆的效果就不同。过度复习程度达 150% 时，记忆效果最好；超过 150% 后，效果并不随之递增。心理学家曾让三组被试者复习一组序列词汇，每一组学到全部能回答时就停止复习，但第二组进行

50%的过度复习（例如学到第八遍时刚好全部记住，那就再学四遍），第三组则进行100%的过度复习。

由此可见，过度复习越多，记忆保持率越高。

怎样进行过度复习？

根据以上过度复习法的基本原理，在平时复习时，应注意两点：

（1）不要认为对某一种学习材料已学会了，或复习得"差不多"了，就止步不前，而应当"趁热打铁"，继续复习或练习，以利于巩固所学内容。

（2）对那些十分重要并希望能长时间记住的材料，可用过度复习的原理，持续不断地复习，直至达到长时记忆为止。

由点到面，逐步缩小记忆范围

一些学生准备考试时大都用反复阅读的方法来背记材料。他们只知道念呀，念呀，一直念到课文终于在脑袋里"生根"为止，因为他们不懂得科学的熟记方法，不懂得复习的合理原则。从巩固记忆的角度看，这种没有条理的复习方法是一种效率极低的方法。

这样复习不但非常费劲，而且效果也远不如运用合理的复习方法好。

在这方面，心理学家做过一个有趣的实验，他们把参加实验的学生分成四个小组，给各组指定的任务都是记熟一篇文章。第一组由教师把文章朗读四遍；第二组由教师朗读三篇，让学生暗自复述一遍；第三组教师朗读两遍，学生暗自复述两遍；第四组教师朗读一遍，学生暗自复述三遍。结果发现，默写文章时成绩最好的是第四组的学生，第三组次之，第二组更次，最差的是第一组。

根据以上实验，心理学家总结出了"四环节复习法"。四环节复习法是通过由点到面的综合概括，逐步缩小记忆范围，利用较短时间掌握全部教材内容的一种学习方法，它包括精读材料、编写提纲、尝试背诵、有效强化四个环节。

那么，怎样进行四环节复习？

一、精读教材

精读教材要求对所学内容抓住中心，细心阅读。根据材料的不同类型、不同分量，掌握其要点、重点和难点，理解知识间内在的必然联系，在脑子里形成一个知识的网络。心理学研究成果表明，对材料的理解程度，极大地影响着人们的记忆效果。记忆的基本条件就是对材料的理解。只有理解了才易于记忆，才会对所学内容融会贯通。朱熹强调读书要"熟读精思"，就是强调对学习内容的理解。

二、编写提纲

即在理解所学内容的基础上，细致地进行筛选、概括、组织，然后根据材料的性质，用自己的语言编写提纲（每篇划分为几部分，每部分划分为几段，每段概括为一句话），从而使学习内容有条理，简单直观地呈现出来。

层次分明、逻辑性强的提纲，便于识记和保持记忆。因为材料的组织形式是影响记忆效率的一个主要因素。有条理的材料比杂乱的材料更便于记忆。对这点，许多在考试中取得优异成绩的学生都有体会。

三、尝试背诵

尝试背诵，即对所编提纲，按照顺序一遍一遍试着背诵。

遇到不会或不清楚的地方，再翻开书本对照，进一步增进对知识的理解、记忆。这一过程是对学习材料进行迁移和内化的过程。科学研究成果表明，试图回忆和反复阅读相结合，可以使人的大脑细胞处于高度兴奋状态，为建立更多的暂时神经联系提供机会，促进积极的智力活动。

四、有效强化

即使用最简短的语言，抓住概念的内涵、实质和学习材料的核心内容，再对提纲进行压缩，使之成为简纲（把每句话压缩为几个关键字）。然后针对简纲，进行强化记忆，在头脑中留下长久印象。

一本笔记记多个科目，效率高

关于记忆，最令人感到头疼的事，就是表面类似而实质不同的东西。

一旦碰在一起，记忆痕迹就立刻融合，而使你的记忆模糊不清，最后记忆互相吸收而逐个消失，这是记忆的一大特征，如此记忆就很难重现。

心理学家把这种现象叫"重叠效果"，就是忘掉已经记住的东西，使记忆的印象消失。

为防止这种重叠效果的出现，就用一本笔记本记很多科目的笔记。

例如：1～10 页写英语单词，11～20 页写数学公式，21～30 页写化学方程式，这都是需要死记的东西。反之，你如果用很多笔记本，只要翻翻笔记本的页数，一看见写得满满的英语单词、国际音标、中文译文，就会把你吓得连连叹气。

即使你能拿出毅力记住，这种记忆也会受重叠效果的压制，并且随时间流逝而逐渐淡忘。

把很多科目写在一本笔记本上，只记那些需要背诵的部分，如此可避免出现心理饱和状态。

　　所谓"心理饱和状态"，就是在相同的行动中丧失意欲。注意力不能集中是主要毛病。但如果能把笔记本内容添加多种形式的变化，就会产生新的记忆机能，而使你产生读书兴趣。

天才大脑潜能开发

右脑训练开发

李　宏　编著

吉林出版集团股份有限公司｜全国百佳图书出版单位

图书在版编目（CIP）数据

天才大脑潜能开发 . 右脑训练开发 / 李宏编著 . ──
长春 : 吉林出版集团股份有限公司 , 2020.8

　　ISBN 978-7-5581-9007-0

　　Ⅰ . ①天… Ⅱ . ①李… Ⅲ . ①智力开发 Ⅳ .
① G421

中国版本图书馆 CIP 数据核字（2020）第 140013 号

前　言

　　在 21 世纪，对大脑的正确认识比以往更显重要。我们比以往活得时间更长也更健康，但有时候会忘记，如果不能使头脑健全，活得更长更健康是没有意义的。健全头脑意味着我们的大脑能够灵活运转——有记忆力，高效思考和富于创造性——最终实现个人潜能，而这在不久之前曾受制于出身和身体健康的不同；这样我们就可以摆脱某种宿命，从而开创新的人生。

　　现在我们可以思考一些重大问题："我该做些什么来改变我的人生？""这些都有怎样的意义？"我想大脑思维研究的兴起，不仅是因为对如何使人们有更好的表现或者甚至拥有更好的记忆力提供解决方案——虽然这些都极受欢迎——而是一些更值得探究的问题："什么使得我成为与众不同的那一个？"和"如何激发我未被开发的潜能？"。物理学家尼尔斯·玻尔曾经批评学生："你不是在思考，而只是有逻辑而已。"因此，我想逻辑能力并非评估我们思维潜能的标准。大脑实际上有别于一台有逻辑的电脑。本套书总结了管理、经济、心理、事业、人生等方面的经典定律、法则和效应，

全方位地扫描人生的全过程，交给我们一把把开启智慧之门的钥匙，点亮一盏盏指路的明灯。理解这些定律，对于我们了解事物的本质、发现事物发展的规律、解决生活和工作中遇到的问题，具有十分重要的指导意义。学习这些定律的过程，是不断挑战自我的过程，是拒绝一次次诱惑的过程，是接受一次次考验的过程，也是克服一个个困难的过程，更是不停地向人生的理想靠近的过程。只要掌握了这些定律，你一定可以享受到生命中无穷的欢乐。

运用逻辑思维训练和思维导图，你可以"画"出完美人生！本套书教你快速掌握提高思维能力的高效方法，让学习更轻松，成功更容易！

目　录

第一章　发掘右脑潜能

第二章　锻炼右脑

第三章　开启右脑智慧

第一章
发掘右脑潜能

人需要不断学习，因为学习是生存必须具备的条件和手段。学习促进了人自身的成熟，提高了人的素质，也是延续和创造人类物质文明和精神文明最基本、最重要的方式之一。

走进脑科学

人类的学习是以大脑来实现和完成的。因此，要研究"学习"，就不能不研究大脑。作为中学生，当然不可能也不需要像专业人士那样去全面系统地了解和掌握脑科学方面的知识。不过，为了更好地使用大脑、保护大脑，使我们的学习活动更有效率，了解一些脑科学方面的常识还是很有必要的。

人类的大脑就像宇宙天体那样奥秘无限、能量无穷，世界各国的科学家们一直在努力探索和研究大脑。21 世纪，或许可以说是脑科学的时代。思维科学与自然科学，还有社会科学并称为世界三大科学。迄今为止，人类关于大脑的研究已经取得了很大进展，脑能风暴正在席卷全球。

脑科学，或称神经科学，是用多学科的手段综合研究脑的正常功能和脑疾病机制的一门新的学科。开展脑科学的研究对揭开脑功能的奥秘、研制新型人工智能、开发人的智力水平、认识人类自我等都具有重要意义。

21 世纪也将是脑能竞争最为激烈的世纪。脑能对学习的影响是极其深刻而持久的。人们现在说要与世界接轨，这种接轨也许要优先在脑科学方面接轨，因为这是根本性的接轨，而非形式上的、外在的所谓接轨。

以语言为中心的学习，是在大脑指挥与掌控下，掌握社会或个人的活动，是进行接受学习和发现学习的自觉主动的行为，具有学习知识、学习技术与学习情感态度三个方面的功效。学生的学习，是以系统掌握前人经验为主，在教师的指导下，于一定期限内完成。

有位英国科学家说过："你首先要了解大脑是什么样的，以便更好地使用你的大脑。你要做的第一件事情就是弄清大脑的构造，然后是它如何工作、如何记忆、如何集中注意力，如何进行创造性思维。这样，你就确确实实地开始了对你自身的了解。"

了解大脑，是为了更好地学习；而学习，是为了更好地运用大脑，以便在社会活动中发挥积极的作用。

那么，就让我们从了解自己的大脑开始吧。

大脑的大致情形究竟是怎样的呢？

人类大脑是世界上最为精妙、最为深奥的器官。它同宇宙太空一样奇妙无穷，不过后者是宏观的，而前者则是微观的。

婴儿在母体的子宫内以及出生之后 20 周时间内，大脑成长最快，长到 3 岁时脑细胞数量与成人几乎相当。它的外层被防护能力极强的器官层层包围、保护起来。大脑是人身体中最为精密的器官，大小相当于两个合起来的中学生拳头。成年人的大脑重 1300～1400 克，平均重量为 1320 克，相当于人自身体重的 2%。男性平均为 1350 克，女性平均为 1250 克，世界上最轻的大脑仅有 900 克左右，是一位著名作家的大脑；最重的达 1700 克，然而它的主人却智力低下。

尽管大脑很小，但其功能却大得惊人，它比全世界目前最强大的电脑的功能还要强上数千倍。

关于大脑的以下几个问题通常是人们较为关注的：

第一，人脑的大小、重量同本人的聪明、愚笨是不是有关？

第二，大脑细胞的质量、重量同遗传是不是有关？

第三，大脑的衰退同年龄老化是不是有关？

科学研究表明，实际上它们与以上几个方面的直接关系并不大。

我们人类的大脑外表层被一层特殊的薄膜，即大脑皮质层所包裹（覆盖）。如果把皮质层摊开，其大小如同一张报纸的一个版面。这个皮层有 6 层，每层都具有不同的功能，约有 140 亿个脑神经细胞（神经元）。假如将人的大脑比作一台电子计算机，那么脑神经细胞就是芯片，这个芯片的配线的优劣状况不等，配线的优越决定了大脑的优越，配线的劣质决定了大脑的劣质。我们完全可以通过后天的努力和训练来改进配线的劣质。

人类的大脑具有极其复杂并且深奥的思维功能。

大脑是人类的思维器官，它的结构和功能都十分复杂。人的智力和脑有着很大的关系。从进化的角度看，动物发展得越高级，其脑重量与体重之比就越大。如鲸的脑重是体重的一万分之一；狮子的脑重是体重的五百五十分之一；大象的脑重是体重的四百四十分之一；猴子的脑重是体重的九十分之一；而万物之灵——人的脑重是体重的四十分之一。

人的大脑是由上万亿个脑细胞构成的，其中有 1000 亿个是活跃的神经细胞。每个细胞可生长出多达 2 万个枝状的树突，用来存储信息，并通过每个神经细胞中一根细细的轴突，与其他细胞连接来传递信息。大脑细胞中树突和轴突的数量之多，简直令人难以想象。

从理论上讲，大脑可贮存的信息量相当于世界藏书量最大的美国国会图书馆（藏有 1000 万册书）藏书量的 50 倍，也就是说，人的大脑可以贮存 5 亿本书的信息。大脑神经功能细胞之间每秒钟可以完成的信息传递和交换高达 1000 亿次。处于激活状态下的大脑，每天可以完整地记住 4 本书的全部内容。可见我们的大脑有着相当大的潜能，但人类的大脑潜能开发利用还不到 5%。人类有记载的对自己的大脑的研究已经有 2500 多年历史，但对大脑掌握的程度，大概也就 10%。

人的大脑分为左脑和右脑，一般的研究认为，左脑的优势在于逻辑和数字、语言和词汇等方面，而右脑的优势则在于想象、情感等方面。

人类大脑中的神经元数量庞大，它是最基本的信息接收器和信息传递器。外来的信息，由神经元处理，先是分门别类地汇集在大脑中的不同部位，再经过大脑给出具体的指令，对信息加以分析、加工、处理、解决等。

　　神经系统传递信息是通过细胞体不同部位的接触进行的。它们之间的接触部位叫作突触。

　　神经元自身的组合形式同样是多种多样的。它的效应器与其他许多神经元接触，而且，不同部位、不同的神经元由神经元纤维汇集在一个部位上，然后在内部将不同的信息元集中起来。神经元是怎样传递信息的呢？其传递信息的方式有两类：第一类是神经元的电位变化，以影响其他神经元电位传导方式进行；第二类则是以转移神经介质的冲动传递的化学传导方式进行。

　　神经细胞遍布于人的全身。身体的各种神经细胞源源不断地接收、传输与加工各式各样的信息，然后汇总到大脑。

　　人类大脑细胞接受的良性刺激越多，其细胞间的连接点也越多。我们在学习、训练、实践中使神经元的突触不断随之增加，同样信号输入刺激某一神经通道，会使神经元突触不断生长，从而使得传输效率不断提高，这就形成了记忆效果。

　　世界上没有能不能成功的问题，只有你想不想成功的问题。人世间的一切奇迹都是有好思维、好思路的结果，动物能做到的，人类都做到了并超越了，这是因为人类有思路、敢于幻想才取得的成功。

　　如果我们用失败的思路，就会有消极的心态，眼前的世界就会变得灰暗，做事的态度就是得过且过、当一天和尚撞一天钟。如果我们用成功的思路，就会有积极的心态，眼前的世界就会变得阳光灿烂，就会心旷神怡，做事就会变得充满激情。

思路决定出路是现代成功企业的经验总结。思路是精神，行动是物质。物质是精神的基础，思路支配着行动。思路和精神是要追求的目标，行动和出路是可以感受和体会的现实。什么样的思路支配什么样的行动，不同的思路加不同的行动就会产生不同的效果。

人的学习过程是一个复杂的过程，在这一过程中，大脑由于不断地接收各式各样的刺激，其功能逐步增强，所以说连续不断地学习、思考和记忆是开发脑力最好的方法。我们应该培养自己善于思考的习惯，通过多动脑以使大脑保持最佳的状态。

不断创造脑海新"空间"

通过培养立体感，能给大脑以良性刺激，从而达到激活右脑的目的。

假如是在自己家里，哪怕是摸黑，我们也能行走自如。外出旅游住宾馆，进了房间环视一周，房间的情况大体上便印记在脑海里，即使是夜晚关上电灯，也不会摔跤。

我们把人的这种感觉能力称为空间认识能力。人的大脑都会形成空间感觉，我们在日常生活中就是利用这种感觉来解决许多实际问题的。例如，夜间起来上厕所，不用开灯也能做到，因为，这是凭借空间认识能力。从某种意义上说，我们是在自己脑海中的"家"里行走，而这个"家"，用道理、逻辑是不能建成的，它只能靠右脑机能来创造。因此，我们不断在脑海中创造新的"空间"，就能产生激活右脑的效果。

许多人都会有这样的体验：早上走出家门，边走边思考问题，不知不觉就来到了学校。如果你改变一下上学的路线，改变一下交通工具，你就不能再沿着脑海中那条"路"走了。周围的景物变化了。这时如果你有意识地记住它们，就必须依靠空间认识能力，在大脑中重新创造一个与原先那个不同的空间，这样就有效地使用了右脑。

我们在休息时或假日里出去散步，也可以有意识地改变路线。第一次走过的街道，周围的景物全都是新鲜的，这对右脑很有好处。过一段时间后，再来"重游故地"，检验一下，自己把这些景物记住了多少，这也是锻炼右脑的好方法。

初次到同学家去玩，大多数人的做法是先打听一下怎么走。实际上，如果你能只凭地址"摸索"着去，那对右脑很有好处。到外地旅游，有时间也该出去随意地漫步，注意观察周围的景物，并努力把它们记住。以上这些都会锻炼右脑。

另一个更常见的锻炼方法是眺望天空中的云朵。由于我们往往只注意其轮廓，所以感觉不到它们的立体形象。你可以盯住它们仔细看，就能看出其立体层次来，这是任何人都能做到的，利用空间认识锻炼右脑的方法。

用呼吸的方式训练大脑

呼吸训练，即运用呼吸的方式训练我们的大脑，既可以放松心情，又可以引出图像，从而达到开发大脑的目的。

呼吸训练最关键的地方是要能够彻底放松自己的心情，在完全放松的心态下展开想象训练，可以让人们较为容易地见到脑海中的图像。这一点看起来似乎比较容易做到，实际上并不那么容易，因为人们的大脑反映客观世界的万事万物，受到的干扰很多，不易真正入静，而只有真正入静了，才能潜心修炼，达到最好的效果。正因为不容易完全放松，所以我们更要训练自己，真正做到放松自我，进入一种宁静境界。

我们大多数人都会有这样的感觉，自己很难用意识去操控，让自己的心情完全放松，抛却尘世的杂念，但我们却可以渐渐地用呼吸训练的方式，最终达到这种目的。我们可以不断地暗示自己：用呼吸控制，而不是用心来控制。

呼吸训练法就是用呼吸控制自己，不至于让自己分心，而导致失败。具体做法：闭上自己的眼睛，身心完全放松。可以采用大脑诱导法则，让自己精力聚焦在某件事物上，此时大脑皮质就会停止其他部分的动作。脑波会出现与听觉相关的活动，此时的脑波会发送到大脑。在脑波辐射到全脑之后，便会产生叫作右脑运动意识的运行方式，也就是进入图像意识了。要看到自己大脑中的图像，需要有下列前提条件：

（1）大脑中必须具备看到图像的能力，没有这种能力的人自然无法看到图像。通常来说，人们都具有这种能力，除了极少数大脑"不正常"的人之外。

（2）坚信自己有能力看到图像，这种自信和信心是做任何事情成败的关键。自己没有信心自然很难看到图像。

（3）运用诱导暗示的方法训练自己，步步深入，轻松乐观地不断提高自己看到图像的能力，这是任何事情走向成功的必由之路。

（4）我们在看到图像之前，先在脑海中想象自己看到图像的情形，这样比较容易诱导出真正图像的出现，达到看图成功的目的。

（5）让呼吸帮助我们放松身心，让心情彻底放松下来，图像就会比较容易出现。因此，能否看到图像，最重要的是取决于自己能否真正地放松、入静。而要达到这一点，就要因人而异，有的人可能较为容易，这需要持之以恒地加以训练。

锻炼类型识别能力刺激右脑

　　婴儿虽然不会用语言表述，但却能够记住母亲的面容。这是因为他能从大脑的映像中找出母亲的形像来。随着年龄的增长，人们存贮于大脑中的映像可以无限增加。我们在日常生活中就是从这无限的映像中提取出各自所需的，并加以利用。而且，人的这种能力是在一瞬间发挥出来的。

　　例如，在拥挤的人群中，你很快就能认出你所熟悉的人。人脑凭借以往的记忆积累，迅速描绘出那人的形象。选出的与视觉得到的映像特征相吻合，并在瞬间判断出那人是谁。

　　我们把人脑的这种能力称为类型识别能力，它是处理信息的基本能力。我们的日常生活，无一不是从类型识别开始的。这种能力是电子计算机所不具备的。电子计算机并不擅长记忆形状。

　　掌握着类型识别能力的，同样也是右脑，所以，锻炼这种能力，能给右脑带来刺激。其最有效的方法之一，就是下围棋或象棋。

　　围棋也好，象棋也好，不讲招数是绝对赢不了的。大师级的棋手能一连看出几十招甚至数百招棋来。

据说对少年棋手的训练，最初并不是要他们思考，而是要他们直观记住各种布局。久而久之，布局的类型就会印入脑海。如果过不了这一关，那就没有资格当一名职业棋手。职业棋手之所以只需看一眼布局，就能在一瞬间做出"这局能赢"的判断，就是因为"好的布局"和"坏的布局"已牢牢存进了他们的大脑记忆库中。

所以，努力记住棋盘上厮杀的局面，这对于你的大脑将产生很好的刺激。

有位围棋九段高手曾经说过："当我看到电线杆上停着一群麻雀时，我不能一下就断定它们一共有几只。但是，我却能牢牢地记住它们的排列方式，所以，当它们飞走之后，我还是能够慢慢地想出它们一共有几只。"

类型识别能力，虽然略有个人差异，但确是每个人先天都具有的。只要稍加训练，这种能力就会显露出来，从而达到激活右脑的目的。

音乐对右脑有较好的激活作用

为什么我们在课余时间或休息期间需要多听音乐？主要是因为音乐对人的大脑，尤其是右脑有较好的激活作用。

当今前沿的脑科学研究为我们揭示了两个重要的事实：第一，音乐可以激活大脑并增强脑的活动。当音乐与我们自身的节奏协调一致时，我们的活动就会被音乐增强。一些研究显示，我们的脑可以从 8000 赫兹左右的频率中获得更多能量。第二，已有研究发现，音乐可以提升智力。听某些特定的音乐，如莫扎特的音乐，尽管这一影响的效果不能持续，但它能在任何情况下被再次激活。然而，如果音乐与我们自然的频率节奏背道而驰，我们将感到烦躁和压抑。例如，一些人发现重金属音乐与他们的自然节奏不符，而另一些人则对新生代音乐感觉不适。其实，关键不在于音乐的类型，而在于音乐与个性的和谐一致。

有研究表明，西方古典音乐更适宜刺激右脑。很多爱好西方古典音乐的人，每每倾听古典音乐时，便会心旷神怡。当然，其他音乐，比如华尔兹、爵士乐等，也能刺激右脑。

所以，建议同学们多听古典音乐。流行歌曲虽然好听，也能娱乐身心，但激活右脑的效果不如古典音乐。

　　不过，西方古典乐曲，听者不同，效果也不尽相同。比如德彪西的《牧神午后》，有人觉得旋律单调平淡，而有的人听起来总是感到欢快舒畅。拉赫马尼诺夫的第三钢琴协奏曲，总有促使听者去解释其含义的作用。所以，有的人听起这首曲子，左脑便在不知不觉间参与进来。

多运动手指锻炼右脑

在青少年的成长过程中，如果经常进行手指训练，就可以刺激大脑。意大利第一位女医学博士蒙特梭利女士，就凭着她敏锐的直觉发现了如下的事实。

她认为，小孩子不厌其烦地扣扣子或系鞋带，是以自己的能力在磨炼自己的性格，是一种成长的证明。换句话说，孩子由于受到外部的刺激，促进了脑功能的发展，而可以成为自己的老师，且从中发现了这种自发性的存在。但是，父母却常以既有的观念去干涉，而剥夺了孩子自我教育的机会。因此，蒙特梭利就将"扣扣子"当作一种独特的教材，用来训练孩子。目前，很多人对蒙特梭利的教育理论及方法抱着怀疑的态度，笔者倒觉得这种方法很适合教育孩子，我们应该认真去听听她的看法。

只要我们在手指上多用点心思，比如经常弹钢琴、拉小提琴等，不仅能锻炼右脑，还能给我们的大脑补充大量的"营养"。

第二章
锻炼右脑

"想象力比知识更重要，因为知识是有限的，而想象力概括着世界上的一切，推动着思想的进步，而且是知识进化的源泉。"你有神奇的想法吗？仔细想一想，再回答这个问题吧。

想象力比知识更重要

　　你是想象力丰富的人吗？你知道想象力对于一个人的智商有怎样的影响吗？想象力，是你大脑思维能力和创新能力的反映，它和你的智力水平息息相关。

　　想象力丰富的人，对于同一个问题能够从不同的角度发挥自己的想象力，多方面去思考。他从中得到的知识和经验就会比一般人多。

　　一个缺乏丰富想象力的人，他的思想内容是贫乏的、平淡无奇的，往往只能从单一的方面去展开想象，也只能唤起极少的记忆表象，这样的人的思维模式就比较僵化。

　　想象总是来源于客观现实，但同时又总是超越于现实，跑到现实的前面。从想象与现实的关联程度来看，有的人的想象与现实若即若离，可望又可即，这种想象是富有现实性的；有的人的想象与现实则根本脱节，可望而不可即，缺乏现实基础。那种远离现实漫无边际的想象，只能是一种空想。

　　你知道想象是什么吗？

　　想象，是人脑在改造记忆表象基础上创建新形象的心理过程，也是以往经验中已经形成的暂时联系重新组合的过程。

爱因斯坦说过："想象力比知识更重要，因为知识是有限的，而想象力概括着世界上的一切，推动着思想的进步，并且是知识进化的源泉。"黑格尔也断言："如果谈到本领，最杰出的艺术本领就是想象。"有的时候，想象力真的可以起到"救命"的作用。

一位政客，一位地质学家，一位诗人，在外出旅游度假时，被土匪追杀，他们必须穿过一片只有少量低矮杂草的荒漠才能逃生。两天了，由于没有水，他们明显地感受到了死神在步步逼近。

政客说："谁要是给我们送上一箱矿泉水，我回去后一定对他提拔重用。"

地质学家说："我们还是实际一点儿吧，寻找水源！"但直到精疲力竭，他仍然找不到水源。

第三天早上，诗人早早地醒了。面对广阔的荒漠，他放开了想象的缰绳：要是我们正置身于一片大绿地该多好呀！山泉叮咚，溪流静淌，阳光柔和地照着大地，把树叶和草叶上的露珠折射成一颗颗晶莹剔透的珍珠……草叶上的露珠？

诗人突然想起了什么，急忙向一丛杂草奔去。果然，草叶上还残留着一些未完全蒸发掉的露珠。

"我们有救了！"他欢呼起来。

于是每天，他们就想办法啜饮草叶上刚凝结还来不及蒸发掉的露珠。一个星期后，他们奇迹般地出现在荒漠的另一头……

是想象力救了他们的命！

人没有想象力是不行的。人失去了想象力就像鸟儿失去了翅膀，无法飞翔；人没有想象力，就像一个没有望远镜的天文台，无法看到美丽的星空。

把想象变成行动，正是成功者的不二法门。有人说，如果把知识比作空气，智慧是雄鹰，想象力就是雄鹰的翅膀。没有翅膀，雄鹰难以遨游天际。从现在开始，放飞你的想象力吧，让它把你带进一个神奇的世界。

大脑的造梦功能

大家都知道美国好莱坞被称为"梦工厂"，这是因为这里每年都会拍摄大量的极富想象力的"大片"来吸引世界各地观众的眼球。

在现实生活中，我们的大脑也有这种造梦的功能，或许，你还没有真正发现它的神奇之处。

想象一般分为再造想象、创造想象、憧憬、有意想象和无意想象。

1．再造想象

这是根据别人的描述经过大脑加工而产生的想象。再造想象要求知识的积累，大脑储存大量的故事情节、悬念、场景，为想象的再造提供依据，同时，还要求想象力十分丰富。

借助于再造想象，我们能重现别人所感受到的或所创造出来的事物，这样就有助于理解别人的经验，设想别人的状态和处境，因而能相互了解、交流经验、丰富体验、提高认识。再造想象的能力，与丰富的记忆表象和对文字和图案的理解能力有密切联系。

2. 创造想象

这是个体按照自己的思路利用有关的表象形成某种独创性的形象的过程。它的特征在于不局限于任何现成的描述，而是按照自己的思路创造自己从未感知过或世上从未存在过的形象。因此，它比再造想象要有更大的难度。

作家对于小说人物、情节的构思想象，发明家对于自己将要发明出的新事物样式的想象等，都是创造想象。富尔顿在发明蒸汽船之前，首先通过想象的眼睛看见了在大洋里航行的蒸汽船；莱特兄弟在发明飞机之前，也是借想象的眼睛看见了在空中飞行的飞机；马可尼在发明无线电之前，也是靠想象的眼睛看见了远隔千山万水通信的情景。创造想象是创造性思维的重要组成部分。它是创造型人才的最重要的素质之一。

创造想象的基本方式有三种：

黏合：就是把不同事物的特征组合在一起。例如把鸟的翅膀与人的形体组合，成为"会飞的天使"。

夸张与强调：对事物的某些特征进行夸大或缩小，如"雪花大如席""白发三千丈"等诗句中所表现的想象。

典型化：从多种形象素材中提炼出一般的、典型的形象。例如中华民族崇拜的"龙"，就是根据多种动物提炼想象出来的。

3. 憧憬

这是个体对于自我所企求的事物做出的想象。憧憬是创造想象的一种特殊形式，但它体现着个体的某些愿望，它并不是创造性思维的组成部分。憧憬总是指向个体未来所从事的创造性活动，对个体的创造活动有巨大的诱导和推动作用。

4. 有意想象

有意想象指按照一定目的，有意识地开展想象。画家在作画之前，头脑中已有了草图；作家在动笔之前，头脑中已有了许多人物的原型。他们在这些情况下进行的绘画想象和人物性格刻画的想象，就是有意想象。

5. 无意想象

这是一种无目的、自动产生的想象。例如在梦中或在某种病症状态下所产生的想象。比如得了"妄想症"的患者，会在无意识的状态下，想象别人想要谋害他的情形，这就属于无意识想象。

想象力对智商的重要作用

孩子赢在起点，快乐一生，80%取决于智商和情商。成功=20%智商+80%情商，学习成绩好的孩子大多是情商很高，动手能力很强的孩子。知道了想象力对于我们智商的作用是何等重要，那么我们就需要积极地探索，让自己的想象力发展得更迅速。

1. 阅读想象法

这是指阅读时努力调动自己的生活积累，在头脑中构成生动可感的形象。比如在阅读鲁迅先生的《从百草园到三味书屋》时，便可依据精彩的文字描写，唤起自己记忆中的相关形象，浮现出由碧绿的菜畦、高大的皂角树、蟋蟀弹奏的琴声结合成的一幅有声有色的百草园图景。要使想象中的形象清晰、完整、历历在目，就要设身处地，把自己置身于描述的情景之中。

当我们读《桃花源记》时，开始进入意境，仿佛是自己在"缘溪行"，那潺潺的流水会触发我们向往的情感，那溪边弯曲的小路会把我们带入无限的遐想之中，这时，忽逢桃花林，想象的火种就像落入一堆干柴之中，即刻燃起想象的火焰，仿佛那桃花林就在我们周围，我们也自然而然地就进入了情景。

2. 描述想象法

这是指在学习过程中要善于将抽象的知识用具体的内容进行描述。如当学到"飞流直下三千尺，疑是银河落九天"的诗句时，头脑中就要想象出一幅别致的景物画来；又如当学到"点动成线、线动成面、面动成体"时，就要想象出具体的形象来。

要通过实物、图片、参观等来获取足够的表象，使一些抽象的概念具体化。采用这种方法，不仅能发展想象力，还能克服作文写得不够具体、形象等语言表达方面的缺点。

如"走夜路很害怕"这个语句虽然表意正确，但不够具体形象。那么就问一问自己：夜路是怎么个样子？有些什么可怕的声响？害怕有哪些表现？这样便可写得具体形象了。这便是采用具体描述法。

3. 推测想象法

这是指根据已知或假设去推测、描绘未知，是培养创造想象力的重要方法之一。通过推测想象，人间的一幕幕悲喜剧也可搬到缥缈的天宇或深邃的海底去上演。

大闹天宫的齐天大圣，其实是农民起义领袖的化身；威风凛凛却又昏庸无能的玉皇大帝，与封建王朝的帝王并无二致。这些文学形象的塑造，正是《西游记》的作者吴承恩想象的结果。

　　有位同学写过一篇《月球旅行记》的作文，将月球上的景观描绘得淋漓尽致，也是采用的这种方法。我们在学习中若能充分运用推测想象法，学习便会轻松得多，理解也会深刻得多，还能提高自己的创造才能。

4. 比拟想象法

　　这也是想象方法的一种。在生活、学习中我们常遇到一些凭想象难以把握的形象，这时就可用比拟想象法将其形象化，以便于理解把握。如"太阳和地球之间的距离是 1.496 亿千米"，凭这个数字单纯想象空间距离是很困难的。这时候就要适当运用比拟，使其具体化，增强可感性。

　　若发挥比拟想象，就容易多了。地球和太阳之间的距离可想象成一辆时速 50 千米的汽车从地球驶向太阳需走约 340 年。

　　善于采用比拟，可使自己的想象生动活泼起来。比如《济南的冬天》中老舍描写"薄雪好像忽然害了羞"，"长枝的垂柳还要在水里照个影呢"，使文章形象生动，给人留下难忘的印象。

5. 启发想象法

　　这是指人的想象受到某种类似的事物的启发。比如建造在山顶上的圆锥形电视塔可以承受每秒 80 米的风力，它的设计是受了高山上的云杉在狂风吹打下树干呈圆锥形的启发。

瓦特看到水壶中的水沸腾后蒸汽顶开壶盖，从中受到启发，想象将壶扩而大之，那种蒸汽的力量该有多么大！他由此发明了蒸汽机。鲁班受带齿边的草叶能划破衣服、皮肉的启发发明出了锯。

仿生学的发展更能说明启发想象法的重要，雷达、潜艇、电脑等都是由类似方法想象出来的，中小学生小发明小创造中的许多成果也都是受了启发而想象后制造的。

6. 蒙眬想象法

这也是一种重要的想象法。研究发现，人在睡眼蒙眬的状态下容易展开形象思维；酒意微醺的时候，容易产生奇妙的想象。英国剑桥大学一份关于各类创造性学者工作习惯的调查报告表明，70%的科学家曾经从梦中得到过一些帮助。

世界著名画家达·芬奇曾专门论述过用蒙眬法发展想象力："这法子好像微不足道甚至可笑，但却具有刺激灵感创造出种种发明的大用处。请观察那堵污渍斑斑的墙面或五光十色的石子。倘若你正想构思一幅风景画，你会发现其中似乎真有不少风景：纵横分布着的山岳、河流、岩石、树木、平原、山谷、丘陵。你还能见到各种战争，见到人物急速的动作。"

我国古代大书法家王羲之在作《兰亭序》时醉意大发，蒙眬中写出了空前绝后的书法艺术珍品，待酒醒后再写，无论如何也达不到蒙眬中的效果。唐朝诗人李白的"斗酒诗百篇"也说明了蒙眬的妙用。

7. 联想想象法

这是指由一事物想到另一事物的过程，是发展想象力的有效途径，联想的过程自始至终伴随着想象。联想拓展想象的主要方式有四种：

第一，接近联想。即由一事物联想到在时间或空间上与之接近的另一事物。例如，由"冬天到了"想到"春天还会远吗"；提起诸葛亮，马上就会想到"三顾茅庐"和"借东风"；一提到哈尔滨，马上想到气候寒冷、冰灯、冬泳等。学习英语单词就可联想到表示身体部位名称的许多单词，从头到脚一个个地联想，便可记住一大串。

第二，类似联想。就是利用事物之间的类似之处，由此事物联想到彼事物。如从我国的长城联想到埃及的金字塔，由费尔马大定理想到哥德巴赫猜想，从水滴石穿想到持之以恒的重要性。把"请、精、情、晴、蜻"及"扬、饧、肠、畅、汤"等分别放在一起记忆等，都是利用类似联想的道理。类似联想可以采用找近义词的方法来训练。

比如"竞赛"一词，可想到表达类似意义的许多词语：争夺、比试、角逐、较量、……

第三，对比联想。即由一种事物、现象想到与其相反的另一事物、现象。如由热想到冷，由落后想到进步，由宇宙的浩瀚想到个人的渺小等。在学习时，可以有意识地将相反或相对的公式、规律、定理、词汇等收集在一起，通过对比联想，加强理解和记忆。

第四，因果联想。就是由事物的起因想到结果或由结果推出原因。"不知细叶谁裁出，二月春风似剪刀"两句诗，就是从眼前柳树的片片细叶，推想出它们萌发新芽的原因是春风的吹拂。再如，南部沿海地区纬度低，海岸线长，致使气候长夏无冬，高温多雨，因而河流流量大，汛期长，农作物一年两至三熟，盛产水稻和甘蔗。通过对这些现象之间存在的因果关系进行联想，理解其内在规律，掌握起来就比较容易了。

让起点有高度

孩子观察力敏锐、想象力丰富、思维敏捷，往往是因为右脑非常灵活。

著名的物理学家牛顿说过："如果说我比别人看得更远些，那是因为我站在了巨人的肩上。"这句话听起来多么气势恢宏啊！其中道理也是非常深刻的。

确实是这样，如果说我们平时的想象力是源于生活，那么我们要想发挥自己最大的想象空间，就需要"站在巨人的肩上"。因为只有这样，我们才会在起点上有一定的高度，才会让想象力的发展更迅速。那么，我们怎么做才能"站在巨人的肩上"呢？

1. 拓宽视野，博览群书

阅读是培养想象力的有效途径。阅读时，要根据阅读材料的性质提出不同的要求。阅读文学艺术作品要按作品的描绘，在头脑中形成生动具体的形象，同时努力提高阅读水平和文字表达能力；阅读科技读物，应在读懂作品文字说明的基础上，进一步全面了解各种现象的相互关系，努力领会所讲述的科学原理，不能浅尝辄止。

阅读历史、地理、经济、政治类读物，不能死记硬背，要理清头绪，展开想象，做到上下五千年，纵横八万里，兼收并蓄，游刃有余。

2. 吸收知识，丰富头脑

汲取渊博的知识，对于培养想象力是十分重要的。如果你想提高智商，建议你在阅读文艺作品和丰富语言表达上下功夫，这样，你不但让自己的文学修养得到了提高，同时还会发现自己的想象力变得更加丰富了。

好好扩大你的知识领域，把丰富的表象储备起来。想象是在已有的表象上展开的，任何想象都不能离开已有知识基础。一个人的感性知识越丰富，就越能产生丰富生动的想象力。

对已储备的知识，我们要善于在实践中运用，在实践运用中加深印象，并在运用中提高想象的积极性。

3. 培养各种想象习惯

一切科学发明、技术革新、文艺创作，都离不开创造想象，而创造想象的产生，需要下列条件：

首先，是原型启发。原型启发的事例在各种创造发明中是屡见不鲜的；通过联想可把旧有表象结合起来，或把旧有表象典型化而产生新形象，这往往需从其他事物中得到解决问题的启发，从而找到解决问题的新途径。

其次，是灵感出现。灵感是人的全部精神力量和高度积极性的集中表现，它同人的创新动机和对解决任务的方法不断寻觅和探求直接关联。在灵感状态下，人的注意力完全集中在创造活动对象上，意识十分清晰而敏锐，工作效率达到意想不到的高水平。

4. 大胆进行特殊训练

我们除了用上述几种方法来培养想象力之外，还需要一些特殊的训练方式。

比如，我们躺在床上，可以看看天花板的污渍或云朵的形状，然后在脑海中描绘出它们的形象。或者是，当我们看过电视转播的运动比赛以后，想象第二天报纸的标题以及报道内容。在我们和人见面以前，事先预想会面对的状况，并且设想与对方探讨的话题。对于我们还没去过的地方，想象它周围的风景，建筑的样式，以及室内的陈设。

训练想象力的方法有很多，只要我们细心钻研，就会发现，我们在生活的各种环境中都有训练想象力的机会，就看你能否把握住了。

世界因想象而改变，奇迹因想象而出现。我们生活的世界离不开想象。我们现在正是掌握知识、创造财富的年龄，学习过程中一定要多想，并利用所学的知识多实践。不要抱着书本读死书，这样没有一点儿好处。读书的目的不是为了读而读，而是为了用而读。大胆想象，努力实践，你将会大有收获。

至高无上：想象力创造大事业

少年时期是右脑开发的关键时期，错过这个关键期，将会影响孩子一生。

想象力对于人们取得成就的作用非常大。很多人都看过一部叫作《哆啦A梦》的日本动画片，这部动画片的作者是两个人，他们共用"藤子不二雄"这个笔名。这部动画片面市后，取得了数百亿日元的收益，深受世界各国人民的喜爱。

可是，很多人不知道，如此好看的动画片其实来源很简单。《哆啦A梦》的创造要追溯到1970年的某个截稿日，作者家里突然闯进了一只小猫，虽然很快就要截稿了，但作者还是和小猫玩了起来，还替小猫抓虱子，而这一抓就是几个小时，等作者发现时间不够用的时候，已经来不及完成稿子了。

这时作者像热锅上的蚂蚁一样走来走去，突然踢倒了女儿的不倒翁玩具，于是他灵光一现，把猫的形象和不倒翁结合起来，就创造出了带给我们无数欢乐的哆啦A梦。

一个偶然闯入生活的小猫，刺激了伟大的作者，让他在无限的想象之下，创作出了一部不朽的动画片。

我们现在用电脑打字，很多人都使用拼音输入法。王永民发现了这一现象，他认为，在电脑和手机上用拼音输入汉字，实际上是在"用拼音代替汉字"，长此以往，必然使越来越多的人提笔忘字，甚至不会写字。他认为，造成这一严重情况的根源，就是人们把拼音字母当成了书写的载体，而汉字的灵魂即笔画和结构，却蜕变成了汉字的"第二层衣服"。这种做法，是对汉字的自我疏远，是对汉字文化的自动阉割。

在认真研究和努力之下，他创造了王码五笔字型输入法。他在多学科最新成果的基础上进行集成和创造，提出"形码设计三原理"，首创"汉字字根周期表"，发明了25键4码高效汉字输入法和字词兼容技术，在世界上首破汉字输入电脑每分钟100字大关，并获美、英、中三国专利。

如果没有一定的想象力，他是无法完成这个伟大创举的，因为我国的汉字数以万计，而英文字母只有26个，把汉字的字根和英文字母——对应起来，是一项非常艰巨的工程，不过他做到了。他的想象力在这个过程中发挥了巨大的作用。

还有一个更有想象力的企业，就是美国的苹果公司。乔布斯首创的苹果公司最初只有3个人，发展到现在，我们可以看苹果的客户遍布世界，苹果公司成了全球最有发展前途的企业之一。

苹果公司之所以取得如此巨大的成绩，就是源于他们的成员更具想象力，他们开创了平板电脑的时代，触摸屏的应用让电脑使用起来更方便，iPad（苹果平版电脑）一直被各个生产厂商模仿，但是从来没有被真正超越过。

这些例子充分告诉我们一个道理，想象力有多大，你的发展空间就有多大，你的成绩就会有多大。想象力是我们大脑智慧的体现，从现在开始，好好培养你的想象力吧！

创造力促进社会不断向前

创造力主要是后天培养起来的，在青少年阶段进行正规、系统的右脑训练是十分必要的。

青少年就像早上八九点中的太阳，正处于富有激情、活力四射的年龄。他们应该比一般成年人创造能力更强。创造力就像是社会进步的原动力一样在促进社会不断向前迈进。

1. 创造力的含义

所谓创造力，是指根据一定目的，运用已知信息，产生出某种新颖、独特、有社会和个人价值产品的能力。这里的产品是指以某种形式存在的思维成果，它既可以是一种新概念，也可以是一项新技术、新工艺、新产品。

创造力由一般创造力、知识经验、特殊创造力和非智力因素四个要素构成。这四个要素相互作用、相互影响，决定了创造力的总水平。这四个要素各自对创造力的作用分属于不同的层次。

一般创造力在一切创造活动领域都有作用，是代表创造者心理能力水平的最普遍的创造力。一般创造力水平较高的创造人才可以在不止一个领域表现出创造力。

知识经验的作用在其普遍性上低于一般创造力，但它是一般创造力的基础。具体地说，知识是智力的基础，而创造力是智力的最高表现。当然，知识经验对特殊创造力和非智力因素的影响也不可低估。

特殊创造力的普遍性低于前两者，例如一个画家的色彩鉴别力、视觉想象力等特殊才能，只有在绘画创造方面有意义。

非智力因素比较特殊，它只与创造的个别活动有关。拿动机来说，它在推动人主动地启动创造活动方面的作用是巨大的；而兴趣只在维持创造力的热情和投入上有明显作用。

2. 基础因素

这包括吸收知识的能力、记忆知识的能力和理解知识的能力。吸收知识、巩固知识、掌握专业技术和实际操作技术、积累实践经验、扩大知识面、运用知识分析问题，是创造力的基础。任何创造都离不开知识，知识丰富有利于更多更好地提出创造性设想，对设想进行科学的分析、鉴别、调整、修正，并有利于创造方案的实施与检验，而且有利于克服自卑心理，增强自信心，这是创造力的重要内容。

3. 创造性思维

智能是智力和多种能力的综合，既包括敏锐、独特的观察力，高度集中的注意力，高效持久的记忆力和灵活自如的操作力，还包括掌握和运用创造原理、技巧和方法的能力等。这是构成创造力的重要部分。

4. 创造性人格

这包括意志、情操等方面的内容。它是在一个人生理素质的基础上，在一定的社会历史条件下，通过社会实践活动形成和发展起来的，是创造活动中所表现出来的创造素质。优良素质对创造极为重要，是构成创造力的又一重要部分。

优良的个性品质，如永不满足的进取心、强烈的求知欲、坚忍顽强的意志力、积极主动的独立思考精神等是发挥创造力的重要条件和保证。

总之，知识、智能和优良个性品质是创造力构成的基本要素，它们相互作用、相互影响，决定创造力的水平。

在智商的构成因素中，创造力是最高形式的体现，它也是个人智慧的集中表现形式。一个人的成功与创造力有很大的关系，试想想，一个不能创新和发挥才能的人，怎么能够有所作为呢？

看看下面的故事，你或许就对创造力有更加深刻的认识。

密尔顿·雷诺兹出生于美国的明尼苏达州，他当过汽车修理工，做过建材生意，制造过股票报价板，但是都以失败而告终。后来，雷诺兹生产"海报印刷机"，积累了一些钱。

1945年，雷诺兹到阿根廷旅行，无意中发现了一种新奇的产品，就是"圆珠笔"。这种笔早在1888年就被发明出来，并获得了专利，后来有许多人不断地进行改进，取得了各不相同的特殊外形设计专利，但是销路并不好。

雷诺兹凭直觉认定，这是一种能够横扫全美国的东西。它低成本、高利润，人人都有可能购买一次，很容易普及。

雷诺兹回到美国，立即找到一位懂技术的工程师，共同合作改良圆珠笔。在一个下雨的晚上，雷诺兹发现圆珠笔在水里也能写字，便想出一句响亮的广告语"它能在水中写字"。

据后来的专家估计，仅这句新颖的广告语所产生的效益，就达上百万美元。紧接着，雷诺兹开始了近乎疯狂的推销活动。他带着仅有的一支样笔，到纽约的"金贝尔"百货公司推销，并当场表演，引起了他们的极大兴趣，当即订购了2500支。这种成本只有0.8美元的笔，零售价竟定为12.5美元。雷诺兹的理论是，"就新奇产品来说，价格越高，销售越好"。

1945年10月，"金贝尔"百货公司开始销售这种"原子时代的奇妙笔"。由于事前的宣传工作十分有效，使得顾客好奇心很强。

雷诺兹总是接到订单之后才组织生产，尽管他立即扩大了生产规模、采购了大量原料、招聘数百名员工，其中甚至包括专门的点钞员，可还是不能应付全国各地的需求，订单像雪片似的纷纷而来。几乎每一家商店都想销售这种新产品，甚至出现了专门为了销售圆珠笔而新成立的商场。

为了进一步扩大自己产品的影响力，雷诺兹"无事生非"地向联邦法院递交诉状，指控两家最大的制笔公司违反了"反托拉斯法"，要求他们赔偿100万美元。但实际上，这场"官司"不过是雷诺兹精心策划的一项宣传创意而已。通过法庭的辩论和报纸的大肆渲染，雷诺兹的圆珠笔达到了家喻户晓的地步。

不过，因为生产过多，雷诺兹圆珠笔出现了很多质量问题。这时，雷诺兹则站出来说："任何质量问题都可以退换货。"

这场持续数月的销售旋风所带来的利润是极为丰厚的。在短短半年的时间里，雷诺兹先期投入的 2.6 万美元，已经产生了超过 155 万美元的税后利润。

在高利润的引诱下，一年后，生产圆珠笔的厂家已达 100 多家，圆珠笔的价格日见下跌。于是，雷诺兹又策划了一项新创意。他购买了一架已经退役的"道格拉斯"轰炸机，并将它命名为自己新型圆珠笔的名字——"雷诺兹弹壳号"。

接着，雷诺兹又聘请了两位有丰富飞行经验的驾驶员和工程师，驾驶这架轰炸机从纽约的一个机场起飞，朝东飞行，连续穿过欧洲、亚洲和太平洋，打破环球飞行的世界纪录。

这次飞行一共花费了 17 万美元，但是雷诺兹赚取得更多。当他接受人们欢呼的时候，纽约的所有报纸上都登出了大幅广告"刚抵达，雷诺兹弹壳号"。借助环球飞行的东风，这种新型的圆珠笔又是一炮打响，销量像火箭般直线上升。

3 年后，雷诺兹见好就收，果断地卖掉了公司，离开了利润已经微薄的圆珠笔制造业。今天，市场上再也见不到"雷诺兹圆珠笔"了，但是，一提起圆珠笔发展，人们总是想起雷诺兹的名字。

　　他用发展的眼光，在阿根廷见到 40 多年前发明的当时销路不好的圆珠笔，激发了他的灵感，看出这种笔带来的巨大商机和丰厚利润。他煽动起社会大众的情绪，不断地创新，让自己成为公众注目的焦点。

　　如果不是他用自己的头脑风暴掀起了圆珠笔的市场热潮，那么或许到现在，那些圆珠笔还躺在仓库里睡大觉呢！

及时发现灵感并加以行动

你有没有灵感的火花突然迸发的时候呢？很多发明创造都是和灵感分不开的。如果能及时地发现灵感，并且加以行动，那么，你很快可以取得一定的成就。

什么是灵感？灵感就是形成中的创造性认识刹那间在人脑中的反映，它具有突破性、新颖性。灵感是一种综合性突发的心理现象，是思维与其他心理因素协同活动的结果。

青霉素的发现者是英国细菌学家弗莱明。1928 年的一天，弗莱明在他的一间简陋的实验室里研究导致人体发热的葡萄球菌。由于盖子没有盖好，他发觉培养细菌用的琼脂上附了一层青霉菌。这是从楼上的一位研究青霉菌的学者的窗口飘落进来的。使弗莱明感到惊讶的是，在青霉菌的近旁，葡萄球菌忽然不见了。

这个偶然的发现深深吸引了他，他设法培养青霉菌，并进行多次试验，证明青霉素可以在几小时内将葡萄球菌全部杀死。弗莱明据此发现了葡萄球菌的克星——青霉素。

青霉素是抗生素的一种，是从青霉菌培养液中提制的药物，是第一种能够治疗人类疾病的抗生素。

在弗莱明之前，至少有 28 位科学家报告过霉菌杀死细菌这个事实。但是，由于他们没有产生灵感，没有形成创造性的认识，因此错过了青霉素的发展。

灵感的形成，虽然在一刹那，但它与一个人的知识、经验以及分析、综合、判断能力等有直接的关系。因此，它离不开个人长期的积累。而且，一次灵感在形成之后，还要经过验证、充实和完善。

引发灵感最常用的一般方法，就是愿用脑、会用脑、多用脑。关于愿用脑的问题，这里就不多说了。下边分别谈会用脑和多用脑。

1. 会用脑

凡是善于引发灵感，能够形成创造性认识的人，都很会用脑。一般人以为显而易见的现象，他们产生了疑问；一般人用习惯的方法解决问题，他们却有独创。他们的特点是喜欢独立思考，遇事多问几个"为什么"，多提出几个"怎么办"，因为任何创新项目的完成，都是独立思考和钻研探索的结果。

因此，就不能迷信、不能盲从、不能只用习惯的方法去认识问题，或只用有结论了的说法去解决问题，也不能迷信专家、权威；而是要从事实出发，从需要出发，去思考问题，去探索问题，去寻找新的方法、新的答案、新的结论。

2. 多用脑

要促进灵感的产生，就必须多用脑，因为人的认识能力是在用脑的过程中得到锻炼从而不断提高的。所谓多用脑，不是指不休息地连续用脑，而是要把人脑的创新潜能充分地发挥出来。

爱因斯坦对为他写传记的作家塞利希说："我没有什么特别才能，不过喜欢刨根问底地追求问题罢了。"在这个刨根问底的过程中，他最常用的方法就是用脑思考。他自己深有体会地说："学习知识要善于思考、思考、再思考，我就是靠这个学习方法成为科学家的。"

尼葛洛庞帝说："我不做具体研究工作，只是在思考。"创立微软公司的比尔·盖茨，他从小就具有勤于思考、善于思考的特点。

由此可见，科学用脑是开发大脑创造潜能、引发灵感、形成创造性认识的最普遍适用的方法。

引发灵感时常用的基本方法有以下几种：

（1）观察分析

在进行科技创新活动的过程中，自始至终都离不开观察分析。观察，不是一般地观看，而是有目的、有计划、有步骤、有选择地去观看和考察所要了解的事物。通过深入观察，可以从平常的现象中发现不平常的东西，可以从表面上貌似无关的东西中发现相似点。在观察的同时必须进行分析，只有在观察的基础上进行分析，才能引发灵感，形成创造性的认识。

（2）启发联想

新认识是在已有认识的基础上发展起来的。已知与未知的连接是产生新认识的关键。因此，要创新，就需要联想，在联想中受到启发，引发灵感，形成创造性的认识。

（3）实践激发

实践是创造的阵地，是灵感产生的源泉。在实践激发中，既包括现实实践的激发，又包括过去实践体会的升华。各项科技成果的获得，都离不开实践需要的推动。在实践活动的过程中，迫切解决问题的需要促使人们去积极地思考问题，废寝忘食地去钻研探索。因此，在实践中思考问题、提出问题、解决问题，是引发灵感的一种好方法。

（4）激情冲动

积极的激情，能够调动全身心的巨大潜力去创造性地解决问题。在激情冲动的情况下，可以增强注意力、丰富想象力、提高记忆力、加深理解力，从而使人产生出一种强烈的、不可遏止的创造冲动，并且表现为自动地按照客观事物的规律行事。这种自动性，是建立在准备阶段里反复探索的基础之上的。这就是说，好的激情冲动也可以引发灵感。

（5）判断推理

判断与推理有着密切的联系，这种联系表现为推理由判断组成，而判断的形成又依赖于推理。推理是从现有判断中获得新判断的过程。因此，在科技创新的活动中，对于新发现或新产生的物质的判断，也是引发灵感、形成创造性认识的过程。所以，判断推理也是引发灵感的一种方法。

上述几种方法，是相互联系、相互影响的。在引发灵感的过程中，不会只用一种方法，有时是以一种方法为主，其他方法交叉运用的。

当我们在灵感火花闪现的时候，一定要集中注意力，不要错过自己的发现和创造，只有这样，我们才能像那些伟大的发明家一样，创造出神奇的财富！

发挥创造力的基本法则

当今社会，右脑开发教育显得越来越重要，这也是社会急于呼吁的。国家提倡的教育目的就是要通过各种方式来开发孩子的创造力。

了解了创造力之后，你是不是也在摩拳擦掌，想要试一试自己的创造力有几成功力呢？在发挥创造力之前，我们还需要了解一些发挥创造力的基本法则。

1. 添加法

在原有的事物上加一些东西或将几种事物适当组合就可能创造出崭新的东西来。例如圆珠笔加上橡皮头就成了可擦式圆珠笔；收音机里有录音的功能，便成了收录机。

现在，加了各种成分的新型牙膏不断问世，这些都是创造者采用"添加法"取得的成果。

2. 缩减法

与添加法相反，它是在原有物体基础上减少某些因素的方法。收录机携带不是很方便，于是有人就把它做成

"MP3"，风行全球；台式电脑又笨又重，于是就出现了笔记本电脑、iPad。

上、中、下三册的《辞海》给读者的携带、存放、阅读带来种种不便，于是就有了"文曲星"等电子词典的问世。

3. 改变法

改变法是对原有事物从顺序、形态、颜色、音响、味道、气味上进行改变，从而产生新的事物和效果。棉花是白色的，有人就想到培育有色棉花；把钟表外形改一改，就变成精致的装饰钟表；以前饼干总是甜的，现在有了咸的、麻辣的，还有怪味的。

一般来说，写作文时，如果改变叙述方式，采用倒叙、插叙、补叙，文章内容往往更引人入胜。

4. 替代法

替代法运用的历史非常久远。大家都很熟悉的曹冲称象的故事就体现了这种方法。当时没有能称几千斤重的大秤，要知道大象的重量，只有用同样重量的石头来代替大象，分多次称石头就可知大象的重量。

5. 仿效法

仿效模拟在人类创造史上占据着重要的地位。模仿是创造的基础。如模仿萤火虫发光原理制成荧光灯，模仿海豚的运动模式造出潜艇等。

鲁班发明锯子，也是仿效法。凡此种种，不胜枚举。总结人类的仿效创造，可归纳为原理、结构、色彩等三种仿效。青少年朋友只要多留意身边的事物，多加以思考，也能从模仿中进行发明创造。

6. 颠倒法

又叫"反面求索法"。正面思索得不出好结果，就从反面思索。

如圆珠笔漏油的原因主要是圆珠磨损后产生了较大的缝隙。很多厂家改用耐磨的圆珠，结果装圆珠的套也要磨损，问题仍然得不到解决。有人就从反面想：既然磨损不可避免，一般写上 2.5 万字就会漏油，那就干脆把笔芯改小，改成最多写 2 万字的笔芯不就行了吗？

再如吸尘器的发明。最初打扫工具是"吹尘器"，结果尘土飞扬，反而不卫生。反过来改用"吸尘器"效果就非常好。

看似简单明了的道理存在于我们最熟悉的事物中。突破习惯、改变思维方式后，不同凡响的构想、发现便应运而生。毒蛇、蝎子有巨毒，能将人置于死地，但反过来，蛇毒、蝎毒可以用来治疗一些疑难杂症，挽救人命，如中医的"以毒攻毒"的疗法。看似毒药的东西，从反面看，也有新的作用。

7. 缺点改进法

世界上没有十全十美的事物，任何事物都有缺点。发现了缺点，就找到了创造发明的课题。

比如雨伞，每改进一种，就是一类新产品：

最初雨伞大多是黑色，颜色单调，放在一起不易区分，容易拿错。于是，人们发挥创造力，把雨伞改为多种颜色和图案。

雨伞太长，不易收藏和携带，人们就把雨伞改为折叠式；拿东西撑伞不方便，于是，人们发明了自动伞；雨夜打伞行走太黑，看不清路，于是人们在伞柄上装电筒照明。这样，在不断地改进雨伞的时候，就出现了各种各样的功能性的雨伞。

通信事业也是如此，刚开始的电话必须要用固定的线路才能接通，后来人们觉得外出使用很不方便，于是人们发明了移动数字寻呼机，可以随时随地找到佩戴寻呼机的人。

后来人们觉得这样回电话也很麻烦，所以就出现了汉字寻呼机，人们可以直接用汉字和对方信息联络，可是这样还是受到很多限制。于是人们又发明了手机。

刚开始的手机只能打电话，后来随着人们不断地对手机的功能进行研发创造，手机发展到现在，不仅能打电话、发送短信，还能拍照、录像，甚至还能当电脑使用，手机的功能几乎让我们越来越难以想象。说不定将来会有能剃须的男用手机和能测生理周期的女用手机，这都不是空想。

8. 专利创造法

专利创造法，是一种充分利用专利的发明方法。这种方法在知识经济时代，尤其受到人们的重视。专利文献是发明人向政府有关部门申请专利时写的一种专利说明书。

按规定，在专利说明书中，必须公开发明技术，对技术成果的说明也要比一般科技文献详细，因此，对创造发明更有实用价值。专利文献是创造发明的一个巨大宝库，通过它来寻求发明的设想和目标是一条重要途径。

美国有家著名的哈洛依德公司，原先是一家制造照相材料和复印机的不知名的小企业。他们在调查专利文献时，发现了一种新的复印技术，经过研究，他们认为这是一项具有市场生命力的新发明，于是这家公司在这份专利的基础上，投入研究力量，终于发明了一种新的复印技术。

专利创造法在具体运用中有三种主要方式：通过专利调查进行创造发明，综合专利文献成果进行创造发明，寻找专利空隙进行创造发明。

9. 头脑风暴法

头脑风暴法又称"集体创造法""智力激励法"。它是由美国人奥斯本于1939年提出的，它是通过小组会议，利用集体思考的途径，使思想互相激励，从而产生众多的创造性设想。

头脑风暴法的组织方法是：参加会议的人数以不超过10人为宜；主持者1人，记录者1至2人；会议时间1小时左右；会议要有明确的主题，并事先通知；会上人们可以围绕议题自由地发表意见，鼓励大家从已有的设想中寻找灵感；

不允许轻易否定别人的设想、过早下判断性的定论，也不可以私下交谈或以几个人的名义发表意见；会上所提出来的各种设想，要不分大小全部记录下来。

一般情况下 1 小时可产生几十或几百个设想，然后进行归纳整理，从可行性和效果两方面进行评估，对于无法实行或实行后无效果的设想予以摒弃。那些全体一致通过的设想，就是集体智慧的结晶，下一步就是制订计划、进行实验、具体应用了。

青少年朋友有没有学会这些创造方法呢？没有学会也没关系，我们可以先好好学习科学文化知识，打好各个学科的基础，将来就可以在这些创造方法的指引下大展拳脚、大显身手了！

拥有好的创造力

当今社会，竞争日益激烈，家长对孩子才艺过分关注，导致孩子右脑开发受到限制，很大程度上导致孩子缺乏创造力。

你都知道哪些有趣的关于创造力的故事呢？你曾经从这些故事中得到怎样的启示呢？你知道创造力有着怎样的平凡和伟大之处吗？

看看下面这个小故事吧，你或许能从中得到很多启示。

美国有一家生产牙膏的公司，其产品优良，包装精美，深受广大消费者的喜爱，每年公司的营业额蒸蒸日上。记录显示，前10年，每年的营业额增长率为10%至20%。这令董事会兴奋万分。

不过公司进入第11年后，营业额则停滞下来，但每月大体维持在几乎相同的数字。董事会对此后3年的业绩增长的速度缓慢感到强烈不满，便召开经理级以上的高层会议，商讨产品营销对策。

会议中，有名年轻的经理站了起来，对总裁说："我有一张纸条，纸条里有个建议，若您要采用我的建议，必须另付我 5 万美元。"

　　总裁听了很生气地说："我每个月都支付给你薪水，另外还有分红、奖金，现在叫你来开会讨论对策，你还另外要求 5 万美元，是不是太过分了？"

　　"总裁先生，请别误会，您支付我的薪水，是让我平时为公司卖力，但我这是一个重大而又有价值的建议，您应该支付我额外的奖金。若我的建议行不通，您可以将它丢弃，1分钱也不必支付。但是，您损失的必定不止 5 万美元。"年轻的经理说。

　　"好，我就看看它为何值这么多钱？"总裁接过那张纸条，阅毕，马上签了一张 5 万美元的支票给那个年轻的经理。那张纸条上只写了一句话："将现在的牙膏开口直径扩大 1 毫米。"

　　总裁马上下令给牙膏更换新的包装。试想一下，每天早晚，消费者用了开口直径扩大了 1 毫米的牙膏，每天牙膏的消费量多出多少呢？因为这个富有创意的决定，使该公司第14 个年头的营业额增加了 32%。

　　这个故事就是讲一个小小的改变，往往会引起意想不到的好的效果。当你习惯于旧的思维模式而走不出一条新路时，何不将脑袋也"开 1 毫米"的口子，这样，你的创新思路换回的财富将不可估量，远远不是 5 万美元可以衡量的。

　　下面我们再来看看这个"香皂盒的故事"吧！

　　香皂的生产是采用流水线的方式，有的时候，香皂在进行装盒的过程中就可能因为一些疏忽，出现了空盒打包的情况，里面没有香皂。很多香皂厂为了避免这种情况出现，还要专门派人来解决这个问题，让他们把打包的空盒挑出来放在一边，这样做又费时又费力，有时候还是不能避免地把空的香皂盒装箱。

后来，有家大型香皂厂花了数万元资金，聘请了一个学自动化的博士后设计一个方案来分拣空的香皂盒。

博士后拉起了一个十几人的科研攻关小组，综合采用了机械、微电子、自动化、X 射线探测等技术，花了几十万，成功解决了问题。

每当生产线上有空香皂盒通过，两旁的探测器会检测到，并且驱动一只机械手把空香皂盒取走。

可是对于一些小的香皂厂来说，这样的花费实在是难以承受。但是他们的技术人员也有自己的土办法，他们尽管没读过博士，但是他们的创造力也很强。

他们只用一台电扇，就解决了香皂的空盒问题。把电扇调到合适的风速，空香皂盒就会在生产线上被电扇的风吹跑，掉落在准备好的收集箱子里。空盒的问题就迎刃而解了。

这个故事告诉我们，创造力和学历不一定成正比，拥有好的创造力的人，不见得非得是硕士、博士，每个人只要开动脑筋，都能成为创造大师。

青少年朋友，创造力的平凡和伟大之处就蕴藏在这些故事之中，或许你可以发现，说创造力平凡，是因为很多创造发明都是很小的一个改进，或者是很不值得一提的创意，但是这些不经意的创造，却变成了巨大的财富；说创造力伟大，真的就是可以关乎一个人的成长。

锻炼右脑，增加创造力

创造力是可以提高的，也许你不知道增加创造力的技巧是什么，那么你可以学习一下这里讲的一些内容，或许会对你的创造力的提升起到重要的作用。

创造性思维，指以各种智力因素与非智力因素为基础，在创造活动中，表现出来的具有独创的，能产生新事物、新成果的高级复杂的思维技巧。创造性思维的本质特征就是开拓和创新，即通过对已有信息进行再加工、组合、分解、重构，最后达到新发现和新突破。

学者们指出，所谓发明创造，就是观察到的事物与别人的相同，构想出的事物与别人的不同。创造是人类的本质特点，没有创造，人类就不可能成为地球的主人；没有创造，也不会有今天。为此，创造性思维就成了当今世界各国的研究热点，也成了每一个当代学生必备的思维技巧。

事实上，天才仅是以非习惯性的方式去理解事物。在这里，我们专门研究思维中的"创造性"问题。换句话说，现在是特意从创造性角度来看待我们的思维过程，并从中寻找出最具有创造性特征的某些思维技巧，以供我们使用。

1. 外因训练

首先，跳出定式。

妨碍人们学习的最大障碍，并不是未知的东西，而是已知的东西。尽管通过已知的东西可以让我们不断认识新的东西，但是，它也可能作为一种枷锁，妨碍我们进行创造。所以，有必要跳出这种"模型"所造成的定式状态，去获得常规之外的东西。我们称这种思维技巧为"跳出定式法"。

上述技巧的主要特点是，主体在思维时，一定要努力思考：在常规之外，还存在别的方法吗？通过"跳出定式法"的思维训练，就可以帮助我们克服思维单一、模式固化的缺点，使我们的思维更灵活、敏捷，拓展我们的思路，并由此寻求到更广阔的思维空间和新的角度。

其次，带着疑问提问。

提出一个问题往往比解决一个问题更重要。提出新的问题，新的可能性，以及从新的角度看旧的问题，需要有创造性的想象力。

最后，一题多解。碰到问题，不应该有了解决的办法就不再想其他的办法，一题多解往往最能提升人的思维能力。

有些人从不考虑他们实现目标的方法，方法是否最简单直接或者说是最有效、最明智。人们常常不满足于自己的财富，却总是满足于自己的智慧。这样的懒惰是不能被原谅的，对于广大青少年来说，更要运用自己的智慧，努力创造新的财富。

2. 善于提问

我们要多从几个角度看事物，打破常规。有这么一句话说：只要你创新，所有竖在你面前的墙都可以通过；如果不能创新的话，即使在你眼前是一道门，你也过不去。

青少年要增强创新意识，要敢于幻想、敢于猜想、敢于联想；要改变死记硬背的学习方法，要把知识活学活用，融会贯通。或许你不经意的想法，就会成就一项新发明。

3. 内心坚强

发明创造不可能是一帆风顺的，我们一定会遇到许多意想不到的困难。只有意志坚强的人才能战胜困难，取得胜利。所以说，一个伟大的发明家的内心一定是极其坚强的，他可以承受无数次失败，可以让每一次失败成为继续前进的动力。

4. 敢于质疑

一个人质疑的同时，能大胆地对问题提出不同的见解，不但可以培养发现问题的能力，而且也培养了创新能力。

5. 勤于实践

"纸上得来终觉浅，绝知此事要躬行。"没有实践就不会有认识，不理解实践也不能正确理解认识。实践的目的在于改变世界以满足人的需要。要改变世界必须认识世界。在现代发展越来越快的社会中，实践的发展促使科学成果层出不穷。人类实践发展的无止境，决定了认识发展的无止境。

同时，实践是认识的目的。认识必须满足实践的需要，为实践服务。另外，也只有实践才使人们获得并不断发展加工信息的能力，即思维的能力。

实践是检验真理的唯一标准。凡是符合客观的真理性认识，通过实践必然会成功地转化为客观的现实；反之，凡是错误的认识，在实践中必然遭到失败。

为此，我们要做到乐于动手，就是要亲自做实验，操作仪器，制作各种模型等；会正确地使用各种工具、仪器和仪表，能够用正确的方法和技术进行实验；能正确迅速地得出实验的结果，并加以整理，同时还要善于用准确的文字、数据和图表写出实验记录或报告。

我们要积极参加学校或班级组织的各种课外兴趣小组活动，如科技活动、学科竞赛等，以扩大视野，陶冶情操。

锻炼你的大脑，增加你的创造力，除了上述的方法之外，剩下的就靠你个人的努力和摸索了，因为没有一项发明是靠别人教出来的。

人类智商可通过学习来提高

我们已经了解了智商是可以通过后天的努力加以提高的，相信很多人已经摩拳擦掌，迫不及待地想知道怎么做才能提高智商了吧？

20世纪60年代，一名生物学家对扁形虫做了若干次实验。他发现一个极不寻常的结果。教一条扁形虫走迷宫，等扁形虫学会了之后，把这条"聪明虫"碾碎，喂给尚未受训练的其他扁形虫，"笨虫"就会突然知道"聪明虫"先前学到了什么。这些"笨虫"并不知道迷宫的出口会有食物，也从来没有走过迷宫，却可以在迷宫的出口找到食物。这个实验证明了"吃什么，像什么"这种说法。

"笨虫"可以靠吃"聪明虫"而变得聪明，如果我们一生下来，就可以吃到累积前人知识的食品，该是多么美妙的事情！这虽然是一种天真和不切实际的遐想，但是，至少可以说明一点：人类的智商是可以通过学习来提高的。那么，如何来提高智商呢？

1. 多用脑

人们常说，镜子越擦越明，脑子越用越灵。多用脑是提高智商的最好方法，特别是多用右脑。很多人都知道这一点，但并不注重科学用脑、合理用脑。经常有人会说脑袋都用痛了，这就是用脑过度了。国家行政学院的刘峰教授讲的几句话很有意思：大脑加小脑，左脑加右脑，内脑加外脑，人脑加电脑，这就是全面用脑了。

2. 合理用脑

用脑与不用脑交替进行、大脑与小脑交替运用、左脑与右脑交替使用是合理用脑的关键。不仅是交替使用，还要相互转换，这种交替使用和相互转换，特别能锻炼大脑和小脑、左脑和右脑，是一种有效的脑运动，对智商的提升有明显的效果。

3. 多用右脑

人的大脑分为左脑和右脑两个部分，通常来说，人的右脑容量大，作用大，据一些资料显示，右脑存储量是左脑的100万倍。因此，人们常说："右脑动一动，孩子更聪明。"

美国权威研究显示，爱因斯坦、达·芬奇、居里夫人等这些伟大的人物有一个共同之处，他们都有着超级发达的右脑，因而有着超强的想象力和观察力。科学家指出，一生中，大多数人只运用了大脑的3%至4%。现实生活中，95%的人主要是使用了自己的左脑。

一位著名教育学家说过："在开发大脑的潜力上，我们是在单脚骑自行车。"其实，右脑才是"天才脑"，它隐藏着神秘的力量等待我们的开发。

右脑是可以开发的，右脑越开发，人就越聪明。右脑越练习就越发达，接受右脑开发的孩子会变得更优秀。但右脑的开发是需要一定时机的。

科学证明，幼儿期是开发右脑的黄金时期，特别是3至4岁。

4. 压力激励法

调动大脑的积极性，提高智商有许多方法，"压力激励法"是在特殊情况下行之有效的办法之一。人的大脑受到外界的强大压力后神经细胞会高度兴奋，工作效率变得极高。古今中外无数成就卓著的人，都善于调节自己，在巨大压力面前不被压倒，而是把压力变成动力，创造出正常情况下很难做出的成就。

5. 共振激励法

一些志趣相投，思考方法、看问题角度相同的人在一起讨论一些文艺、音乐、社会、人生等话题时，思路非常活跃，探讨问题的广度、深度非常一致。

这种思考的方式、思路相同，话题集中的探讨，使人谈起来非常投机，容易引起大脑皮层的兴奋，造成神经细胞的活跃，而且这些细胞的活跃程度等相似，因而"频率"相同，极易产生"共振"。

这种"共振"能调动人大脑的积极性，使思想互相感应，知识上互为补充，从而启迪智慧，激发灵感，取得更为深远的建树。

6．制造快乐

我们之所以能感受到喜悦和愉快，是因为大脑内分泌了一种名叫多巴胺的物质，这种物质还能增进脑细胞的发育、扩展神经网络。因此，为了活跃我们的脑细胞，我们可以主动去制造多巴胺，比如不时给自己设定一些容易实现的目标，晚上和朋友去看场电影等。当我们一想起这些令人愉快的目标时，大脑就会分泌多巴胺，而我们也能更高效地完成工作。

提高智商的方法很多，这里介绍的只是比较典型的几种。通过对这几种方法的了解，我们起码可以明确这样一个认识，智商是可以通过后天的学习和努力加以改变的。

我们应该通过自己的行动提高我们的智商，改变自己的命运。需要指出的是，开发智力是一个人一生都可以做的事，右脑的开发也是如此，只要起步，永远不晚。

打开心扉，让情绪自然流露

　　在生活中，很多人遇事会变得很冲动、焦躁，其实，情绪的好坏受右脑控制。

　　雅里是英国某著名公司员工，但她最近总是吃饭不香，睡觉不实，一天到晚老想着心事，处于一种焦躁不安的状态，对做什么事情都没有兴趣。一会儿想着自己会不会下岗，一会儿又想着女儿今年要高考，担心着她的前途。

　　其实，雅里的这种情绪就是焦虑的表现。焦虑是一种类似于担心害怕的情绪体验。对于焦虑者来说，往往并不是已经身临困境或危险的境地，而是预感到有什么不安的事情将要发生，或者对事情可能出现的各种后果把握不定。即使是大人物也会患有焦虑病。

　　格兰斯顿每次讲演前都要失眠两晚。他说，他一方面担忧，他该说些什么话，一方面又要担心什么话他不该说。虽然他是一个很虔诚的教徒，但是仍不免在这方面浪费时间和精力。

　　卡利尔是一名知名工程师，但是他有一次把工作搞砸了，给公司造成巨大的损失。这一挫折犹如当头一棒，把他给打蒙了。他痛苦万分，好长时间睡不着觉，长期处在焦虑之中。

后来，卡利尔深知不能一直这样下去，他告诫自己这种忧虑是多余的。他开始考虑解决问题的方法，强迫自己平静下来。30多年来，卡利尔遇事命令自己"不要激动"，从而他再也没有陷入过焦虑之中。

从某种程度上说，焦虑本身就是一种莫名其妙的担心。因此有焦虑感的人，最好能把自己的担心向亲朋、好友倾诉出来。如果没有合适的倾诉对象，也可用笔写在一张纸上。如此可有以下的收效：第一，可以将心里混淆不清、心乱如麻的问题理出头绪；第二，原以为是重要无比的事情，可能让你忽然觉得"不过如此"；第三，原以为是不大的事情，竟是关键所在；第四，冷静面对，可以寻出解决问题的对策。

如果我们遇到困难时只是一味地烦恼下去，只会让事情变得更坏。此时不妨冷静地问自己："这件事最坏是什么结果？"当你答复了这个问题后，你的焦虑就会消失了大半。

对于当前正奋战在第一线的上班族们，焦虑更是时而伴之，上班族普遍感到工作忙碌、生活无趣、情绪沮丧，甚至有崩溃、绝望的感觉。一位朋友告诉我："一个人加班的时候，时常会觉得情绪沮丧，特别是想到明天还会有做不完的工作时，就会感到非常无奈和惆怅，要想结束这种忙碌的日子好像是遥遥无期。"

长期处于忙碌状态的上班族应该定期自我反省，自问最近一段时间工作效率是否高，睡眠有没有问题，身体有没有不舒服，如果这些方面有问题，就应及早调整，放松减压。

建议大家可以用以下几种锻炼右脑的方法进行自我调整：

1. 用默想来解除焦虑情绪

闭上眼睛，把工作的压力及其引起的失眠、烦躁、疼痛等想象成一块冰，而把放松想象为太阳，太阳的温暖慢慢使冰块融化；或把这些你不喜欢的东西想象成一堆尘埃，把放松想象为一阵轻风，慢慢将尘埃吹尽。

2. 用色彩来减轻焦虑情绪

可以走近大自然，欣赏湛蓝的天空，绿绿的小草，也可常换不同色彩的衣服，这样也有助于转换心情。

3. 用倾诉来缓解焦虑情绪

对朋友进行倾诉，也可用笔来进行无声的倾诉，都可有效缓解焦虑情绪。另外，唱歌、画画也是不错的倾诉方法。

4. 用音乐消除焦虑

选择你认为柔和、宁静的音乐，抽出半小时的时间，选择一个舒适的环境，闭上你的双眼来聆听这段音乐。将注意力集中于音乐，排除一切杂念，全身尽量放松。待音乐停止，自我对比聆听前后的身心状态。如此反复进行，即可减轻和消除焦虑。

适当给予奖励

现阶段，父母越来越重视孩子情商的教育，右脑训练就显得尤为重要。

小孩子喜欢奖励，做了让人满意的事便歪着小脑袋问："给我什么奖励啊?"一颗棒棒糖、一个他中意的笔记本，甚至是妈妈甜甜的吻，都是孩子想要的奖励。孩子获得奖励后满足的样子就像拥有了世界上最美好的东西。

奖励是对人的某种行为给予肯定与表扬，使人有保持这种行为的动力。所有公司单位，都制定了各种各样的奖励机制，以刺激员工的工作热情。同时奖励可以激发一个人的大脑潜能。在我们的生活中，适时地出现些奖励也很美妙，这些都会让我们有强烈的幸福感和满足感。

未来没有定数，我们会经历不同的磨难和挫折，悲观主义者往往放大自己的磨难和痛苦，一个挫折便能影响他的一生。所以，在挫折和痛苦中，我们要时刻鼓励自己，给自己希望，给自己动力，让自己坚强地熬过磨难时期。

因此，不论是孩子还是成年人，都是需要奖励的。虽然我们的生活90%都在平平淡淡中度过，也不是所有的亲朋好友都善于制造浪漫为我们准备奖励，那么我们要学会给自己奖励。

在挫折中奖励自己，才能走出情绪迷途，抛离绝望，进而优化自己的情绪。

据一个澳大利亚研究显示，疯狂购物等行为，可以帮助你释放压力。适当的调节，会让我们的情绪变得更加平和。溺爱自己可以战胜压力。溺爱自己也就是适当地给自己一些奖励，会让你生活得更加快乐。

当然奖励的内容并不一定非得是花高价买来的东西，才能有满足感。奖励的方式很多：如一小时独处的时光，一次刺激的旅行，一张写给自己的情书……一个连自己都不爱的人，怎么去会爱别人？

很多人多是在自责中度过一辈子，埋怨自己，自怨自艾，慨叹人生不得志，从而郁郁而终。悲观的人遇到点儿麻烦就愁闷得不知如何是好；完美的人始终觉得自己做得不够好，觉得自己不如别人；多愁善感的人见花落也悲伤。消极情绪直接影响的是他们生活中的各种选择，继而悲观地处理事情，长期处在对自己的不确定中，担心这个，担心那个，身心都会受到伤害。

正如那句话："高兴也是一天，悲伤也是一天。"那我们何不选择高兴地过一天呢？此刻，我们心情高兴就行了，管它下一秒会发生什么事。开心一刻是一刻，尽情地享受我们当下的生活。特别是处在挫折、痛苦中的人，更应该给自己找一个解脱的出口——奖励自己一次，让身心在那一刻得到放松,不被外界环境所干扰。

奖励自己是一种有趣的选择。对自己说:"你真棒!"肯定自己,便可增强我们的自信。对自己说:"你辛苦了。"疼惜自己,爱护自己,并储备能量去接受更大的挑战。人生的上山之路艰辛,下山之路坎坷,可这都是每个人一生中必然接受的经历。

乐观地看待一切得与失,无论在任何时候都不忘记给自己奖励,那么你的生活一定是时刻充满着正能量。

快乐是属于自己的,我们不能左右天气变化,但却一定能左右自己的心情,乐观地生活,奖励自己,给自己一个最舒适的港湾吧!

微笑是最温暖的阳光

在生活中，多进行拓展思维的训练，可以有效地训练右脑，能够帮助人们变得更具有创造力。

一位年级主任深受老师和学生的喜欢，因为他总是保持着微笑的脸，谁看了都舒心。有时候某位老师向他请假，即使他不给这个假，可他微笑地拒绝也能让老师有个好心情。我们都称这位主任为"开心主任。"

难道"开心主任"遇到的都是开心的事吗？当然不是。比如，他自己是老师，但他的儿子学习成绩却很差。不过"开心主任"并不悲观，他乐观地教育儿子："条条大路通罗马，咱不走高考的独木桥。"儿子受爸爸的乐观影响，没参加高考，直接做销售，还干出了点儿名堂。

悲观的人长期被不良情绪所掌控，对身心健康肯定是有影响的，所以我们应锻炼右脑，调整情绪。

生活中的不得志，不如意，不顺心，我们要勇敢面对，接受事实，保持微笑，乐观地继续前进。微笑是不幸生活的一剂良药，保持快乐，用微笑去面对生活，就能发现生活中的美好。研究显示，一个微笑能改变你的心情，释放压力，甚至使你显得更加年轻。

卡耐基曾讲过一个关于学员尝试微笑的故事。

司丹·只德是某证券交易所的会员，他靠买卖证券谋生。这是个令人紧张的行业，司丹说，他结婚快二十年，从起床到出门办事，很难对妻子微笑，或者说上三五句话。他说他是在百老汇街上行走的一个脾气最坏的人。以下是司丹所讲述的："参加卡耐基微笑课程后，因为要完成一个作业，做微笑演习训练，我想我就试一个星期看看。"

"次日早上，我看着镜子中的沉闷面孔，对自己说：'司丹，你今天要一扫你的愁容，你要微笑，从现在开始。'吃早餐时，我向妻子招呼说：'亲爱的，早。'我说的时候微笑着。

"她看见我这样简直惊呆了。我告诉她，这个将成为日常的事情。

"我这样的改变已有两个月。这两个月中，我们所得的快乐，比去年一年还多。我不仅在家里尝试使用微笑，在路上，在办公的地方，在工作中遇到人时都试着微笑。不久我发觉，人人都反过来对我也微笑。我觉得在调解矛盾时采用微笑要容易成功。我觉得微笑给我带来许多财富。

"有一个同办公室的年轻人说，他当初认识我时，以为我是个脾气很坏的人，现在他改变了看法，他说我微笑的时候真慈祥。

"我学会了保持微笑，这改变了我的人生。现在，不但我自己快乐，也给别人带来快乐，因此我的生意也越来越好。"

是的，微笑可以改变我们的心态，改变我们的生活。把微笑落到实处，就会得到不简单的收获。让我们把微笑永远挂在脸上，把微笑变成一种习惯。我们何不微笑地生活，快乐地工作，享受微笑带给我们的无穷的信心与力量呢？

生活中，不管发生了多大的困难，我们都要保持着微笑，用平和的心态去面对，这是最好的方法。

一个简单的面部表情，一丝淡淡的微笑，会给他人带来一分温馨，一分感动。让我们保持微笑，优化自己的情绪。

当压力出现时，主动消灭它

人类的行为，特别是大量情绪类行为，都处于右脑的控制之下。右脑的直觉判断不是以一个步骤接着一个步骤的方式达到的，而是顷刻之间达到的。右脑这种"整体审视、瞬间判别"的高度组织特性，有利于人类趋利避害。当感觉到有情绪、有压力的时候，最好暂时休息和调整一下，因为这样会最轻松，最自然。这也是心智成熟的必经之路。

例如，在与上司的交往中，你有时难以避免地处于失利境地。或者上司对你工作态度不满；或者上司承诺的不予兑现；或者你工作上的事情搞砸了。总之，你可能会因为工作中的压力而变得沮丧。

沮丧是一种负能量，它是对事情的一种消极反应，是一种消极情绪，会给人的生活带来非常大的负面影响。

安妮30岁的时候，在美国创办了一家大型的化妆品公司，有记者在采访她的时候，好奇地问道："安妮小姐，请问您的成功秘诀是什么？"然而每一次，安妮都不会正面直接地回答记者提出的这个问题，只是微笑着将一个故事娓娓道来。

　　小时候，安妮和奶奶一起生活在乡下，两个人相依为命。年迈的奶奶拿出自己几十年省吃俭用攒下来的积蓄，在乡下的公路旁边，开了一间小小的杂货店。因为奶奶为人和气又慈祥，附近的邻居们有事没事都喜欢跑到杂货店里找她聊天。

　　每当那些爱发牢骚、喜欢抱怨的邻居来小店买东西时，奶奶总会把在一旁玩耍的安妮拉到身边，让她安安静静地听邻居们和自己的对话。为此，安妮感到非常不解，她不明白奶奶为什么每次都要让她当听众。

　　有一天傍晚，天气非常闷热，邻居迈克大叔来小店买香烟，奶奶笑着寒暄道："迈克兄弟，今天过得怎么样啊？"

　　迈克大叔双眉紧蹙，唉声叹气地说道："别提了，今天过得实在糟糕！您看看，这鬼天气真是热得要命啊，我都快热得脱掉一层皮了，真是见鬼了！"

　　奶奶一边忙着给他拿香烟，一边友善地回应道："是啊，今天天气确实挺热的，回去多喝点冰水吧！"

　　就这样你一句，我一句，在一旁听着他们对话的安妮发现，迈克大叔在离开小店之前，总共抱怨了十几分钟。

　　又有一次，邻居苏珊刚进店门，就愁眉苦脸地向奶奶抱怨道："我再也不想干洗碗、拖地、洗衣服这些家务活了！每天都把自己的手弄得油腻腻、脏兮兮的，您看看我的手，都已经快裂出口子了，一点儿也不像别的女人那样细腻光滑。"

　　奶奶的反应还是一如既往，一边给她拿东西，一边随声附和着。

　　等苏珊发完了牢骚后离开小店，奶奶终于微笑着问安妮：
"孩子，你喜欢听那些人在我面前不停地说着抱怨的话吗?"
安妮摇了摇头，"他们的抱怨听起来让人感觉心情很糟糕!"

　　奶奶点了点头，继续和颜悦色地说道："孩子，你一定
要明白，天气不会因为你的抱怨而变得更加凉爽，家务活也
不会因为你的抱怨而消失不见。以后，你要是遇到什么不公
平的事，一定不要选择抱怨，因为抱怨并不能解决你当下的
困扰。如果你对现状不满意，那就想方设法去改变它。如果
实在改变不了，不妨调整一下自己的心态，用一种积极乐观
的态度去面对任何糟糕透顶的窘境!"

　　安妮讲完这个故事后，记者也渐渐明白她的成功秘诀是
什么了，那就是停止抱怨，绝不用沮丧的态度去面对生活，
而是主动寻求改变。其实，偶尔的抱怨原本无可厚非，但如
果我们像故事中的迈克大叔和苏珊一样，抱怨起来没完没了，
这只会让我们的心情陷入谷底，把自己关进悲惨的牢笼。

　　沮丧带来的压力足以令人身心俱疲。那么，我们怎样治
疗沮丧呢?

　　我们以职场中的沮丧为例。在职场中，我们经常会感觉
到沮丧，而我们有这样的感觉归根结底是因为我们缺乏对信
息的了解。所以治疗沮丧的第一个最有效的解决方案，就是
巧妙地和上司沟通，以获取自己行为在他心目中的反馈，便
于自己适时地调整工作状态。如果只是把郁闷和沮丧埋在心
底，让问题拖延着，沮丧的情绪会导致对工作的厌憎和人事
关系的淡漠。这对个人的发展是极为不利的。

　　此外，我们还可以把工作中的郁闷告诉自己的好朋友，把沮丧情绪倾吐出来。你在诉说当中，获得他们的理解和支持，也有了一种发泄后的快感。

　　除此之外，我们还可以主动改变环境。身边常听到有这样的事：某人在公司任职，工作勤恳敬业，却很难得到上司的认同，甚至会遭到蛮横对待。很难以想象他在这样的环境中能有创造性的发展，而我们听到的更多的结果是某人选择离开。通过跳槽，换一种新的工作环境，沮丧症结自然会随着自我能力的体现而瓦解。自信不仅来源于自身的才能，更体现于来自生活中上司、同事的认可。

　　通过以上几个方面，你可有效地缓解压力带来的沮丧。总之，生活中事物千变万化，但无论怎样，都不能因为工作时压力带来的沮丧而失去对自己对未来的信心。要机敏、灵活地分析自己所处环境，给自己的出路做一番规划。这样，我们自然而然地就能拥有良好的情绪。

让坏情绪能够疏导出去

在日常工作和生活中，很多事情往往会受到右脑的限制，同时由于主观和客观诸多因素的影响，不少人常常会遭受某些挫折，致使个人动机和目标不能实现，个人需要不能满足。这种受挫会引起一系列情绪失衡，其表现为心理压抑、浮躁、思维局限、认识片面、行为偏激，甚至失控。这不仅会影响一个人的工作、学习和生活，还会影响其身心健康。长久的心理失衡，会引起各种疾病。因此，当遇到挫折时，要学会寻求心理对策进行自我调节。在此，我们给大家提供以下 4 种自我心理疗法：

1. 宣泄疗法

心理学认为，人遭受挫折就会产生紧张、焦虑的情绪，这种情绪一定要通过种种形式发泄出来，心理才能保持平衡。如果受挫以后，用失望、焦虑等情绪封锁自己，那就会在心里凝聚成一种失控力，它可能摧毁机体内正常的机能，导致体内毒素滋生。适度宣泄，可以将失控力转化出去，这种方法作为一种健康的防卫疗法无副作用，效果也好。宣泄可以采取多种形式，如可给亲朋好友写信、打电话，找知心人交谈诉说自己的苦衷，听听他们的意见。如果找的倾诉对象有较高的学识修养和实践经验，他将会对失衡者的心理进行抚慰，使其重新鼓起勇气。受挫者在一番倾谈之后，就会把不良情绪宣泄掉，收到良好的效果。

2. 转移疗法

受挫之后，应设法转移自己的注意力，以"躲避"无益的烦恼。可脱离挫折环境，到新的环境去工作和生活；可多参加一些文体娱乐活动，让自己在火热的群体生活中，进行情绪的自我调节，以淡化痛苦的心理体验，走出情绪的低谷；可到绿树成荫的地方，或到景色秀丽的公园去散步，或到环境幽雅、风景美丽的旅游胜地去欣赏大自然；也可有意识地阅读一些健康向上的书籍，使自己从阅读中受到教育，进行深层次的思考，不断校准人生的航向。

3. 优势对比疗法

利用优势对比疗法时，一方面，在受挫以后，去想那些受的挫折比自己更大的人，通过受挫程度的对比，将自己的失控情绪转化为平心静气。另一方面，看到自己的优点，强化优越感，从而增强自己遭遇挫折的承受能力。

4. 确立新目标疗法

人的挫折与伤害总是与一定的目标相联系的，当个人所确立的目标受到条件的限制而无法实现时，应考虑转变一个新目标代替原有的目标，寻找新的奋斗方向，这实际是一个消极心理转向理智的过程。只要你实事求是地评价自己，根据自己的实际情况制定出新的、切实可行的奋斗目标，就等于心中重新点亮了一盏灯，从而排除干扰，去努力实现新的目标。只要确立新的目标，就将会有新的起点、新的追求。

如果生活让你受了伤，不要哭泣，做个坚强的人吧！坚强的人在遇到挫折和失败的时候，可以调节自己的消极情绪，控制自己的言行，不灰心、不气馁。坚强的人不用眼泪面对生活，坚强的人能够以顽强的精神、百折不挠的毅力，战胜挫折和困难。

不再自卑，坏情绪自然会走开

我们的心理活动和右脑联系得非常紧密，不过，在日常生活中，我们往往容易忽略这些现象。

物质丰富，自动化盛行使当代文明已经超越了工业文明时代"效率至上"的价值观，美感、想象力等体验式价值越来越得到重视。从功能到美感，再到身心灵，正是右脑之所长。

无论圣人贤士，抑或贫民寒士，在孩提时代的潜意识里，都是充满自卑感的。但你若想控制自己的情绪，成就自己的人生，那就必须战胜自卑感。

十几年前，他从一个仅有 20 多万人口的北方小城考进了北京的大学。上学的第一天，与他邻桌的女同学第一句话就问他："你从哪里来？"而这个问题正是他最忌讳的，他认为出生于小城，没见过世面，肯定被那些来自大城市的同学瞧不起。

就因为这个女同学的问话，使他一个学期都不敢和同班的女同学说话。一个学期结束的时候，很多同班的女同学都不认识他！

很长一段时间，自卑感占据着他的心里。每次照相，他都要下意识地戴上一个大墨镜，以掩饰自己的内心。

二十年前，她也在北京的一所大学里上学。

大部分日子，她都在自卑中度过。她担心同学们会在暗地里嘲笑她，嫌她肥胖的样子太难看。

她不敢穿裙子，不敢上体育课。大学结束的时候，她差点毕不了业，不是因为功课太差，而是因为她不敢参加体育长跑测试。老师说："只要你跑了，不管多慢，都算你及格。"可她就是不跑。她想跟老师解释，她不是在抗拒，而是因为恐慌：自己肥胖的身体跑起步来一定非常愚笨，一定会遭到同学们的嘲笑。可是，她连向老师解释的勇气也没有，只能傻乎乎地跟着老师走。老师回家做饭去了，她也跟着。最后老师拿她也没办法。

在曾经播出的一个电视晚会上，她对他说："要是那时候我们是同学，可能我们是永远不会说话的两个人。你会认为，人家是北京城里的姑娘，怎么会瞧得起我呢？而我则会想，人家长得那么帅，怎么会瞧得上我呢？"

他，现在是中央电视台著名节目主持人，经常对着全国几亿电视观众侃侃而谈，他主持节目给人印象最深的特点就是从容自信。他的名字叫白岩松。

她，现在也是中央电视台著名节目主持人，而且是第一个完全依靠才气走上中央电视台主持人岗位的。她的名字叫张越。

"自卑感"是一种阻碍自己成功的情绪障碍。自卑感是无形的敌人，你必须设法战胜它，否则它所造成的危害及信心丧失、自我意识过强、不安、恐惧等种种并发症，都会为你带来不必要的困扰。

我们研究那些成就者，就会感觉到，他们之中有非常多的人之所以成功，是因为开始的时候有一些事情会阻碍他们的成功，促使他们加倍地努力而得到更多的报偿。正如威廉·詹姆斯所说的："我们的缺陷对我们有意外的帮助。"

不错，很可能密尔顿就是因为眼睛看不见了，才能写出更好的诗篇来，而贝多芬也是因为听不见了，才做出了更好的曲子。海伦·凯勒之所以能有光辉的成就，也是因为她的悲惨命运。如果柴可夫斯基不是那么痛苦——而且他那个悲剧性的婚姻几乎使他濒临自杀的边缘，如果他自己的生活不是那么的悲惨，他也许永远不能写出他那首不朽的《悲怆交响曲》。

不管心理障碍大与小，我们总有"药方"来对待它，这个药方，便是停止消极思想，多回忆一些积极的事情。

一个想成大事的人，首先要战胜自卑感，树起信心，充实而坦然地面对生活。当我们拥有这样的心态和情绪之后，我们还会担心自己永远无法获得成功吗？

让孤独感见鬼去吧

社会心理学家的研究成果证明：人的某些情感缺陷会阻碍人与人之间的吸引，妨碍人际关系的协调与合作关系。在这些情感缺陷中，有一种对人的身心健康影响很大的缺陷：孤独感。而右脑比较发达的人，往往直觉灵敏，比较敏感，情感丰富，喜欢幻想。

大多数人都体验过孤独的痛苦。有关统计资料表明：孤独感已成为现代人的通病。

孤独是糟糕情绪中的一种，大致上属于悲观情绪的范畴。

孤独感和孤立感的含义是不同的。孤独感是个体对自己社会交往数量的多少和质量好坏的感受。对孤独感的这种界定，帮助我们理解为什么有些人虽然远离人群，生活却非常快乐，而一些人尽管被人群所包围，经常与他人交往，却被孤独感所困扰。现在有许多人抱怨身边没有多少真正的朋友。对这些人来说，与某些人进行坦诚交往的需要不能满足时，将产生强烈的孤独感。从这个意义讲，孤独是一种个人体验。每个人都会感到孤独，而且孤独感的来去随着环境的变化而变化。据此，我们认为孤独感是一种情绪特征。

产生孤独感的原因非常多，一般来说，有孤独感的人看重他人给自己严厉的、苛刻的评价，许多有孤独感的人缺乏一些基本的社交技能，从而使他们无法与他人建立持久的关系。

而这种行为背后有以下几种表现：

其一，对他人和自我的消极评价。

孤独的人可能更内向、焦虑，对拒绝反应更敏感，并且更容易抑郁。孤独的人在朋友身上花费很少的时间，不经常约会，也很少参加集会，没有什么亲密的朋友。在人际交往时，他们对自己和对方的评价很消极。

其二，基本社交技能的缺乏。

有的人乐意与别人交往，但一旦进行比较重要的而且时间较长的交谈就会出现困难，其原因是缺乏基本的社交技能。他们对自己的伙伴不太感兴趣，常常不能对于对方所说的话加以评论，也较少向对方提供有关自己的信息。相反，这些孤独者更多的是谈论与对方的兴趣无关的话题，倾向扮演一个"被动消极的社交角色"。我们常常感到与孤独者交往很乏味，他们不知道他们与人交往的方式是怎样赶跑了潜在的朋友。所以，当别人期望他们多暴露思想时，他们却暴露得很少，而当别人不期望他们过多暴露思想时，他们却暴露得太多。结果，在别人眼中他们是冷淡的或不可思议的。

孤独者因为采用消极的交往方式，并缺乏必要的社交技能，而难以与他人建立亲密的友谊。与这些人交往常常让人感到不愉快，因此他们很难建立有助他们发展社交技能的人际关系。心理学家认为，通过基本社交技能的训练，可以使孤独者走出孤独的恶性循环。

孤独感在人的思想上、行为上的体现，大致有两种类型：一种是因为客观条件的制约，长期脱离人群的"有形"的孤独；一种是身处人群之中，但内心世界却与生活格格不入而形成的"无形"的孤独。人是社会化的高等动物，人区别于其他一切动物，最根本的就是因为人过得是社会化的生活。《中锋在黎明前死去》电影说的是某国家有一个著名足球中锋，他在世界足球大赛中表现极为出色，带领自己的球队赢得了一次次的胜利。可后来，他被一位百万富翁看中并高价"买"了去。足球中锋在富翁家里享受着很好的生活待遇，但是却失去了驰骋绿茵场的机会，只是与另外两名被"买"来的物理学家和舞蹈家一起，被"闲置"在富翁的一所豪华别墅里，全部的作用，是作为"展品"以满足这个富翁的虚荣心和占有欲。足球中锋没有球踢，整天处在一种难以忍受的孤独之中，终于在忧郁中死去了。这个故事揭示了一个浅显的道理：人是不能脱离"社会"而生存的。

社会学、人类学和心理学的研究表明，人的健康而又完整的精神面貌，是在人际交往当中形成的；人也是通过人际交往认识自己、评价自己和改变自己的。一个长期被孤独感笼罩的人，不仅会导致自己的心理失去平衡，影响自己的智力和才能的发挥，也会引起人的心理上、思想上的一系列变化，失去事业的进取心和生活的信心。

大多数有孤独感的人，他们有的是在坎坷难行的人生路上遇到了痛苦，因而嗟叹人生艰难，埋怨命运刻薄；有的是感到自己怀才不遇，知音难觅，得不到别人的理解，因而也不愿去理解别人，不如独处一隅洁身自好；有的是自己看不起自己，不相信自己，不敢也不愿意与人交往……境遇各有不同，其结果都大致差不多：把自己置身于孤独感的控制之下，陷入无边的伤感之中。

要消除情绪中的孤独感，我们需要做到以下几个方面：

首先就是要求自己做个达观者。所谓"达观"，一是对不顺心的事要想得开，就像人们常说的那样，要"拿得起，放得下"。二要乐观，尤其在逆境中，在困难较多的情况下，要有一点儿乐观主义的精神，眼睛要看得远些，步子迈得再扎实一些。生活自有其发展的规律，不会随着人的主观愿望而转移，更不会因为人的消极回避、等待而自然好转。

其次，应该抛掉伤感，投入集体的怀抱。鸟儿身上系上了铅块，难以飞上蓝天，一个人心理负担重，必然影响自己的身心健康。在这种情况下，应该努力挣脱孤独感对自己的束缚，走出个人小天地，投入集体的怀抱。曾经有人这样问著名心理学家巴达斯小姐："哪些是人类今天最基本及最深切的心理需要？"巴达斯回答说："人类需要爱，但这不限于男与女之间的爱，从心理学家的观点看来，好人永远是快乐的。"脱离集体和生活，一个人是无法得到爱的，把自己禁锢在孤身独处的樊笼里，得到的只有孤独而不会有快乐。就像一滴水，孤独地滴在石头上只能叹息着消失，而滴在大海里则可以永远奔腾。只有热爱生活，才能感受到集体的温暖，朋友的爱，并坚定自己不断进取的决心与信心。

第三章

开启右脑智慧

　　记忆力是衡量智商高低的重要标准，一个记忆力好的人，他的智商在很大程度上是偏高的。记忆力是智慧的根源，记忆力在学习中的体现，以青少年学生最为明显。

注重对记忆力的培养

人对知识的掌握，分为理解、记忆、使用、创新等几个阶段。少年强，则国强。青少年时期，是学习知识、储备知识的黄金时期。所以，开启右脑智慧，培养青少年养成科学的记忆方法，是青少年或少年得志，或大器终成的秘籍之一。

因为在青少年成长阶段，需要记忆的知识所占的比例比较大，记忆力的好坏将直接影响到他们掌握知识的速度、质量和智力的发展水平。我们要抓住这个记忆力发展的黄金时期，要特别注重对记忆力的培养。

1. 记忆类型

记忆是人脑对经历过的事物的反映。它分为三个环节，就是识记、保持、回忆或再认。从信息加工的角度看，记忆是对输入信息的加工、编码、储存和提取的过程。这里加工、编码相当于识记，储存相当于保持，提取相当于回忆或再认。

记忆力是人的一大天赋，人在出生之后就具有记忆力了。然而，由于后天的原因，每个人记忆力的好坏却又是千差万别的。

每个人都有自己特有的记忆类型，这些类型包括：

视觉型，这是借助视觉来记忆事物的类型。一般而言，人的记忆以视觉型居多。人类的记忆信息中有70%至80%是视觉型的。尤其是画家、设计师和技术设计人员，他们的视觉记忆能力特别强。对于这一类型的人来说，使记忆信息视觉化，对他们来说是最为合适的。

听觉型，这种类型的人能很好地记住耳朵听到的内容。有些人的音乐感非常强，有很强的节奏感和旋律感，对于听到的内容很容易记住。他们就属于听觉记忆的类型。

运动型，这是通过动作来记忆事物的类型。这类人的肢体很灵巧，做过的各种体育动作或艺术技巧都能马上记住。像体操运动员、跳水运动员、蹦床运动员等就是这个类型的代表。

混合型，是指视觉型、听觉型、运动型这三种类型的混合类型。这种类型的人的综合性最强，他们在记忆的时候，多数是眼、耳、手、口等器官共同作用的。

人的各种记忆类型是不平衡的，大多偏向于某一种类型。但即使是视觉型的人，也不仅要用眼看，还要用嘴读、用耳听、用手写，以构成立体的印象。

2. 记忆程序

记忆其实是有一套完整的程序的。一个人如果要记住一件事情时，则必须遵循完整的记忆程序：印象、联想和重复。

印象：就是客观事物在人的头脑中留下的迹象。印象越强烈，则记忆越深刻、越清晰。反之，印象越淡薄，则记忆越模糊。

联想：所谓联想，就是由某人或某事物而想起其他相关的人或事物，或是由于某概念而引起其他相关概念的一种思维活动。有意识地进行联想，这是锻炼记忆力的一个秘诀。有很多人善于记忆数字，甚至可以背诵圆周率小数点之后几百位的数字，他们就是靠着这种方法来记忆的。

重复：即强调，就是机械记忆。这是记忆的重要因素。重复通过大脑的机械反应使人能够回想起自己一点也不感兴趣的、对之没有产生过任何联想的东西来。通过重复，一个人能够记住自己完全不解其意的东西。我们小的时候背诵的唐诗、宋词之类的，就是采用这种记忆的方式，不断地重复，慢慢地，这些诗词就会深深地刻在脑海里，甚至到我们长大的时候也不会遗忘。

3. 记忆特性

人的记忆有敏捷性、持久性、准确性和准备性四个特点。

记忆的敏捷性：是指记住一定量材料所花时间的多少。要记忆得快，就要注意力高度集中，有明确的记忆目的，善于把机械记忆的材料变为有意义的和形象的东西。

记忆的时候，精神越集中，记忆的速度就会越快，记忆的效果也会越好。专注力是人们进行记忆的一扇大门，如果不专注，就像记忆的大门被锁住了一样，需要记忆的东西很难存进大脑里。

记忆的持久性：就是记忆内容保持时间的长短。保持在记忆中的内容，一定时间后，有的完全遗忘，有的部分遗忘，有的永远不会忘记，这就是记忆持久性的不同。患遗忘症的人记忆的持久性最差。

记忆的持久性和年龄大小有关，如果说，记忆就像我们大脑的"硬盘"一样，那么青少年时期的记忆，就像是一块崭新的硬盘，是我们存储知识的最佳时期。所以我们一定要好好把握这个时期，尽可能把学习的知识都牢牢地记忆在大脑里。

优秀的学生为了提高记忆力，通常会给自己制订一个时期一些学科知识的记忆目标，并把这些目标和自己近期的活动联系在一起。把记忆的材料和内容变成自己活动的对象，在活动中加深记忆。记忆目标一定要具体，并有长期保存的价值。

记忆的准确性：就是对所记住的事物再现时的正确程度。人的记忆不可能像照相机一样准确无误，但比较起来，其正确程度是各不相同的。速写画家能把舞蹈演员的舞姿准确地记住，作画时达到惟妙惟肖的程度；侦察兵能把所侦察到的地形、火力点等准确地记住。这是与记忆者的思维模式和工作状况相关的，因为长期从事一种活动，他们的大脑就会对记忆某一特定方面的内容特别擅长。

记忆的准备性：就是记忆的东西在运用时是否能很快回忆起来。记忆的目的，在于备而有用、备而能用、得心应手。

将学到的知识经过大脑的加工，形成有序的知识结构，运用时就容易提取。

遗忘是信息不能提取或提取发生错误的现象。它可能是在提取过程中发生的障碍，而信息并未从头脑中消失，在适当的时候还可能恢复，这是暂时性遗忘；也可能信息已在头脑中消失，必须重新学习，这是永久性遗忘。

我们在记忆的时候，要避免永久性遗忘，减少暂时性遗忘，这样，我们的记忆就会发挥更重要的作用，无论我们想提取哪一段记忆，都能顺利完成。

无论是历尽千年、久经验证的旧知识；还是新鲜出炉、行之有效的新知识，只有通过记忆，牢牢掌握在我们的头脑中，才能使知识转化为我们的能力，形成创造力，从而造福社会，成就自身。

时光隧道：要赶上岁月的脚步

右脑思维者通常指的是一群惯用右脑、右脑比左脑发达的人。生活中，很多人每天都忙忙碌碌的，但总觉得时间过得飞快而收获颇少，恐怕是积累不够而又急于收获，常常处于一种紧张的状态，即使什么事情也没有，似乎这一天过得也不轻松，心里总是似乎如履薄冰、如临深渊、战战兢兢的感觉。看着时间一分一秒地过去，我们什么时候才能不焦虑时间太少而要做的事情太多？

两千多年前，孔夫子曾指着日夜流淌的河水说："逝者如斯夫，不舍昼夜。"来感叹时光易逝、昨日不再。在人生的道路上，我们要想摆脱平庸、超凡脱俗，就要爱惜时间，把握时间。

古语说："一寸光阴一寸金，寸金难买寸光阴。"的确如此，如果想成为一名出类拔萃的尖子生，就要掌控好时间。

时间的流逝，不以任何人的意志为转移，我们要想达到博知广识的境界，首先就要学会珍惜时间，努力读书求知。时间，对于我们每一个人来说，都是一样的，然而，善于珍惜时间的人，就要比不善于珍惜时间的人拥有更多看书求知的机会。

时代在进步，知识在发展，你如果不懂得刻苦求知，更新自己的知识结构以赶上知识发展的步伐，就会被时代淘汰。

现代社会的知识，绝非古时那种之乎者也之精与历史知识之熟可比。所有的现代知识，例如电脑网络、环球经济、国际政治等，都在不断地变化、更新、发展。若不注重看书求知，很快就会落伍，知识渊博又从何谈起呢！

社会在飞速发展，生活节奏在加快，许许多多的人都在感叹没有时间看书学习，事实果真如此吗？不难发现，我们在不知不觉中把很多的时间都浪费掉了。

这让人不禁想到了大作家朱自清的散文《匆匆》：

洗手的时候，日子从水盆里过去；吃饭的时候，日子从饭碗里过去；默默时，便从凝然的双眼前过去。我觉察他去的匆匆了，伸出手遮挽时，他又从遮挽着的手边过去，天黑时，我躺在床上，他便伶伶俐俐地从我身上跨过，从我脚边飞去了。等我睁开眼和太阳再见，这算又溜走了一日。我掩着面叹息。但是新来的日子的影儿又开始在叹息里闪过了。

这就是我们不经意间让时间从指缝中溜走的真实写照。那么我们怎么才能不留遗憾，怎么才能有时间呢？

1. 利用好零星时间

时间就像海绵里的水一样，只要你挤，就能挤出来。但凡有成就的人，总会找到零星的时间进行学习的。

我国著名数学家苏步青，晚年的时候身兼数职，但还是写出很多权威著作。他哪来的时间呢？原来，他就是利用零星的时间。他说："我用的是零布头，做衣裳有整料固然好……没有整段时间，就尽量把零星时间利用起来，天天 20 分钟、30 分钟，加起来可观得很。"

确实如此，时间是最不偏私的，它给我们每个人都是一天 24 小时；它也是最偏私的，因为每个人实际得到的都不是 24 小时。

有人曾计算过，如果一天挤一小时业余时间来学习，从 16 岁至 70 岁，可以学习 2 万个小时，若每小时读 10 页书，那么可读 20 多万页，其厚度将有两层楼那么高。

所以，想要成为尖子生，就要学会利用零星时间，比如早饭前我们可以边洗脸漱口，边背诵头天晚上背过的课文；吃过午饭之后，可以在午休前复习几个英语单词；晚上睡觉前，可以读一读第二天要讲的课文。时间就这样被我们一点点牢牢抓住了。

零星时间用于读、背、记，整块时间用于理解、练习，各得其所，我们学习和复习的效率定会大大提高。

2. 节省时间的秘方

其实，我们有很多方法可以将有限的时间拉长。所谓的拉长就是节省时间。

第一，醒来之后，马上起床。很多人喜欢睡懒觉，喜欢赖床。这是一个非常不好的习惯，要知道觉是补不回来的。

　　第二，合理安排时间。比如：可以随身携带一本袖珍手册。这样，当你在排队或在某些地方坐下休息，以及其他空闲的时候，便可以拿出来读一读。不要认为这很难，其实只要你愿意，这是一件很容易的事。就像这个故事所讲的：

　　教授上课时拿来一个瓦罐和一个装满石头的盘子，他把石头一块块地放进罐子里，直到不能放为止。他问：这个罐子是不是放满了？

　　"是的。"学生们异口同声地回答。

　　"是真的吗?"教授拿出一盘沙子倒进罐子，沙子流入大小石块之间的缝隙。接着，教授又问："这次罐子满了吗?"

　　"没有。"学生们似乎明白了些什么。

　　"很好。"教授拎来一桶水，然后把水倒进了罐子。教授指着这个装着石头、沙子和水的混合物的罐子又问大家："看了刚才的实验有什么启示呢?"

　　有人说，时间就像海绵里的水，只要你愿意挤，愿意捏，总还是有的。

　　教授点了点头，又摇了摇头，问大家："如果我不先放那些大石头，而是先放那些小石头，沙子或水，那结果又会是怎样呢?"

　　"那样的话，那些大石头就无法放进去。"学生们说。

　　"对! 这才是问题关键之所在。我们只有先把大石头放进去，才可以在空隙里放进许多小石头、沙子和水。"

　　同样的道理，我们在管理时间的时候也应该这样，在精力最旺盛的时候做最重要的事。什么是最重要的事？就是能给我们带来最高回报的事。

你已经做完一件事，就不要回头看。忘记一切不愉快的往事，要下决心马上开始新的学习。总之，不要为不可挽回的事情而浪费时间。

第三，放好洗漱器具，减少洗漱时间。在这里，我想讲一个收纳原则：工具存放的地点要尽量靠近使用的地方。这个原则是收纳中最重要的原则。漱口洗脸的器具就应该放在离水龙头较近的地方，你可能是这么放的，但只是可能，如果没有，可以考虑是否换个摆放的位置。

第四，充分利用路上的时间。大多数人其实浪费了路上的时间。利用路上时间的方法可以有多种，这里提供两种：一是走在路上或在车上人太多时，可以选择听，听的内容可以是你想学的语言，英语、日语、韩语都可以；二是在有座位的车上或人较少的地铁上，可以用手机看书。

第五，消除困倦感。学习时，如果规定的上床时间还未到，你觉得困倦了，不要马上躺下小睡片刻，相反，你要把课本拿起来，站起来在房间里走走，大声地将课文内容念出来。一会儿困倦感便会过去，你赢了这场战斗，晚上也会睡得更好。

第六，利用宝贵的空余时间来思考。从教室里走出来时，你可以回忆一下你刚才听过的讲课的要点；你到教室去上课时，也可以回忆一下上一堂课老师讲的要点；在散步的时间，可以思考作文标题。

第七，学习时要有短暂的休息时间。把一个长作业用休息的方式分隔开来做更好一些，这是因为：小歇片刻能够使你避免产生疲倦和厌烦；在较短的时间内，你更易集中精力努力学习；5 分钟的休息能激发你的学习热情；最重要的一点是，你所学的东西在休息的时间内可能渗透到你脑子里去。

第八，准备一本月历。购买或制作一本月历，重要的是要会用它。这本月历要将整整一个月都显示在一页纸上。为了准确地支配时间，你只要瞥上一眼就可以知道哪门功课在何时做完。

第九，每天拿出 15 分钟进行总结和计划。如果你能将上面的几条都做好，那你一定节省了相当多的时间。最后，每天拿出 15 分钟进行总结和计划，想想今天有什么做得不太好的地方、需要改进的地方，同时把明天和以后的计划安排好。另外，在执行计划的过程中，还需要时刻检查你的计划，调整你的计划。

3. 利用学习高效期

生理学家研究认为，一天之内有四个学习的高效期，如果使用得当，可以轻松自如地掌握、消化和巩固知识。

第一个学习高效期：清晨起床后，大脑经过一夜的休息，消除了前一天的疲劳，脑神经处于活跃状态，没有新的记忆干扰。此刻，无论是读书还是记忆，印象都会很清晰，学习一些难记忆但必须记忆的东西较为适宜，如外语、定律、历史事件等。有时即使强记不住，大声念上几遍，也会有利于记忆。所以清晨是一个学习记忆高效期。

第二个学习高效期：上午 8 时至 10 时。此时，人的精力充沛，大脑易兴奋，严谨而周密的思考能力、认知能力和处理能力较强，此刻是攻克难题的大好时机，应充分利用。

第三个学习高效期：下午 6 时至 8 时，也是用脑的最佳时刻。不少人利用这段时间来回顾、复习全天学过的东西，加深印象，分门别类地归纳整理，也是整理笔记的黄金时机。

第四个学习高效期：入睡前一小时。利用这段时间来加深印象，特别对一些难于记忆的东西加以复习，则不易遗忘。

除以上一般性的学习时间规律外，对于不同的人来说，还有自己独特的学习时间规律和习惯。为提高学习效率，要善于发现并充分利用自己独特的最佳时间段，同时，要养成在固定的时间进行学习的习惯。

另外，高考、中考正值天热时节，应尽量利用好早晨两个小时和晚上两个小时，此段时间空气凉爽，学习效率肯定不错。

只要我们充分利用时间，把抽象的时间物化为财富，固化为物质，我们才能称为掌握、使用时间的高手。

身体和心灵上的巨大变化

　　脑就是我们自己的智囊。科学研究证明，大脑分为左半球和右半球。左半球是管人的右边的一切活动的，右半球是管人的左边的一切活动的。

　　随着身体的成长，青春的来临，青少年朋友的身心会由稚嫩变得成熟。这时，我们可以羞涩而自豪地说：我们成长了、成熟了。

　　青少年朋友，你们是否发现自己的身体在发生着不知不觉的变化呢？女孩们，你们是否发现自己已经有了月经来潮、有了乳房的发育？你们的脸上或许还冒出了青春的"标志"；男孩们，你们是否发现自己的声音变得粗犷了，脸上也冒出泛青的胡茬呢？

　　你们的身体发生了变化，你们已经不像儿童时期那样看起来天真活泼了。你们的身体里已经开始成熟。你们的心理和身体都像破土的幼苗一样迅速成长起来，你们从外表看起来已经有"大人"的模样了。

1. 自我评价的变化

与童年期相比较，我们的自我评价开始由"自我朦胧"向"自知之明"的水平过渡。其主要变化有三。

第一，从外在性向内在性过渡，就是我们现在的自我评价已不再以外部的行为表现为主，而是开始侧重于自己内在的世界，同时其评价内容也从具体向抽象发展。

第二，从情境性向稳定性过渡，就是我们的自我评价的内在性和抽象性程度得到提高，不再轻易地因一时一事而变化，具有了一定的稳定性。

第三，从依从性向独立性过渡，就是现在的我们已不再像童年时那样依从或看重父母和老师对自己的评价，我们已能较独立地进行自我评价了。

2. 心理活动的变化

我们到了青少年期，由于生理发育的逐步成熟和生活范围的日益扩大，我们的心理活动也逐渐从幼稚向成熟过渡。与童年期相比较，其变化主要表现在以下几个方面：

第一，我们的认识从好奇性向探究性发展，就是对各种事物的好奇已经不再满足于大人的一般性回答，而是逐渐升华为对事物的深入探究，并伴有钻研性和冒险性的实际行动。

第二，这时候我们的行为由模仿性向创造性发展，就是已经不满足重复别人的动作而喜欢新鲜刺激，以标新立异，不愿墨守成规。

第三，我们的生活愿望由空想向理想发展，对自己长大了要做什么事、做什么人不再是无根据的空想，而是开始接近或切合实际了。

第四，我们的交友由自发性向选择性发展。这个时候，我们交朋友开始注重从爱好、兴趣、理想上加以选择了，而且学习成绩的好坏也成了交友的条件之一。

大家是不是都有很多知心的朋友？你们的心是不是贴得很近，几乎是无话不说呢？大家对父母不能说的事，是不是都在和知心朋友可以顺畅地交流呢？

我们的这一心理矛盾及其行为特点，如果不能被父母或成年人理解并通过适当的方式加以处理，便很有可能造成对大家的误解和产生感情上的隔阂，进而会影响你的情感生活和社会适应能力。所以，大家应该相信自己的父母，要试着让大人们了解你的真实想法。做好沟通，你们之间就也能像知心朋友一样好了。

第五，我们的思维由具体形象向抽象逻辑发展，这个时候，我们的抽象逻辑思维便开始占有相对的优势，能够领会和掌握更多的抽象概念，能够理解一般事物的规律性及因果关系，并能够对比较复杂的问题做出恰当的判断和合乎逻辑的推理。总之，我们的各个方面都在发生着剧烈的变化，无论是身体上还是心灵上，我们都是一个"小大人"了！

身心的成长、成熟，意味着责任，意味着担当，意味着出发，意味着奋斗。我们成了"小大人"，我们来了。

青春期要学会控制情绪

　　右半脑发达的人在控制情绪方面会更强一些。在生活的道路上，我们不知道意外和明天哪一个先来。生活瞬息万变，正如索罗斯所言：世界的本质之一是不确定性。在这样的情况下，我们所能做的就是保持定力，控制情绪，保持一颗处变不惊的平常心。

　　我们进入了青少年时期，或许就不会那么快乐了，我们不要觉得自己长大了，心事就重了。我们每个人在青春期的心理发展历程中，都要不同程度地经历一段"成长的烦恼"和"自我觉醒的烦恼"。

　　也就是说，当一个人步入青春期后，随着抽象逻辑思维、独立意识和自我意识的发展，往往不仅对周围事物开始形成自己批判性的见解，而且随着成熟的进程，已开始把自己当成被观察的对象，开始了自我审视和评价，希望自己有"自知之明"。但是，由于此时我们的认知发展水平和自我认识能力还不够完善，所以对很多事物和现象还不能进行全面、正确的认识和评价，特别是不能正确对待"理想自我"和"现实自我"之间的莫大差距。

　　这样，"自我觉醒"带给青春期少男少女的常常不是"成长的惊喜"，而往往是无尽的烦恼和苦闷，严重的还可能引发孤独、抑郁等消极情绪。因此，你可以从"认清缘由，消除紧张""以人为镜，多多交往""理解父母，接受指导"等方面，让自己正确面对这种成长的烦恼，帮助自己减少"自我觉醒"中的痛苦和挫折感，做一只快乐的小鸟。

　　做一只快乐的小鸟就要学会控制情绪。我们生活的这个世界是一个充满绮丽色彩的世界，这不仅因为太阳以其不同的光波把物质世界装饰得万紫千红，而且还因为我们每个人都以独特的喜、怒、哀、惧、爱、憎、忧使精神世界显得五彩缤纷。无论我们做什么、想什么、学什么，都伴随着情绪变化，都会染上情绪的色彩。例如，它可以使我们体验到欢乐、幸福，也可以使我们感受到痛苦、忧伤；它可以令我们奋发进取，也可以让我们畏缩不前；它可以使我们头脑清醒，也可以使我们冒失冲动；它可以让我们从容闲适，也可以让我们紧张惶恐；它可以让我们为自己欢笑、为别人快乐，也可以让我们为自己哭泣、为别人哀伤。

　　情绪是我们人类社会的一笔巨大的精神财富，是人类生活丰富性和生动性的重要内容。有了情绪，才有人与人之间的交流，才能进行心灵上的沟通，才能产生文学艺术。

　　简直不敢设想，如果没有了情绪，这个世界会变成什么样子。尽管情绪也常给我们造成麻烦、带来痛苦，但是那种只有声音、动作，没有喜怒哀乐、好恶厌憎的"机器人"式的社会，肯定不是我们大家所向往的。

　　我们遇事，情绪先被触发；我们做事，首先经受情绪体验的监察。此外，只要稍稍留神一下，还可以发现，我们生活中的许多旨在丰富人们精神生活的活动，也是由情绪维系着的。就拿文学和艺术来说，它们就是主要通过各种形式的角色塑造，集中而典型地再现人们的情绪生活的。

　　作家、画家、音乐家、雕塑家和演员，通过自己内心的情绪体验去认识和塑造人物形象，再让这些人物形象以他们的举止言谈去感染观众和读者，唤起人们的情绪共鸣，丰富人们的精神世界。

　　成功的作品和表演之所以为人们喜爱，就是因为它们典型地再现了人们生活中的喜怒哀乐、悲欢离合，以及人们之间的情绪纠葛，让观众在欣赏之中体察自身，并从中获得启迪和慰藉。

　　学会控制情绪，就要让情绪稳定，愉快、乐观、开朗、满意等积极状态总是占优势，身心处于积极向上、充满希望的乐观状态；能适度地表达和控制自己的情绪，合理地宣泄不良情绪。

　　当我们能够做到控制情绪，在风云变幻的环境中，保持风轻云淡的洒脱时，我们离成功就不远了。

成为独立"大人"的过程

右脑最重要的贡献是创造性思维。右脑不拘泥于局部的分析，而是统观全局，以大胆猜测跳跃式地前进，达到直觉的结论。成长是喜悦的，成长也是烦恼的，但我们无一例外，都要经历这个成长的过程。

青少年时期是青少年的自我意识迅猛发展的时期。这个时期，我们在心理上产生的最突出的变化，就是出现了"成人感"，已经开始意识到"我已经不是小孩了"。我们希望父母像对待成年人一样对待自己，而不希望父母还把自己当作小孩对待，也不愿再受到小孩般的特殊照顾。

因此，我们在心理发展上出现了摆脱父母照顾的"心理上的断乳"过程，即要成为独立的"大人"的过程。然而，这种"心理上的断乳"如同幼儿的断奶一样，并非一件容易事，所以，在心理上时常交织着矛盾。

一方面，我们想独立自主，可自己又不具备独立自主的经济基础和物质条件；另一方面，想摆脱对父母的依赖，可自己又不具备充分的生活自理能力。我们想让成人把自己当作大人看待，可自己的许多言行举止依然带有孩子气，以至于越是想摆脱父母，越是发现离不开父母的照料和帮助。

这种渴求独立和现实依赖的矛盾，使大家的心理上经常产生冲突、混乱和不安。为了消除这种矛盾冲突或求得心理上的平衡，我们常常以孩子气的行为方式对抗父母或成人，以显示自己不再是儿童。

例如，对父母的批评与责备，不管正确与否，通常都表现出越来越强烈的反抗情绪；故意与父母或老师"唱反调"，提出相反的主张或按相反的方式行事；我们不理会父母或老师的劝导，自作主张，大有"不撞南墙不回头"的气概。当然，这种反抗，更多地是以潜在的形式出现，如对父母在生活和教育上的安排，采取不关心、不表态、无所谓等态度。

当我们进入青春期后，内心世界变得更加丰富多彩了，但心理活动的外在表露却开始失去了儿童的直爽、天真、单纯，不再像儿童那样经常向父母敞开自己心扉，而开始变得内向、封闭起来。

虽然在生活上我们还依赖父母，但是我们倾吐知心话的对象已经不再是父母，也不是老师，而是同伴或者朋友了。在我们的心里，朋友似乎比父母更知心呢！

因此，当我们进入青春期以后，就希望有自己单独住的房间，希望有自己单独用的写字台、书柜或箱子，并且不愿意父母随便挪动自己的东西，还把自己的抽屉、箱子加锁。用我们的话讲就是："我的青春我做主。"

我们应该为此感到高兴，因为自立意识是我们每个人进行自我成长的思想基础，缺乏自立意识就很难健康地成长。

所以，我们要有意识地发展自己的自立意识。

自立意识的表现首先是有把握自己的愿望和要求，也就是自立精神；其次是有把握自己的能力和方式，就是独立生活的能力。有了这种精神和能力，必然会在学习、思想品德、生活等各个方面自己把握好自己，管理好自己。

所以说，我的青春我做主并没有什么问题，只要我们能够在独立自主的过程中对家长和老师多一分理解和宽容，不要再把矛头指向他们，在他们的指导下进行自我管理，就是我们成长的一大乐事。

成长，意味着脱离父母给我们创造的舒适区，进入拼搏、奋斗的艰辛历程。我们不能因为畏惧前途莫测的未来，而对生活抱有一种惶恐、惶惑的忐忑之情。让暴风雨来的更猛烈些吧！我们将风雨兼程。

尽早确立一个远大目标

在有些人身上，右脑的直觉思维甚至变成一种先知能力，使他们能预知未来的变化，事先做出重大决策。目标明确，方向清晰，行动才有方向、有目标，生活、事业才能一帆风顺。

青少年朋友，你们已经确立自己的人生目标了吗？大家不要认为自己还没有到确立人生目标的时候，我们已经进入了青少年时代，我们的人生已经开始了新的航程，需要尽早确立一个远大目标。

人们常说："灵魂如果没有确定的目标，它就会丧失自我。"成功学大师奥格·曼狄诺也说："一颗种子可以孕育出一大片森林。"

其实，杰出人士与平庸之辈的根本差别并不是天赋、机遇，而在于是否有目标。在心灵的旅途中，如果你不清楚自己的方向，你的步伐就会很小，甚至裹足不前。很多人每天过着千篇一律的生活，可从来不问自己："我这一生要干什么？"因为他们缺少目标，缺少方向。

一位名人说过：你必须首先确定自己想干什么，然后才能达到自己确定的目标。只有目标才会使你胸怀远大的抱负，才会使你在失败时赋予你再去尝试的勇气，也只有目标才会使理想中的你与现实中的你相统一。

一个人无论做什么事情，首先一定要先有自己的目标。而目标就是自己心灵的觉醒。只要你有足够的勇气和明确的目标，就可以成为全世界最有影响力的人。

1. 目标明确才能成功

成功者始终有一个明确的目标、清晰的方向，并且自信心十足，勇往直前地走向前方；而平庸者却终日浑浑噩噩、优柔寡断，迈不开决定性的一步。让我们来看一个小故事，或许你能从中得到一些帮助，找到属于自己的人生目标。

美国总统罗斯福的夫人在年轻时从本宁顿学院毕业后，想在电信业找一份工作，她的父亲就介绍她去拜访当时美国无线电公司的董事长萨尔洛夫将军。

萨尔洛夫将军非常热情地接待了她，随后问道："你想在这里干哪份工作呢？"

"随便。"她答道。

"我们这里没有叫'随便'的工作，"将军非常严肃地说道，"成功的道路是由目标铺成的！"

这个故事告诉我们：一个人只要有了明确的奋斗目标，也就产生了前进的动力，因而目标不仅是奋斗的方向，更是一种对自己的鞭策。有了目标，就有了热情，有了积极性，有了使命感和成就感。其实，没有奋斗的方向，就生活得无精打采；准确地把握好自己的喜好和追求，才是走向成功的第一步！

显然，成功者总是那些有目标的人，鲜花和荣誉从来不会降临到那些没有目标的人头上。许多人怀着羡慕、嫉妒的心情看待那些取得成功的人，总认为他们取得成功的原因是有外力相助，于是感叹自己运气不好。殊不知，成功者取得成功的主要原因，就是由于确立了明确的目标。

有明确目标的人，会感到自己心里很踏实，生活得很充实，注意力也会神奇地集中起来，不再被许多繁杂的事所干扰，干什么事都显得成竹在胸。相反，那些没有明确目标的人，总是感到心里空虚，思维乱成一团麻，分不清主次轻重；遇事犹豫不决，不知道自己该做什么，不该做什么，就像一艘轮船失去了方向，在海上打转，直到把燃料用完，仍然到达不了岸边。事实上，它所用掉的燃料，已足以使它航行好几次。

同样的道理，一个人如果没有明确的目标以及达到这些目标的明确计划，不管他如何努力工作，都像是一艘失去方向的轮船。如果一个人并未在心中确定他所希望的明确目标，那么，他又怎能知道他已经获得了成功呢？

当然，需要注意的是，奋斗目标不应该好高骛远。目标要明确、具体，不能太笼统。目标还要适度，使自己能够承受。此外，所设目标要有一定的难度，有一定的挑战性，有相当的竞争性，同时也不能"可望而不可即"。不然，只会徒留笑柄。

我们作为 21 世纪的青少年，只要有了目标，内心的力量才会找到方向。茫无目标的飘荡终归会迷路，而你心中那座无价的金矿，也因得不到开采而与平凡的尘土无异。

2. 实现目标需要付出汗水

成功，是每一个人的梦想，人人都希望成为一个成功的人，追求成功是个人进步和社会发展的最伟大的驱动力。可是，什么是成功呢？成功就是人生的每一个梦想目标的实现，成功源于实现人生梦想和达到人生目标。

每个中学生都希望自己那缤纷的梦想得以实现，每个中学生都渴望自己的成绩一直不断地上升，每个中学生都希望做自己想做的事情……可是，事情不是只靠希望就可以做成的，成功需要付出，成功需要实现目标。

3. 养成树立远大目标的习惯

俗话说："无志者常立志，有志者立志长。"作为一个有志的青少年，应当早一点确定自己的人生目标，且不要轻易变来变去。

一个人确立的目标越高，达到的境界就越高。哈佛毕业生成功率追踪研究结论之一就是：有无远大目标，人生的成就很不一样。因此，我们任何一个人、一个组织或者一个国家，都应当有远大目标。

查理·斯瓦布是一个从小生活在宾夕法尼亚的山村里的孩子，那里的环境非常贫苦，而他也只受过短短几年的教育。

从 15 岁起,他就孤身一人在宾夕法尼亚的一个山村里赶马车,以谋求生路。

过了两个春夏,斯瓦布在卡耐基钢铁公司谋得了一份工作,虽然每周只有 3 美元的报酬,可是,在工作期间,他每次都把工作做得最好。皇天不负有心人,很快他就成了卡耐基钢铁公司的一名正式员工,日薪 1 美元。又过了没多久,斯瓦布就升为了技师;慢慢地,他升任总工程师;五个春夏秋冬过去了,他也成功地兼任卡耐基钢铁公司的总经理。

斯瓦布这一步步走来的历程,证明了他有能力来承担任务,同时,这也与他的习惯有关。当斯瓦布还是钢铁公司一名微不足道的工人时,就暗暗下定决心:"总有一天我要成为高层管理者,我一定要做出成绩来给老板看,让他主动来提拔我。我不去计较薪水,我要做到最好,使我的工作价值远远超过我的薪水。"

因此,斯瓦布在公司的地位每每提高一步时,总是以公司中最优秀的人作为下一个目标。他没有在受规则约束的时候向身边的人抱怨,他也没有每天做着白日梦,等待奇迹的出现。斯瓦布深知一个人只要有远大的目标与志向,并肯努力为之奋斗,尽力让自己做到最好,就一定可以实现自己的梦想。

立了大志,人生就发生了变化,最大的变化是人会源源不断释放出精神动力。精神动力就像潜藏在人心中的宝藏,远大的志向是挖掘宝藏的金钥匙,能够释放出精神动力的人才能成就一番伟业。

查理·斯瓦布就是凭借这样一个简单的想法，凭借这样一个小小的习惯，在短短的五年造就了他的辉煌人生。

对于处在成长阶段的青少年朋友来说，这个时期是树立人生目标的大好时期，世界上很多伟人的志向都是在小时候就确立的。有了远大的目标，你就会慢慢养成一种为这个目标奋斗的习惯。养成一种为目标奋斗的习惯之后，你就会一步步地实现这个目标，最后取得成功。

生活犹如在波涛汹涌的大海上航行，必须有一个"指南针"，才能使我们的人生之路不迷失方向，顺利抵达彼岸！

人生需要冒险精神

右脑有高速记忆的功能，让人惊叹，它有"过目不忘"的本事和冒险精神。

瞻前顾后，左顾右盼的人生态度，必然导致人生陷入平庸，裹足不前。人类的生命运动从本质上说就是一次探险，不是主动地迎接风险的挑战，便是被动地等待风险的降临。很多时候，成功都是与风险同时存在的。

如果你不敢冒风险，就会错过很多人生重大的转折机遇，更不会有出人头地的机会。

不要让恐惧阻挡你前进的步伐，那些希望一生都不会有风险出现的人只能拥有平淡无奇的人生，毫无建树。

1. 拥有冒险的勇气

敢于冒险的人，往往都能有一番大作为。纵观古今中外，很多名人志士都是敢于冒险的人。

1991 年，刚从北大毕业的百度公司董事长兼首席执行官李彦宏留学签证被拒，他毅然选择"北漂"，直至等来二次签证。

在美留学期间，尽管通过了博士资格考试，李彦宏还是决定放弃学位，原因是"我更希望我做的东西能够被很多很多人使用，而不喜欢去研究一个别人已经研究了 10 年的命题"。

在百度的发展问题上，李彦宏在董事会上力排众议，毅然决定做独立的搜索门户网站，结果他成功了。如果李彦宏不敢冒险，毕业后回乡工作或是攻读博士，这个世界上或许也会出现一个优秀的工程师或青年学者，但是肯定不会有今天的百度。

冒险意味着风险，同时也意味着机会。如果你总是希望成功又怕风险，那么对不起，成功将会从你身边一次次地溜走。

试想一下，如果只敢做人人都有把握做的事情，要想取得高人一筹的成就无疑只能是雾里看花，水中望月。一个四平八稳、凡事都不出格、对可能存在的风险避之不及的人，又怎么能够成功呢？

其实，每个人都喜欢待在自己的安全区，你想超越自己目前的成就，就不要画地为牢。勇于挑战、充实自我，你一定会发展得比想象中更好，我们需要做的就是接受生活的本来面貌。生命就是一场大冒险，即使失败也是财富，谁积累得越多，谁的人生也就能走得越远。

2. 冒险是成功的前提

人的天性中本来就有喜爱安逸、享受舒适的惰性，又很容易受到环境的影响。许多青少年满怀壮志、朝气蓬勃，最后却一事无成，大部分就是因为在安逸的生活、学习环境中待久了，渐渐地失去了斗志，人的思维能力和应变能力也渐渐地迟钝了，失去了敏锐性，缺少为梦想拼搏的勇气。

冒险精神是唯一可以拯救那些没有特殊爱好、没有特长而又安于现状之人的良药，冒险也是拯救那些有抱负但不敢行动的人的唯一良药。

从婴儿时期迈出第一步到人类在月球上留下足迹，无一不是冒险。如果干这个怕违背祖训，干那个又怕没有先例，那还有什么改革创新可言？哥白尼的日心说、卢瑟福的原子结构模型、新大陆的发现和开垦等人类的一系列发明和创造、社会变革，皆始于冒险。

当然，不冒风险固然可能躲开风险，但险情往往连同机遇一块消失了，而暗藏的风险依然存在，像暗礁一样阻碍你前进。所以，不经过无数次的冒险，人类不可能从茹毛饮血的环境中一步步走到今日能悠闲地坐在摩天大楼中品尝咖啡的地步。

勇于冒险求胜，你就能比你想象的做得更多更好。不过，敢于冒险是要有一定的科学依据的。冒险不等于蛮干，而是应该建立在正确的思考与对事物的理性分析上。冒险并非像赌徒下注那样盲目，它是建立在一定理智基础上的。

因为冒险是需要一定资本做支持和后盾的，它需要事先经过周密细致的思考，即基于理智的判断，在该出手时才出手。只有认识到冒险的必要而决心去冒险时，才会果断行动。

当然，随着实力的不断增强，你会发现，需要你去冒险的事情会越来越少。这时，成功已经离你很近了。那些过分小心谨慎、不愿冒险的人，通常只能选择别人剩下来的东西。过分谨慎与不够谨慎同样不足取，要防止这两个极端。

做任何事情都不会一帆风顺，随时都可能出现意外情况，以至失败。但是成功又是每个人所向往的，因此，冒险是难免的。

不可否认，做任何事情都要一步一步地进行，脚踏实地地去做，不过，这并不是说你不可以有一点改变目标境遇的想法。

当一个青少年不再具有年轻人的冲劲时，事实上他已经老了，或者说他至少是心已经老了。

古人都知道"人往高处走"，那么，作为新世纪的年轻人，你又怎可以没有一点进取心呢？没有比人更高的山，只要灵魂不屈，你一定会走出一条康庄大道。

人生就是一个冒险的过程。如果一味贪图安逸，不思进取，最后将陷入最大的险境。最大的风险，就是没有遇到风险。

做任何事都离不开坚持

在生活中，我们可以利用色彩激发右脑的功能，进而使侧重于形象思维、非逻辑思维和空间处理的大脑右半球和负责语言、抽象思维的左半球取得功能上的平衡。其重点是要集中精力，做事情要有坚持到底的精神。所谓的天才，只不过百分之十是天赋，百分之九十是坚持。任何宏图大业，都是矢志不渝坚持的结果。

2008 年汶川大地震中，有一头 300 斤的猪，被活埋地下20 多天，体重减了 200 斤，只剩 100 斤，仍然奇迹般地活了下来，人们给它起名叫"猪坚强"。

"猪坚强"在看不见阳光、喝不到水、吃不到东西的残酷环境下，存活了 20 多天，不仅是动物界的奇迹，也对人类有所启发。"猪坚强"精神不仅能说明过去，说明现在，也会说明将来。

在我们的学习生活中也一样，做任何事都离不开坚持。俗话说："不为失败找理由，要为成功找出路。"每个人都渴望成功，害怕失败，害怕挫折。然而失败并不可怕，可怕的是失败后没有勇气去面对。

成功的道路上有着许多的挫折、困难，只要勇敢地战胜它们，成功就在不远处，坚持到底终究会成功。"行百里者半九十"，成功的路上必定不会一帆风顺，获得成功的关键往往就在于那一点坚持。

1. 成功贵在坚持

只要你认为自己做的是对的，执着地追求下去，成功便会在一切不可能中实现。成功不仅要求我们敢想、敢做，最重要的是一定要坚持下去，坚持自己的信念，直到成功为止。当我们一次次考试都不理想时，不要灰心。人的一生中不如意之事十之八九，如意之事只不过一二而已，面对暂时的不如意，我们需要做的就是坚持。每天学习一点点，日积月累，只要坚持到最后，我们就能成功。

所以，无论现在的学习有多么糟糕，心情有多么急躁，请一定要坚持，再坚持！不要轻易放弃，相信自己也可以像别人一样。坚持到底，就能守得云开见月明。十年磨一剑，走得最远的人，不是最聪明的人，而是最执着的人。努力不一定成功，但放弃一定会失败。无限风光在险峰，坚持就是胜利！

汤姆·克鲁斯出身贫寒，其父亲是一名电气工程师，但常常找不到工作。迫于生计，父亲拖着妻儿搬了十几次家。不断变化的环境使克鲁斯的体格如运动员一般健壮，但他的学业却非常糟糕：这不仅是因为他患有诵读困难症，而且不断地转学也使他很难掌握什么学习方法。克鲁斯 12 岁时，父母离了婚，他与母亲和三个姐妹的生活才算安定下来，克鲁斯成了家中唯一的"男子汉"。

上中学时，克鲁斯突然发觉自己爱上了电影，醉心于银幕上演员们的表演中。他对母亲和继父说："你们看着吧，我要在 10 年内成为一名出色的演员！"在家人看来，这只是戏言，没人指望他能成为明星。

克鲁斯的确不顺。读高中时，他开始尝试一些戏剧，后来还辍学去了纽约。在纽约，他每天以面包充饥，寻找每一个试镜的机会。但导演们认为他皮肤太黑，不够英俊，表演时"热情过了头"。

1981 年，克鲁斯来到洛杉矶，获得一部情景剧中一个一闪即过的小角色，而且还是没有一分钱片酬的角色。1983 年，他出演了 4 部电影，但由于种种原因，几乎都没有给观众留下什么印象。

经历了一连串的挫折，克鲁斯并没有放弃，而是一直坚持着，并不断反思自身的不足，一步步克服和改进。1986 年，他在一部描写美国海军战斗机飞行员的影片《壮志凌云》中，初获成功，成为一大批美国年轻人心中的偶像。此后，克鲁斯又相继主演了几部著名影片，成功完成了由"青春偶像"向成熟影星的转型。几年间，他数度问鼎奥斯卡金像奖、金球奖。

克鲁斯的经纪人说："克鲁斯从许多的迷雾和荆棘中发出光来。他不断绕开上帝设置的障碍，并改变自己。"

其实，克鲁斯的成功不只是因为他的外表和迷人的微笑，更重要的是他坚定的意志。

可见，成功是一种坚持，当我们的毅力超越了惰性时，我们才能获得成功。面对任何事情，如果没有坚持到底的决心，尽管只差一点，最终还是不会成功，甚至，此前所做的努力也会白费。

2. 马拉松的终点

众所周知，在无边无际的沙漠中，只有坚持到最后的人，才能找到绿洲，得到水源，获得最后的生机。无数事实都证明，要想成功，就必须有忍耐精神。忍耐困难、忍耐折磨、忍耐压力、忍耐打击、忍耐讥笑，忍耐一切应该忍耐的痛苦。

只有这样，坚持到底，往前走，不后退半步，相信别人能做到的，我们也一定可以做到；别人做不到的事情，我们却可以做得到。拿破仑曾经说过："胜利属于最坚忍之人。"

作为当代青少年，责任就是把学习搞好。学习上遇到困难时要多向学习好的同学请教，或者直接问老师，一点点地积累，付出总会有回报，最后会有很好的成绩。

其实，成功之路就像马拉松赛跑一样，马拉松是体育比赛中最长距离的赛跑项目。在刚入学时，大家都站在同一条起跑线上，水平不相上下，距离相差不远。随着时间的推移，从幼儿园到小学，再到中学，距离就逐渐拉开了。

强者靠毅力、耐力、能力领先，跑在队伍的最前面，把那些怕吃苦、怕流汗、不愿追求的人远远地甩在了后面。这些掉队的人并不比那些跑在前面的人差多少，只是他们经常偷懒，走走停停，停停走走，他们只会抱怨路途不平坦，道路太遥远，而冲在前面的人却有执着的追求，追求那光明的前途，追求伟大的人生目标，追求成功时那耀眼的光芒，他们总是踏平艰险，奋力向前。

于是，强者更强，弱者更弱，当强者登上一个又一个高峰，超越一个又一个自我，在感受路途坎坷漫长的同时，也感受了人生成功的无限乐趣。

在所有的体育项目当中，马拉松项目是最乏味的，而又是最耐人寻味以及最能考验人的耐力的一个项目。在所有比赛项目当中，马拉松比赛通常都是最后一项赛事，因为它最能体现体育精神。如果想在漫漫的求学路上取得成功，只能靠坚持到底的恒心去努力、去拼搏。

没有人不渴望成功，成功是美好的，但坚持却是痛苦的。每个人都在追求成功，但成功需要付出艰辛的劳动，甚至千百次艰难的探索。成功本身就是一个不断追求、锲而不舍的过程。成功与失败，并不是天平的两端，而仅仅只是一步之遥，然而有的人就是不肯踏出这一步，停滞不前，那么他永远都无法成功。

青少年朋友，当困难绊住迈向成功的脚步，当失败挫伤雄心壮志，当你被负担压得喘不过气来时，千万不要退缩，不要放弃，一定要坚持下去，因为只有坚持不懈，才能最终走向成功。

保持一颗愉悦的心

心胜则兴，心败则衰。健康、阳光、乐观、进取的心态，是我们从事一切工作的基础，也就是一方面促进精力集中，一方面可以使精神放松、情绪稳定。这其实是让左脑处于抑制状态，而右脑处于活跃状态，激发了右半脑的创意功能。观赏作品则进一步激发右脑的想象功能、联想功能，从而促进创造力的开发。

如何在现实生活中去除忧虑，这与一个人的心态有很大关系。心情舒畅，忧虑就不会产生，甚至可以忽略它；心情郁闷，仿佛一切的一切都是那样令人忧伤、哀愁。所以，只要保持一颗愉悦的心，忧虑困扰的就不是你，而是忧虑本身。

我们所担心的事情中，有99%根本就不会发生。

如果我们根据概率法则考虑一下我们的忧虑是否值得，并真正做到长时间内不再忧虑，我们的忧虑中有90%就可以消除。

有一天，一个小男孩在帮母亲摘樱桃的时候，突然哭了起来。妈妈说："你在哭什么?"小男孩哽咽地回答道："我怕我会被活埋。"

　　小男孩担心被活埋的恐惧很是荒谬，事实上，可是我们很多成年人的忧虑，也几乎一样荒谬。如果我们根据平均法则考虑一下我们的忧虑究竟值不值得，并真正做到好长时间内不再忧虑，有90%的忧虑可以消除。

　　全世界最有名的保险公司——伦敦劳埃得保险公司——就是靠人们对一些根本很难发生的事情担忧而取得了大量的收入。劳埃得保险公司是在跟一般人打赌，说他们所担心的灾祸几乎永远不可能发生。不过，他们不把这叫作赌博，他们称之为保险，实际上这是以平均法则为根据的一种赌博。这家大保险公司已经有200年的悠久历史了，除非人的本性会改变，否则它至少还可以继续维持5000年。而它只是替你保鞋子的险，保船的险，利用估算概率的法则向你保证那些灾祸并不像一般人想象的那么常见。

　　塞林杰太太是一个平静、沉着的女人，她好像从来没有忧虑过。不过，她讲述了下面的故事。

　　"我的生活差点被忧虑毁掉了。在我学会征服忧虑之前，我在自作自受的苦难中生活了11个年头。那时候我脾气很坏，很急躁，总是生活在非常紧张的情绪之下。每个礼拜，我要从在圣马特奥的家乘公共汽车到旧金山去买东西。可是就算在买东西的时候，我也愁得要命——也许我丈夫又把电熨斗放在熨衣板上了；也许房子烧起来了；也许我的女佣人跑了，丢下了孩子们；也许孩子们骑着他们的自行车出去，被汽车撞了。我买东西的时候，常常会因发愁而弄得冷汗直冒，然后冲出店去，搭上公共汽车回家，看看是不是一切都很好。难怪我的第一次婚姻没好结果。

"我的第二任丈夫是个律师——一个很平静、事事都能够用理智加以分析的人，从来没有为任何事情忧虑过。每次我神情紧张或焦虑的时候，他就会对我说：'不要慌，让我们好好地想一想……你真正担心的到底是什么呢？让我们看一看事情发生的概率，看看这种事情是不是有可能会发生。'

"举个例子来说，我还记得有一次，我们在新墨西哥州。我们从阿尔伯库基开车到卡尔斯巴德洞窟去，途中经过一条土路，半路上碰到了一场很可怕的暴风雨。

"汽车一直下滑着，没办法控制，我想我们一定会滑到路边的沟里去，可是我的先生一直不停地对我说：'我现在开得很慢，不会出什么事的。即使汽车滑进了沟里，根据概率，我们也不会受伤。'他的镇定和信心使我平静下来。

"有一年夏天，我们到加拿大的洛矶山区的图坎山谷去露营。有一天晚上，我们的营帐扎在海拔 7000 尺高的地方，突然遇到暴风雨，好像要把我们的帐篷撕成碎片。帐篷是用绳子绑在一个木制的平台上的，外面的帐篷在风里抖着，摇着，发出尖厉的声音。我每一分钟都在想：我们的帐篷会被吹垮了，吹到天上去。我当时吓坏了，可是我先生不停地说着：'我说，亲爱的，我们有好几个印第安向导，这些人对一切都知道得很清楚。他们在这些山地里扎营都有 60 年了，这个营帐在这里也有很多年，到现在还没有被吹掉。根据概率看来，今天晚上也不会被吹掉。而即使被吹掉的话，我们也可以躲到另外一个营帐里去，所以不要紧张。'……我放松了心情，而且后半夜睡得非常熟。

　　"几年以前，小儿麻痹症横扫加利福尼亚州我们住的那一带。要是在以前，我一定会惊慌失措，可是我先生叫我保持镇定，我们尽可能采取了所有的预防方法：不让小孩子出入公共场所，暂时不去上学，不去看电影。在和卫生署联络过之后，我们发现，到目前为止，即使是在加州所发生过的最严重的一次小儿麻痹症流行时，整个加利福尼亚州只有1835 个孩子染上了这种病。而平常，一般的数目只在 200 到 300 之间。虽然这听起来还是很惨，可是到底让我们感觉到：根据发生的概率看起来，某一个孩子感染的机会实在是很小。"

　　吉姆·格兰特是纽约富兰克林市格兰特批发公司的老板，他每次要从佛罗里达州买 10 车到 15 车的橘子等水果。他的经验也是如此。

　　"以前我常常想到很多无聊的问题，比方说，万一火车脱轨怎么办？万一我的水果滚得满地都是怎么办？万一我的汽车正好经过一座桥，而桥突然塌了怎么办？当然，这些水果都是经过保险的，可是我还是怕万一没有按时把水果送到就可能失掉市场。我甚至担心自己因忧虑过度而得上胃溃疡，因此去找医生检查。医生告诉我说，我没有别的毛病，只是大过于紧张了。

　　"这时候我才明白，我开始问自己一些问题。我对自己说：'注意，吉姆·格兰特，这么多年来你送过多少车的水果？'答案是：'大概有 25000 多车。'然后我问自己：'这么多车次中有过几次车祸?'答案是:'大概有五次吧。'然后我对自己说:'一共25000辆汽车,只有5次出事,你知道这意味着什么?出车祸的概率是五千分之一。换句话说,根据概率来看,以你过去的经验为基础,你的汽车出事的可能率是5000:1,那你还有什么好担心的呢?'

"我对自己说:'嗯,说不定桥会塌下来呢。'然后我问自己:'在过去,你究竟有多少次是因为桥塌而损失了呢?'答案是:'一次也没有。'然后我对我自己说:'那你为了一座根本从来都没有塌过的桥,为了五千分之一的车祸概率居然让你愁得几乎患上胃溃疡,不是太傻了吗?'

"当我这样来看这件事的时候,我觉得以前的自己实在很傻。于是我就在那一刹那决定,以后让发生概率来替我担忧——从那以后,我就没有再为我的'胃溃疡'烦恼过。"

以下是一个名叫佛莱德里克·马尔施泰特所说的故事:

"1944年6月初,我躺在奥玛哈海滩附近的一个战场里。当时我正在999信号服务公司服役,而我们刚刚抵达诺曼底。我看了一眼地上那个长方形的战壕,就对我自己说:'这看起来就像一座坟墓。'当我躺下来准备睡在里面的时候,觉得那更像是一座坟墓,便忍不住对自己说:'也许这是我的坟墓呢。'到了晚上11点钟的时候,德军的轰炸机飞了过来,炸弹纷纷往下落,我吓得整个人都僵住了。前三天我简直没有办法睡得着。到了第四还是第五天夜里,我几乎精神崩溃。我知道如果我不赶紧想办法的话,我整个人就会发疯。所以我提醒自己说:已经过了五个夜晚了,而我还活得好好的，而且我们这一组的人也都活得很好，只有两个受了点轻伤。而他们之所以受伤，并不是因为德军的炸弹，而是被我们自己的高射炮的碎片打中的。我决定做一些有意义的事情来停止我的忧虑。我在战壕中造了一个厚厚的木头屋顶以保护我不至于被碎弹片击中。我算了一下炸弹扩展开来所能到达的最远地方，并告诉自己：'只有炸弹直接命中，我才可能被炸死在这个又深、又窄的战壕里。'于是我算出直接命中的概率，恐怕还不到万分之一。这样想了两三夜之后，我平静了下来，后来就连敌机袭击的时候，我也睡得非常安稳。"

美国海军也常用概率统计的数字来鼓励士兵，可是美国海军有他们的办法。海军总部发布了一些十分精确的统计数字，指出被鱼雷击中的 100 艘油轮里，有 60 艘并没有沉到海里去，而真正沉下去的 40 艘里，只有 5 艘是在不到 5 分钟的时间沉没。那就是说，有足够的时间让你跳下船——也就是说，死在船上的概率非常之低。这样对士气有没有帮助呢？"知道了这些数字之后，就使我的忧虑一扫而光。"住在明尼苏达州圣保罗市的克莱德·马斯——也就是讲这个故事的人说："船上的人都觉得好多了，我们知道我们有的是机会，根据概率来看，我们可能不会死在这里。"

对未知的前途，保持一个乐观、豁达的进取心态，是一切事业最终成功的不二法门。

把你的注意力转移一下

　　一般来讲，把具体的、形象的与抽象的、概括的知识结合起来，更能充分地发挥两个半脑的功能，从而使大脑功能更能协调地进行学习和工作。我们平时可以边看电影、电视、录像，边进行思考。

　　生活中，我们常常遇到这样的情况：原本风平浪静的日子，突然被一个不期而遇的事件打断、打乱，我们沮丧、懊恼，方寸大乱。这时，我们需要做的就是镇静下来，转移一下注意力。如此这般，我们就可摆脱这个意外的插曲，步入正轨。

　　我们通常都能很勇敢地面对生活里那些大的危机，却被一些小事情搞得垂头丧气。

　　大多数时间里，要想消除因为一些小事情引起的困扰，只要把自己的注意力转移一下就可以了，你就会找到一个新的、使你开心一点的想法。

　　下面这则戏剧性的故事也许会让你终生难忘。

　　这个故事的主人公叫罗伯勃·摩尔，住在新泽西州的梅普尔伍德市。

"1945 年 3 月，我学到了一生最重要的一课。我是在中印海岸附近 276 尺深的海底下学到的。当时我和另外 87 人一起在贝雅 S. S. 318 号潜水艇上。我们通过雷达发现，一小支日本舰队正朝我们这边开过来。天快亮的时候，我们浮出水面发动攻击。我由潜望镜里发现一艘日本驱逐舰、一艘油轮和一艘布雷舰。我们朝那艘驱逐舰发射了三枚鱼雷，但都没有击中。那艘驱逐舰并不知道它正在遭受攻击，仍继续前行，我们准备攻击最后的一条船——那条布雷舰。突然之间，它转了方向直朝我们开来（一架日本飞机看见我们在 60 尺深的水下，把我们的位置用无线电报告给了那艘布雷舰）。我们潜到 150 英尺深的地方，以避免被它侦测到，同时准备好应付深水炸弹。我们在所有的舱盖上都多加了几层挂号，同时为了使我们的沉降保持绝对静默，我们关了所有的电扇、整个冷却系统和所有的发电机。

"3 分钟之后，突然天崩地裂，6 枚深水炸弹在我们四周爆炸开来，我一直不停地对自己说着：'……这下死定了……这下死定了。'电扇和冷却系统都关闭之后，潜水艇的温度一下子升得很高，可是我怕得全身发冷，穿上了一件毛衣，以及一件带皮领的夹克，可还是冷得发抖。我的牙齿不停地打战，全身冒着一阵阵冷汗。攻击持续了 15 个小时之久，然后突然停止了。显然那艘日本布雷舰把它所有的深水炸弹都用光后，就驶开了。这 15 个小时的攻击，感觉上就像有 1500 万年。

"过去的生活——在我眼前映现，我记起了以前做过的所有坏事。在我加入海军之前，我是一个银行职员，曾经为工作时间太长、薪水大少、没有升迁机会而发愁。我曾经忧虑过，因为我没有办法买房子，没钱买辆新车，没钱给我太太买漂亮的衣服。我非常讨厌以前的老板，因为他老是找我的麻烦。我还记得，每晚回到家的时候，我总是又累又难过，常常跟我的太太为一点芝麻大的小事吵架；我也为我额头上的一个小疤———一次车祸留下的伤痕———发愁过。

"多年前，那些令人发愁的事在我看起来都是大事，可是在深水炸弹威胁着要把我送上西天的时候，这些事情又是多么荒谬、微小。就在那时候，我答应自己，如果我还有机会再见到太阳跟星星的话，我永远永远不会再忧虑了。永远不会！永远不会！永远也不会！在潜艇里面那可怕的 15 个小时里，我所学到的，比我在大学念了四年的书所学到的东西要多得多。"

芝加哥的约瑟夫·萨伯斯法官在仲裁过 4 万多件不愉快的婚姻案件之后说道："婚姻生活之所以不美满，最基本的原因通常都是一些小事情。"

以下是一个丈夫说的故事：

"有一次，我们到芝加哥一个朋友家里吃饭。分菜的时候，他有些小事情没有做对。我当时并没有注意到，即使我注意到，我也不会在乎的。可是他太太看见了，马上当着我们的面跳起来指责他。'约翰，'她大声叫道，'看看你在搞什么！难道你就永远也学不会怎么样分菜吗？'

"然后她对我们说：'他老是犯错，简直就是不肯用心。'

也许他确实没有好好地做，可是我实在佩服他能够跟他太太相处 20 年之久。坦白地说，我情愿只吃一两个抹上芥末的热狗——只要能吃得很舒服——而不愿一面听她唠叨，一面吃北京烤鸭和鱼翅。

"在碰到那件事情之后不久，我妻子和我请了几位朋友到家里来吃晚饭。就在他们快来的时候，我妻子发现有三条餐巾和桌布的颜色不大相配。

"'我冲到厨房里，'她后来告诉我说，'结果发现另外三条餐巾送去洗了。客人已经到了门口，没有时间再换，我急得差点哭了出来。我只想到：为什么要让这么愚蠢的错误，来影响我的整个晚上？然后我想到——为什么要让它使我不高兴呢？我走进餐厅去吃晚饭，决心好好地享受一下。我果然做到了。我情愿让朋友们认为我是一个比较懒散的家庭主妇。'她告诉我：'也不要让他们认为我是一个神经兮兮、脾气不好的女人。而且，据我所知，根本没有一个人注意到那些餐巾的问题。'"

有一条大家都知道的法律方面的名言："法律不会去管那些小事情。"

每个人也不该为这些小事忧虑，如果希望求得心理上的平静的话。

大多数时间里，要想克服因为一些小事情所引起的困扰，只要把自己的注意力转移一下就可以了。

荷马·克洛伊是个作家，写过几本书。他为我们举了一个怎么样能够做到这一点的好例子。

"以前我写作的时候，常常被纽约公寓热水器的响声吵得快发疯，而我会坐在书桌前气得直叫。

"后来有一次，我和几个朋友一起出去露营，当我听到木柴烧得很响时，我突然想到：这些声音多么像热水器的响声，为什么我会喜欢这个声音，而讨厌那个声音呢？我回到家以后，跟我自己说：'火堆里木头的爆裂声，是一种很好听的声音，热水器的声音也差不多，我该埋头大睡，不去理会这些噪音。'结果，我果然做到了：头几天我还会注意热水器的声音，可是不久我就把它们整个忘了。"

很多其他的小忧虑也是一样，我们不喜欢那些，结果弄得整个人很颓丧，只不过因为我们都夸张了那些小事的重要性。

狄斯累利说过："生命太短促了，不能再只顾小事。"

就像拉迪亚德·吉卜林这样的人，有时候也会忘了"生命太短促了，不能再顾及小事"。其结果呢？他和他的内弟打了一场佛蒙特有史以来最有名的一场官司——这场官司打得有声有色，后来被写成一本书记载下来。故事的经过是这样的：

吉卜林娶了一个佛蒙特本地的女孩凯珞琳·巴莱斯蒂尔，他们在佛蒙特的布拉特伯勒造了一座很漂亮的房子，在那里定居下来，想要度过他的余生。

他的内弟贝蒂·巴莱斯蒂尔成了吉卜林最好的朋友，他们两个一起工作，一起娱乐。

然后，吉卜林从巴莱斯蒂尔手里买了一些地，事先协议好巴莱斯蒂尔可以每一季在那块地上割草。有一天，巴莱斯蒂尔发现吉卜林在那片草地上建了一个花园，他生起气来，暴跳如雷，吉卜林也反唇相讥，弄得佛蒙特绿山上的天都变黑了。

几天之后，吉卜林骑着他的脚踏车出去玩的时候，他的内弟突然驾着一辆马车从路的那边转了过来，逼得吉卜林从车上跌了下来。而吉卜林——这位曾经写过"众人皆醉，你应独醒"的人却也昏了头，起诉了巴莱斯蒂尔，把他抓了起来。接下来是一场很热闹的官司，大城市里的记者都挤到这个小镇上来，新闻传遍了全世界。这次争吵使得吉卜林和他的妻子永远离开了他们在美国的家，这一切只不过因为一件很小的小事。

哲学家佩里克莱斯在2400年前说过："来吧，各位！我们在小事情上耽搁得太久了。"不错，我们的确如此！

下面是哈里·爱默生·福斯狄克博士所说过的故事中很有意思（森林里的巨人在战争中怎样获胜、怎样失败）的一个。

在科罗拉多州朗峰山坡上，躺着一棵大树的残躯。自然学家告诉我们，它曾经有400多年的历史。初发芽的时候，哥伦布刚在美洲登陆。第一批移民到美国来的时候，它才长了一半大。在它漫长的生命里，曾经被闪电击中过14次；400年来，无数的狂风暴雨侵袭过它，它都能战胜它们。但在最后，一小队甲虫攻击这棵树，使它倒在了地上。那些甲虫从根部往里面咬。

持续不断的攻击，渐渐伤了树的元气。这样一个森林里的巨人，岁月不曾使它枯萎，闪电不曾将它击倒，狂风暴雨没有伤着它，却因一小队可以用大拇指和食指就捏死的小甲虫而终于倒了下来。

我们岂不都像森林中那棵身经百战的大树吗？我们也经历过生命中无数的狂风暴雨，但都撑过来了。可是我们有些人却让自己的心被忧虑的小甲虫咬噬——那些用大拇指和食指就可以掐死的小甲虫。

这种自我调整心态、调适情绪的转移注意力方法，对我们摆脱负面情绪，以正能量的心态完成工作，功莫大焉！

拥有正确的价值观念

在生活中，当你思考的时候，会习惯向左看还是向右看？也许你会觉得这并不重要，但是科学研究表明，大脑的左右半球具有差异性，据研究显示，这种不对称性也涉及到了我们的情绪，会影响我们的幸福感。多多关注一下你周围的人，他们容易被左脑控制还是被右脑控制，也许这对改善你的价值观有所帮助。

拥有开阔的胸怀、阳光的心态等正确的的价值观，才能使我们以一种恬静、澄澈、深沉的精神境界，从事我们热爱的事业，才能有助于我们成功的几率。

让一切都从容、平和、平淡、自然起来，这才是当下应有的样子。正如，平静是湖面应有的样子，无论曾经或者未来被打破平静，甚至波涛滚滚，都不丧失信心，不丧失归于平静的信心，因为平静是它应有的样子。

要学会对自己说："这件事情只值得我担一点点心，没有必要去操更多的心。"

林肯认为："一个人实在没有时间把他的半辈子花在争吵上，要是那个人不再攻击我，我就不会记他的仇。"

获得心理平静的最大秘密之一，就是要有正确的价值观念。

你是否想知道如何在华尔街上赚钱？恐怕至少有 100 万以上的人想知道这一点。不过，这里却有一个很好的想法，而且很多成功的人都加以应用。讲这个故事的人叫查尔斯·罗伯茨，他是一位投资顾问。

"我刚从得克萨斯州来到纽约的时候，身上只有 2 万美元，是我朋友托付我到股票市场上来投资用的。我原以为，我对股票市场懂得很多，可是后来我赔得一分钱不剩。不错！在某些生意上我赚了几笔，可最后全部都赔光了。

"要是我自己的钱都赔光了，我倒不会那么在乎！可是我觉得把我朋友们的钱赔光了，是一件很糟糕的事情，虽然他们都很有钱。在我们的投资得到这样一种不幸的结果之后，我实在很怕再见到他们，可是没有想到的是，他们不仅对这件事情看得很开，而且还乐观到不可救药的地步。

"我开始仔细研究自己犯过的错误，并下定决心在我再进股票市场以前，一定要先了解整个股票市场到底是怎么一回事。于是我找到一位最成功的预测专家波顿·卡瑟斯，跟他成为朋友。我相信我能从他那里学到很多东西，因为他多年来一直是个非常成功的人，而我知道能有这样一番事业的人，不可能全靠机遇和运气。

"他先问了我几个问题，问我以前是怎么做的。然后告诉我一个股票交易中最重要的原则。他说：'我在市场上所进行的每一宗股票交易，都有一个到此为止、不能再赔的最低标准。比方说，我买的是每股 50 元的股票，我马上规定不能再赔的最低标准是 45 元钱。'这也就是说，万一股票跌价，跌到比买进价低 5 元的时候，就立刻卖出去，这样就可以把损失只限定在 5 元钱。

"'如果你当初买得很聪明的话，'这位专家继续说道，'你的赚头可能平均在 10 到 25 元，甚至于 50 元。因此，在把你的损失限定在 5 元以后，即使你半数以上的判断错误，也能让你赚很多的钱。'

"我马上学会了这一办法，从此便一直使用，这个办法替我的顾客和我挽回了几千几万块的损失。

"过了一段时间之后，我发现，这个所谓"到此为止"的原则也可以用在股票市场以外的地方，我开始在财务以外的忧虑问题上定下'到此为止'的限制，我在每一种让我烦恼和不快的事情上，加一个'到此为止'的限制，结果简直是太不可思议了。

"举例来说，我常常和一个很不守时的朋友一起午餐。他以前总是在我的午餐时间过去大半之后才来，最后我告诉他我现在碰到问题之后，就用'到此为止'的原则。我告诉他说：'以后等你的时间限制是十分钟，要是你在十分钟以后才到的话，我们的午餐的会就算告吹了——你来也找不到我。"

为什么不去试图改变每一个可能会摧毁平静的情况呢？为什么不会对自己说："这件事情只值得担这么一点点心——没必要去操更多的心……"

有一个梦想成为作家听年轻人这样写道：

"在我 30 岁刚出头的时候，我决定终身以写小说为职业，想做个杰克·伦敦或托马斯·哈代第二。当时我充满了信心，在欧洲住了两年，在第一次世界大战结束后的那段日子里，用美元在欧洲生活，开销算是很小的。我在那儿过了两年，从事我的创作。我把其中一本书题名为《大风车的故事》，这个名字取得真好，因为所有出版家对它的态度都冷得像呼啸而过的暴风雪一样。当我的经纪人告诉我这部作品不值一文，说我没有写小说的天分和才能的时候，我的心跳几乎停止了。我茫然地离开他的办公室，哪怕他用棒子当头敲我，也不会让我更吃惊，我简直呆住了。我发现自己站在生命的十字路口，必须做出一个非常重大的决定。我该怎么办呢？我该往哪一个方向转呢？几个礼拜之后，我才从这种茫然中醒来。在当时，我从来没有听过'给你的忧虑定下到此为止的限制'的说法，可是现在回想起来，我当时所做的正是这件事。我把费尽心血写那本小说的那两年时间看作是一次可贵的经验，然后从那里继续前进。我回到组织和教授成人教育班的老本行，有空的时候写一些传记和非小说类的书籍。

"我是不是很高兴自己做出了这样的决定呢？现在每逢我想起那件事情，就得意地想在街上跳舞。我可以很诚实地说，从那以后，我再也没有哪一天或哪一个钟头后悔我没有成为托马斯·哈代第二。"

换个方式来说，如果我们以牺牲生活的一部分作为代价，但如果付出得太多了的话，我们就是傻子。这也正是吉尔伯特和苏利文的悲哀：他们知道如何创作出令人快乐的歌词和歌谱，可是完全不知道如何在生活中寻找快乐。他们写过很多令世人非常喜欢的轻歌剧，可是他们却没有办法控制他们的脾气。他们仅仅为了一张地毯的价钱就争吵多年。苏利文为他们的剧院买了一张新的地毯，当吉尔伯特看到账单的时候，大为恼火。这件事甚至闹至公堂，从此两个人至死都没有再交谈过。苏利文替新歌剧写完曲子之后，就把它寄给吉尔伯特，而吉尔伯特填上歌词之后，再寄回给苏利文。有一次，他们一定要一起到台上谢幕，于是他们站在舞台的两边，分别向不同的方向鞠躬，这样才可以不必看见对方。他们就不懂得应该在彼此的不快里定下一个'到此为止'的最低限度，而林肯却做到了这一点。

有一次，在美国南北战争中，林肯的几位朋友攻击他的一些敌人，林肯说："你们对私人恩怨的感受比我要多，也许我这种感受太少了吧；可是我向来以为这样很不值得。一个人实在没有时间把他的半辈子都花在争吵上，要是那个人不再攻击我，我就再也不会记他的仇。"

富兰克林小的时候，犯了一次后来的 70 年来一直没有忘记的错误。当他 7 岁的时候，他喜欢上了一支哨子，于是他兴奋地跑进玩具店，把他所有的零钱放在柜台上，也不问问价钱就把那支哨子买了下来。"然后我回到家里，"70 年后他写信告诉他朋友说，"吹着哨子在整个屋子里转着，对我买的这支哨子非常得意。"可是等到他的哥哥姐姐发现他买哨子多付了钱之后，大家都来取笑他。他正像自己后来所说的："我懊恼地痛哭了一场。"

很多年之后，富兰克林成了一位世界知名的人物，做了美国驻法国的大使。但他还记得因为他买哨子多付了钱，使他得到的痛苦多过了哨子所给他的快乐。

富兰克林在这个教训里所学到的道理非常简单。"当我长大以后，"他说，"我见识到许多人类的行为，我认为我碰到的很多人都付了太多的钱买哨子。简而言之，我相信，人类的苦难部分产生于他们对事物的价值做了错误的估计，也就是他们买哨子多付了钱。"

这是获得心理平静的最大秘密之——要有正确的价值观念。只要我们能够定出一种个人的标准来——就是和我们的生活比起来，什么样的事情才值得忧虑的标准，我们的忧虑有 50% 可以立刻消除。

孟子说：我善养我浩然之气。君子坦荡荡，小人常戚戚。树立正确的价值观，必将有助于我们在征程中高歌猛进。

生活慢一点，你的情绪也会慢一点

左脑被称为"直线处理式"大脑，它对信息的处理方式是从局部到整体的累积式，右脑采取的则是从整体到局部的"平行处理式"。只要大量地、不求理解地输入信息，左脑就无法工作，这样右脑才得以充分运转起来。此时，右脑才可以正确地工作。

欲速则不达。步子慢一点，心态静一点，你的眼光可能反而会放得远一点，你的思想可能会更深入一点。

不知从何时起，大都市中出现了一个"向日葵族"。顾名思义，向日葵族群就是像向日葵一样，给点阳光就灿烂。新兴的"向日葵族"，在都市中破土而出，昭示着灿烂、阳光的天性。他们珍惜蕴藏在平淡里的小幸福，以"知足常乐"为座右铭，具有积极乐观的心态。他们以向日葵的向阳特性自喻，逐渐集结成"什么事都看得开"的"向日葵族"群体。

"向日葵族"典型特点之一就是能掌控生活的节奏，张弛有度。他们的工作可以忙碌，但绝不能占用所有时间，业余生活可以丰富多彩，但绝不能落得个游手好闲。他们喜欢张弛有度的生活节奏，而且更享受这种对生活的掌控感。该工作的时候好好工作，忙里偷闲喝杯咖啡会让自己心情更好。该享受私人空间的时候也绝不马虎，跟朋友们小聚一下，完全放松地躺在沙发上聊天也是一种乐趣。

"向日葵族"的出现，在以"忙"为主线的城市生活中绽放别样的风采，也说明人们对悠闲、轻松生活的美好憧憬，喜欢那种不为"忙"而累的生活状态。

要说到"忙"，我们每天都在忙，而且永远也忙不完。太多的事情都有时间限制，我们恨不得有分身术，在有限的时间里完成更多的事。我们很忙，一边喝咖啡一边做表格，一边坐公交一边看邮件。紧张的生活，时刻分秒必争。而我们身处忙碌之中，除了身累、心累，还剩下什么？

心累对身体和情绪都有巨大的影响。

生活节奏过快，我们难免会加快吃饭速度，这样就破坏我们的新陈代谢系统，造成消化系统紊乱，吃进去的食物对消化造成巨大压力，从而降低我们的热量消耗能力。因此，我们会感到厌食，还会引起呼吸急促，氧气摄入量减少，形成脂肪堆积。我们就会放弃最根本的自我和真实的生存目标，留给我们的只有思想麻木、情绪烦乱、身体老化、心脏负担加重，等等。

而我们追求的快节奏是与健康、快乐的生活背道而驰的。我们正在遭遇一个生理疾病和心理疾病的高发期，而这一切可以很简单地追溯到一个共同的起因，那就是——速度。在白天的时候，这种速度会驱使我们下意识地高速运行，且超出了身体自然能力的承受范围，以至于一天下来我们会感到空虚和疲劳。长期处在这种高速运转的状态之下，生活秩序早晚会乱作一团。

而丘吉尔却掌握了工作和生活的节奏，时刻让自己充满健康和活力。第二次世界大战时，丘吉尔到北非时，听到有个人说："我不喝酒，不抽烟，到晚上10点钟准睡觉，所以我现在是百分之百的健康。"但丘吉尔却说："我刚巧跟你相反，我既抽烟，又喝酒，而且从不准时睡觉，但我现在却是百分之二百的健康。"很多人都感到非常奇怪，像丘吉尔这样一位身负两次大战重任、工作最为紧张的政治家，生活这样没有规律，为什么在日理万机的忙碌下还能保有百分之二百的健康呢？

其实只要稍加留意就可知道，他健康的关键全在于有恒心的锻炼，与拥有悠闲的心情。他在战事最紧张的周末依然能去游泳，在选举战白热化的时候依然能去垂钓，刚一下台依然能去画画，还有以示悠闲心境的斜插嘴角的那只雪茄。丘吉尔能适时放慢节奏，让身体和心灵得到完全休息，因此保有百分之二百的健康。

一位作家说："我觉得，要想活得开心一点，就要学会给生活创造一个节奏。一日三餐，朝九晚五，这是大多数人遵循的节奏，但最好的是创造一个属于自己的节奏出来。比如每天的电影，每一个礼拜的大餐，每一个月的旅行，或者干脆什么不干地荒废一下时间，过不了多久，你的精神状态必然会有很大改观。"

正如一首好听的歌，唱起来一定是有轻有重、有快有慢、有高有低的。这就是节奏。一种美好的生活，过起来也一定是讲究节奏的：既有一日三餐的平庸，也有一年四季的起伏；既有八小时的紧张工作，也有工作之余的休闲、娱乐；既习惯家里的粗菜淡饭，也喜好饭店的美味佳肴；既有十天半月的游山玩水，也有三五个月的连续工作。

在我们的生命中，充满着各种节奏。我们身体的每一部分都在运动并跳动着。你的心跳是一种节奏，呼吸也是一种节奏，大脑的反应是一种节奏。同样地，月经周期、行走和睡觉、消化和排泄，以及身体里每个细胞、毛细血管和器官的收缩和扩张都是一种节奏。而若是打乱了这些节奏，生活和身体也会跟着混乱。

掌控好自己的节奏，你的情绪便会得到优化，生活也会井井有条，不疾不徐地向前进。

慢下来，静下来。心远地自偏。这种功力、功夫，恰恰会让我们在喧嚣的世界中出奇制胜。

不要总是杞人忧天

当我们的大脑处于左脑意识状态时，我们用到的只是中心视野，而一旦进入右脑意识状态，周边视野的能力也可以得到使用。进入中心视野的信息可以利用意识来处理，而进入周边视野的信息，大脑可以进行无意识处理。

天塌不下来，世界离了谁，照样会转。毫无疑问，悲观是一种负面的情绪。当我们的人生处于悲观状态时，整个人的情绪会变得非常糟糕。那为什么人会出现悲观的情绪呢？

很多人可能都会有这样的习惯：当我们面对一件尚未发生但还不可知的事情时，往往会把事情往糟糕的方面去想。这种心态看似是给自己打预防针，其实是让自己的心在无形中就提前蒙上了一层阴影。

有一个巡回推销员在又暗又偏僻的路上，发觉自己汽车的轮胎破了，需要更换，但他手上没有千斤顶。他看见一家农舍里透着光，于是走去借，但他一边走，一边心里却在反复盘算："会不会没有人来应门""他们会不会没有千斤顶""他即使有，会不会也不借给我"。这样一来，就越想越焦躁。在农舍门打开时，他一拳打了过去，嚷道："你留着你那千斤顶好了!"

这个故事讥讽那些失败主义者,读来令人发笑。但你是不是也常常这样想:"事事总是不如我愿""我一定无法准时做好""我老是把事情弄得一团糟"。

这些内心的话对你一生的影响,比任何其他力量都大。不论你喜欢与否,在你的人生旅途上,这些思想就是你的领航员。要是思想灰暗悲观,你的一生也注定会是如此,因为你那些消极、泄气的话根本不能给你什么支持、鼓励,只会打击你的自信心。

简言之,要心情好,凡事就得向好的方面想。下面是一些可行的方法。

1. 把忧虑和害怕的事讲出来

苏珊第一次去见她的心理医生,一开口就说:"医生,我想你是帮不了我的。我实在是个很糟糕的人,老是把工作搞得一塌糊涂,肯定会被辞掉。就在昨天,老板跟我说我要调职了,他说是升职。但要是我的工作表现真的好,干吗要把我调职呢?"

可是,慢慢地,在那些泄气话背后,苏珊说出了她的真实境况。原来她在两年前拿了 MBA 学位,有一份薪水优厚的工作。这哪能算是一事无成呢?

针对苏珊的情况,心理医生要她以后把心里想到的话记下来,尤其是晚上睡不着觉时想到的话。在他们第二次见面时,苏珊写下了这样的话:

"我其实并不怎么出色。我之所以能够脱颖而出全是侥幸。""明天定会大祸临头，我从没主持过会议。""今天早上老板满脸怒容，我做错了什么呢?"

她承认:"单在一天里，我列下了 26 个消极想法，难怪我经常觉得疲倦，意志消沉。"

苏珊听到自己列出来的忧虑和害怕的事，才发觉自己为了一些假想的灾祸浪费了太多的精力。如果你感到情绪低落，可能是因为你也像苏珊那样，老是在给自己灌输消极的信息。如果是这样，建议你听听自己内心说的话，把这些话说出来或写下来。久而久之，你就会发现许多消极的念头都是多虑，你便能控制自己的思想，而不是被思想套牢了。到了那个时候，你的思想和行动亦会改变。

2. 剔除大脑中的消极词句

芙兰常常在心里对自己说:"我只是个秘书。"马克则常提醒自己:"我仅仅是个推销员。""只是"和"仅仅是"这些字眼不但贬低了他们的工作，也贬低了他们自己。

把消极的字眼剔除掉，你便能找出你给自己带来的损害。对芙兰和马克来说，"只是"和"仅仅是"正是罪魁祸首。一旦这些字眼被剔除掉了，变成"我是个推销员"或"我是个秘书"，它们的含义就大为不同，而且在后面还可以接上一些积极的话，例如"我可以干得比别人好些"，这样你对生活就会充满信心。

3.　立即摆脱忧患意识

只要消极的想法一出现，你就应该用一句"停止"的口令，把它打消。

"我该怎么办，如果……"停止！

在理论上，叫停很容易办得到，但实际上做起来可并不那么简单。你必须不屈不挠，才能奏效。

文森 20 多岁，未婚，在一家大公司担任行政主管，工作勤奋。小时候母亲过世，由父亲抚养成人。父子俩相处得很融洽，但他父亲对他呵护备至，给文森填了满脑子的忧患意识。文森长大后也这样，以致凡事都要忧虑一番。

他很倾慕同部门的一位女同事，很想约她外出。但他的疑虑使他踌躇不前："跟同事约会是不大好的"或"要是她不答应，那多么叫人难为情"。

后来文森遏止了内心的忧虑，向女同事提出约会。

女同事显得很高兴，但她随后却问："文森，为什么你等那么久才来约我？"

4.　突出积极一面

有这么一个故事。一个人去看心理医生，医生问他："你觉得什么地方不对劲？"

"祖父两月前去世，留给我 75000 元；上月一个表亲死去，留下 100000 元给我。"

"那你还有什么不开心的呢？"

"这个月我一毛钱也没得到!"

一个人情绪低落,看什么都是灰暗的,所以你下决心驱掉心魔之后,应该立刻以积极进取的思想填补头脑。

有个人这样述说自己的体验:"每天晚上,我躺在床上总是睡不着,思潮起伏:'我对孩子是不是太苛刻?''客户打来的电话我回了没有?'"

"最后,我实在忍受不住了,干脆不去想令人心烦的事,而是回想和珍妮在动物园一起度过的快乐时光,我记得她对着猩猩大笑的样子。不久之后,我脑海里全是美丽的回忆,很快进入梦乡。"

5. 改变自己的思考方向

你可能会有这样的经验:一天下来,你感到不大开心,但突然有人对你说:"我们出去逛逛吧?"还记得当时的心情怎样豁然开朗起来吗?改变思考的方向,心情也会轻松起来。

现在就把自己的思考方式改变一下。你精神紧张是因为有项工作必须在星期五完成,而你打算在星期六和朋友一起去买东西。那么就把自己的心情由"星期五的工作"转为"星期六的快乐"吧。

你应该多练习这种技巧,把痛苦、焦虑的心情转化为积极解决难题的态度。要是你乘飞机老担心发生空难,那么就在飞机起飞或降落时,专心观察机场附近的灯光和道路织成的图案;在飞行途中,想一些地面上的能分散你精神的事。

改变你的思考方向,你便能学会从不同的角度来看自己和周围的事物；要是有一件事你认为是可做的，改变思考方向可增加你的成功机率。处事乐观推动你向前，而忧虑则会使你陷入困境。

我们知道人的想法不同时，他们的感受和行动也会不同。这主要在于人能不能控制自己的思想。正如诗人密尔顿在《失乐园》中所写的："思想……能令天堂变地狱，地狱变天堂。"

情绪的好坏，最终的选择权在我们自己身上，凡事往好的方向去想，我们的情绪便是人生的助推剂；凡事往糟糕的地方去想，我们的情绪便会成为拖累我们的绊脚石。

人生成功的途径、方法多种多样。科学开发我们自身蕴含的潜能，创造辉煌人生，使人生多姿多彩，有声有色，我们将不虚此生。